AF876197

Grundlagen der strafrechtlichen Aufarbeitung von DDR-Unrecht und Möglichkeiten ihrer Übertragung auf die Bewältigung nordkoreanischen Systemunrechts

Criminalia

Herausgegeben von Klaus Volk

Band 55

Peter Lang

Frankfurt am Main · Berlin · Bern · Bruxelles · New York · Oxford · Wien

Dong Lyoul Kim

Grundlagen der strafrechtlichen Aufarbeitung von DDR-Unrecht und Möglichkeiten ihrer Übertragung auf die Bewältigung nordkoreanischen Systemunrechts

Peter Lang
Internationaler Verlag der Wissenschaften

Bibliografische Information der Deutschen Nationalbibliothek
Die Deutsche Nationalbibliothek verzeichnet diese Publikation in der Deutschen Nationalbibliografie; detaillierte bibliografische Daten sind im Internet über http://dnb.d-nb.de abrufbar.

Zugl.: München, Univ., Diss., 2012

Umschlaggestaltung:
Pierre Mendell

Gedruckt auf alterungsbeständigem,
säurefreiem Papier.

D 19
ISSN 0945-1811
ISBN 978-3-631-62542-2

© Peter Lang GmbH
Internationaler Verlag der Wissenschaften
Frankfurt am Main 2012
Alle Rechte vorbehalten.

Das Werk einschließlich aller seiner Teile ist urheberrechtlich geschützt. Jede Verwertung außerhalb der engen Grenzen des Urheberrechtsgesetzes ist ohne Zustimmung des Verlages unzulässig und strafbar. Das gilt insbesondere für Vervielfältigungen, Übersetzungen, Mikroverfilmungen und die Einspeicherung und Verarbeitung in elektronischen Systemen.

www.peterlang.de

Criminalia

Abhandlungen aus den gesamten Strafrechtswissenschaften

Der Herausgeber der Reihe war bis zu seiner Emeritierung Vorstand des "Instituts für die gesamten Strafrechtswissenschaften" der Universität München. Das Programm der Reihe ist im Untertitel genannt. In ihr werden veröffentlicht Schriften zum Strafrecht und Strafverfahrensrecht, zu Kriminologie und Kriminalpolitik, zu den rechtstheoretischen und rechtssoziologischen Grundlagen des Strafrechts und zu seiner Geschichte. Die Reihe läßt deutsche und ausländische Wissenschaftler zu Wort kommen und will dazu einladen, an der Fortentwicklung aller Bereiche des Strafrechts über die Grenzen hinaus mitzuwirken.

Vorwort

Die Vorliegende Arbeit wurde im Wintersemester 2011/2012 von der Juristischen Fakultät der Ludwig-Maximilians Universität München als Dissertation angenommen.

Mein besonderer Dank gilt in erster Linie meinem verehrten Doktorvater, Herrn Prof. Dr. Dr. h.c. mult. Bernd Schünemann, der mir jederzeit mit fundiertem Rat und großem persönlichen Engagement zur Seite stand. Ich danke Ihnen für die zahlreichen Gespräche und Anregungen, ohne die diese Arbeit nicht zu Ende geschrieben worden wäre. Für die Übernahme des Zweitengutachtens danke ich Herrn Prof. Dr. Lothar Philipps. Ebenfalls zu Dank verpflichtet bin ich Herrn Prof. Dr. Ro Soep Park, der mich von Anfang an zum wissenschaftlichen Werdegang geführt und in jeder Phase geduldig bestärkt hat. Meinen Dank möchte ich auch Prof. Dr. Klaus Volk für die Aufnahme meiner Arbeit in seiner angesehenen Schriftenreihe aussprechen.

Von Herzen danken möchte ich meinen Eltern, Schwiegereltern und beiden Söhnen, Su Chan und Jie Hwan. Ohne ihre Geduld und ihre Großzügigkeit hätte ich diese Arbeit nie erstellen können. Mein Dank gilt weiterhin meinen besten Freunden, Prof. Dr. Sung jin Choi, Myung Ryun Kim und Seung Seok Ryu für ihr freundschaftliches Engagement. Ebenfalls zu Dank verpflichtet bin ich meinem Freund Peter Müllreinholz für sein geduldiges Korrekturlesen.

Gewidmet ist die Arbeit abschließend meiner Frau Dr. Hong Jue Lee, die mir durch ihre uneingeschränkte Unterstützung die Erlangung der Doktorwürde ermöglicht hat.

Ungenannt bleiben müssen vielen Freunde sowie Mitarbeiter und Gäste des Instituts für die gesamten Strafrechtswissenschaften, Rechtsphilosophie und Rechtsinformatik, die immer ein offenes Ohr für meine Fragen und Probleme hatten. Ihre unbegrenzte Hilfsbereitschaft zählt zu den schönsten Erfahrungen meiner Promotionszeit.

Frankfurt am Main, im Juli 2012

Dong Lyoul Kim

Inhaltsverzeichnis

Abkürzungsverzeichnis

a.A.	anderer Ansicht
a.a.O.	am angeführten/angegebenen Ort
ABl.	Amtsblatt
Abs.	Absatz
Abschn.	Abschnitt
AE	Alternativentwurf
a.F.	Alte Fassung
AG	Amtsgericht
AI	Amnesty International
Alt.	Alternative
Anm.	Anmerkung
AöR	Archiv des öffentlichen Rechts
ARSP	Archiv für Rechts- und Sozialphilosophie
Art.	Artikel
AT	Allgemeiner Teil
Aufl.	Auflage
BayObLG	Bayerisches Oberstes Landesgericht
Bd.	Band
Beschl.	Beschluss
BG	Bezirksgericht
BGBl.	Bundesgesetzblatt
BGBl. I	Bundesgesetzblatt, Teil I
BGBl. II	Bundesgesetzblatt, Teil II
BGH	Bundesgerichtshof
BGHSt	Entscheidungen des Bundesgerichtshofs in Strafsachen
BK-StGB	Bonner Kommentar zum StGB
BRD	Bundesrepublik Deutschland
BR-Drucks.	Bundesrats-Druchsache
BT	Besonderer Teil
BT-Drucks.	Bundestag-Drucksache
BVerfG	BVerfGE Bundesverfassungsgericht; Entscheidungen des Bundesverfassungsgerichts
BVerfGE	Entscheidungen des Bundesverfassungsgerichts
BVerwG	BverwGE Bundesverwaltungsgericht; Entscheidungen des Bundesverwaltungsgerichts
bzgl.	bezüglich

bzw.	beziehungsweise
ca.	circa
CDU	Christlich Demokratische Union Deutschlands
CSU	Christlich-Soziale Union
DA	Deutschland Archiv
DÄBl.	Deutsches Ärzteblatt
DDR	Deutsche Demokratische Republik
ders.	derselbe
d.h.	das heißt
dies.	dieselbe(n)
Diss.	Dissertation
DJT	Deutscher Juristentag
DÖV	Die öffentliche Verwaltung
DRiZ	Deutsche Richterzeitung
Drucks.	Drucksache
DtZ	Deutsche-Deutsche Rechtszeitschrift
DuR	Demokratie und Recht
DVBl.	Deutsches Verwaltungsblatt
DVRK	Demokratische Volksrepublik Korea (Nordkorea)
EGMR	Europäischer Gerichtshof für Menschenrechte
EGStGB	Einführungsgesetz zum Strafgesetzbuch
ehem.	ehemalige(n)
EMRK	(Europäische) Konvention zum Schutz der Menschenrechte und Grundfreiheiten
EU	Europäische Union
EuGRZ	Europäische Grundrechte-Zeitschrift
EV	Einigungsvertrag
f.	für; folgende
FAZ	Frankfurter Allgemeine Zeitung
FDGB	Freier Deutscher Gewerkschaftsbund
FDP	Freie Demokratische Partei
ff.	fortfolgende
Fn.	Fußnote
FS	Festschrift
GA	Goltdammers Archiv für Strafrecht
GBl. DDR I	Gesetzblatt der DDR, Teil I

GBl. DDR II	Gesetzblatt der DDR, Teil II
gem.	gemäß
ggf.	gegebenenfalls
GG	Grundgesetz für die Bundesrepublik Deutschland
GrenzG-DDR	Grenzgesetz der DDR
HA	Hauptabteilung des MfS
h.A.	herrschende Ansicht
Halbbd.	Halbband
HKLO	Haager Abkommen betr. die Gesetze und Gebräuche des Landkriegs
h.M.	herrschende Meinung
hrsg.	herausgegeben
Hrsg.	Herausgeber
HVA	Hauptverwaltung Aufklärung
i.d.F.	in der Fassung
i.d.R.	in der Regel
i.e.S.	im engeren Sinne
IGFM	Internationale Gesellschaft für Menschenrechte
inkl.	inklusive
insbes.	insbesondere
IPBPR	Internationaler Pakt über bürgerliche und politische Rechte
i.S.d.	im Sinne des
i.S.v.	im Sinne von
i.V.m.	in Verbindung mit
i.w.S.	im weitesten Sinne
JA	Juristische Arbeitsblätter
JR	Juristische Rundschau
Jura	Juristische Ausbildung
JuS	Juristische Schulung
JZ	Juristen Zeitung
Kap.	Kapitel
KG	Kammergericht (Berlin)
KGG	Grundgesetz der ROK
KJ	Kritische Justiz
KK	Karlsruher Kommentar
KOG	Koreanischer Oberster Gerichtshof
KrG	Kreisgericht
krit.	kritisch

KritJ	Kritische Justiz
KritV	Kritische Vierteljahresschrift für Gesetzgebung und Rechtswissenschaft
KRG	Kontrollratsgesetz
KStGB	Strafgesetzbuch der ROK
KStPO	Strafprozessordnung der ROK
KZ	Konzentrationslager
LG	Landgericht
LK-StGB	Leipziger Kommentar zum Strafgesetzbuch
LT	Landtag
MDR	Monatsschrift für deutsches Recht
m.E.	meines Erachtens
MfS	Ministerium für Staatssicherheit
MK-StGB	Münchener Kommentar zum StGB
MRK	Konvention zum Schutz der Menschenrechte und Grundfreiheiten
m.w.N.	mit weiteren Nachweisen
m.w.N.	mit weiteren Nachweisen; mit weiteren Nennungen
n.F.	neue Fassung
NJ	Neue Justiz
NJW	Neue Juristische Wochenschrift
NK	Nomos Kommentar
Nr.	Nummer
NS	Nationalsozialismus, nationalsozialistisch
NSG	Das Nationale Sicherheitsgesetz der ROK
NStZ	Neue Zeitschrift für Strafrecht
NVA	Nationale Volksarmee
NVR	Nationaler Verteidigungsrat
OG	Oberstes Gericht der DDR
OLG	Oberlandesgericht
PassG-DDR	Passgesetz der DDR
RG	Reichsgericht
RGBl.	Reichsgesetzblatt
RGSt	Entscheidungen des Reichsgerichts in Strafsachen
Rn.	Randnummer

ROK	Republic of Korea (Südkorea)
Rspr.	Rechtsprechung
RStGB	Strafgesetzbuch für das Deutsche Reich
RStPO	Strafprozessordnung für das Deutsche Reich
RuP	Recht und Politik
s.	siehe
S.	Seite
SED	Sozialistische Einheitspartei Deutschlands
SJZ	Süddeutsche Juristenzeitung
SK-StGB	Systematischer Kommertar zum Strafgesetzbuch
sog.	sogenannte(n)
SPD	Sozialdemokratische Partei Deutschlands
SS	Schutzstaffel (der National-sozialistischen Deutschen Arbeiterpartei)
SSW-StGB	Satzger/Schmitt/Widmaier Kommentar zum Strafrecht
StA	Staatsanwaltschaft
StA Berlin	Staatsanwaltschaft bei dem Landgericht Berlin
StA II Berlin	Staatsanwaltschaft II bei dem Landgericht Berlin
Stasi	Staatssicherheitsdienst (der ehemaligen DDR)
StÄG-DDR	Strafrechtsänderungsgesetz der DDR
StGB	Strafgesetzbuch
StGB-DDR	Strafgesetzbuch der DDR
StGB-DVRK	Strafgesetzbuch der DVRK
StPO	Strafprozessordnung
StPO-DDR	Strafprozessordnung der DDR
StPO-DVRK	Strafprozessordnung der DVRK
str.	strittig
StUG	Gesetz über die Unterlagen des Staatssicherheitsdienstes der ehemaligen Deutschen Demokratischen Republik
StV	Strafverteidiger
SZ	Süddeutsche Zeitung
u.	und
u.a.	unter anderem
u.ä.	und ähnliches
UdSSR	Union der sozialistischen Sowjetrepubliken
UN	United Nations
UNO	United Nations Organization

Urt.	Urteil
USA	United States of Amerika
usw.	und so weiter
v.	versus; von
Verf.	Verfassung
Verf.-DDR	Verfassung der DDR
Verf.-DVRK	Verfassung der DVRK
VerjährungsG	Entwurf eines Gesetzes zur Verjährung von SED-Unrechtstaten
vgl.	vergleiche
Vol.	Volume
Vorbem.	Vorbemerkung
VVDStRL	Veröffentlichungen der Vereinigung Deutscher Staatsrechtslehrer
WahlG	Wahlgesetz
wistra	Zeitschrift für Wirtschafts- und Steuerstrafrecht
z.B.	zum Beispiel
ZG	Zeitschrift für Gesetzgebung
zit.n.	zitiert nach
ZK	Zentralkomittee
ZRP	Zeitschrift für Rechtspolitik
ZStW	Zeitschrift für die gesamte Strafrechtswissenschaft
z.T.	zum Teil
zust.	zustimmend

Erster Teil: Einleitung

A. Problemstellung und Grundlage der Untersuchung

„Das eine Insel bewohnende Volk beschlösse, auseinander zu gehen und sich in alle Welt zu zerstreuen, müsste der letzte im Gefängnis befindliche Mörder vorher hingerichtet werden, damit jedermann das widerfahre, was seine Taten wert sind, und die Blutschuld nicht auf dem Volke hafte, das auf diese Bestrafung nicht gedrungen hat "[1].

I. Politische Systemwechsel[2] im 20. Jahrhundert

Das Volk bestraft diejenigen, welche die Zeichen der Zeit nicht erkennen wollen und können - so kann man den von *Gorbatschow* entwickelten Gedanken aufnehmen[3] . Manche Länder auf der ganzen Welt wurden im 20. Jahrhundert von verschiedenen - totalitären, diktatorischen, faschistischen, kommunistischen oder ähnlichen - Unrechtsregimen beherrscht, jedoch sind diese nach unterschiedlich langen Zeiträumen zusammengebrochen und haben demokratisch-rechtsstaatlichen Herrschaftsformen Platz machen müssen[4].

---

1 *Kant*, Metaphysik der Sitten, 3. Aufl. 1919, S. 229.

2 Zu dem Begriff „Systemwechsel" siehe *Lang*, Strafrechtsbezogene Vergangenheitspolitik (Diss.), 2005, S. 15 ff. Die Anregung, in diesem Kapitel historische Abläufe mit einer „Wellenbewegung" zu erklären (s.u.), erhielt ich aus derselben Dissertation.

3 Der vielfach dem Generalsekretär der KPdSU, *Michail Gorbatschow*, zugeschriebene Satz „Wer zu spät kommt, den bestraft das Leben" den er während eines Aufenthalts in Ost-Berlin im Oktober 1989 aus Anlass des 40 jährigen Bestehens der DDR geäußert haben soll, hat sich in das kollektive Gedächtnis eingebrannt und betont die Bedeutung des Wandels in politischen Systemen. Zur Entstehung des angeblichen Zitats siehe Plog, Aus dem Glückskeks - Ein historischer Satz: „Wer zu spät kommt, den bestraft das Leben." Nur, wer hat ihn wirklich gesagt?, FAS vom 3.10.2004, Nr. 40, S. 16.

4 *Schreiber*, Die strafrechtliche Aufarbeitung von staatlich gesteuertem Unrecht, ZStW 107 (1995), 157.

Betrachtet man das 20. Jahrhundert unter dem Blickwinkel des Übergangs von autoritären zu liberaldemokratischen politischen Systemen, lassen sich zahlreiche Beispiele von gestürzten Unrechtsregimen und von sich danach ereigneten Demokratisierungswellen finden. Zwischen den Demokratisierungswellen entstanden nicht selten sog. Gegenwellen durch eine Reihe faschistischer, autoritärer oder militärisch-diktatorischer Regime[5].

Eine erste große Welle ereignete sich nach dem Ersten Weltkrieg, die in rund 30 Ländern demokratische Systeme installierte. Nach dem Ende des Zweiten Weltkrieges erfolgte eine zweite Welle. Unter der Aufsicht der alliierten Siegermächte fand die Demokratisierung der politischen Systeme in Westdeutschland, Österreich, Italien, Japan und den sechs lateinamerikanischen Ländern Argentinien, Brasilien, Ecuador, Peru, Uruguay und Venezuela statt. Die dritte Welle begann 1974 mit einem Militärputsch in Portugal, erfasste Griechenland und Spanien, bis zur Mitte der 80er Jahre setzte sie sich in Ekuador, Peru, Bolivien, Argentinien, Ungarn, Brasilien, Chile, Pakistan, Südkorea und Taiwan fort[6].

Die vierte Welle wurde durch den Niedergang der von der Sowjetunion dominierten osteuropäischen Staaten ausgelöst[7]. Im Jahr 1989 ist die über 40 Jahre lang festzementierte Nachkriegsordnung Europas binnen weniger Monate vollkommen zusammengebrochen. In allen Ostblockstaaten wird der Drang nach Freiheit und Demokratie so stark, dass am Ende des Jahres keines der kommunistischen Regime mehr fest im Sattel sitzt[8]. Und 1990 kommt in der DDR nach der unblutigen Revolution von 1989 ein dynamischer Einigungsprozess in Gang, in dessen Verlauf die Berliner Mauer abgerissen wurde.

---

5 *Merkel* (Hrsg.), Einleitung, in: Systemwechsel 1 - Theorien, Ansätze und Konzeptionen, 1994, S. 9.

6 *Merkel* (Hrsg.), a.a.O.

7 *Von Beyme*, Einleitung: Die Erforschung des Systemwechsels in vergleichender Perspektive, Systemwechsel in Osteuropa, 1994. S. 12 f.

8 Polen erhält den ersten nichtkommunistischen Regierungschef seit 1945. In der Tschechoslowakei wird der Bürgerrechtler *Václav Havel* - Anfang des Jahres noch als Aufrührer verurteilt - zum Staatspräsidenten gewählt. Ungarn hat mit der Öffnung seiner Westgrenze einen auch für die anderen Ostblockstaaten bedeutsamen Schritt vollzogen. In Bulgarien ist nach dem Sturz der alten Machthaber die Zwangsintegrierung der türkischen Minderheit beendet. In Rumänien führt ein blutiger Bürgerkrieg zur Absetzung (und Hinrichtung) des langjährigen Diktators *Nicolae Ceausescu*.

II. Bevorstehender Systemwechel in Nordkorea

Der Dominoeffekt des Systemwechsels setzt sich im 21. Jahrhundert immer weiter fort. Im Mittelpunkt stehen eine Serie von Revolutionen in Mittelasien, Nordafrika und dem Nahen Osten. In diesen Räumen stürzten die Bevölkerungen seit 2003 Diktaturen und korrupte Regime, erstritten mehr Bürgerrechte und setzten Demokratisierungsprozesse in Gang. Dazu zählen die Länder Georgien (2003), Ukraine (2005), Kirgisistan (2005), Tunesien (2010/ 2011), Ägypten (2011)[9]. Diese Unruhen greifen immer weiter um sich: zurzeit in sehr unterschiedlicher Intensität in Libyen, Jemen, Jordanien, Syrien, Algerien, Elfenbeinküste und Syrien.

Die Frage, ob es ein Zufall ist, dass zeitnah in so vielen, sehr unterschiedlichen Ländern Revolutionen aufflammen, ist berechtigt. Anscheinend wollen und können auf der Welt immer weniger Menschen diktatorische Regime ertragen: Die Ära der Diktaturen geht hoffentlich weltweit ihrem Ende zu und der Sturz der verbliebenen ist nur noch eine Frage der Zeit. In diesem Rahmen ist es vorstellbar und wünschenswert, dass das Regime in Nordkorea nicht als Ausnahme verbleiben wird.

Das amerikanische Magazin *The Times* hat in jüngster Zeit *Kim Jong-Il* in Nordkorea als einen von 10 Machthabern beschrieben, deren Herrschaftsgewalt weit schwächer geworden ist, als sie einmal war[10]. Danach sei *Kim Jong-Il* als oberster Führer eines der weltweit am meisten isolierten Staaten in sehr ernsthafte Schwierigkeiten geraten: Die extreme Armut in Nordkorea sei evident. Seit Mitte der 1990er Jahre sollen schon rund 2 Millionen Menschen vor Hunger gestorben seien und dies zum großen Teil an *Kim*s falscher Wirtschaftstrategie liegen; *Kim*s totalitäres Regime werde geprägt von Folter, öffentlichen Hinrichtungen, Zwangsarbeit, erzwungenen Abtreibungen, Kindesmord und der politischen Haft von ungefähr

9 In den Medien sind diese Bewegungen insgesamt unterm dem Begriff Farbrevolution oder bunte Revolutionen bekannt, die oft nach einer Symbolfarbe oder der Nationalblumen benannt wurden. Z.B. Nelkenrevolution in Portugal, Orange Revolution in der Ukraine, Rosenrevolution in Georgian, Tulpenrevolution in Kirgisistan und Jasminrevolution in Tunesien.

10 Dem Kommentar zufolge liegt *Kim Jong-Il* nach *Hosni Mubarak* (Ägypten) und *Ali Abdullah Saleh* (Jemen) an dritter Stelle, weiter gefolgt von *Alexander Lukashenko* (Belarus), *Omar Hassan al-Bashir* (Sudan), *Mahmoud Ahmadinejad* (Iran), *Robert Mugabe* (Zimbabwe), *Emomali Rahmon* (Tajikistan), *House of Saud* (Saudi Arabia) und *Abdelaziz Bouteflika* (Algeria), The Times v.1.2.2011, Top 10 Autocrats in Trouble.

200.000 Menschen; Dadurch, seinen unerfahrenen etwa nun knapp 30 jährigen Sohn *Kim Jong-Un* als Nachfolger zu ernennen, habe *Kim* eine ungewisse Situation geschaffen, die sogar zu einem Putsch von damit unzufriedenen Militärs oder anderen mächtigen Mitgliedern seiner Familie führen könne. Dies scheint nach *Kim Jong-Ils* Tod am 17.12.2011 nun auszubleiben und sich der Machtwechsel relativ stabil zu vollziehen.

Generell mag es aber nicht leicht sein, den Sturz des nordkoreanischen Machthabers zu prognostizieren, da Nordkorea bekannt für seine ideologische und materielle Kontrolle über das alltägliche Leben der Staatsangehörigen ist. Aber das gleicht der Situation 1989 in Osteuropa. Fast niemand wusste, dass die Wiedervereinigung Deutschlands so schnell verwirklicht werden würde. Einige Ereignisse bei den Unruhen in 2011 (Tunesien, Ägypten, Lybien) haben bewiesen, dass sich politische Abläufe nicht vorhersagen lassen. Niemand ahnte, dass die Selbstverbrennung des arbeitslosen Obsthändlers *Mohammed Bouazizi* in der tunesischen Provinz nur wenige Wochen später - außerhalb Tunesiens - in Kairo zum Sturz eines der mächtigsten Herrscher des Nahen Ostens führen würde[11]. Auch berichtete die deutsche Zeitung *Die Welt*, die gegenwärtigen Bewegungen im Nahen Osten mit der Situation „Osteuropa 1989" vergleichend:

> *„Viele Experten halten die zementierten Sicherheitsapparate etwa von Ägypten oder Syrien für unüberwindbar. Aber Ähnliches hörte man Ende der 80er-Jahre auch von westlichen Ostblockkennern. Kaum einer hatte damals gesehen, wie marode diese Regime im Innern wirklich waren. Und wie leicht sie fallen konnten, wenn die Bürger nur zahlreich genug ihre Angst zu überwinden lernten."*[12]

III. Strafrechtliche Vergangeheitsbewältigung

Nach dem Ende solcher Regime, vor allem wenn sie durch erfolgreiche Revolutionen gestürzt wurden, stellt sich immer wieder die Frage der Vergangenheitsbewältigung: Wie soll mit dem staatlichen Unrecht, das von den gestürzten Machthabern

---

11 *Zand, Bernhard*, Treibhaus der Weltpolitik, in: Der Spiegel 10/2011.

12 *Wergin, Clemens*, Kommentar, Die Welt v. 27.01.2011.

oder in deren Auftrag den Menschen zugefügt wurde, umgegangen werden?[13]. Im Vordergrund steht dabei die Aufarbeitung des Unrechts durch die Strafjustiz[14].

Der Begriff der Vergangenheitsbewältigung hat historisch und juristisch erst nach 1945 seine Anwendung gefunden: Er wurde am Anfang als Schlagwort für die Aufarbeitung von NS-Unrecht durch die alliierten Siegermächte und vor allem durch die Deutschen selbst gebraucht. Nach der Wiedervereinigung erweitert sich sein Anwendungsbereich schnell auf die Tätigkeit in den Hinterlassenschaften der SED-Diktatur[15], wodurch heute selbstverständlich von einer „doppelten Vergangenheitsbewältigung" in Deutschland zu reden ist[16].

In der Literatur ist auch der Begriff „(Vergangenheits-) Aufarbeitung" häufig zu finden[17], fast ohne sich von dem der „(Vergangenheits-) Bewältigung" zu unter-

---

13 *Bottke*, Die Verfolgung von Regierungskriminalität der DDR nach dem Beitritt der neuen Länder, in: *Lampe* (Hrsg.), Deutsche Wiedervereinigung, Bd. II, S. 203.

14 *Wassermann*, Verbrechen unter totalitärer Herrschaft - Zur Rolle des Rechts bei der Aufarbeitung der DDR-Vergangenheit, NJW 1993, 895.

15 *Dencker*, Vergangenheitsbewältigung durch Strafrecht? - Lehren aus der Justizgeschichte der Bundesrepublik, KritV 1990, 299-312; *Dreier*, Juristische Vergangenheitsbewältigung, 1994; *Dudek*, "Vergangenheitsbewältigung" Zur Problematik eines umstrittenen Begriffs, in: Aus Politik und Zeitgeschichte B 1-2/93, S. 44-53; *Guttmann*, Vergangenheitsbewältigung als Aufgabe deutscher Justiz, DRiZ 1992, 354; *Isensee* (Hrsg.), Vergangenheitsbewältigung durch Recht - drei Abhandlungen zu einem deutschen Problem, 1992; *Jesse*, Berichte und Kritik - "Vergangenheitsbewältigung" in der Bundesrepublik Deutschland, Der Staat 1987, 539-565; *Limbach*, Vergangenheitsbewältigung durch die Justiz, DtZ 1993, 66-71; *Quaritsch*, Theorie der Vergangenheitsbewältigung, Der Staat 1992, 519-551; *ders.*, Rechtsphilosophische Aspekte juristischer Vergangenheitsbewältigung, ZG 1993, 300-313; *Rau*, Detusche Vergangenheitsbewältigung vor dem EGMR - Hat der Rechtsstaat gesiegt?, NJW 2001, 3008-3014; *Renzikowski*, Vergangenheitsbewältigung durch Vergeltung? - Zur Strafbarkeit der Informanten des Stasi der ehemaligen DDR nach § 241 a StGB, JR 1992, 270-274;

16 *Jesse*, „Entnazifizierung" und „Entstasifizierung" als Problem, in: *Isensee* (Hrsg.), Vergangenheitsbewältigung durch Recht - Drei Abhandlungen zu einem deutschen Problem, 1992, S. 11. Beachtenswert ist auch der Titel des Bandes, von dem abgeleitet werden kann, dass es sich bei Vergangenheitsbewältigung um ein typisch deutsches Problem zu handelt.

17 *Bisky/Heuer/Schumann* (Hrsg.), Unrechtsstaats? - Politische Justiz und die Aufarbeitung der DDR-Vergangenheit, 1994; *Dannecker/Stoffers*, Rechtsstaatliche Grenzen für die strafrechtliche Aufarbeitung der Todesschüsse an der innerdeutschen Grenze, JZ 1996, 490-494; *Körting*, Ist (Straf-)Recht ein geeignetes Mittel zur Aufarbeitung der Geschichte? - Rechtliche Aufarbeitung oder Amnestie?, NJ 1999, 1-4; *Lemke*, Stand der Aufarbeitung von DDR-Unrecht durch die Strafjustiz, NJ 1995, 237-239; Redaktion Kritische Justiz (Hrsg.), Die Juristische

scheiden. *Lampe* erklärt z.B. die Aufarbeitung der Vergangenheit als „Deutung von Erfahrungen aus der Vergangenheit in ihrer Bedeutung für die Gegenwart", „Gewinnung von Lehren aus der Vergangenheit für die Prägung der Zukunft"[18]. Nach *ihm* sei der Begriff „Vergangenheitsbewältigung" noch stärker als der Begriff „Vergangenheitsaufarbeitung", da jener mit Schuld assoziiere und sich deshalb nur im Kontext mit der Aufarbeitung von Schuld verwenden ließe.[19]

Obwohl in Deutschland im Sprachgebrauch das Wort „Bewältigung" bezüglich der Überwindung beider Diktaturen besondere Bedeutung gewinnt, verweist das Wort - ähnlich wie das Wort „Aufarbeitung" - in den Bereich der Psychologie oder Tiefenpsychologie[20] und in der Tat lässt sich die Vergangenheit nicht buchstäblich einfach bewältigen. Denn die Vergangenheitsbewältigung umfasst in Deutschland verschiedene Teilbereiche, die nach Art und Bedeutung auf unterschiedlichen Ebenen zu berücksichtigen sind. Bei der Verfassung meiner Arbeit ist sie nur in Kombination mit dem Wort „juristisch" sinnvoll[21], damit die historische, politische und gesellschaftlich-moralische Vergangenheitsbewältigung ausgeschlossen werden kann. *Dreier* versucht, diese juristische Vergangenheitsbewältigung in zwei unterschied-

---

Aufarbeitung des Unrechts-Staats, 1998; *Roggemann*, Die strafrechtliche Aufarbeitung der DDR-Vergangenheit am Beispiel der „Mauerschützen" - und der Rechtsbeugungsverfahren, NJ 1997, 226-232; *Sache/Carole/Wolfrum/Edgar* (Hrsg.), Aufarbeitung der Diktatur - Diktatur der Aufarbeitung? Norminierungsprozesse beim Umgang mit diktatorischer Vergangenheit (Diktaturen und ihre Überwindung im 20. und 21. Jahrhundert) Bd. 2, 2009; *Schulze-Fielitz*, Der Rechtsstaat und die Aufarbeitung der vor-rechtlichen Vergangenheit, DVBl 1991, 893-906; *Sendler*, Strafrechtliche Aufarbeitung der DDR-Vergangenheit oder Amnestie?, NJW 1997, 3146-3148; *Schreiber*, Die strafrecht-liche Aufarbeitung von staatlich gesteuertem Unrecht, ZStW 107 (1995), 157-182; *Schroeder*, Zehn Jahre strafrechtliche Aufarbeitung des DDR-Unrechts, NJW 2000, 3017-3022; *Wassermann*, Verbrechen unter totalitärer Herrschaft - Zur Rolle des Rechts bei der Aufarbeitung der DDR-Vergangenheit, NJW 1993, 895-899; *ders.*, Zur Bewertung der strafrechtlichen Aufarbeitung des DDR-Unrechts, NJW 2000, 403-405; *ders.*, Regierungskriminalität und judizielle Aufarbeitung - Möglichkeiten und Grenzen, DRiZ 1993, 137-142; *ders.*, Die strafrechtliche Aufarbeitung der DDR-Vergangenheit, Recht und Politik 1992, 121-134; *ders.*, Zur Aufarbeitung des SED-Unrecht, in: Aus Politik und Zeitgeschichte B4/93, S. 3-12; *ders.*, Verbrechen unter totalitär Herrschaft - Zur Rolle des Rechts bei der Aufarbeitung der DDR-Vergangenheit, NJW 1993, 895-899.

18 *Lampe*, Aufarbeitung der DDR-Vergangenheit durch Strafrecht, in: *Lampe* (Hrsg.), Deutsche Wiedervereinigung, Bd. II, S. 4.

19 *Lampe*, a.a.O., S. 4. Fn. 8.

20 *Odersky*, Die Rolle des Strafrechts bei der Bewältigung politischen Unrechts, 1992, S. 4.

21 *Dreier*, Rechtsphilosophische Aspekte juristischer Vergangenheitsbewältigung, ZG 1993, 302.

lichen Weisen zu unterscheiden: Im engeren Sinne ist sie zu verstehen als die Vergangenheitsaufarbeitung durch Rechtspflege, also judizielle Aufarbeitung, aber im weiteren Sinne wird die entsprechende legislative Aufarbeitung von Seiten des Gesetzgebers mit einbegriffen[22].

Außer den oben genannten Begriffen haben sich in der Verfolgungspraxis und der Literatur manche andere Begrifflichkeiten etabliert und ihre Anwendung gefunden. Mit der Einrichtung von Schwerpunktstaatsanwaltschaften in den neuen Bundesländern wurde der Begriff „Regierungskriminalität" geschaffen, worunter „die Verletzung von Strafgesetzen durch die Machthaber der DDR in Ausübung ihrer Funktion im Staat und in der SED" zu verstehen ist[23]. *Roggemann* wendet aber ein, dass der Ausdruck „Regierungskriminalität" auch ungenau sei, da es sich bei „Regierungskriminalität" um die Frage nach tatbestandlicher Haftung der Regierungsmitglieder und Spitzenfunktionäre handle. Besser geeignet sei nach ihm „Systemunrecht" sowie „Strafrechtsfolgen systembedingten oder systembegünstigten Fehlverhaltens"[24]. Demgegenüber prägt *Naucke* den Begriff „Staatsverstärkte Kriminalität", die die Unterdrückung des Wehrlosen durch die in der Staatsorganisation gespeicherte Macht darstelle[25], während *Schreiber* die Bezeichnung „staatlich gesteuertes Unrecht"[26] bevorzugt, ohne damit bestimmte Inhalte zu definieren.

Trotz dieser verschiedenen Definitionen werden die Begrifflichkeiten in der Justizpraxis und der Literatur meist ohne allzu strenge Unterscheidung gemischt angewendet. Auch diese Arbeit geht von der Prämisse aus, dass die erwähnten Begriffe eine weitgehend gleiche inhaltliche Bedeutung haben.

---

22 *Dreier*, Juristische Vergangenheitsbewältigung, Baden-Baden 1995, S. 11.

23 *Schaefgen*, DDR-Regierungskriminalität - Erscheinungsformen und Probleme, Recht und Politik, 1992, 191.

24 *Roggemann*, Systemunrecht und Strafrecht - am Beispiel der Mauerschützen in der ehemaligen DDR, 1993, S. 13-14.

25*Naucke*, Die strafjuristische Privilegierung staatsverstärkter Kriminalität, 1996, S. 20.

26 *Schreiber*, Aufarbeitung staatlich gesteuerten Unrechts, ZStW 107 (1995), 182.

IV. Umfang der Untersuchung

Zu den wichtigsten Bereichen der juristischen Vergangenheitsbewältigung - außer der juristischen sind aber zusätzlich noch die öffentliche Auseinandersetzung mit der Zeit der Diktatur sowie die historische Erforschungen jener Jahre dazu zu zählen - gehört zuerst die Verfolgung der Täter wegen begangener Unrechtstaten, danach ist sich mit der Rehabilitation von politisch Verfolgten - inklusive finanzieller Wiedergutmachung[27] -, und der Aufhebung von Unrechtsurteilen zu befassen, die unter dem vergangenen Regime aus politischen Gründen gefällt wurden. In den folgenden Kapiteln beschränke ich mich allerdings hauptsächlich auf die justizielle Bestrafung des Unrechts, konzentriere mich also auf die Frage, wie das Unrecht, das die Machthaber und Handlanger des Systems begangen haben, nach dem Zusammenbruch totalitärer Herrschaftssysteme zu bestrafen ist[28], nach *Dreier*s Definition auf „die strafrechtliche Aufarbeitung als ein Teil von judizieller Aufarbeitung im engeren Sinne“[29].

Das Ziel der vorliegenden Ausarbeitung ist es, Probleme bei der strafrechtlichen Auf-arbeitung von DDR-Unrecht aufzugreifen, daraus Lehren zu ziehen und auf dieser Basis eine geeignete Lösung für die zukünftige Aufarbeitung des in Nordkorea begangenen Regiemeunrechts zu entwickeln, die nach einer künftigen Wiedervereinigung Koreas zwingend erfolgen muss.

Dafür soll das Bespiel der strafrechtlichen Vergangenheitsbewältigung von DDR-Unrecht als großes Vorbild dienen. Ich werde mich bemühen, besonders an diesem zu forschen und daraus Lehren zu ziehen. Der Grund ist *erstens*, dass die rechtliche Aufarbeitung in diesem Fall - abgesehen von der Debatte, ob sie notwendig ist oder nicht[30] - einzigartig auf der Welt ist: Die strafrechtliche Ahndung von Systemunrecht als solche ist kein deutscher Sonderweg. Die Aufarbeitung von Systemun-

27 *Jesse*, Doppelte Vergangenheitsbewältigung in Deutschland. Ein Problem der Vergangenheit, Gegenwart und Zukunft, in: *Jesse/Löw*, Vergangenheitsbewältigung, S. 11

28 *Wassermann*, Verbrechen unter totalitärer Herrschaft - Zur Rolle des Rechts bei der Aufarbeitung der DDR-Vergangenheit, NJW 1993, 895.

29*Dreier*, Juristische Vergangenheitsbewältigung, Baden-Baden 1995, S. 11.

30 Siehe unten S. 32 ff.

recht in einigen Ländern[31] ähnelt dem deutschen, auch wenn er sich in vielerlei Hinsicht aufgrund einer anderen politischen Situation qualitativ und quantitativ anders gestaltet[32]. Indes hat aber kein anderes Land einen derartigen Eifer[33] zur strafrechtlichen Verfolgung des von einem sozialistischen Regime begangenen Unrechts gezeigt wie die Bundesrepublik Deutschland[34]. Eine Gauck-Behörde (Behörde des Bundesbeauftragten für die Unterlagen des Staatssicherheitsdienstes der ehemaligen Deutschen Demokratischen Republik, BStU) existiert in keinem anderen Land. Vielfach herrscht die Auffassung vor, dass mit den Mitteln eines Rechtsstaates einer Diktatur nicht beizukommen sei[35]. Hinzu kommt als zweites, dass die DDR an den eigenen Widersprüchen zerbrach[36] und die strafrechtliche Aufarbei-

---

31 Z.B. in Bulgarien wurde der frühere kommunistische Parteichef *Todor Schiwkow* 1992 wegen Unterschlagung, Veruntreuung und unrechtmäßiger Begünstigung zu sieben Jahren Gefängnis verurteilt, vgl hierzu *Jesse*, Vergangenheitsbewältigung im internationalen Vergleich - Die Reaktionen auf den Zusammenbruch des Nationalsozialismus/Faschismus und des Kommunismus, in: *Eisenmann/Hirscher* (Hrsg.), Bilanz der zweiten deutschen Diktatur, 1993, S. 26.

32Vgl. beispielsweise zur Handhabung in Polen und Ungarn Schulz, Der Nulla-poena-Grundsatz - ein Fundament des Rechtsstaates, in: *Pawlowski/Roellecke* (Hrsg.), Der Universalitätsanspruch des demokratischen Rechts-staates, ARSP Beiheft Nr. 65, 1996, S. 173, 180 f.

33 So meint *Habermas*: „Ungarische, tschechische, vor allem polnische Intellekturelle und Politiker schütteln wieder einmal den Kopf über deutsche Gründlichkeit, diesmal über den Eifer, mit dem sich die Deutschen über den Umgang mit dem stalinistischen Erbe streiten", ders., Was bedeutet ‚Aufarbeitung der Vergangenheit' heute? Bemerkungen zur ‚doppelten Vergangenheit', in: *ders.*, Die Moderne - ein unvollendetes Projekt. Philosophisch-politische Aufsätze 1977-1992, 1992, S. 242. Vgl. dazu auch *Schlink*, Rechtsstaat und revolutionäre Gerechtigkeit, NJ 1994, 433.

34 Anders als in Bulgarien wurde nach der 40 jährigen faschistischen Herrschaft der *Franco*-Diktatur in Spanien durch eine Generalamnestie absolutionistisch vorgegangen und in Südafrika wurde nach Ende der Apartheid eine Wahrheitskommission eingerichtet, ein außergerichtlicher Spruchkörper mit der Möglichkeit eines anschließenden Rechtswegs, zit.n. *Möller-Heilmann*, Die Strafverfolgung von Richtern und Staatsanwälten der ehemaligen DDR wegen Rechtsbeugung (Diss.), 1999, S. 2; Polen und Tschechoslowakei kommen bis jetzt ohne ein spezielles Gesetz aus, das den Umgang mit der Hinterlassenschaft des Sicherheitsdienstes regelt, *Jesse*, Vergangenheitsbewältigung im internationalen Vergleich - Die Reaktionen auf den Zusammenbruch des National-sozialismus/Faschismus und des Kommunismus, in: *Eisenmann/Hirscher* (Hrsg.), Bilanz der zweiten deutschen Diktatur, 1993, S. 25

35 *Jesse*, Vergangenheitsbewältigung im internationalen Vergleich - Die Reaktionen auf den Zusammenbruch des Nationasozialismus/Faschismus und des Kommunismus, in: *Eisenmann/ Hirscher* (Hrsg.), Bilanz der zweiten deutschen Diktatur, 1993, S. 25.

36 *Jesse*, a.a.O.

tung - im Unterschied zur NS-Zeit[37] - von Anbeginn ohne Außenmächte aus eigener Kraft von einer dem Rechtsstaat verpflichteten Justiz durchgeführt wurde. Für das koreanische Volk, das die historische Aufgabe übernehmen muss, die durch Außenmächte geteilten beiden Länder aus eigener Kraft wiederzuvereinigen und gleichzeitig für eine gerecht-rechtsstaatliche Zukunft das Regimeunrecht in Nordkorea aufzuarbeiten, ist das Beispiel der DDR besonders geeignet.

Methodisch konzentriere ich mich - im Überblick - zunächst auf die entsprechenden Rechtsprechungen zu verschiedenen Bereichen des DDR-Unrechts und danach beschäftige ich mich hauptsächlich anhand der Literatur mit den rechtlichen bzw. rechtsdogmatischen Problemen, die durch die Rechtsprechung ans Licht gebracht wurden, wie z.B. die Probleme einer Verfolgung von in der DDR geschehenen Straftaten, die Klärung der Verantwortlichkeiten, die Kritik an der Vorgehensweise und die formalen Bedingungen einer Strafverfolgung in der Bundesrepublik Deutschland eingegangen werden. Nach der Untersuchung der Aufarbeitungsmethoden des DDR-Unrechts folgt eine Überprüfung ihrer Anwendbarkeit auf nordkoreanisches Systemunrecht.

B. Annahmen für die weitere Untersuchung

I. Notwendigkeit der strafrechtlichen Aufarbeitung

1. Leistungsfähigkeit des Strafrechts

Mehr als um den Begriff der strafrechtlichen Vergangenheitsbewältigung entstand in Deutschland eine viel heftigere Debatte um die Leistungsfähigkeit des Straf-

---

37 Die Zuständigkeit für die Verfolgung der NS-Unrechtstaten lag zunächst weitesgehend bei den Besatzungsmächten (z.B. Art. III Kontrollratsgesetz Nr. 4 v. 30.10.1945 und Art. III Kontrollratsgesetz Nr. 10 v. 20.12. 1945). Deren Interesse richtete sich zuvorderst auf die Aburteilung der Führungsgarnitur. In den Nürnberger Prozessen ging es dabei zum Teil um die Verurteilung wegen Taten, für die bis dahin noch keine Strafbarkeit bestand. Den Widerspuch zum rechtsstaatlichen Satz „Nullum crimen sine lege" betrachtete der Internationale Militärgerichtshof bekanntlich für unerheblich und verhängte auch in solchen Fällen Todesstrafen oder hohe Freiheitsstrafen. Vgl. hierzu *Hirsch*, Rechtsstaatliches Strafrecht und staatlich gesteuertes Unrecht, 1994, S. 6 f.

rechts im Hinblick auf die Aufarbeitung der Vergangenheit[38]. Es geht hauptsächlich um die Frage, ob die Strafverfolgung der vergangenen Unrechtstaten wirklich möglich bzw. rechtmäßig ist, ob eine Strafverfolgung negative oder positive Auswirkungen auf die Vorbeugung der künftigen Wiederkehr einer totalitären Diktatur hat und schließlich, ob sie dadurch den Versöhnungsprozess ermöglicht oder nicht. Betrachtet man nur kurz die Kritik an den Möglichkeiten bzw. der konkreten Leistung strafrechtlicher Aufarbeitung, lässt uns beispielsweise die Tatsache, dass die Stasi-Mitarbeiter, die Menschen bespitzelt, zerstört, sogar ermordet haben sowie das SED-Politbüro, das die Verantwortung für Hunderte von Toten an der Grenze der DDR zum Westen trägt, nur in unwesentlichen Ausmaß zur Rechenschaft gezogen wurden und Richter, die sich der Rechtsbeugung schuldig gemacht haben, indem sie aus politischen Gründen unverhältnismäßig hohe Strafen ausgesprochen haben, nur zu relativ geringen Strafen verurteilt bzw. sogar freigesprochen wurden, immer wieder an der Rolle des Strafrechts bei der Vergangenheitsbewältigung zweifeln. Aus diesem Grund ist es für die Fortsetzung dieser Arbeit zuerst nötig, die Rolle der strafrechtlichen Aufarbeitung festzustellen.

a) Vorbehalte

aa) Allgemeine Kritik an der Strafverfolgung

Gegen die Strafverfolgung wird allgemein argumentiert, sie habe negative Auswirkungen auf den Versöhnungsprozess und gefährde so eine solide Basis für die neue Demokratie. Durch die generelle Straflosigkeit vergangenen Regimeunrechts sind mögliche Konflikte zwischen der alten und der neuen Rechtsordnung bzw. den Regimen zu vermeiden. Die komplizierten rechtlichen Probleme - wie Strafverfolgungsverjährung und Rückwirkungsverbot -, die rechtsstaatliches Vertrauen erschüttern können, stellen sich erst gar nicht .

---

38 Für die generelle Leistungsfähigkeit des Strafrechts: *Dreier*, Juristische Vergangenheitsbewältigung, 1994, S. 37; *Limbach*, Gerechtigkeit im Rechtsstaat, ZG 1993, 289; *Odersky*, Die Rolle des Strafrechts bei der Bewältigung politischen Unrechts, 1992, S. 32; *Weber*, Die Verfolgung des SED-Unrechts in den neuen Ländern, GA 140 (1993), 195-229. Für die Notwendigkeit von Strafverfahren plädieren auch: *Isensee*, Vergangenheitsbewältigung durch Recht, 1992, S. 108. Kritisch gegen die Leistungsfähigkeit des Strafrechts äußern sich: *Schroeder*, Geschichtsbewältigung durch Strafrecht?, DRiZ 1996, 81 ff.; *Wolff*, Geschichtsbewältigung durch Strafrecht?, DRiZ 1996, 88 ff.

Zweifel an der „Leistungsfähigkeit des Strafrechts" wurden in der Literatur zuerst von dem ehemaligen DDR-Richter *Wolff* hauptsächlich aus drei Gründen angemeldet[39]: die Ermittlungsstatistik in der Zeit vom 3.10.1990 bis zum 31.12.1994 zeige ungewöhnlich niedrige Ergebnisse[40]; die strafrechtliche Verfolgung der Regierungskriminalität erscheine wegen der Verletzung grundlegender rechtsstaatlicher Prinzipien wie dem Rückwirkungsverbot unmöglich; die rechtliche Reaktionen in Deutschland seien wesentlich anders als die in Polen, Argentinien, Chile, Südafrika und Spanien und so prinzipielle und unabdingbare strafrechtliche Ahndung des Unrecht politischer Vorgänger sei außer in Deutschland nirgendwo zu finden.

Ähnlichen Zweifel zeigt auch *Schünemann* und orientiert sich dabei an der Tatsache, dass die strafrechtliche Aufarbeitung der DDR-Vergangenheit „einen deutschen Sonderweg" markiere, der anders als der jener Länder sei, die eine friedliche Beendigungsweise mit umfassenden Amnestieklauseln gewählt haben. Darüber hinaus sei es nach ihm widersinnig, für die in einem politischen System begangenen Untaten einzelne Individuen zu bestrafen, dadurch den kollektiven Gewaltzusammenhang aufzulösen und den Totalitarismus auf ein unangemessenes Maß zu reduzieren[41]. Vorsichtig ist auch *Jakobs* beim Einsatz des Strafrechts im Bereich der Vergangenheitsbewältigung. *Er* stellt die Erforderlichkeit der Strafe zur Wiederherstellung der verletzten Normgeltung als eine der drei Grundbedingungen für die Zulässigkeit auf[42], was von *ihm* für die Regierungskriminalität der DDR abge-

---

39 *Wolff*, Geschichtsbewältigung durch Strafrecht? DRiZ 1996, 88 ff.

40 Nach ihm wurden mehr als 50.000 Ermittlungsverfahren eingeleitet, die der Regierungskriminalität zugerechnet werden, jedoch fallen nur weniger als 2 Anklagen oder Strafbefehlen auf 100 Ermittlungsverfahren und etwa 25.000 Ermittlungsverfahren wurden aus unterschiedlichen Gründen eingestellt, *Wolff*, a.a.O., 89 ff.

41 *Schünemann*, Aufarbeitung von Unrecht aus totalitärer Zeit, in: *Pawlowski/Roellecke* (Hrsg.), Der Universalitätsanspruch des demokratischen Rechtsstaates, ARSP Beiheft Nr. 65, 1996, S. 106 f.

42 *Jakobs* definiert die vergangenen Verbrechen als „gegenwärtige Störung von Vergangenheit" und die Aufgabe des Strafrecht als „Gewährleistung der Geltung zentraler Normen von dieser Störung". Nach ihm kommen zur Anwendbarkeit des Strafrechts für die Vergangenheitsbewältigung außer der oben erörteten Erforderlichkeit noch zwei weitere Bedingungen hinzu: Die Zurechenbarkeit der Störung zum Täter und die Positivität der angewendeten Rechtsordnung, *ders.*, Vergangenheitsbewältigung durch Strafrecht? - Zur Leistungsfähigkeit des Strafrechts nach einem politischen Umbruch, in *Isensee* (Hrsg.), Vergangenheitsbewältigung durch Recht, 1992, S. 37 ff.

lehnt wurde, da durch die Wiedervereinigung das Problem kognitiv so restlos erledigt wurde, dass normativ nichts mehr zu tun bleibt[43]. Auch *Wesel* hat eingewendet, dass der Ertrag der Strafverfahren gegen DDR-Unrecht für die öffentliche Bewusstseinsbildung im Vergleich zu dem Auschwitz-Prozess gering sei; das wesentliche sei schon bekannt[44].

bb) Vorwurf der Siegerjustiz und Forderung der Amnestie

Der Rechtsstaat zeichnet sich eben genau dadurch aus, dass er nicht mit denselben Mitteln wie die zu bewältigende Diktatur gegen deren Hinterlassenschaften vorgeht und dadurch, dass sein Motiv niemals die Rache sein darf[45]. Doch obwohl natürlich kein Jurist und kein Politiker jemals für eine derartige harte Vorgehensweise plädiert hat, sehen sich die Organe der juristischen und politischen Aufarbeitung mit dem Vorwurf der Siegerjustiz konfrontiert, es wird unterstellt, einem souveränen Staat seine eigenständigen Rechtsprinzipien und seine eigene Rechtspraxis abzusprechen, indem im nachhinein zu Unrecht würde, was die unter der Rechtsordnung des neuen Regimes strafrechtswürdige Verhaltensabweichung sei, vor dem Systemwechsel aber gerade normativ gewünschte Normalität gewesen wäre[46]. Es liegt nicht selten daran, dass sich die in die Enge geratenen Täter als Opfer einer bundesdeutschen Siegerjustiz sehen, um den Spieß der Opfer-Täter-Rollenverteilung umdrehen zu können, was auch zur Erleichterung des Gewissens beitragen mag[47].

Gegen das Argument Siegerjustiz ist die Frage zu stellen, wer denn die Sieger waren. Sind das die ehemalige DDR-Bürger, die in ihrer Volksbewegung von 1989 und in ihrer frei gewählten Volkskammer die strafrechtlich Aufarbeitung der DDR-Vergangenheit forderten oder die BRD, die diese Aufgabe - nach oder gegen ihren Willen - übernommen hat? Es waren schließlich die demokratischen Kräfte der DDR, die Schluss machen wollten mit der strafrechtlichen Privilegierung von

---

43 *Jakobs*, Vergangenheitsbewältigung durch Strafrecht? - Zur Leistungsfähigkeit des Strafrechts nach einem politischen Umbruch, in *Isensee* (Hrsg.), Vergangenheitsbewältigung durch Recht, 1992, S. 58.

44 *Wesel*, Der Honecker-Prozess - Ein Staat vor Gricht, 1994, S. 151 f.

45 *Tierse*, Was ist die Schuld oder Ossis? In: Der Spiegel 46/1997, S. 100-102.

46 *Jakobs*, a.a.O., S. 56 ff.

47 *Schweizer*, Möglichkeiten und Schwierigkeiten der Vergangenheitsbewältigung, in: *Mertens/Dieter* (Hrsg.), Opfer und Täter im SED-Staat, 1998, S. 15.

DDR-Führungskräften. In diesem Zusammenhang scheint das Reden von Siegerjustiz die Tatsachen zu leugnen und das geschehene Unrecht zu verharmlosen[48].

Angesichts dieser rechtlichen und politischen Schwierigkeiten bei der strafrechtlichen Aufarbeitung ist nach der Wiedervereinigung auch eine öffentliche Debatte über eine mögliche Amnestie für die Straftaten, die unter dem DDR-Regime begangen wurden, entstanden[49]. Die Gründe der Befürworter[50] der Generalamnestie lassen sich großzügig in drei Punkte zusammenfassen. *Erstens* könne das durch den Herrschaftsapparat der DDR ausgelöste Unrecht von der bundesrepublikanischen Strafrechtspflege nicht verfolgt werden, denn diese Taten seien zu Zeiten der DDR strafrechtlich nicht verfolgt worden: „Was gestern Recht war, kann heute nicht Unrecht sein"[51]. *Zweitens* seien Strafverfahren als Instrument zur Verwirklichung der Einzelfallgerechtigkeit zwar zulässig, aber nicht geeignet[52]: der Staat verwirkliche nicht eine zeitlose, ewige Gerechtigkeit, sondern seine eigene, ideologiegebundene

48*Marxen/Werle*, Die strafrechtliche Aufarbeitung von DDR-Unrecht - Eine Bilanz, 1999, S. 253.

49 Die wichtigste Versammlung darüber war von der Evangelischen Akademie Loccum, mit ihrer Tagung ca. 90 bekannte Befürworter und Gegner einer Amnestie an einen Tisch gebracht zu haben. Vgl. hierzu *Greive* (Hrsg.), Amnestie für Straftaten unter der SED-Diktatur? - Dokumentation einer Tagung der Evengelischen Akademie Loccum v. 15 bis 17. Feb. 1995 - Loccumer Protokolle 7/95, 1996.

50 Für die Anmestie: *Hillenkamp*, Offene oder verdeckte Amnestie, JZ 1996, 179; *Odersky*, Die Rolle des Strafrechts bei der Bewältigung politischen Unrechts, 1992, S. 30; *Quaritsch*, Aussprache, in: *Starck/Berg/Pieroth*, VVDStRL Heft 51, Der Rechtsstaat und die Aufarbeitung der vor-rechtsstaatlichen Vergangenheit, S. 131; *Schätzler*, Die versäumte Amnestie - Vorwärts gelebt, rückwärts nichts verstanden, NJ 1996, 57; *Sendler*, Strafrechtliche Aufarbeitung der DDR-Vergangenheit oder Amnestie? NJW 1997, 3146. Überwiegend wird eine Generalamnestie abgelehnt und eine weitere Verfolgung schwerer Delikte oder zumindest der Mitglieder der politischen und militärischen Führung befürwortet. Gegen die Amnestie: *Eberan*, Amnestie für Straftaten unter dem DDR-Regime? NJ 1995, 299; *Kreuter*, Staatskriminalität und die Grenzen des Strafrechts, S. 118 ff.; *Limbach*, Fatalismus ist nicht gestattet, RuP 1991, 142, 143; *dies.*, Vergangenheitsbewältigung durch die Justiz, DtZ 1993, 66, 69 f.; *Peschel-Gutzeit*, Zur rechtlichen Auseinandersetzung mit der NS-Gewaltherrschaft und dem SED-Regime, NJ 1995, 450, 454; *Schaefgen*, "DDR-Regierungskrminalität" - Erscheinungsformen und Probleme, RuP 1995, 135; *Schulze-Fielitz*, Der Rechtsstaat und die Aufarbeitung der vor-rechtsstaatlichen Vergangenheit, DVBl 1991, 893, 902; *Wassermann*, Die strafrechtliche Aufarbeitung der DDR-Vergangenheit, RuP 1992, 121, 122 ff.; *ders.*, Amnestie? - eine endlose Debatte? NJW 1998, 204.

51 *Limbach*, Vergangenheitsbewältigung durch die Justiz, DtZ 1993, 68.

52 *Schätzler*, Die versäumte Amnestie - vorwärts gelebt, rückwärts nichts verstanden, NJ 1995, 60.

Systemgerechtigkeit; mit den ideologischen Systemvorgaben der bundesrepublikanischen Rechtsordnung sei weder die untergegangene Rechtswirklichkeit der DDR zu erfassen und zu beurteilen, noch die Gerechtigkeitserwartungen zu erfüllen, die jener vergangenen Rechtsordnung entspringen[53]. *Letztens* handelt es sich um die Frage nach dem politischen Nutzen der Strafverfolgung. Es ist sicher nicht zu erreichen, dass die Betroffenen es als gerecht empfinden, wenn man Bürger, die unter einem alten, untergegangenen System gelebt haben, nach Maßstäben einer für sie neuen Rechtsordnung zur Verantwortung zieht und aburteilt[54]. *Schätzler* betont daher, dass die Strafverfolgung, die politischen Schaden stiftet, durch eine auf die Verhältnisse abgestimmte Amnestie ersetzt werden müsse[55].

Während die Generalamnestie den Ersatz der Strafverfolgung durch Amnestie in Bausch und Bogen vertritt, repräsentiert die beschränkte Amnestie bei der Strafverfolgung die Konzentration auf die schwerwiegenderen Delikte. Bemerkenswert dazu ist der von *Hillenkamp* am Beispiel von DDR-Spionage und Rechtsbeugung eingeführte Begriff „Verdeckte Amnestie", der in sich die Kritik beinhaltet, dass nach der Wiedervereinigung ohne gesetzgeberische Legitimation eine faktische Teilamnestie für DDR-Unrecht herbeigeführt wurde[56]. *Er* plädiert dabei für eine offene Amnestie, aber nicht ein auferlegtes Vergessen, vielmehr eine Amnestie nur in Maß und Grenzen: alle Exzesse, die selbst von einem nicht menschenrechtsfreundlich uminterpretierten DDR-Recht ungedeckt und schwerwiegende Strafrechtsverletzungen waren - wie die Erschießungen durch Grenzsoldaten, erhebliche Rechtsbeugungen der Richter, von MfS-Angehörigen begangene Fälle von Folter bzw. schwere Körperverletzungen -, ließen sich nicht amnestieren; Delikten, die mit dem Strafrecht überhaupt nicht zu erfassen sind - wie Spionage, Telefonterror, Entzug der Ausbildungs- und Berufschance -, seien der typische Gegenstand der offenen Amnestie[57].

---

53 *Rüthers*, Das Recht zwischen Ökononie und Metaphysik - Orientierungsprobleme nach Systemwechsel, Festvortrag in: Verhandlungen des 60. Deutschen Juristentages, Teil 1, 1995.

54 *Schätzler*, Die versäumte Amnestie - vorwärts gelebt, rückwärts nichts verstanden, NJ 1995, 61.

55 *Schätzler*, a.a.O.

56 *Hillenkamp* nennt diese „Verdeckte Amnestie" in anderen Worten „Amnestie durch die Justiz" bzw. „Amnestie durch die Hintertür", *ders.*, Offene oder verdeckte Amnestie, JZ 1996, S. 180.

57 *Hillenkamp*, a.a.O., 182 ff.

Gegner der Amnestie aber argumentieren, dass für die Amnestie ein Mindestmaß an politischem Konsens erforderlich sei[58] bzw. eine gewisse innere Beruhigung voraussetze, die nur nach einer weit genug gediehenen strafrechtlichen Aufarbeitung des geschehenen Unrechts erreicht werden könne. *Limbach* warnt vor einer ernsthaften Gefahr der unüberlegten Amnestie: Amnestien seien zwar ein wichtiges friedenstiftendes Instrument, aber man müsse beim Ergreifen dieses Mittels vorsichtig sein, sonst könne es zur Verlotterung des Strafrechts und einer Erschütterung des Vertrauens der Bevölkerung in die Unverbrüchlichkeit des Rechts führen[59].

b) ***Befürwortende Positionen***

aa) Befriedigung der Opfer des Unrechtssystems

Die strafrechtliche Aufarbeitung wird zuerst benötigt, um die Opfer zu befriedigen und damit deren Vertrauen in den Rechtsstaat zu gewinnen. Damit wird die strafrechtliche Aufarbeitung allerdings nicht nur mit dem Problem der Ahndung begangenen Unrechts konfrontiert, sondern auch von Seiten der Opfer mit der Frage nach der Gültigkeit von Strafurteilen, die während der Diktatur verhängt worden sind[60]. In Deutschland beriefen sich eine Vielzahl der Befürworter der strafrechtlichen Aufarbeitung tatsächlich betont auf den Opferaspekt[61].

In den Augen der Opfer ist die juristische Vergangenheitsbewältigung abgesehen von Entschädigung bzw. Rehabilitation zum großen Teil mit der strafrechtliche Verfolgung von verantwortlichen Tätern verbunden, die in Prozessen für ihre Taten zur Rechenschaft gezogen werden, soweit es sich dabei um strafbares Unrecht handelt. In diesem Zusammenhang ist die Äußerungen von *Kinkel* und *Bohley* interessant:

---

58 *Limbach*, Vergangenheitsbewältigung durch die Justiz, DtZ 1993, 70.

59 *Odersky*, Die Rolle des Strafrechts bei der Bewältigung politischen Unrechts, Heidelberg 1992, S. 30

60 *Hirsch*, Rechtsstaatliches Strafrecht und staatlich gesteuertes Unrecht, 1994, S. 5.

61 *Däubler-Gmelin*, 40 Jahre SED-Unrecht Eine Herausforderung für den Rechtsstaat, Erstes Forum des Bundesministers der Justiz am 9.Juli 1991 in Bonn, ZG Sonderheft 1991, S. 25.; *Heitmann*, Drei Jahre nach der Einheit - Für oder gegen eine Amnestie, NJ 1993, 540; *Kinkel*, Wiedervereinigung und Strafrecht, JZ 1992, 485.

„In ihren Augen liegen die Verbrechen doch ganz offen auf dem Tisch. Sie verstehen auch nicht, dass die Angeschuldigten nur für so alltägliche Vergehen angeklagt werden, während es doch um Straftaten gegen Körper und Leben geht. Sie verstehen nicht, dass der Rechtsstaat jetzt den Tätern zugute kommen soll" [62]

„Unser Problem war ja nicht, den westlichen Rechtsstaat zu übernehmen, unser Problem war, dass wir Gerechtigkeit wollten. Und insofern haben wir natürlich dem Westen unsere Probleme vor die Füße gekippt in der Hoffnung, dass mit dem westlichen Rechtsstaat auch Gerechtigkeit in die neuen Ländern kommt. Aber es sieht ja so aus, als ließe diese Gerechtigkeit lange auf sich warten" [63]

Kinkel betont zwar unter der Annahme „Wo aber Opfer sind, da sind auch Täter!", dass der „mähliche und leise"[64] Terror seitens der DDR zur Rechenschaft gezogen werden müsse, aber er glaubt, dass es ein noch grundlegenderer Zweck der Bestrafung der Verbrecher sei, die Opfer Vertrauen in den Rechtsstaat gewinnen zu lassen: Die Opfer blieben verletzt, auch wenn die Täter gefasst und bestraft würden und je schwerer die Tat, desto schwerer und länger sei für die Opfer der Weg zum inneren Frieden[65]. Damit gewinnen Strafverfahren Bedeutung als ein erster Schritt bzw. ein Fundament zur Befriedigung der Opfer, um damit deren Vertrauen in den Rechtsstaat zu bestärken. Dabei sind strafgerichtliche Verfahren ein geeignetes Mittel, dem Recht der Opfer auf Wahrheit zur Geltung zu verhelfen. Strafverfahren sind von entscheidender Bedeutung, wenn die Urteile nicht nur festhalten, sondern rechtliche Missbilligung des geschehenen Unrechts in der schärfsten Form zum Ausdruck bringen[66].

---

62 *Kinkel*, 40 Jahre SED-Unrecht Eine Herausforderung für den Rechtsstaat, Erstes Forum des Bundesministers der Justiz am 9.Juli 1991 in Bonn, ZG Sonderheft 1991, S. 7.

63 Der genaue Wortlaut dieser Aussage weicht in den verschiedenen Zitaten leicht voneinander ab. Laut *Steffen Heitmann* ("Ankunft und Annahme des Rechtsstaates" Rheinischer Merkur Nr. 48) soll *Bohley* so gesagt haben, zit. n. *Löw*, *Konrad*, in: *Löw* (Hrsg.), Zehn Jahre deutsche Einheit, 2001, S. 25 Fn. 1.

64 *Thierse*, in einem Interview mit Lersch. Lersch, Paul, Wir wussten, was sie taten, Spiegel 33/1991 v. 12. 08.1991, S. 21.

65 *Kinkel*, a.a.O.

66 *Marxen/Werle*, Die strafrechtliche Aufarbeitung von DDR-Unrecht - Eine Bilanz, 1999, S. 246.

bb) Legalitätsprinzip: Unabdingbarkeit der Strafverfolgung

Das Strafrecht hat seine eigentliche Aufgabe darin, der persönlichen Verantwortung der Verbrecher und der Schuld eines jeden einzelnen Beschuldigten nachzugehen. Das Strafrecht tut dies im Dienst am Rechtsstaat und nicht zur Befriedigung von politischen Abrechnungsbedürfnissen[67]. Diese eigentliche Aufgabe des Strafrechts ist in Deutschland gesetzlich durch das Legalitätsprinzip (§ 152 Abs. 2 StPO) festgelegt, das besagt, dass die Staatsanwaltschaft die Pflicht hat, ohne Rücksicht auf Person oder Tat strafbare Handlungen zu verfolgen und zur Anklage zu bringen. Mit diesem Prinzip kritisiert *Schroeder* die von *Jakob*s zur Voraussetzung für Strafeinsatz gemachte „Erforderlichkeit der Strafe zur Wiederherstellung der verletzten Normgeltung“ [68]: Das Legalitätsprinzip enthalte eine Unverbrüchlichkeit der Verantwortung für strafbares Unrecht; es gebe keinen rechtsfreien Raum für die Geschichte; ohne das vom Gesetzgeber erlassenen Amnestiegesetz sei die Strafverfolgung von DDR-Verbrechen zwingend[69]. Schließlich geht es bei der Notwendigkeit der Strafverfolgung nicht um die Frage der Opportunität, sondern die Justiz ist bei Verdacht zu einer Prüfung und zur Verfolgung verpflichtet.

cc) Generalpräventive Auswirkung

Gegen *Jakob*s Auffassung, dass in einer Gesellschaft eine Wendung zum Totalitarismus völlig indiskutabel sei, als Reaktion auf totalitäre Restbestrebungen ein verständnisloses Kopfschütteln reiche[70], stellt sich *Schroeder* mit dem Einwand, dass die Gefahr totalitärer Regime leider fast nie und nirgends „völlig indiskutabel“ sei[71].

Schließlich scheint es, dass diese Debatte wieder auf die Frage nach dem Sinn und Zweck des Strafrechts zurückzuführen ist. Nennenswert ist in diesem Zusammenhang *Roxin*s sog. dialektische Vereinigungstheorie, wonach der Zweck der Strafe ausschließlich in der Spezial- und Generalprävention liegt, während die Vergeltung

---

67 *Odersky*, Die Rolle des Strafrechts bei der Bewältigung politischen Unrechts, Heidleberg 1992, S. 32.

68 Vgl. hierzu *Schroeder*, Geschichtsbewältigung durch Strafrecht? DRiZ 1996, 83.

69 *Schroeder*, Zur Strafbarkeit von Tötungen im staatlichen Auftrag, JZ 1992, 990.

70 *Jakobs*, Vergangenheitsbewältigung durch Strafrecht? - Zur Leistungsfähigkeit des Strafrechts nach einem politischen Umbruch, in *Isensee* (Hrsg.), Vergangenheitsbewältigung durch Recht, 1992, S. 39.

71 *Schroeder*, Geschichtsbewältigung durch Strafrecht? DRiZ 1996, S. 83.

gar keine und das Schuldprinzip nur noch begrenzende Funktion ausübt[72]. Damit versucht *er* die Ahndung der totalitären Diktatur (NS-Taten) auch vor dem dialektischen Vereinigungsmodell zu rechtfertigen, indem er auf die „Unverbrüchlichkeit der Rechtsordnung“ abgestellt hat, die die Bestrafung jedes Mörders erfordere, weil ihre Nichtverfolgung das allgemeine Rechtsbewusstsein schwer erschüttern müsste[73]. In diesem Sinne äußerte sich *Schroeder* weiter, dass die Prozesse gegen DDR-Unrecht wesentlich zur Aufhellung des Funktionierens des DDR-Systems beitrügen, was sicher eine general-präventive Funktion habe[74]. Was die von *Wolffs* oben dargestellte negative Auffassung angeht, stellt *er* sich weiter auf einen anderen Standpunkt mit noch langfristigerem Blickwinkel. Eine strafrechtliche Verfolgung der DDR-Regierungskriminalität habe eine ungeheure generalpräventive Wirkung. Sie scheine zwar im Moment unvollkommen, aber immerhin diene die langjährige Verfolgung des staatsgesteuerten Unrechts der Bestätigung dafür, dass das Regime-Unrecht auf die Dauer nicht ungestraft bleiben werde: Je länger nach dem Zusammenbruch des Unrechts-Regimes die Prozesse durchgeführt würden, desto größer sei sogar die general-präventive Wirkung, indem den Rechtsunterworfenen der „lange Arm der Gerechtigkeit“ deutlich gemacht werde[75].

dd) Volkspädagogische Effekte durch das Bewusstmachen von Geschichte

Die Strafverfolgung des Regimeunrechts erfüllt weiter die wichtige volkspädagogische Funktion, in den neuen Ländern der Bundesrepublik das Verständnis für den Wert des Rechtsstaats zu erwecken. Das wird dadurch möglich, indem den Bürgern die unter dem Unrechtsregime begangenen Verbrechen im Rahmen von Prozessen bewusst gemacht werden. Neben der Bekanntmachung der Straftaten vermittelten diese Prozesse zugleich wichtige und bisher unbekannte Informationen über das DDR-Regime und über seine kriminellen Strukturen[76]. Die Sichtbarmachung dieser Strukturen wird u.a. dadurch verwirklicht, indem die Verführungs- und Drucksituationen ermittelt werden, die die Beteiligten dazu brachten, an dem Unrecht mitzu-

---

72 *Roxin*, Strafrecht AT, Bd. I, 4. Aufl. (2006), § 3 Rn. 37 ff.

73 *Roxin*, , a.a.O.

74 *Schroeder*, Geschichtbewältigung durch Strafrecht, DRiZ 1996, 83.

75 *Schroeder*, Zur Strafbarkeit von Tötungen im staatlichen Auftrag, JZ 1992, 993; *ders.*, Geschichtbewältigung durch Strafrecht? DRiZ, 83.

76 *Schroeder*, Geschichtbewältigung durch Strafrecht? DRiZ, 83.

wirken. Die Prozesse tragen also wesentlich zur Aufhellung des Funktionierens des DDR-Systems bei[77] und gerade hierdurch kann ein wichtiger Beitrag zur Versöhnung geleistet werden.

Eigentlich ist es keine Aufgabe der Strafgerichte, über den Anklageumfang hinaus Beiträge zur Erhellung der Geschichte der DDR zu leisten. Erkenntnisse über das Regimeunrecht und seine Strukturen sind lediglich Nebenprodukte, die im Rahmen des Strafverfahrens anfallen[78]. Trotzdem soll bei einem politischen Systemwechsel, der erhebliches Erschütterungen im Rechtsbewusstsein mit sich bringt, auch das Strafrecht - als ein wichtiger Teil des gesamten Rechtssystems - eine solche Rolle übernehmen. Es leben Rechtsstaat und Recht, so sagte bemerkenswerterweise *Odersky*[79], nicht von Institution und Normen, sondern von dem Willen der Bürger zum Recht. Dann ist es ohne Frage eine der Aufgaben des Strafrechts, den Bürgern in den neuen Bundesländern nach vierzig Jahren erduldeten Unrechts den Rechtsstaat näherzubringen.

Bei den NS-Prozessen haben die Verfahren gleichsam einen volkspädagogischen Effekt auf dem Gebiet der politischen Bildung gehabt, indem sie breiten Bevölkerungskreisen die Augen dafür öffneten, was durch das Naziregime geschehen war, sie also dessen Realität enthüllten[80]. Dann ist es auch abzuwarten, ähnliche Wirkungen sicher auch bei der strafrechtlichen Aufarbeitung des SED-Unrechts zu finden.

c) Fazit: Strafrechtliche Aufarbeitung als Beitrag zur Gestaltung der Zukunft

„Dass es nicht wieder geschehe“ muss das eigentliche Anliegen jeder Auseinandersetzung mit Fehlern, Unglück und Verbrechen der Vergangenheit sein[81]. Genau

---

77 *Schroeder*, Geschichtbewältigung durch Strafrecht? DRiZ, 83.

78 *Wassermann*, Sind politische Verbrechen justitiabel? - Möglichkeiten und Grenzen des Strafrechts, in: *Weber/Piazolo* (Hrsg.), Eine Diktatur vor Gericht - Aufarbeitung von SED-Unrecht durch die Justiz, 1995, S. 24.

79 *Odersky*, Die Rolle des Strafrechts bei der Bewältigung politischen Unrechts, Heidleberg 1992, S. 30.

80 Vgl. *Wassermann*, Recht, Gewalt, Widerstand, 1985, S. 34; ders., Sind politische Verbrechen justitiabel? - Möglichkeiten und Grenezen des Strafrechts, in: *Weber/Piazolo* (Hrsg.), Eine Diktatur vor Gericht - Aufarbeitung von SED-Unrecht durch die Justiz, 1995, S. 24.

81 *Wolff*, Geschichtsbewältigung durch Strafrecht?, DRiZ 1996, 96.

in diesen general-präventiven Effekt liegt m.E. die wichtigste Notwendigkeit der strafrechtlichen Aufarbeitung der Regierungskriminalität. Obwohl die generalpräventive Wirkung der strafrechtlichen Aufarbeitung von DDR-Unrecht bei *Schünemann* nur teilweise Anerkennung findet[82], räumt *er* aber ein, dass diese strafrechtliche Aufarbeitung für die Machthaber insoweit einen general-präventiven Effekt habe, dass ein totalitärer Machthaber aus Furcht vor künftiger Bestrafung nach seinem Sturz möglicherweise doch noch von der Rechtsgutsverletzung abgehalten werde[83]. In die gleiche Richtung argumentiert auch *Alexy*, der in der generalpräventiven Wirkung durch die Bestrafung derjenigen, die ein einem Unrechtsregime gesetzlich gedecktes extremes Unrecht begangen haben, einen der wesentlichen Gründe für die *Radbruch*sche Formel finden wollte[84].

Ein klares Beispiel: Strafwürdige Gewalttaten der DDR wurden seit 1961 in der Zentralstelle der Landesjustizverwaltungen in Salzgitter dokumentiert. Dies war den meisten Amtsträgern der DDR bekannt und der damalige Staatsratsvorsitzende der DDR, *Erich Honecker*, verlangte sogar öffentlich die Abschaffung der Zentralstelle. Dies zeigt deutlich, wie die Möglichkeit späterer Strafverfolgung eine gewisse generalpräventive Wirkung ausübt.

Eine Amnestie ergibt m.E. Sinn, wenn sie der Versöhnung in einer gemeinsamen Zukunft dient, als Instrument des bloßen Vergessens besitzt sie aber keinen. Der Amnestiegedanke beruht nicht selten darauf, dass so viel Schuld vorhanden ist, dass sie sowieso nie aufgearbeitet werden kann und man daher einen Schleier des Vergessens darüber ausbreiten möchte[85]. Auch nach *Wassermann* soll die Versöhnung auf drei Stufen vollzogen werden: (i) Der sich schuldig gemacht hat, wird sich seiner Schuld bewusst (erkennt sie also), (ii) bekennt und bereut sie und (iii)

---

82 *Schünemann* weist auf eine differenzierende Behandlung der Verbrechen des totalitären Staates hin: nur Initiativ- und Exzesstaten sollten bestraft werden, da diese Formen - anders als reine Rollentaten - auf einer individuellen Entscheidung des Täters beruhen und dadurch ein akutes Präventionsbedürfnis begründen, ders., Rechtsprobleme bei der Bestrafung nationalsozialistischer Gewalttaten, in: FS für *Bruns*, 1978, S. 244 f.

83 *Schünemann*, Verfassungsrechtliche Probleme der strafrechtlichen Aufarbeitung, in: Deutscher Bundestag (Hrsg.), Enquête-Kommission „Überwindung der Folgen der SED-Diktatur im Prozeß der deutschen Einheit“ Band II/2, S. 1362.

84 *Alexy*, Mauerschützen, 1993, S. 26 ff.

85 *Eberan*, Amnestie für Straftaten unter dem DDR-Regime?, NJ 1995, 301.

erlangt daraufhin Verzeihung und Vergebung[86]. Amnestien seien nur scheinbar befriedend, denn Sie bereiten einen Mantel des Schweigens über das vergangene Unrecht und tragen zum Vergessen bei, aber das Schweigen ebnet nicht den Weg zum inneren Frieden und zur Aussöhnung. Ähnlich schildern es *Marxen* und *Werle* auch[87].

Eberan weist auf die Erfahrung aus der Nachkriegszeit hin, dass eine vorschnelle Amnestierung keinen gesellschaftlichen Gewinn von Dauer bringe, weil die Probleme, die durch die Amnestien zugedeckt worden waren, in der 68er Bewegung wieder hochkochten[88]. Zwar hat *Hillenkamp* Recht mit seiner Amnestiethese[89], es ist aber zu vermeiden, von Anfang an bestimmte Delikte auszuklammern. Vielmehr sollen die genauen Sachverhalte und die Strafverfolgungsmöglichkeiten in allen Bereichen gründlich überprüft werden. In diesem Sinne dient die strafrechtliche Aufarbeitung der Kenntlichmachung des Unrecht und der Wiederherstellung des durch die kriminellen Aktivitäten der Machthaber zerstörten Rechtsbewusstseins. Die Gerechtigkeit für Täter und Opfer, die durch die Strafjustiz beleuchtet wird, fungiert auch als Voraussetzung für Versöhnung bzw. Amnestie[90]: „wirkliche Versöhnung ist nur möglich im Angesicht der Wahrheit“[91].

Mit diesen klassischen Zielen der Strafjustiz decken sich die Erwartungen der Allgemeinheit. Es geht um Kenntlichmachung des Unrechts, um Wiederherstellung des durch die Kriminalität der Machthaber zerrütteten Rechtsbewusstseins, um Gerechtigkeit für Täter und Opfer, um Schulderkenntnis und Reue als Voraussetzung für Versöhnung, schließlich um Wiedereingliederung in die Gesellschaft, von der die Täter sich durch ihre Taten ausgeschlossen haben[92]. Auf diese Weise hat die

---

86 *Wassermann*, Amnestie - eine endlose Debatte?, NJW 1998, 205; *ders*., Schlussstrich unter die SED-Verbrechen?, NJW 1994, 2668.

87*Marxen/Werle*, Die strafrechtliche Aufarbeitung von DDR-Unrecht - Eine Bilanz, 1999, S. 255.

88 *Eberan*, Amnestie für Straftaten unter dem DDR-Regime?, NJ 1995, 301.

89 Siehe dazu oben S. 37 ff.

90 In diesem Sinne auch *Körting*, Ist (Straf-)Recht ein geeignetes Mittel zur Aufarbeitung der Geschichte? NJ 1999, 4; *Kinkel*, Wiedervereinigung und Strafrecht, JZ 1992, 486.

91 *Heitmann*, Drei Jahre nach der Einheit - Für oder gegen eine Amnestie, NJ 1993, 540.

92 *Wassermann*, Sind politische Verbrechen justitiabel? - Möglichkeiten und Grenezen des Strafrechts, in: *Weber/Piazolo* (Hrsg.), Eine Diktatur vor Gericht - Aufarbeitung von SED-Unrecht durch die Justiz, 1995, S. 22.

Justiz einen Beitrag zur Abkehr von Diktatur und zur Festigung des demokratischen Systems leisten können.

40 Jahre SED-Willkür haben tiefe Spuren hinterlassen. Obwohl der Staat DDR untergegangen ist, sind die Menschen, die dieses System erlebt haben, aber geblieben. Viele von ihnen waren in das Unrecht als Opfer verstrickt[93]. Bei der strafrechtlichen Aufarbeitung des SED-Unrechts geht es also überhaupt nicht um Rache und Vergeltung oder gar Siegerjustiz. Wer hier von Siegerjustiz spricht, beweist damit nur, dass es ihm an Unterscheidungsvermögen fehlt. Es geht nicht um Rache, sondern um die Wiederaufrichtung gerechten Rechts[94]. Es geht um die Verwirklichung und Durchsetzung des Rechtsstaats. Die Idee des Rechtsstaats ist es, die diese Verfahren erfordert[95]. Trotzdem ist das Strafrecht dringend vonnöten, wo den Regierenden Unrecht und Schuld individuell nachzuweisen ist, sollen sie bestraft werden[96].

Darüber hinaus darf man nicht übersehen, dass das Strafrecht dabei mit seinen Möglichkeiten keine umfassende Verarbeitung des staatlich begangenen Unrechts leisten kann; es ist nur ein sehr beschränktes Mittel zum pragmatischen Umgang mit dem Verbrechen und mit der Schuld derer, die es begangen haben, es ist kein Ersatz für die geschichtliche Erkenntnis dessen, was in der DDR geschehen ist[97]. Man muss sich dessen bewusst sein, dass daneben - außerhalb der strafrechtlichen Prozesse - auch eine historisch-politische Aufarbeitung erforderlich ist[98].

---

93 *Kinkel*, 40 Jahre SED-Unrecht Eine Herausforderung für den Rechtsstaat, Erstes Forum des Bundesministers der Justiz am 9.Juli 1991 in Bonn, ZG Sonderheft 1991, Vorwort.

94 *Wassermann*, Die strafrechtliche Aufarbeitung der DDR-Vergangenheit, Recht und Politik 1992, Heft 3, 132.

95 *Kinkel*, 40 Jahre SED-Unrecht Eine Herausforderung für den Rechtsstaat, Erstes Forum des Bundesministers der Justiz am 9.Juli 1991 in Bonn, ZG Sonderheft 1991, Vorwort.

96 *Kinkel*, Wiedervereinigung und Strafrecht, JZ 1992, 487.

97 *Schreiber*, Aufarbeitung staatlich gesteuerten Unrechts, ZStW 1995, 158.

98 *Kinkel*, a.a.O., 489.

II. Der Unrechtsstaat als Voraussetzung für die strafrechtliche Aufarbeitung

1. Problemstellung

Es ist eine besondere Herausforderung an den Rechtsstaat, wenn er ein Regime aufarbeiten muss, das gerade nicht auf dem Rechtsstaatsgedanken beruhte. Meistens haben solche sog. „Unrechtsstaaten" bzw. zumindest „Nicht-Rechtsstaaten " keine Bindung an eine rechtliche oder verfassungsrechtliche Ordnung in unserem Sinne. Wenn unter solchen Umständen die staatlich gelenkten Handlungen des gestürzten Regimes von einem nachfolgenden Rechtsstaat aufgearbeitet werden sollen, entstehen manche Schwierigkeiten. Der Rechtsstaat muss vor allem die Bewertungsmaßstäbe zur Unterscheidung von Rechts- und Unrechtsstaat schaffen, auf deren Basis die Akte des Vorgängerstaates pauschal beurteilt werden können.

Es ist üblich geworden, die DDR wie das Dritte Reich als Unrechtsstaat oder Unrechtssystem zu bezeichnen[99]. Aber man muss vorsichtig sein bei der Benennung der DDR als Unrechtsstaat. Es besteht nämlich die Gefahr, dass der Begriff Rechtsstaat/Unrechtsstaat bei der strafrechtlichen Aufarbeitung ausgenutzt wird, um jeden, der in der DDR in verantwortlicher Stellung tätig war, als Täter erscheinen zu lassen. Aber die Frage ist, was überhaupt ein Unrechtsstaat ist, ob das ein Rechtsbegriff ist und wozu dann diese Unrechtsstaatendebatte dient. Es ist schwer, eine inhaltliche Definition dieses Begriffs zu finden, die rechtswissenschaftlichen Kriterien standhält.

a) Begrifflichkeit von Rechtsstaat bzw. Unrechtsstaat

Der Begriff des Rechtsstaats im westlichen Verständnis ist verhältnismäßig deutlich definiert. Zu seinen wesentlichen Konstituionsprinzipien sind die Gewährleistung von Menschen- und Bürgerrechten sowie die Gewaltenteilung[100] zu zählen.

---

99 Für die DDR vgl. schon Bundesministerium der Justiz (Hrsg.), Unrecht als System - Dokumente über planmäßige Rechtsverletzungen im sowjetischen Besatzungsgebiet, 1952-1962.

100 Vgl. Art. 16 der frz. Verfassung von 1791: Toute societe, dans laquelle la garantie du droit n'est pas assuree ni la separation des puovoirs determinee, n'a point des constitution (Jede Gesellschaft, in der weder die Garantie der Rechts zugesichert noch die Trennung der Gewalten festgelegt ist, hat keine Verfassung); hierauf stellt auch *Starck*, Der Rechtsstaat und die Aufarbeitung der vor-rechtsstaatlichen Vergangenheit, in: VVDStRL 51 (1991), 11.

Dazu kommen als wichtigste Folgeprinzipien die Gesetzmäßigkeit der Verwaltung, die Unabhängigkeit der Gerichte sowie die Berechenbarkeit und Voraussehbarkeit staatlicher Machtäußerungen[101].

Laut der Rechtsprechungen und der herrschenden Lehre[102] gelten weiter die Existenz einer die Kompetenzen der obersten Staatsorgane regelnden Verfassung, sowie die Grundsätze der Verhältnismäßigkeit, der Rechtssicherheit und eines Mindestmaßes an materieller Gerechtigkeit als die Rechtsstaatsidee konstituierenden Prinzipien.

Grundsätzlich lassen sich die Kriterien des Unrechtsstaats im Gegenschluss zum Begriff des Rechtsstaats erschließen. Ein Staat, dem wesentliche Merkmale der Rechtsstaatlichkeit fehlen, könnte zumindest ein Nicht-Rechtsstaat sein, aber nicht unbedingt ein Unrechtsstaat[103]. Charakteristisches Merkmal von Unrechtsstaaten ist eher die systematische Verletzung selbstgesetzten Rechts[104]. Im gleichen Sinne bezeichnet *Sendler* ein System als Unrechtsstaat, welches „auf's Recht gepfiffen hat“: In einem solchen System stehe das Recht unter dem Vorbehalt des Politischen in Gestalt des Parteiwillens und werde nach Willkür ausgelegt oder suspendiert[105]. Als ein weiteres Kennzeichen des Unrechtsstaates zählt er die „Perversion des Rechts im totalitären Regime “ hinzu[106], allerdings gleich im Ergebnis: die systematische Verletzung selbstgesetzten Rechts.

---

101 *Biermann*, Gesetzliches Unrecht in der DDR und Rückwirkungsverbot - am Beispiel von § 27 des DDR-Grenzgesetzes (Diss.), 1998, S. 22.

102 Vgl. BverfGE 2, 380, 408; u, 89, 98 f.; 30, 1, 24 f.; 52, 131, 141 f.; ferner auch *Krawietz*, Rechtstheorie 1993 (Jugoslawien-Beiheft), 95; *Schmidt-Aßmann*, in: *Isensee/Kirchhoff* (Hrsg.), Handbuch des Staatsrechts Bd. 1, 1987, § 24, zit.n. *Schünemann*, Aufarbeitung von Unrecht aus totalitärer Zeit, in: *Pawlowski/Roellecke* (Hrsg.), Der Universalitätsanspruch des demokratischen Rechtsstaates, ARSP Beiheft Nr. 65, 1996, Fn. 9.

103 *Dreier*, Rechtsphilosophische Aspekte juristischer Vergangenheitsbewältigung, in: ZRP 1993, 305.

104 Die Verletzung selbstgesetzten Rechts äußerte sich in der willkürlichen Anwendung der Gesetze. In der DDR wurde nicht nur das Strafrecht, sondern auch das Zivilrecht in den Dienst der plitischen Justiz eingespannt, etwa in den Fällen der Zwangsadoptionen oder im Arbeitsprozess, in dem Ausreisewilligen der Rechtsschutz verweigert wurde; S. hierzu *Dreier*, Juristische Vergangenheitsbewältigung , 1995, S. 16.

105 *Sendler*, Über Rechtsstaat, Unrechtsstaat und anderes - Das Editorial der Herausgeber im Meinungsstreit, NJ 1991, 380.

106 *Sendler*, Die DDR ein Unrechtsstaat - ja oder nein? ZRP 1993, 4.

An die Stellungnahme *Sendlers* schließt sich *Radbruch*s Rechtsstaatsbegriff an. *Er* versteht 1914 im Anschluss an *Kelsen*s „Reine Rechtslehre" Recht und Staat als identisch: „Der Staat ist das Recht als normierende Aktivität; das Recht der Staat als normierte Zuständlichkeit, eins vom anderen ist zwar unterscheidbar, aber ungeschieden, und unteilbar deshalb auch die Frage nach dem Zweck des Rechtes und des Staates"[107]. Diesen rein juristischen Begriff des Staates ergänzt er 1932 um einen soziologischen Staatsbegriff: der Staat sei Rechtswirklichkeit[108]. Danach sei der Staat die Wirklichkeit, die den Sinn hat, das Recht zu verwirklichen. Ein Staat, der an seine eigenen Gesetze fest gebunden ist, betrachtet *Radbruch* als Rechtsstaat[109].

Gelegentlich wird ein Unrechts-Regime als „Vorrechtsstaat" bezeichnet[110]. Aber dieser Begriff wirkt nicht so überzeugend, da er die Vorstellung hervorruft, dass er eine Staatsform meint, wie sie vor der Entwicklung des Begriffs des Rechtsstaates im 19. Jahrhundert diskutiert wurde[111].

b) Die typische Form des Unrechtsstaates: Totalitäre Diktatur

Totalitäre Regime sind ein typisches, aber nicht notwendiges Merkmal der Unrechtsstaaten. Gekennzeichnet ist ein totalitäres Regime außer durch die oben genannte systematische Verletzung selbstgesetzten Rechts durch weitere Merkmale: Einparteienherrschaft, staatlich verwaltete Ideologie, Instrumentalisierung des Rechts im Dienste dieser Ideologie, extensive und intensive Staatsschutzpraxis[112]. In der Praxis ist die totalitäre Diktatur dort festzustellen, wo die Gruppe der potentiell zur Diktatur Befähigten, deren Machtausübung von keiner anderen Gewalt effektiv kontrolliert wird, das Machtmonopol besitzt und selbst über dem Recht ste-

---

107 *Radbruch*, Grundzüge der Rechtsphilosophie, 1914, S. 83 f.

108 *Radbruch*, Rechtsphilosophie, 1932, S. 179 f.

109 *Radbruch*, a.a.O., S. 182.

110 *Starck*, Der Rechtsstaat und die Aufarbeitung der vorrechtsstaatlichen Vergangenheit, VVDStRL 51 (1992), S. 11.

111 *Biermann*, Gesetzliches Unrecht in der DDR und Rückwirkungsverbot - am Beispiel von § 27 des DDR-Grenzgesetzes (Diss.), 1998, S. 24.

112 *Dreier*, Rechtsphilosophische Aspekte juristischer Vergangenheitsbewältigung, in: ZG 1993, 305.

hen[113]. Diktaturen können in verschiedenen Formen auftreten[114]. In den kommunistischen Systemen bildet meistens der Marxismus-Leninismus die Grundlage der Verkörperung der Ideologie.

2. Die DDR als Unrechtsstaat?

Bei der Debatte über die juristische Auseinandersetzung mit der DDR wird häufig der Begriff des Unrechtsstaates direkt oder indirekt auf sie angewendet[115]. Darin besteht der Versuch, die Bewertung der SED und die der Nazi-Herrschaft als Unrechtsstaat gleichzusetzen[116]. Betracht man die Haltung der Literatur zur Frage, ob die ehemalige DDR ein Un-rechtsstaats war, so zeigt sich allerdings ein überaus uneinheitliches Meinungsbild.

---

113 *Schünemann*, Aufarbeitung von Unrecht aus totalitärer Zeit, in: *Pawlowski/Roellecke* (Hrsg.), Der Universalitätsanspruch des demokratischen Rechtsstaates, ARSP Beiheft Nr. 65, 1996, S. 99.

114 *Lerner* unterteilt die Bestimmung des Diktaturenbegriffs in vier Haupttypen: (i) Die konstitutionelle Diktatur aus dem liberal-sozialistischen Block, die in der Folge eines Zusammenbruchs oder revolutionären Umsturzes oder eines Krieges entstand, (ii) Die kommunistischen Diktaturen, (iii) Die konterrevolutionären oder Weißen Diktaturen in Ländern, in denen die sozialistischen und kommunisitischen revolutionären Bewegungen sich als unreif oder unstabil erwiesen (z.B. Polen, Ungarn, Finnland) und die den sog. Weißen Terror mit sich brachten, (iv) Die faschisitische Diktatur, die Lener als die wirksamste dieser Formen bezeichnet. Erkennbare und wesentliche Unterschiede zwischen der faschistischen Diktatur der des Proletariats betont Lerner bei den Zielen, den Traditionen und den Ideologien der beiden Formen, nicht aber im bezug auf die Wirkungen bzw. Folgen der jeweiligen Diktaturen. *Lerner*, Wege der Totalitarismus-Forschung, 1968, S. 30-48.

115 Z.B. *Dreier*, Rechtsphilosophische Aspekte, in: ZG 1993, 304 ff.; *ders*., Juristische Vergangenheitsbewältigung, S. 16; *ders*., Gesetzliches Unrecht im SED-Staat? Am Beispiel des DDR-Grenzgesetzes, in: FS für *Kaufmann*, S. 58 f.; *Eser/Arnold*, Strafrechtsprobleme im geeinten Deutschland, in: NJ 1993, 245 f.; *Haft*, Die „Bereinigung" des SED-Unrechts, in: DtZ 1994, 258; *ders*., Zur „Bereinigung" des SED-Unrechts - Anmerkung zu OLG München, in: wistra 1993, 170 f.; *Münch*, „Aufarbeitung der SED-Vergangenheit, in: FS für *Remmers*, S. 46; *Müller/Grigo*, Amnestie oder Strafverfolgung?, in: KJ 1991, 88 ff.; *Sendler*, Die DDR ein Unrechtsstaat - ja oder nein?, in: ZRP 1993, S. 1 ff.; *ders*., Über Rechtsstaat, Unrechtsstaat und anderes - Das Editorial der Herausgeber im Meinungsstreit, in: NJ 1991, S. 379 ff.; *Starck*, Der Rechtsstaat und die Aufarbeitung der vorrechtsstaatlichen Vergangenheit, VVDStRL 51 (1992), S. 16; *Wassermann*, Schlussstrich unter die SED-Verbrechen?, in: NJW 1994, 2666 ff.

116 *Müller*, Die DDR - ein „Unrechtsstaat?"?, NJ 1992, S. 282.

a) Zustimmung

Am strengsten ist die Einschätzung des Historikers *Bracher* zu nennen. Für ihn sei die SED-Diktatur von Beginn an bis zu ihrem Ende nichts als ein Unrechtsstaat gewesen und die DDR nichts als der „rote(r) Bruder und Testamentsvollstrecker des Nazistaates“[117]. Hier spielen die Kriegsverbrechen und die Massenvernichtung von Millionen während des Naziregimes bloß eine Nebenrolle. *Heuer* stellt fest, dass die DDR - trotz einiger Fortschritte - bis zum Schluss kein Rechtsstaat gewesen sei[118].

Die gleiche Linie wird auch von *Dreier* verfolgt. In den Augen von *Dreier* ändert die Tatsache, dass zwischen dem SED- und dem NS-Unrecht quantitative und qualitative Unterschiede bestehen, nichts daran, dass die Merkmale des Unrechtsstaats auch im Fall der DDR erfüllt waren[119]. In diesem Sinne bezeichnet *Sendler* die DDR als „im Kern ein Unrechtsstaat“, da dort alle wesentlichen rechtsstaatlichen Elemente fehlten, obwohl *er* einräumt, was kein Rechtsstaat sei, brauche deswegen allerdings noch kein Unrechtsstaat zu sein[120] und es gebe in solchen Unrechtsstaaten Bereiche, die sich auch in einem Rechtsstaat sehen lassen könnten. Auch *Lampe* stellt fest, dass die DDR ein Unrechtsstaat „im staatspolitischen Sinne fehlender Anpassung an den westlichen Kulturstandard eines Rechtsstaates“ war[121].

Wassermann verweist vor allem auf die Tatsache, dass Gesetze in DDR systematisch verletzt werden konnten und dadurch Unrecht dort systematisch geschah. Anders als in der BRD: In der BRD gebe es auch behördliche und gerichtliche Fehlentscheidungen, die Unrecht darstellten. Dieses Unrecht seien jedoch Einzelereignisse, was in DDR grundsätzlich anders gewesen sei[122]. Blickt man zum oben ge-

---

117 *Bracher*, 40 Jahre Diktatur - Herausforderung für den Rechtsstaat, Recht und Politik 1991, S. 137 ff.

118 Leserbrief im Tagesspiegel vom 26.7.1992, Weltspiegel S. II. So auch *Heuer-Riege*, Der Rechtsstaat - eine Legende? 1992, S. 98.

119 *Dreier*, Rechtsphilosophische Aspekte juristischer Vergangenheitsbewältigung, in: ZRP 1993, 305.

120 *Sendler*, Über Rechtsstaat, Unrechtsstaat und anderes - Das Editorial der Herausgeber im Meinungsstreit, NJ 1991, 380.

121 *Lampe*, in: *Lampe*(Hrsg.), Die Verfolgung von Regierungskriminalität der DDR nach der Wiedervereinigung - Deutsche Wiedervereinigung Bd II Arbeitskreis Strafrecht, 1992, S. 26.

122 *Wassermann*, Wieviel Unrecht macht einen Staat zum Unrechtsstaat? NJW 1997, 2153.

nannten Merkmal eines Unrechtsstaats, der „Systematische Verletzung selbstgesetzten Rechts " zurück, scheint diese Schlussfolgerung überzeugend.

Die Charakterisierung als Unrechtsstaat bedeutet auch nicht, dass in der DDR stets wahllos Willkür und Terror geherrscht hätten. Es liegt, wie wir aus der Geschichte des NS-Regimes wissen, durchaus im Interesse der Machthaber in totalitären Herrschaftssystemen, Unterdrückungs- und Gewaltmaßnahmen den Anschein von Rechtsmäßigkeit zu geben[123] .

b) Vorbehalte

Im Schrifttum besteht fortgesetzt Übereinstimmung darüber, dass die DDR kein „Rechtsstaat" war[124]. Allerdings ist die Frage, ob die DDR, da sie nach ihrem Selbstverständnis gerade kein Rechtsstaat im westlichen Sinne war, deshalb als Unrechtsstaat bezeichnet werden kann, schwer pauschal zu beantworten.

Müller hält zwar den Begriff Unrechtsstaat für eine subtile Form der Gleichsetzung von dem NS-Regime und der DDR: diese Nennung diene offensichtlich dazu, die Verurteilung Beteiligter zu pauschalieren, dass alles, was der Unrechtsstaat hervorgebracht habe, Unrecht gewesen sei; weiter schränkt *er* ein, „kein Rechtsstaat" gewesen zu sein, rechtfertige nicht, die DDR einen Unrechtsstaat zu nennen [125]. So erachtet *Sendler* auch die Qualitäten „kein Rechtsstaat zu sein" und „ein Unrechtsstaat zu sein" als strikt getrennt. Nicht alles im Unrechtsstaat sei Unrecht. Die Folge: Reine Rechtsstaaten gebe es wohl nicht, reine Unrechtsstaaten aber auch nicht[126].

Schünemann wendet sich mit der gleichen Position gegen die Auffassung, die BRD als ideale Verkörperung der Rechtsstaatsidee, oder den totalitären Staat das Gegenbild zum Rechtsstaat zu betrachten. Dafür biete auch die Bundesrepublik schon ge-

---

123 *Wassermann*, Zur Aufarbeitung des SED-Unrechts, Aus Politik und Zeitgeschicht 1993/B4, S. 4.

124 Z.B. *Fricke*, Die DDR - kein Unrechtsstaat?, Tagesspiegel v. 24.6.1992, S. 5; *Heuer/Riege*, Der Rechtsstaat - ein Legende?, 1992, S. 98; *Sendler*, Die DDR ein Unrechtsstaat - ja oder nein?, ZRP 1993, S. 1.

125 *Müller*, Die DDR - ein „Unrechtsstaat"?, NJ 1992, 283.

126 *Sendler*, Die DDR ein Unrechtsstaat - ja oder nein?, ZRP, 1993, S. 4.

nug Kritikpunkte[127]. Die Rechtsstaatsidee sei schließlich relativ zur jeweiligen Kultur der betreffenden Gesellschaft[128]. *Kaufmann* warnt vor der Gefahr einer unzulässigen Vereinfachung: Die Grenzen zwischen Rechtsstaat und Unrechtsstaat seien fließend. Es gebe keinen Staat und somit auch keinen Rechtsstaat, der der Gefahr einer Perversion zum Unrechtsstaat entrückt wäre und in dem nicht von der Obrigkeit verschuldetes Unrecht vorkäme[129].

c) Fazit

Den Rechtsstaat lehnte die DDR deutlich ab[130]. Einen greifbaren Begriff des sozialistischen Rechtsstaates hat die DDR während ihres Bestehens nicht erreicht: Die Idee einer sozialistischen Gesetzlichkeit stand im Zentrum der diesbezüglichen Ansätze[131]. Das Recht war als sozialistisches Recht der staatliche Wille, der die Interessen der Arbeiterklasse und aller Werktätigen ausdrückt und durch die materiellen Lebensbedingungen der Gesellschaft bestimmt wird; dieser Wille wird vom Staat im System der Normen objektiviert, die auf die Regelung der gesellschaftlichen Verhältnisse im Zusammenhang mit dem Aufbau des Sozialismus-Kommunismus gerichtet sind, durch das System der organisatorischen und ideologischen Mittel gewährleistet und durch staatlichen Zwang geschützt werden“[132].

---

127 *Schünemann* nennt dazu drei Beispiele: (i) Krise der Parteiendemokratie, die durch die sog. gemeinsame Verfassungskommission ins Abseits geschoben worden ist, (ii) Mangel an Naturressourcenschutz im Grundgesetz als Grundrecht nächster Generationen, (iii) Unterdrückung abwegiger Meinungsäußerungen mit strafrechtlichen Mitteln, *Schünemann*, Aufarbeitung von Unrecht aus totalitärer Zeit, in: *Pawlowski/Roellecke* (Hrsg.), Der Universalitätsanspruch des demokratischen Rechtsstaates, ARSP Beiheft Nr. 65, 1996, S. 101.

128 *Schünemann*, Aufarbeitung von Unrecht aus totalitärer Zeit, in: *Pawlowski/Roellecke* (Hrsg.), Der Universalitätsanspruch des demokratischen Rechtsstaates, ARSP Beiheft Nr. 65, 1996, S. 101.

129 *Kaufmann*, Rechtsphilosophie, 2. Aufl. 1997, S. 209.

130 S. insbes. *Benjamin*, Recht und Rechtsbewusstsein, in: StuR 1955, 236, die in der Schaffung eigenen DDR-Rechts eine Abgrenzung zu den bürgerlichen Rechtsideen und deren Vorstellungen sah.

131 Hierzu *Heuer*, Überlegungen zum Rechtsstaat DDR, in: NJ 1988, 479; *Sieveking*, Die Entwicklung des sozialistischen Rechtsstaatsbegriffs in der DDR, S. 110.

132 Institut für Theorie des Staates und des Rechts (Hrsg.), Marxistisch-leninistische allgemeine Theorie des Staates und des Rechts, Bd. 4, S. 19.

Die Frage, ob ein derartiger Staat ein Rechtsstaat oder ein Unrechtsstaat ist, ist nicht eine Frage des „alles oder nichts, sondern des mehr oder weniger“[133]. Die Möglichkeit der Existenz eines spezifisch sozialistischen Rechtsstaates, der durch die Errungenschaften der sozialistischen Gesellschaft kompensiert, wird auch - aber nicht überwiegend - bejaht[134]. In diesem Sinne äußert sich auch *Heuer*, es gebe Unrecht - auch staatliches Unrecht - in jedem Staat und ein wissenschaftliches Kriterium, wann von einem Unrechtsstaat zu sprechen sein sollte, sei offenbar kaum zu finden[135]. Aus der relativen Sicht gibt es keine stichhaltigen Gründe, die DDR als Unrechtsstaat zu qualifizieren; sie war natürlich weit von dem entfernt, was heute Rechtsstaat genannt wird. Jedoch ist dies kein Grund für die praktizierte „Generalabrechnung“ mit breiten Bevölkerungskreisen aus der ehemaligen DDR.

Der Versuch, die Definition des Unrechtsstaates stets aus dem klassischen bürgerlichen Rechtsstaatsbegriff abzuleiten, scheint unfruchtbar, da der Unrechtsstaat eigentlich kein direkter Gegenentwurf zum Rechtsstaat ist. Der Unterschied der beiden sollte m.E. zumindest bei der strafrechtlichen Aufarbeitung des Unrechtsregimes viel weniger kompliziert begründet werden, damit die Notwendigkeit, die Beteiligten zu bestrafen, klar und sofort erkannt werden kann. Ich schlage somit vor, dass die beiden Staatstypen nach folgenden Kriterien relativ einfach unterschieden werden können: Ein Staat, dessen gesamtes Rechtssystem in vollem Umfang funktionsfähig ist, ist ein *Rechts*staat und ein anderer Staat, in dem die systematische Verletzung selbstgesetzten Rechts vorherrscht, ist ein *Unrechts*staat. Wenn ein Staat außerdem noch weitere Merkmale zeigt, wie z.B. Einparteienherrschaft, staatlich verwaltete Ideologie, Instrumentalisierung seines Rechts im Dienste dieser Ideologie, extensiv und intensive Staatsschutzpraxis, exklusiv über das Machtmonopol verfügende Gruppen, kann man diesen auch als „totalitäre Diktatur“ bezeichnen.

---

133 *Dreier*, Rechtsphilosophische Aspekte, in: ZRP 1993, S. 304 (305).

134 *Schünemann*, Aufarbeitung von Unrecht aus totalitärer Zeit, in: *Pawlowski/Roellecke* (Hrsg.), Der Universalitätsanspruch des demokratischen Rechtsstaates, ARSP Beiheft Nr. 65, 1996, S. 99.

135 *Heuer*, Der Rechtsstaat - eine Legende?: Erfahrungen zweier Rechtswissenschaftler 1990/91 in Volkskammer und Bundestag, 1992, S. 98.

Diese Merkmale waren in der DDR gegeben. Daran, dass die DDR in diesem Sinne eine totalitäre Diktatur war, kann kaum Zweifel bestehen[136]. Die DDR wird daher mit Sicherheit als Unrechtsstaat bzw. totalitäre Diktatur zu bezeichnen sein.

3. Rechtsfolgen des Unrechtsstaates bzw. der totalitären Diktatur

Bezeichnet man - trotz der Schwierigkeiten bei der Definition - ein Regime als einen Unrechtsstaat - sicherer noch als totalitäre Diktatur -, dann stellt sich die Frage, was darauf folgt. Anders ausgedrückt: Ist der Begriff des Unrechtsstaats lediglich eine politische-moralische Kategorie oder auch ein Rechtsbegriff in dem Sinne, dass sich an ihn Rechtsfolgen knüpfen?[137] Gibt es darüber hinaus keinen Zusammenhang zwischen „Unrechtsstaat" und *Radbruch*s „Gesetzlichem Unrecht"? Ungeachtet heftiger Auseinandersetzungen um die Frage „Rechtsstaat/Unrechtsstaat" ist es eine Enttäuschung, außer bei *Dreier* keine weitere klare Stellungnahme mehr finden zu können[138].

a) Rechtfertigungsgründe für Widerstand

Die Wurzel dieses Argumentes ist zu *Kriele*[139] zurückzuführen. *Er* legt die Einsicht zugrunde, dass Rechtspflicht letztlich eine Moralpflicht sei, dem positiven Recht Folge zu leisten. Voraussetzung dafür sei, dass das Recht im „großen und ganzen" der Sittlichkeit Rechnung trage: wichtig ist aber keine Einzelnormen, sondern die Rechtsordnung im Ganzen. In demokratischen Verfassungsstaaten, so meint *Kriele*, sind diese Voraussetzungen erfüllt: auch dort könne die Rechtsordnung in mancher Hinsicht ungerecht und verbesserungsbedürftig sein, aber „im großen und ganzen" sei sie sittlich zu rechtfertigen. Weiter vertritt *er* die Auffassung, dass dies niemals für die totalitäre Diktatur gültig sei. Er zeigt einen Maßstab auf: die Anerkennung des Rechts entfalle jedoch, „wenn das Recht so bedrückend sei, dass Bürgerkrieg und Revolution als kleinere Übel erscheinen". Diese sog. *Kriele*sche For-

---

136 *Dreier*, Juristische Vergangenheitsbewältigung, 1994, S. 16.

137 *Dreier*, a.a.O., 18.

138 Nach *Dreier* ist Widerstand gegen Unrechtsstaaten nicht nur politisch-moralisch, sondern auch rechtlich rechtfertigungsfähig. *Dreier*, Juristische Vergangenheitsbewältigung, 1994, S. 18.

139 *Kriele*, Recht und praktische Vernunft, 1979, Kap. 5.

mel erlaubt es, totalitären Normen die Rechtsqualität zu entziehen und Widerstand gegen sie nicht nur moralisch, sondern auch rechtlich zu rechtfertigen[140].

Das Widerstandsrecht ist in Deutschland durch Art. 20 IV GG positiviert. Wichtige Voraussetzungen dafür ist, dass solange die Rechtsstaatlichkeit funktioniert, kein Bürger selbst berechtigt ist, gegenüber Verfassungsbrüchen Widerstand zu leisten[141], das Widerstandsrecht also nur ein subsidiäres Mittel darstellt, das nach der Erschöpfung aller legalen und friedlichen Mittel genutzt werden kann; Widerstand setzt einen eindeutigen Missbrauch der staatlichen Obrigkeit voraus, der ähnlich wie Angriffe auf das Gemeinwohl und die wesentlichen Menschenrechte erscheint[142]. In diesem Sinne hat *Schneider* davon gesprochen, dass das Widerstandsrecht eine besondere Form der Nothilfe für den Staat sei, die als eine „Verfassungshilfe" für den Staat durch den demokratisch und rechtsstaatlich verantwortlichen Bürger charakterisiert werden könne[143].

Es ist auch zu unterscheiden, ob der Staat als solcher ein Unrechtsstaat ist oder ob einzelne Gesetze innerhalb eines Rechtsstaates ungültig sind. Im letzten Fall handelt es sich - im Unterschied zum Widerstand gegen eine illegitime Obrigkeit - um Widerstand im Rechtsstaat (meist wird diese Form von Widerstand heute „ziviler Ungehorsam" genannt). Diese Form des Widerstandsrechts wird hier nicht weiter berücksichtigt.

b) Voraussetzungen gesetzlichen Unrechts

Radbruch löste mit seinem bekannten Artikel „Gesetzliches Unrecht und übergesetzliches Recht" eine heftige rechtsphilosophische Debatte zur der Rechtsgeltung des NS-Staates aus[144]. *Schöneburg* stellt fest, dass der Begriff Unrechtsstaat bei *Radbruch* keine Quelle findet. Dies scheint zunächst überzeugend, eine nähere Betrachtung zeigt aber doch, dass *Radbruch* die Überwindung bzw. Prävention des

---

140 *Dreier*, Der Begriff des Rechts, NJW 1986, 891 f.

141 *Scholz*, Rechtsfrieden im Rechtsstaat, NJW 1983, 707.

142 *Kaufmann*, Rechtsphilosophie, 2. Aufl., 1997, S. 208.

143 *Schneider*, Widerstand im Rechtsstaat, 1969, S. 13.

144 *Schöneburg*, Recht im nazifaschistischen und im „realsozialistischen" deutschen Staat - Diskontinuitäten und Kontinuitäten, NJ 1992, 49.

Unrechtsstaates als höchstes Ziel [145] und den Unrechtsstaat als Gegenbegriff zum demokratischen Rechtsstaates ansieht[146]: zunächst versucht *er*, die Anwendung seiner Formel auf singuläre Konstellationen wie den Nationalsozialismus einzuschränken[147]; danach geht *er* weiter mit dem zukunftsorientierten Unrechtsstaatsbezug der Formel[148].

Obwohl die sog. *Radbruch*sche Formel originär keine Antwort auf die Frage nach der Bestimmung eines „Unrechtsstaates" gibt, - vielmehr legt sie den Schwerpunkt in das Gerechtigkeits- bzw. Ungerechtigkeitsmaß von Rechtsnormen -, zeigt sie allerdings eine Methode, den moralisch bewertenden Begriff Recht/Unrecht zumindest durch theoretisch-wissenschaftliche Elemente zu unterlegen: hier ist ein Maßverhältnis einzuführen. Nicht jede Abweichung führt zum Verlust der Rechtsnatur von Rechtsnormen, sondern die bewusste Leugnung elementarer Erfordernisse der Gerechtigkeit; die Folge ist gesetzliches Unrecht[149]. Gleiches gilt bei der Unterscheidung von Unrechtsstaaten von Rechtsstaaten. Nimmt man einen Staat an, der willentlich rechtsstaatliche Elemente verneint, so könnte man von solch einem Staat bestimmt sagen, dass er ein Unrechtsstaat sei. Diese Unterscheidungsweise nimmt zugegebenermaßen die Begriffe eher wörtlich und ist emotional zu verstehen, aber wenn heute vom Unrechtsstaat die Rede ist, wird sich mehr oder weniger bewusst auf diese Tradition berufen[150].

---

145 *Radbruch*, Gesetzliches Unrecht und übergesetzliches Recht, SJW 1946, 107: „für alle möglichen Fälle haben wir uns durch die grundsätzliche Überwindung des Positivismus, der jegliche Abwehrfähigkeit gegen den Missbrauch nationalsozialistischer Gesetzgebung entkräftete, gegen die Wiederkehr eines solchen Unrechtsstaats zu wappnen".

146 *Radbruch*, a.a.O., S. 108: „Wir haben (…) einen Rechtsstaat wieder aufzubauen (…). Demokratie ist gewiß ein preisenswertes Gut, Rechtsstaat aber ist wie das tägliche Brot, wie Wasser zum Trinken und wie Luft zum Atmen, und das Beste an der Demokratie gerade dieses, daß nur sie geeignet ist, den Rechtsstaat zu sichern".

147 *Radbruch*, Zur Diskussion über die Verbrechen gegen die Menschlichkeit, SJZ 1947, S. 136: „Ihre Anwendung findet ihre Grenze in den völlig singulären Verhältnissen der zwölf Nazu-Jahre (…)"; ähnlich *ders.*, Gesetz und Recht, S. 99.

148 *Saliger*, Radbruchsche Formel und Rechtsstaat, 1995, S. 34.

149 *Wagner*, Die DDR - „Ein Unrechtsstaat"?, in: Unrechtsstaats? - Politische Justiz und die Aufarbeitung der DDR -Vergangenheit, *Bisky/Heuer/Schumann* (Hrsg.), 1994, S. 174.

150 *Leggewie/Meier*, Zum Auftakt ein Schlussstrich? - Das Bewältigungswerk „Vergangenheit Ost" und der Rechtsstaat, in: *Stephan* (Hrsg.), Wir Kollaborateure - Der Westen und die deutschen Vergangenheiten, 1992, S. 63.

c) Nützlichkeit als politischer Kampfbegriff

Nach der Wiedervereinigung Deutschlands gelangte der Begriff des Unrechtsstaates durch den Einigungsvertrag (EV) wieder auf die Tagesordnung. Der Einigungsvertrag, der zwischen der Bundesrepublik und der DDR abgeschlossen wurde, kennzeichnet die Staatsführung der DDR in seinem Art 17 S. 2 EV[151] als SED-Unrechtsregime, was deutlich zeigt, wie der Unrechtsstaatsbegriff als Pauschal-Unwerturteil politisch benutzt werden kann.

Der Ausdruck Unrechtsstaat könnte aber bei der sachgemäßen juristischen Aufarbeitung des DDR-Unrechts eher ein Hindernis sein, weil er unabhängig von der extrem unterschiedlichen Unrechtsdimension beider Systeme eine Gleichsetzung der DDR mit dem NS-Staat beinhaltet. Betracht man die Stellungnahmen der Literatur, sind eine Reihe skeptischer Meinungen über die saubere Anwendung des Unrechtsstaatsbegriffs zu lesen.

Lampe wendet sich gegen diese politische Durchsetzung der westlichen Kulturstandpunkte: dem durch sei die DDR wirklich ein „Unrechtsstaat" gewesen, deren Opfer zu rehabilitieren (Art. 17 EV) und deren Täter aus dem Staatsdienst abzulösen sind[152]. So hält *Heuer* den Unrechtsstaatsbegriff für einen politischen Kampfbegriff, der vor allem die Funktion habe, „die DDR mit dem NS-Staat mit seinen ungeheuerlichen Verbrechen der Aggression und des Völkermordes gleichzustellen"[153]. *Sendler* verweist auch darauf, „es sei umso schlimmer, wenn man politische Kampfbegriffe in Gesetze praktiziere und dadurch zu Gesetzbegriffen transformiere."[154] Auch *Wagner* kritisiert, dass die Negativ-Bewertung der DDR als

---

151 Art. 17; „Die Vertragsparteien bekräftigen ihre Absicht, dass unverzüglich eine gesetzliche Grundlage dafür geschaffen wird, dass alle Personen rehabilitiert werden können, die Opfer einer politisch motivierten Strafverfolgungsmaßnahme oder sonst einer rechtsstaats- und verfassungswidrigen gerichtlichen Entscheidung geworden sind. Die Rehabilierung dieser Opfer des SED-Unrechts-Regimes ist mit einer angemessenen Entschädi-gungsregelung zu verbinden."

152 *Lampe* (Hrsg.), Rechtswidriges Gesetz? Strafbarer Gesetzgeber?, in: *Lampe*(Hrsg.), Deutsche Wiedervereinigung, Bd. II, 1993, S. 19 f.

153 Lesebrief im Tagesspiegel vom 26.7.1992, Weltspiegel S. II. So auch *Heuer/Riege*, Der Rechtsstaat - eine Legende? 1992, S. 98.

154 *Sendler*, Die DDR ein Unrechtsstaat - ja oder nein? ZRP 1993, S. 2.

„Unrechtsstaat" gerade die Dämonisierung der DDR-Gesellschaft darstelle, damit man den ehemaligen DDR-Bürgern die Kollektivschuld zuschreiben könne[155].

d) Stellungnahme

Die wichtigste Funktion - gleichzeitig die große Schwäche - des Unrechtsstaatsbegriffs liegt schließlich in der Pauschalisierung und kompletten Verneinung eines ganzen Systems, damit die Ausgrenzung und Bestrafung derjenigen, die die DDR in irgendeiner Form unterstützten, gerechtfertigt werden kann. Anders ausgedrückt, dient der Unrechtsstaatsbegriff - obwohl diese Formel bei der differenzierten Aufarbeitung der Geschichte der DDR nicht hilfreich ist - in letzter Instanz dazu, die Bevölkerung der ehemaligen DDR sozial und psychologisch zu kriminalisieren[156].

Dies ist eine mehr oder weniger bewusste Definition und in der Tat stellt sie so einen politischen Kampfbegriff dar, sie ist aber auch eine notwendige Generalisierung und Grundvoraussetzung, wenn man unter allen Umständen das Unrecht einer totalitären Diktatur strafrechtlich aufarbeiten will[157]: die Negation des Unrechtsstaatsbegriffs ist dagegen im Prozess der strafrechtlichen Aufarbeitung stets eine große Gefahr, die ganze Mühe fragwürdig erscheinen zu lassen. Insofern ist es kein Zufall, dass der Ausdruck „SED-Unrechtsregime" als Basis für die Rehabilitierung der Opfer im Einigungsvertrag steht[158]. In diesem Sinne könnte man sagen, dass die Charakterisierung eines Regimes als „Unrechtsstaat" eine Voraussetzung bzw. zumindest ein Auftakt der strafrechtlichen Aufarbeitung ist.

Was den „Unrechtsstaat" als politischen Kampfbegriff angeht, ist es m.E. natürlich, dass der Unrechtsstaatsbegriff niemals frei von politischem Interesse sein kann. Die strafrechtliche Aufarbeitung der Vergangenheit ist eine politische Entscheidung und eine Zukunftsstrategie. Jedoch ist dieser politische Zusammenhang kein Grund für die Ablehnung im juristischen Sinn. *Müller* geht weiter mit dem Argument,

---

155 *Wagner*, Die DDR - „Ein Unrechtsstaat"?, in: Unrechtsstaat? - Politische Justiz und die Aufarbeitung der DDR-Vergangenheit, *Bisky/Heuer/Schumann* (Hrsg.), 1994, S. 148.

156 *Wagner*, a.a.O.

157 Das zeigt die Tatsache, dass die Kategorie „Unrechtsstaat" nur im Hinblick auf den DDR-Staat und den Nazistaat Verwendung findet, *Schöneburg*, Recht im nazifaschistischen und im „realsozialistischen" deutschen Staat - Diskontinuitäten und Konkinuitäten, NJ 1992, 49.

158 Vgl. oben S. 57 f.

dass schon der Rechtsstaat von Anfang an ein Kampfbegriff sei[159]. Danach sind die beiden Begriffe, Rechtsstaat und Unrechtsstaat, eigentlich politische Kampfbegriffe[160]. Jedoch bewirkt diese Tatsache nicht, dass sie als eine Voraus-setzung für strafrechtliche Aufarbeitung juristisch nicht angewendet werden.

Die Tatsache, dass ein System ein Unrechtsstaat ist, hat als solche m.E. keine erkennbare Rechtsfolge. In der Strafrechtslehre indiziert die Tatbestandsmäßigkeit die Rechtswidrigkeit des Verhaltens. Das bedeutete, dass die die Tatbestandsmäßigkeit nur ein generell-vorläufiges und noch kein endgültiges Urteil über die Rechtswidrigkeit und den materiellen Unrechtscharakter der Tat ermöglicht[161]. Das gleiche gilt auch für Unrechtsstaatlichkeit. Sie indiziert nur, dass alles, was der Unrechtsstaat hervorgebracht hat, Unrecht sein könnte und sich darin eine Reihe von zu bestrafenden Handlungen befinden könnten. Insofern ist *Sendler*s Meinung, die DDR sei im Kern ein Unrechtsstaat[162], zuzustimmen. Allerdings ist zu befürchten, dass mit der Etikettierung eines Staates als Unrechtsstaat dessen ganzes Rechtssystem negiert oder das Rückwirkungsverbot entkräftet wird. Wie erwähnt ist diese Definition nicht mehr als ein Indiz für die Existenz von Unrecht. Bei der Frage nach der Geltung von Einzelnormen geht es um die Anerkennung sog. „Gesetzlichen Unrechts“[163].

---

159 *Müller*, Die DDR - ein „Unrechtsstaat?, NJ 1992, S. 282.

160 *Müller* räumt ein allerdings, dass „Unrechtsstaat“ in weit größerem Maße noch als „Rechtsstaat“ ein polemischer Kampfbegriff sei, *Müller*, a.a.O., S. 292.

161 *Wessels/Beulke*, Strafrecht AT, 39. Aufl. (2009), S. 44.

162 *Sendler*, Über Rechtsstaat, Unrechtsstaat und anderes - Das Editorial der Herausgeber im Meinungsstreit, NJ 1991, 379 ff.

163 Eingehend siehe unten S. 144 ff.

Zweiter Teil: Justiz angesichts des DDR-Unrechts

A. Einleitung: Ablauf der Strafverfolgung

Schon direkt nach dem Sturz des DDR-Regimes war eine zügige Verfolgung des SED-Unrechts in rechtsstaatlichen Formen auf der Tagesordnung. Der Auftakt wurde schon in Ostdeutschland selbst gelegt. Nach der politischen Wende im Herbst 1989 leitete bereits die DDR-Justiz während der Endphase der DDR Strafverfolgungsmaßnahmen von beachtlichen Umfang ein. Beim Beitritt der DDR zur Bundesrepublik wurden dann im sog. Einigungsvertrag Regelungen geschaffen, die den Weg dafür freigaben, dass auch das vereinigte Deutschland SED-Unrecht verfolgen konnte[164].

I. Die wichtigsten gesetzlichen Grundlagen

Die wichtigsten Regelungen zur Verfolgung des DDR-Unrechts sind Art. 8 des Einigungsvertrages (EV)[165] und der auf dieser Basis neu erlassene Art. 315 ff. des Einführungsgesetzes zum Strafgesetzbuch (EGStGB)[166].

Nach Art. 8 EV ist auf Straftaten, die in der DDR begangen wurden, ab diesem Zeitpunkt grundsätzlich das Recht der Bundesrepublik anwendbar. Gemäß Art. 315 I EGStGB gilt dies nur dann, wenn das Recht der Bundesrepublik das mildere ist. War die Tat in der DDR nicht strafbar oder wurde sie milder bestraft als in der alten Bundesrepublik, so gilt das Recht der DDR. Art. 315 I EGStGB enthält also mit Rücksicht auf das Rückwirkungsverbot eine Art „Meistbegünstigungsklausel". Für

---

164 *Amelung*, Die strafrechtliche Bewältigung des DDR-Unrechts durch die deutsche Justiz, 1996. S. 7 = *ders.*, Die strafrechtliche Bewältigung des DDR-Unrechts durch die deutsche Justiz - Ein Zwischenbericht, GA 1996, 51.

165 Vertrag zwischen der Bundesrepublik Deutschland und der Deutschen Demokratischen Republik über die Herstellung der Einheit Deutschlands (Einigungsvertrag) v. 31.8.1990, BGBl. II S. 889, 892.

166 BGBl. II (1990) S. 995.

Taten dem Beitritt der DDR nach dem auf dem Gebiet der ehemaligen DDR gilt jeweils das Recht, das für den Täter am günstigen ist[167].

Gemäß Art. 315 IV EGStGB gilt die „Meistbegünstigungsklausel" des Art. 315 I EGStGB aber nicht für Taten, die schon vor dem Beitritt der DDR nach dem Recht der Bundesrepublik strafbar waren. Es handelt sich in diesem Fall um die strafbaren Auslandstaten i. S. der §§ 5 bis 7 des Strafgesetzbuches der Bundesrepublik, wie z.B. Spionageaktionen, die vom Boden der ehemaligen DDR aus gegen die alte Bundesrepublik geführt wurden[168].

Entsprechend bedeutsam ist Art. 315a EGStGB, der die Verjährung regelt. Danach wird eine Straftat, die nach dem Recht der DDR verjährt war, nicht mehr verfolgt. Dies gilt selbst dann, wenn insoweit sonst das Recht der Bundesrepublik anwendbar ist und die Tat nach diesem Recht noch nicht verjährt wäre. Der Gesetzgeber hat zwei Jahre nach der Wiedervereinigung eine wichtige Ausnahme von diesen Grundsätzen eingeführt. Das sog. Verjährungsgesetz sieht vor, das die Verjährung von SED-Unrechtstaten in der Zeit zwischen der Gründung des DDR im Jahre 1949 und ihrem Untergang im Jahre 1990 geruht hat[169]. Dies soll einen Ausgleich dafür bieten, dass Straftaten, die die kommunistischen Machthaber zu ihrem Machterhalt begangen oder veranlasst hatten, in der DDR nicht verfolgt wurden, solange dort die SED herrschte[170].

---

167 BGH v. 12.2.1991 - 5 StR 523/90, BGHSt 37, 320, 321; BGH v. 11.6.1991 - 5 StR 180/91, BGHSt 38, 1, 3; BGH v. 3.7.1991 - 5 StR 209/91, BGHSt 38, 18, 20; BGH v. 22.10.1991 - 5 StR 415/91, BGHSt 38, 88, 89.

168 *Amelung*, Die strafrechtliche Bewältigung des DDR-Unrechts durch die deutsche Justiz, 1996. S. 8. = *ders.*, Die strafrechtliche Bewältigung des DDR-Unrechts durch die deutsche Justiz - Ein Zwischenbericht, GA 1996, 52.

169 Gesetz über das Ruhen der Verjährung bei SED Unrechtstaten (Verjährungsgesetz) v. 26.3.1993, BGBl. I S. 392.

170 *Amelung*, Die strafrechtliche Bewältigung des DDR-Unrechts durch die deutsche Justiz, 1996. S. 8 f. = *ders.*, Die strafrechtliche Bewältigung des DDR-Unrechts durrch die deutsche Justiz - Ein Zwischenbericht, GA 1996, 52 f.

II. Einrichtung spezifischer Verfolgungsstaatsanwaltschaften

Sofort nach der Vereinigung hat Berlin mit der Einrichtung der Arbeitsgruppe „Regierungskriminalität" bei der Generalstaatsanwaltschaft bei dem Kammergericht die Ermittlungen gegen DDR-Funktionäre aufgenommen. Die Gruppe war keine eigene Behörde, sondern eine Abteilung der Staatsanwaltschaft bei dem Kammergericht, aber in konsequenter Fortführung der Ahndung von DDR-Unrecht bildete das Land Berlin am 1.10.1994 eine zweite Staatsanwaltschaft (die sog. Staatsanwaltschaft II) bei dem LG Berlin. Unter Leitung dieser sog. „Schwerpunktstaatsanwaltschaft" wurden die Ermittlungen der Verfahren zur Regierungskriminalität in der ehemaligen DDR zusammengefasst[171].

Neben den Unrechtshandlungen, für die eine zentrale Verantwortlichkeit in Betracht kommt, gibt es viele Straftaten auf der örtlichen Ebene, z.B. Misshandlungen im Strafvollzug und in der Psychiatrie, justizielles Unrecht und Straftaten örtlicher MfS-Verantwortlicher oder Parteifunktionäre, wie z.B. illegales Abhören, Öffnen und Entwenden von Postsendungen, Wahlfälschungen[172]. Um solche in ihren Bezirken begangene strafbare Handlungen zu behandeln, sind in fast allen neuen Ländern eigene Schwerpunktstaatsanwaltschaften gebildet worden, in deren Zuständigkeitsbereich die Straftaten von Angehörigen der Bezirksverwaltungen, des Staatssicherheitsdienstes und der SED, der Staatsfunktionäre auf kommunaler Ebene und der Angehörigen der Justiz verfolgt werden[173].

III. Verfolgungsschwerpunkte

Die Ermittlungen der Arbeitsgruppe „Regierungskriminalität" richten sich vor allem gegen Angehörigen der Partei- und Staatsführung der ehemaligen DDR, insbesondere Mitgliedern des SED-Politbüros und andere Repräsentanten des DDR-Machtapparats in Berlin, ein-schließlich der Leiter von Hauptabteilungen und selb-

171 Vgl. hierzu *Weber*, Die Verfolgung des SED-Unrechts in den neuen Ländern, GA 1993, 195 f.

172 *Weber*, Die Verfolgung des SED-Unrechts in den neuen Ländern, GA 1993, 196.

173 *Limbach*, Vergangenheitsbewältigung durch die Justiz, DtZ 1993, 67.

ständigen Abteilungen der Ministerien sowie der Richter und Staatsanwälte bei dem Obersten Gericht und bei dem Generalstaatsanwalt der DDR[174].

Der Schwerpunkt der Verfolgung steht gewissermaßen mit dem Begriff der Regierungskriminalität im Zusammenhang, der sich mit der Einrichtung dieser Arbeitsgruppe in Berlin einen sicheren Platz im Sprachgebrauch erobert hat[175]. Der Begriff Regierungskriminalität umfasst nach *Schaefgen*, dem damaligen Leiter dieser Gruppe, im Fall der ehemaligen DDR diejenigen Fallgruppen, die strafwürdige Verhaltensweisen von Machthabern und Amtsinhabern in Ausübung ihrer Funktion im Staat der DDR und in der SED bzw. den Blockpartien beschreiben[176]. Darunter fallen die drei Verfolgungsschwerpunkte[177]: (i) Vollendete und versuchte Tötungshandlungen an der innerdeutschen Grenze, (ii) Justizunrecht, Rechtbeugung in Tateinheit mit Freiheitsberaubung oder Totschlag durch die Justizorgane der DDR, (iii) Kriminelle Handlungen der MfS-Angehörigen für Straftaten wie Mord, Totschlag, Freiheits-beraubung, illegale Postkontrolle, Unterschlagung, etc.

Im Folgenden übernehme ich im wesentlichen diese Anordnung der Schwerpunkte, aber was (iii) kriminelle Handlungen des MfS-Angehörigen betrifft, beschränke ich mich an dieser Stelle auf nur drei Tatkomplexe, zu denen in der Tat nennenswerte Urteile gefällt wurden: Denunziation, Postplünderung und Abhören von Telefonge-

174 *Weber*, Die Verfolgung des SED-Unrechts in den neuen Ländern, GA 1993, 196.

175 *Schaefgen*, „DDR-Regierungskriminalität" - Erscheinungsformen und Probleme, in: RuP 1992, S. 191.

176 *Limbach* weist aber darauf hin, dass dieser Begriff zu der Annahme verleitet, nur die von Mitgliedern der Regierung begangenen Straftaten würden hier erfasst, *dies.*, a.a.O., 66. *Schaefgen* räumt ein, dass dieser Begriff insoweit missverständlich ist, als darunter auch die Straftaten derjenigen fallen müssen, die nicht als Mitglieder der Regierung tätig waren. Regierungskriminalität umfasse alle staatlich begangenen Straftaten, *ders.*, Protokoll der 13. Sitzung der Enquête-Kommission, S. 8; *ders.*, „DDR-Regierungskriminalität" - Erscheinungsformen und Probleme, in: RuP 1992, 191 ff., wonach der Begriff Regierungskriminalität vor allem die Bereiche Gewalttaten an der innerdeutschen Grenze, Justizunrecht, Handlungen des MfS, Wirtschaftsstraftaten und Wahlfälschungen umfasst. Vgl. auch *Letzgus*, in: FS *Helmrich* S. 73 ff., 73; *Limbach*, Vergangenheitsbewältigung durch die Justiz, DtZ 1993, 67 f.

177 *Schaefgen*, Die Strafverfolgung von Regierungskriminalitäten der DDR, in: *Weber/Piazolo*(Hg.), Eine Diktatur von Gericht, S. 50; instruktive Zusammenfassung zur Rechtsprechung bei *Amelung*, Die strafrechtliche Aufarbeitung des DDR-Unrechts durch die deutsche Justiz - Ein Zwischenbericht, GA 1996, S. 51 ff.

sprächen. Und ich füge noch zwei Tatkomplexe hinzu: Spionage und Wahlfälschung.

B. Die Mauerschützenurteile

I. Einleitung

1. Sachverhalt

Die Unterdrückungsmaßnahmen der DDR, die weltweit wohl am meisten Kritik hervorgerufen haben, waren die Schüsse auf fliehende DDR-Bewohner an der innerdeutschen Grenze[178]. An der Grenze zwischen der DDR und der Bundesrepublik sowie an der Berliner Mauer kamen zahlreiche Menschen bei Fluchtversuchen durch den Einsatz von Schusswaffen, Minen und Selbstschussanlagen ums Leben oder wurden verletzt[179]. Nach Angaben der ehemaligen Staatsanwaltschaft II bei dem Landgericht Berlin wurden zwischen 1946 und 1989 mindestens 264 Menschen getötet[180] und mehr als 300 Menschen zum Teil schwer verletzt[181]. Die den Grenzsoldaten erteilten Dienstverordnungen, Anweisungen und Befehlen bezweckten die Verhinderung der Flucht um jeden Preis. Im Notfall war die Tötung der Flüchtlingen auch gestattet. Als Faustregel galt „Besser der Flüchtling ist tot, als dass die Flucht gelingt“ und ein Soldat, der eine Flucht verhindert hatte, wurde ausgezeichnet, belohnt und sogar befördert[182].

---

178 *Amelung*, Die strafrechtliche Bewältigung des DDR-Unrechts durch die deutsche Justiz, 1996. S. 11 = *ders.*, Die strafrechtliche Bewältigung des DDR-Unrechts durch die deutscheJustiz - Ein Zwischenbericht, GA 1996, 54.

179 *Marxen/Werle*, Strafjustiz und DDR-Unrecht - Dokument, Bd 2/1, Gewalttaten an der deutsch-deutschen Grenze, Berlin 2002, Einführung S. XXVII

180 Vgl. *Rummler*, Die Gewalttaten an der deutsch-deutschen Grenze vor Gericht, Berlin 2000, S. 74.

181 *Schaefgen*, DDR-Regierungskriminalität - Erscheinungsformen und Probleme, RuP 1992, 193.

182 *Marxen/Werle*, Die strafrechtliche Aufarbeitung von DDR-Unrecht - Eine Bilanz, 1999, S. 224.

2. Tätergruppe

Es können drei Gruppen von Tätern unterschieden werden. Die erste und größte Täter-Gruppe stellen die unmittelbar handelnden Grenzsoldaten[183] dar, die durch ihre Handeln die sogenannten Grenzverletzer an Leib und Leben unmittelbar geschädigt haben.

Bei der zweiten Tätergruppe handelt es sich um diejenigen, die keinen maßgeblichen Einfluss auf die Ausgestaltung des Grenzregimes hatten, sondern in die Befehlskette einge-bunden waren und durch eine Weiterleitung der bestehenden Befehle an die unmittelbar Handelnden Schäden an Leib und Leben verursacht oder gefördert hatten.

Die dritte Tätergruppe wird durch die Zugehörigkeit zur politisch-administrativen Führungsebene bestimmt[184]. Zunächst sind dem Urteil des BGH vom 3.11.1992 nach die Machthaber, die maßgeblichen Einfluss auf die Ausgestaltung der Grenzsicherung hatten, zu dieser Gruppe zu zählen. Weiter können beispielsweise Mitglieder der Politbüros und des nationalen Verteidigungsrates sowie der Chef der Grenztruppen zu dieser Gruppe gerechnet werden[185].

3. Problemschwerpunkte

Der Schwerpunkt der rechtlichen Problematik bildet die Frage, ob der Einsatz der Schusswaffe an der Grenze auch nach dem zur Tatzeit geltenden und maßgeblichen Recht der DDR nicht gerechtfertigt war und welches Recht als etwaiger Nichtigkeitsmaßstab heranzuziehen ist. Gesetzliche Grundlage zum Vorgehen gegen Flüchtlinge war der Straftatbestand der „Republikflucht“ i.S.d. § 213 StGB-DDR. Eine ausdrückliche gesetzliche Ermächtigung zum Schusswaffengebrauch erfolgte

183 Die Grenztruppen hatten ab 1946 unter der Bezeichnung „Grenzpolizei“ zunächst dem Ministerium des Innern, dann dem Ministerium für Staatssicherheit und schließlich wieder dem Ministerium des Innern unterstanden. 1961 wurde sie unter der Bezeichnung „Grenztruppen der NVA“ in die NVA eingegliedert und damit dem MfNZ (Ministerium für Nationale Verteidigung) unterstellt. Anfang der 70er Jahre wurden sie wieder aus der NVA ausgegliedert, blieben jedoch dem MfNZ unterstellt, LG Berlin, Urteil v. 16.9.1992 - (527) 2 Js 26/90 Ks 10 (92), NJ 1994, 210.

184 *Marxen/Werle*, Strafjustiz und DDR-Unrecht - Dokument, Bd 2/1, Gewalttaten an der deutsch-deutschen Grenze, Berlin 2002, Einführung S. XXXV.

185 *Marxen/Werle*, a.a.O., S. XXXV.

erst im Jahre 1982 durch § 27 des Grenzgesetzes der DDR[186], wonach die Anwendung der Schusswaffe gerechtfertigt sei, um die unmittelbar bevorstehende Ausführung oder die Fortsetzung einer Straftat zu verhindern, die sich den Umständen nach als ein Verbrechen darstelle. Im Rahmen der Anwendung des § 27 II GrenzG ist auf § 213 Abs. 3 StGB-DDR, den sog. „ungesetzlichen Grenzübertritt" zu verweisen, wonach der ungesetzliche Grenzübertritt als Verbrechen angesehen werden konnte, soweit es sich um einen schweren Fall[187] handelt. Das könnte dann auch einen Verstoß gegen das Rückwirkungsverbot i.S.v. Art. 103 II GG darstellen.

Die Problemschwerpunkte liegen auch auf der Schuldebene: Ob ein etwaiger Verbotsirrtum für den durchschnittlichen Grenzsoldaten unvermeidbar gewesen ist - die Schuld der Soldaten könnte dann entfallen, wenn sie geglaubt haben, auch ein rechtswidriger Befehl sei verbindlich - und ob der Schießbefehl aus Sicht des Grenzsoldaten im Hinblick auf ein eventuell entschuldigtes Handeln auf Befehl als offensichtlich rechtswidrig betrachten werden muss.

Außerdem ist auch die Beteiligungsform als mittelbarer Täter problematisch, z.B. die Strafbarkeit der Mitglieder des Nationalen Verteidigungsrates[188].

---

186 Gesetz über die Staatsgrenze der Deutschen Demokratischen Republik (Grenzgesetz) vom 25.3.1982, DDR-GBl. I S. 197, 201.

187 Nach § 213 Abs.2 StGB-DDR sollten schwere Fälle insbesondere vorliegen, wenn die Tat Leben oder Gesundheit von Menschen gefährdet, sie unter Mitführung von Waffen oder unter Anwendung gefährlicher Mittel oder Methoden bzw. wenn sie mit besonderer Intensität oder mit anderen zusammen begangen wurde oder wenn der Täter bereits wegen ungesetzlichen Grenzübertritts bestraft war. In der Mehrzahl der Grenzübertritte lag schon wegen der zur Überwindung von Grenzsperren erforderlichen Anstrengungen ein schwerer Fall vor, da das nur mit besonderer Intensität gelingen konnte. Vgl. *Brunner*, Neue Grenzregelungen der DDR, NJW 1982, 2479; *Schreiber*, Aufarbeitung staatlich gesteuerten Unrechts, ZStW 1995, 163.

188 Der NVR ist aufgrund eines Gesetzes der Volkskammer v. 10.2.1960 (Gesetz über die Bildung des Nationalen Verteidigungsrates der Deutschen Demokratischen Republik, NVRG) eingerichtet worden und war das zentrale staatliche Organ, dem die einheitliche Leitung der Verteidigungs- und Sicherheitsmaßnahme der DDR oblagen. Der Rat setzte sich aus einem Vorsitzenden (*Walter Ulbricht*, später *Erich Honecker*) und mindestens 12 Mitgliedern zusammen. Der NVR hatte sei 1962 wiederholt beschlossen, die bestehenden Maßnahmen, insbesondere auch die Vermienung der Grenze, aufrechtzuhalten oder zu erweitern. Bei dessen Sitzung vom 3.5.1974 äußerte der Vorsitzende *Erich Honecker* unter der Anwesenheit aller Mitglieder, dass nach wie vor bei Grenzdurchbruchsversuchen von der Schusswaffe rücksichtlos Gebrauch gemacht werden müsse, und die Schützen belobigen zu seien. Das letztlich auf die Entscheidungen des NVR zurückgehenden Anordnungsgefüge war ursächlich dafür,

4. Verfolgungsaktivitäten der Justiz

Statistisch gesehen nahmen die Verfahren wegen der Gewalttaten an der deutsch-deutschen Grenze insgesamt einen Anteil von 24,5% aller wegen der sogenannten Regierungskriminalität geführten Verfahren ein. Mitte 2002 war für 395 der insgesamt 457 angeklagten Personen (86,4%) das Verfahren abgeschlossen. Für 331 Angeklagte (83,8%) endete das Verfahren mit einer rechtskräftigen Verurteilung. Der Anteil der Freisprüche liegt bei diesen Verfahren bei 29,6%. Freiheitsstrafen ohne Bewährung wurden dabei in nur 29 Fällen verhängt, darunter erhielten acht Angeklagte eine Freiheitsstrafe von fünf Jahren und mehr. Die Verurteilung eines Angeklagten zu lebenslanger Haft wegen Mordes ist noch nicht rechtskräftig. Bei den Verurteilungen wurde ganz überwiegend ein minder schwerer Falls des Totschlags angenommen[189]. Im Folgenden analysiere ich vier bedeutende BGH-Entscheidungen und einen Beschluss des BVerfG, die im Zusammenhang mit den oben unter 3. Problemschwerpunkte genannten Schwerpunkten diskutierenswert sind.

II. BGH Urteil vom 3.11.1992 - 5 StR 370/92: Fall Schmidt

Die strafrechtliche Aufarbeitung der Todesschüsse an der innerdeutschen Grenze hat eine Vielzahl von Entscheidungen in der Art der folgenden Entscheidung des 2. Strafsenats des BGH vom 3.11.1992[190] hervorgebracht[191]. Die Gerichte sahen sich in den Urteilen mehrfach veranlasst, zur Vereinbarkeit einer strafrechtlichen Aufarbeitung der DDR-Unrecht mit dem Rückwirkungsverbot Stellung zu nehmen. In der Argumentation des BGH findet sich hierzu die Annahme, unter einem systemimmanentem Blickwinkel menschenrechtliche Maßstäbe anlegen zu können, wie auch die Möglichkeit, auf naturrechtliche und damit überstaatliche Kriterien zu-

---

dass eine Vielzahl von Flüchtlingen bei dem Versuch, die Grenze der DDR zur BDR zu überwinden, getötet wurden, vgl. hierzu *Gropp*, Die Mitglieder des Nationalen Verteidigungsrates als „Mittelbare Mit-Täter hinter den Tätern"? JuS 1996, 14.

189 *Marxen/Werle*, Strafjustiz und DDR-Unrecht - Dokument, Bd 2/1, Gewalttaten an der deutsch-deutschen Grenze, Berlin 2002, Einführung S. XXXVII

190 BGHSt 39, 1. = BGH, NJW 1993, 141. = NStZ 1993, 129. = NJ 1993, 88. = StV 1993, 9.

191 BGHSt 39, 1; 39, 168; BGH, NStZ 1993, 488; 39, 353; 40, 113; 40, 218; BGH, NJW 1995, 1437.

rückzugreifen[192], um damit den Rechtsfertigungsgrund gemäß dem GrenzG der DDR grundsätzlich zu verneinen.

1. Sachverhalt

Die Angeklagten waren als Angehörige der Grenztruppen der DDR an der Berliner Mauer eingesetzt. Dort haben sie auf den 20 Jahre alten, aus der DDR stammenden *S.* geschossen, als dieser die Mauer von Pankow nach Wedding übersteigen wollte. *S.* wurde, auf einer angelehnten Leiter stehend, von Geschossen aus den automatischen Infanteriegewehren der Angeklagten getroffen. Ein Schuss aus der Waffe des Angeklagten *W.* drang in den Rücken des *S.* ein und führte drei Stunden später zum Tode. Bei den Schüssen, die *S.* getroffen haben, waren die Gewehre auf Dauerfeuer eingestellt. Beide Angeklagten wollten den *S.* zwar nicht töten, erkannten aber die Möglichkeit eines tödlichen Treffers. Sie wollten auch um diesen Preis in jedem Fall die Flucht des *S.* verhindern. Dahin ging ihre Befehlslage, und hierauf waren sie auch - als Schlusspunkt einer vom Anrufen des Flüchtenden über den Warnschuss und gezieltes Einzelfeuer, falls erforderlich mehrmals auf die Beine, reichenden Skala - vor jedem Ausrücken zum Grenzdienst vergattert worden. Als Faustregel galt: „Besser der Flüchtling ist tot, als dass die Flucht gelingt“. Die Jugendkammer hat beide Angeklagten unter Anwendung des § 213 StGB wegen Totschlag in einem minderschweren Fall zu Jugendstrafe bzw. Freiheitsstrafe verurteilt, deren Volkstreckung zur Bewährung ausgesetzt wurde. Ihre Revision bleiben erfolglos[193].

2. Urteil in concreto

Dem Urteil des BGH vom 3.11.1992 lag als erstinstanzliche Entscheidung das Urteil des LG Berlin vom 5.2. 1992 zugrunde. Die Kernfrage der Entscheidung war, inwieweit das Verhalten nach DDR-Recht gerechtfertigt gewesen wäre.

Nach Auffassung des Senats ließen die als Rechtfertigung in Betracht kommenden Regelungen des DDR-GrenzG die Auslegung zu, dass auch die Tötung des Flüch-

192 *Zimmermann*, Die strafrechtliche „Bewältigung“ der deutschen Diktaturen, in: JuS 1996, 865, 870.

193 Zusammengefasst nach BGH, JuS 1993, 602.

tenden bei einem Grenzübertritt gedeckt gewesen sein könnte[194]. Dies habe auch der Befehlslage und Staatspraxis entsprochen, die auf den absoluten Vorrang der Fluchtverhinderung vor dem Lebensschutz hinauslief[195]. In einem nächsten Schritt unterzog der Senat diesen so verstandenen Rechtfertigungsgrund einer Gegenkontrolle am Maßstab übergeordneter Rechtsprinzipien[196]. Der BGH untersuchte also die Frage, ob ein vor dem Hintergrund der Staatspraxis verstandener Rechtfertigungsgrund wegen Verletzung vorgeordneter, auch von der DDR zu beachtender allgemeiner Rechtsprinzipien keine Beachtung finde[197]. In diesem Zusammenhang betonte *er* dann unter wörtlicher Bezugnahme auf die *Radbruch*sche Formel aus dem Jahre 1946, wonach der Widerspruch des positiven Gesetzes zur Gerechtigkeit so unerträglich sein müsse, dass das Gesetz als unrichtiges Recht der Gerechtigkeit zu weichen habe[198]. Mit dem Maßstab dieser Unerträglichkeit bzw. extremen Ausnahmen zielt er auf die Menschenrechte und zwar konkret auf die Garantie des Art. 12 II des internationalen Paktes über bürgerliche und politische Rechte vom 19.12.1966 (IPBPR)[199], wonach es jedermann freistehe, jedes Land, einschließlich seines eigenen, zu verlassen[200]. Den Einwand, der Pakt, der für die DDR 1976 in Kraft getreten ist, sei innerstaatlich nicht umgesetzt und bestätigt worden, lässt der Senat nicht gelten[201].

Als nächstes stellte sich für den Senat die Frage, inwieweit das verfassungsrechtliche Rückwirkungsverbot gemäß Art. 103 II GG der Bestrafung entgegensteht. Darauf antwortete er mit der Überlegung, dass der Schutzbereich des Art. 103 II GG sich auch auf den Wegfall erstreckte: Art. 103 II GG schütze das Vertrauen, dass der Angeklagte zur Tatzeit in den Fortbestand des geltenden Rechts gesetzt hat,

---

194 BGH, JuS 1993, 602.

195 BGHSt 39, 1, 10 ff., 14.

196 BGH, JuS 1993, 602.

197 BGHSt 39, 1, 14 f.

198 *Radbruch*, Gesetzliches Unrecht und übergesetzliches Recht, SJZ 1946, 105 ff.

199 BGBl. 1973 II, 1534.

200 BGH, JuS 1993, 602; BGHSt 39, 1, 16. Die DDR hatte den IPBPR im Jahre 1973 unterzeichnet, ratifiziert (GBl. 1974 II, 57) im Gesetzblatt der DDR veröffentlicht(GBl. 1974 II, 58).

201 BGH, JuS 1993, 602.

aber die Erwartung, dass auch in Zukunft ein menschenrechtswidriger Rechtfertigungsgrund anerkannt werde, sei aber nicht schützenswert[202].

Weiter prüfte der BGH, ob § 27 GrenzG auch menschenrechtsfreundlich hätte interpretiert werden können. Der Senat versuchte, § 27 GrenzG nach der realsozialistischen und rechtsstaatlichen Auslegungsgrundsätzen zu interpretieren[203]. Als Ausgangspunkt seiner Auslegung wählte der BGH Art. 89 II Verf.-DDR, nach dem Rechtsvorschriften nicht der Verfassung widersprechen durften[204]. *Er* legte im einzelnen dar, dass nach Art. 30 Abs. 1 Verf.-DDR[205] Persönlichkeit und Freiheit eines jeden Bürgers der DDR unantastbar wären und diese Rechte nur insoweit eingeschränkt werden durften, als dies gesetzlich zulässig und unumgänglich war. Diese Formel wird als Ausdruck des Verhältnismäßigkeit interpretiert. Danach können die Schüsse mit Tötungsvorsatz auf unbewaffnete und ungefährliche Flüchtlinge auf keinen Fall mit dem Erlaubnissatz des § 27 GrenzG rechtfertigt werden[206].

Unter der Annahme, dass das Verhalten der Grenzsoldaten rechtswidrig gewesen sei, prüfte der BGH auf der Schuldebene eine Entschuldigung aufgrund Handelns auf Befehl und wegen Verbotsirrtums. Sowohl im Recht der BDR (§ 5 I WStG) als auch der DDR (§ 258 II DDR-GrenzG) gilt der Grundsatz, dass Soldaten, die auf Befehl handeln, nur dann ein Verschulden trifft, wenn sie erkennen oder wenn es offensichtlich ist, dass die Begehung einer Straftat angeordnet worden ist. Der BGH wendete folglich § 5 I WStG an und definierte die Offensichtlichkeit als Handeln jenseits aller Zweifel[207] und bejahte dieses Merkmal mit der Begründung, die Tötung eines unbewaffneten Flüchtlings durch Dauerfeuer sei ein so schreckliches, sich jeder vernünftigen Rechtfertigung entziehendes Tun, dass der Verstoß

---

202 BGH, JuS 1993, 602.

203 BGHSt 39, 1, 23.

204 BGHSt 39, 1, 23 f.

205 Art. 30 I: Die Persönlichkeit und Freiheit jedes Bürgers der Deutschen Demokratischen Republik sind unantastbar. (2) Einschränkungen sind nur im Zusammenhang mit strafbaren Handlungen oder einer Heilbehandlung zulässig und müssen gesetzlich begründet sein. Dabei dürfen die Rechte solcher Bürger nur insoweit eingeschränkt werden, als dies gesetzlich zulässig und unumgänglich ist.

206 BGHSt 39, 1, 25.

207 BGHSt 39, 1, 32; i.E. nun ebenso *Rosenau*, Tödliche Schüsse im staatlichen Auftrag. Die Strafrechtlich Verantwortlichkeit von Grenzsoldaten für den Schusswaffengebrauch an der deutsch-deutschen Grenze, S. 255.

gegen das elementare Tötungsverbot selbst für einen indoktrinierten Menschen offensichtlich war[208].

Weiter prüfte der Senat das Vorliegen eines Verbotsirrtums: Er könnte sich daraus ergeben, dass die Soldaten nach den Feststellungen des Tatgerichts daran glaubten, auch ein rechtswidriger Befehl sei verbindlich. Dies wäre nach Auffassung des Senats ein Irrtum über einen nicht anerkannten Rechtfertigungsgrund. Auf ihn wendete der Senat § 17 StGB an. *Er* meinte aber, die Schuld entfalle hier nicht, weil der Irrtum i. S. des § 17 vermeidbar gewesen wäre und verwies darauf, dass den Grenzsoldaten in der Schulung gesagt worden sie, Befehle, die gegen die Menschlichkeit verstießen, brauchten nicht befolgt zu werden[209].

III. BGH Urteil vom 25.3.1993 - 5 StR 418/92: Fall *Gueffroy*

1. Sachverhalt

Den Angeklagten wurde vorgeworfen, als Grenzposten an den Berliner Mauer in der Nacht vom 5. Zum. 6.2.1989 einen Flüchtling vorsätzlich erschossen zu haben und versucht zu haben, einen weiteren Flüchtling zu erschießen.

Das SchwurG hat den Angeklagten *H.* wegen Totschlages zu einer Freiheitsstrafe von 3 Jahren und 6 Monaten verurteilt; vom Vorwurf des versuchten Totschlages ist dieser Angeklagte freigesprochen worden. Gegen den Angeklagten *K.* hat das SchwurG wegen zweier in Tateinheit begangener Verbrechen des versuchten Totschlages eine zur Bewährung ausgesetzte Freiheitsstrafe von 2 Jahren verhängt. Die Angeklagten *Schmi.* und *Schme.* hat es vom Vorwurf des Totschlags und des versuchten Totschlages freigesprochen. Die Revision des Angeklagten *K.* führte zu dessen Freispruch. Die Revision des Angekl. *H.* hatte Erfolg, soweit sie sich gegen die verhängte Strafe richtete. Auf die Revision der StA wurde das angefochtene Urteil, soweit es dem Angeklagten *Schmi.* betrifft, aufgehoben[210].

---

208 BGHSt 39, 1, 32; auch *Dannecker*, Die Schüsse an der innerdeutschen Grenz in der höchstrichterlichen Rechtsprechung, Jura 1994, 594.

209 BGHSt 39, 1, 35.

210 Zusammengefasst nach BGH, NStZ 1993, 486.

2. Urteil in concreto

Das Urteil des BGH vom 25.3.1993[211] richtete sich im wesentlichen nach der Anwendbarkeit der im Senatsurteil vom 3.11.1992 entwickelten Grundsätze[212] und räumte der menschenrechtsfreundlichen Auslegung die Priorität ein[213]. Für die Staatspraxis, die die vorsätzliche Tötung von Flüchtlingen durch Schusswaffen einschloss, gelte dasselbe wie für die Verhältnisse, die Gegenstand des Senatsurteils v. 3.11.1992 waren: Wegen offensichtlichen, unerträglichen Verstoßes gegen elementare Gebote der Gerechtigkeit und gegen die Menschenrechte, die zu schützen sich die DDR als Vertragsstaat des Internationalen Paktes über bürgerliche und politische Rechte v. 19.12.1996 verpflichtet hatte, könne § 27 GrenzG-DDR in der Auslegung, die durch eine solche Staatspraxis gekennzeichnet war, keine rechtfertigende Wirkung entfalten[214]. Wegen Verbotsirrtums seien die Angeklagten auch nicht entschuldigt. Sei der Strafrechtsverstoß offensichtliche, so sei regelmäßig auch der Verbots-irrtum i.S.d. § 17 S. 2 StGB vermeidbar[215].

Andererseits gilt hier wie in dem früher entschiedenen Fall, dass § 27 des Grenzgesetzes der DDR mit Auslegungsmethoden, die dem Recht der DDR eigentümlich waren, so hätte ausgelegt werden können, dass schwerwiegende Menschenrechtsverletzungen zu vermeiden gewesen wären, allerdings prüfte der Senat im zweiten Urteil weiter die Frage des Verhältnisses zwischen Einigungsvertrag und DDR-Normen. Der BGH legt Art. 315 I 1 EGStGB i.d.F. des Einigungsvertrages jedoch verfassungskonform dahin aus, dass diese Regelung nur in dem Umfang auf das Recht der DDR verweise, in dem dessen Inhalt mit dem Grundgesetz vereinbar sei[216]. Damit meint er den sog. ordre-public Gedanken. Danach dürfen nur solche DDR-Normen angewendet werden, die wesentlichen Gedanken des Grundgesetzes entsprechen. In seinem Urteil v. 3.11.1992 hatte der BGH aber dieses verweigert[217].

---

211 BGHSt 39, 168 = BGH, NJW 1993, 1932 = BGH, NStZ 1993, 486.

212 Nachdem der 5. Senat in seinem ersten Mauerschützenurteil v. 3.11.1992 die grundsätzlichen Probleme behandelt und in seinem Sinn gelöst hat, geht er in diesem Zeiten Urteil nicht mehr darauf ein, *Herrmann*, Anmerkung zum Urteil des BGH v. 25.3.1993, NStZ 1993, 487.

213 BGHSt 39, 168, 186 f.

214 BGH, NStZ 1993, 486.

215 BGH, a.a.O.

216 BGH, NJW 1993, 1932 f.

217 BGH, NJW 1992, 141 ff.

Außerdem hat der BGH den für die Schuldfrage wichtigen Begriff des Handelns auf Befehls ausgeweitet. Lange Zeit wurden die Grenzsoldaten von ihren Vorgesetzten ausdrücklich belehrt, sie müssten Flüchtlings notfalls „vernichten". In dem letzten Jahren vor dem Ende der DDR drückten sich die Kommandeure unter dem Eindruck der kritischer gewordenen Stimmung in der Bevölkerung nicht mehr so deutlich aus. Es war jetzt nur noch davon die Rede, eine Grenzüberschreitung sei „auf jeden Fall" zu verhindern. Gleichzeitig wurden aber bei den Soldaten Ängste vor harten Disziplinarmaßnahmen geschürt, die gegen sie ergriffen würden, wenn sie einen Grenzdurchbruch nicht unterbänden. Der BGH wertet dieses Zusammenspiel von undeutlichen Anweisungen mit der Erzeugung eines Angstklimas als Befehl, notfalls Flüchtlings auch zu erschießen. Deshalb betrachtete er auch die Todesschüsse in der letzten Jahren der DDR als minder schwere Fälle des Totschlags[218].

IV. BGH Urteil vom 26.7.1994 - 5 StR 167/94 u.a.

1. Sachverhalt

Der Angeklagte *W.* gehörte 1972 einer Bootskompanie des Grenzregiments 35 der Grenztruppen der DDR an, die in Berlin einen Grenzabschnitt in der Nähe der Schillingbrücke zu sichern hatte. Der Angeklagte *W.* war in der Nacht vom 14. zum 15.2.1972 Postenführer einer aus ihm und dem Soldaten *K.* gebildeten Grenzstreife. Der 29 Jahre alte *We.* war gegen 22.30 Uhr unbemerkt in die Spree gelangt, die er durch schwimmen wollte, um in den Westen zu gelangen. Als die Angeklagten ihn entdeckten, schwamm er in der Mitte des Flusses. Auf den Zuruf der beiden Grenzsoldaten reagierte er nicht. Diese schossen nunmehr aus einer Entfernung von ungefähr 40m nahezu gleichzeitig auf ihn. Ihre MPi Kalaschnikow waren auf Dauerfeuer eingestellt. Der Angeklagte *W.* gab drei, *K.* zwei Feuerstöße von jeweils zwei Schüssen ab. Weiteren Schüsse wurden sofort danach abgegeben. Beiden war bewusst, dass sie den Flüchtling tödlich verletzen konnten. *We.* war durch ein Geschoss am Kopf getroffen worden und deswegen ertrunken.

---

218 *Amelung*, Die strafrechtliche Bewältigung des DDR-Unrecht durch die deutsche Justiz, 1996, S. 15 f.

Das LG Berlin hat den Angeklagten *W.*, ebenso wie den Mitangeklagten *K.* wegen Totschlags zu einer Jugendstrafe von einem Jahr und zehn Monaten verurteilt und die Vollstreckung dieser Strafe zur Bewährung ausgesetzt. Die Revision des Angeklagten *W.* hatte keinen Erfolg[219].

2. Urteil in concreto

In diesem Fall blieb der BGH[220] mit seiner menschenrechtsfreundlichen Auslegung bei der gleichen Auffassung wie bei den zwei vorherigen Entscheidungen und hat angenommen, dass das Verhalten der Angeklagten nicht gerechtfertigt gewesen sei, weil der vom DDR-Recht zur Verfügung gestellte Rechtfertigungsgrund einschränkend, nämlich menschenrechtsfreundlich, hätte ausgelegt werden müssten und deswegen die Tötung des unbewaffneten Flüchtlings, der lediglich von einem Teil Berlins in den anderen schwimmen wollte, rechtswidrig gewesen sei. Allerdings dehnt *er* diese Auslegung auf die Zeit vor dem Inkrafttreten des IPBPR in der DDR aus. Die DDR habe die Ratifizierungsurkunde für den IPBPR erst am 8.11.1973 hinterlegt und der Pakt sei damit mit Wirkung für die beiden deutschen Staaten, am 23.3.1976 in Kraft getreten[221]. Die DDR war demnach im Februar 1972, als der Angeklagte dieses Urteils seine Schüsse abgab, noch nicht an den IPBPR gebunden, während die früheren Entscheidungen des BGH[222] Vorgänge betrafen, die sich 1983 und 1989, also nach dem Inkrafttreten des IPBPR, ereignet hatten[223].

Er sah aber nicht, dass sich aus diesem Unterschied ergebe, dass die Rechtsauffassung des Senats zur Unwirksamkeit grob ungerechter und menschenrechtswidriger Rechtfertigungsgründe unanwendbar wäre[224]. *Seine* Stellungnahme basierte auf der Allgemeinen Erklärung der Menschenrechte von 1948 als Grundlage des IPBPR[225]. Hiernach stimmten die Gewährleistungstatbestände der Allgemeinen Erklärung der Menschenrechte und des IPBPR im Hinblick auf das Recht auf Leben und die freie

219 Zusammengefasst v. BGH, NJ 1995, 42.

220 BGHSt 40, 241 = NJW 1994, 2708 ff.

221 BGBl. II S. 1068; GBl. DDR II S. 108.

222 BGHSt 39, 1; 39, 168.

223 BGH, NJ 1995, 43.

224 BGH, a.a.O.

225 BGH, NJW 1994, 2708 f.

Ausreise überein[226]. Auch wenn die Bindungswirkung der Allgemeinen Erklärung der Menschenrechte im Hinblick auf die einzelnen Menschenrechte nicht voll geklärt sei, so komme der Erklärung jedenfalls insofern ein hohes Maß an rechtlicher Bedeutung zu, als sie den Willen der Völkerrechtsgemeinschaft, Menschenrechte zu verwirklichen, zum Ausdruck bringt. In diesem Sinne könne die Erklärung zur Einschränkung von Rechtfertigungsgründen der DDR-Rechts herangezogen werden[227].

Mit dieser Behauptung, dass die Rechtfertigungsgründe der DDR sogar durch die Grundlage des IPBPR ausgeschlossen werden können, näherte sich der BGH der Frage, ob Schusswaffengebrauchsbestimmungen durch Naturrecht nichtig erklärt werden können[228]. Beachtenswert ist, dass *er* dadurch gewissermaßen naturrechtliche Überlegung zeigte und diese Auffassung neben der These von der systemimmanenten Verbindlichkeit der Menschenrechte - z.B. im Verfassungsrecht der DDR - aus Rechtsüberzeugungen ableitete, die von allen Kulturvölkern geteilt werden[229].

V. BGH Urteil vom 26.7.1994 - 5 StR 98/94

1. Sachverhalt

Gegenstand des vorliegenden Verfahrens war die Tötung von sieben Menschen, die zwischen 1971 und 1989 aus der DDR über die innerdeutsche Grenze fliehen wollten. Das LG hielt die Angeklagten als Mitglieder des Nationalen Verteidigungsrats für verantwortlich für den Tod dieser Flüchtlinge. Es hat die Angeklagten *K.* und *S.* der Anstiftung zum Totschlag und den Angeklagten *A.* der Beihilfe zum Totschlag für schuldig befunden. Der Angeklagte *K.* wurde zu einer Freiheitsstrafe von sieben

---

226 Art. 29 Nr. 2 der Allgemeinen Erklärung ist der Mensch in Ausübung seiner Rechte und Freiheiten nur den Beschränkungen unterworfen, die das Gesetz ausschließlich zu dem Zweck vorsieht, um die Anerkennung und Achtung der Rechte und Freiheiten anderer zu gewährleisten und den gerechten Anforderungen der Moral, der öffentlichen Ordnung und der allgemeinen Wohlfahrt in einer demokratischen Gesellschaft zu genügen, BGH, NJW 1994, 2708.

227 BGH, NJ 1995, 44.

228 *Amelung*, Anmerkung zum Urteil des BGH vom 26.7.1994 - 5 StR 167/94, NStZ 1995, 30.

229 Ebenso BGHSt 2, 234, 239. BGH, NJW 1994, 2708, 2710; Der BGH wendet die These von der sich aus dem Naturrecht ergebenden 18Menschenrechten konsequent auf die Rechtsbeugungsfälle an, s. hierzu BGH, NJW 1995, 64 f.; NJW 1995, 2734 f.

Jahren und sechs Monaten, der Angeklagte *S.* zu einer Freiheitsstrafe von fünf Jahren und sechs Monaten und der Angeklagte *A.* zu einer Freiheitsstrafe von drei Jahren und sechs Monaten verurteilt. Beim Angeklagten *A.* hat das LG aus dieser Strafe unter Einbeziehung von Strafen aus einem Urteil des BG Meinungen eine Gesamtfreiheitsstrafe von vier Jahren und sechs Monaten gebildet. Die dagegen gerichteten Revisionen der Angeklagten blieben erfolglos. Die zuungunsten der Angeklagten eingelegten Rechtsmittel der Staatsanwaltschaft führten zu einer Änderung des Schuldspruchs, beim Angeklagten *A.* darüber hinaus zu einer höheren Strafe. Im übrigen hatten sie keinen Erfolg[230].

2. Urteil in concreto

In diesem Urteil vom 26.7.1994[231] wurde zwar die Linie der bisherigen Mauerschützenurteile konsequent weitergeführt. Es wurde also aufgrund einer naturrechtlich begründeten Ablehnung einer Rechtfertigung der Mauerschützen entschieden, aber in diesem Fall einen Schritt vorangegangen: Es wurde erstmals über die Strafbarkeit der „Hintermänner", konkret: der Mitglieder des Nationalen Verteidigungsrates, entschieden.

Bemerkenswert ist, wie der BGH zu einer anderen Entscheidung als das LG zur Beteiligungsform gefunden hat. Das LG hat das Verhalten der Angeklagte nach dem Strafrecht der DDR als Anstiftung zum Mord (§§ 22 II Nr. 1, 112 I StGB-DDR) bewertet. Mittelbare Täterschaft scheide nach DDR-Recht aus, weil die unmittelbar handelnden Personen selbst verantwortlich gewesen seien (§ 22 I StGB-DDR). Auch auf der Grundlage des als milderes Recht anwendbaren StGB der Bundesrepublik Deutschland komme mittelbare Täterschaft nicht in Betracht. Das LG hat die Annahme von mittelbarer Täterschaft über die Figur der „Willensherrschaft kraft organisatorischen Machtapparates" im konkreten Fall verneint und die Angeklagten wegen Anstiftung zum Totschlag (in einem Fall: Beihilfe zum Totschlag) für schuldig befunden[232].

230 Zusammengefasst nach LG Berlin, NJ 1994, 210

231 BGHSt 40, 218 = BGH, NJW 1994, 2703. = BGH, NJ 1994, 532.

232 Zusammengefasst v. *Gropp*, Die Mitglieder des Nationalen Verteidigungsrates als „Mittelbare Mit-Täter hinter den Tätern"?, JuS 1996, 14.

Allerdings bewertete der 5. Senat das Verhalten aller drei Angeklagten als Totschlag in mittelbarer Täterschaft (§§ 212 I, 25 I StGB). Der BGH geht in seiner Urteilsbegründung davon aus, dass die Befehlslage an der Grenze auf den Beschlüssen des NVR beruht habe, an denen die Angeklagten mitgewirkt hätten und die die Grundlage für die Befehle des Ministers für nationale Verteidigung gegenüber den Grenztruppen geworden seien. Ferner hatte es wiederholt Beschlüsse gegeben, die bestehenden Maßnahmen (Minen; Schießbefehl) aufrechtzuerhalten oder zu erweitern[233]. Weiterhin nahm der BGH in seiner Entscheidung an, dass im vorliegenden Fall die mittelbare Täterschaft mit der Formel der sog. „Täter hinter dem Täter[234]" begründet sei, da die Mitglieder des NVR durch Organisationsstrukturen bestimmte Rahmenbedingungen ausgenutzt hätten und somit eine Willensherrschaft kraft organisatorischer Machtapparate gegeben gewesen sei. Die Mitglieder des NVR seien demnach Täter kraft organisatorischer Überlegenheit. Auch das BVerfG hat über die von Mitgliedern des NVR eingelegten Verfassungsbeschwerden entschieden und die Urteile des BGH bestätigt[235].

Dabei zeigte der BGH die Abgrenzungskriterien, unter welchen Bedingungen eine mittelbare Täterschaft trotz voller Verantwortlichkeit des Werkzeuges anerkannt werden kann. Solche Fallgruppen, bei denen trotz eines uneingeschränkt verantwortlich handelnden Tatmittlers der Beitrag des Hintermannes nahezu automatisch zu der von diesem Hintermann erstrebten Tatbestandsverwirklichung führe, kann vorliegen, wenn der Hintermann durch Organisationsstrukturen bestimmte Rahmenbedingungen ausnutzt, innerhalb derer sein Tatbeitrag regelhafte Abläufe auslöst[236]. Derartige Rahmenbedingungen mit regelhaften Abläufen kommen insbesondere bei staatlichen, unternehmerischen oder geschäftlichen Organisationsstrukturen vor. Bei Befehlshierarchien wird in Kenntnis dieser Umstände, insbesondere auch die unbedingte Bereitschaft des unmittelbar Handelnden ausgenutzt, den Tat-

233 BGHSt 40, 218, 223, vgl. hierzu *Gropp*, Die Mitglieder des Nationalen Verteidigungsrates als „Mittelbare Mittäter hinter den Tätern"? - BGHSt 40, 218, JuS 1996, Heft 1, 14.

234 Vgl. hierzu *Schroeder*, Der Täter hinter dem Täter, 1965.

235 BHGSt 40, 218, 236 ff.

236 Diese „Rahmenbedingungen" beruhen auf der beliebigen Austauschbarkeit (der Fungibilität) des unmittelbar Handelnden, auf dessen Individualität es nicht ankommt. Der Hintermann braucht den Ausführenden nicht einmal zu kennen und kann doch, wenn er sich einer funktionierenden Organisation bedient, sicher sein, dass sein Wille ausgeführt wird, vgl. *Roxin*, Anmerkung zu BGH Urt. v. 26.7.1994 - 5 StR 98/94 (LG Berlin), JZ 1995, 50.

bestand zu erfüllen. Will der Hintermann den Erfolg als Ergebnis seines eigenen Handelns, ist er Täter in der Form mittelbarer Täterschaft[237] und dies liegt im gegebenen Fall bei den Mitgliedern des NVR vor.

Als dogmatische Begründung schloss sich der BGH dem eingeschränkten Verantwortungsprinzip nach *Roxin* an, wonach Hintermänner trotz Verantwortlichkeit des Tatmittlers jedenfalls dann als mittelbare Täter klassifiziert werden können, wenn sie den Tatmittler durch Nötigung, Irrtum oder einen organisierten Machtapparat beherrschen[238]. Der BGH sah auch bei den Mitgliedern des Nationalen Verteidigungsrates angesichts der Befehlshierarchie innerhalb des Grenzregimes eine Beteiligung als gegeben an, auf der Basis ihres Einflusses ist ihre Behandlung als Täter erforderlich[239].

Der BGH fügt hinzu, den Hintermann in solchen Fällen nicht als Täter zu behandeln, würde dem objektiven Gewicht seines Tatbeitrags nicht gerecht werden, zumal häufig die Verantwortlichkeit mit größerem Abstand zum Tatort nicht ab-, sondern zunimmt[240].

VI. BVerfG Beschluss vom 24.10.1996 - 2 BvR 1851/94 u.a.

1. Sachverhalt

Die ehemaligen Mitglieder des NVR der DDR *A.*, *K.* sind wegen Beihilfe bzw. Anstiftung zum Totschlang von DDR-Flüchtlingen durch ein Urteil des LG Berlin vom 16.9.1993[241] jeweils zu mehrjährigen Freiheitsstrafen verurteilt worden. Auf die Revision der StA hin änderte der BGH durch das Urteil v. 26.7.1994[242] das Urteil des LG Berlin wie folgt ab: Alle drei damaligen Angeklagten wurden nun als

---

237 BGH, JZ 1995, 48.

238 *Roxin*, Täterschaft und Tatherrschaft, 8. Aufl., Berlin 2006, §§ 21, 22, 24.

239 *Gropp*, Die Mitglieder des Nationalen Verteidigungsrates als „Mittelbare Mittäter hinter den Tätern"? - BGHSt 40, 218, JuS 1996, Heft 1, 15.

240 BGH, JZ 1995, 48, vgl auch *Schroeder*, Der Täter hinter dem Täter, 1965, S. 166.

241 LG Berlin NJ 1994, 210.

242 BGHSt 40, 218 ff.

Täter des Totschlags für schuldig befunden. Die drei ehemaligen NVR-Mitglieder erhoben gegen ihre Verurteilungen Verfassungsbeschwerde, dies wurde zurückgewiesen[243].

2. Beschluss in concreto

Das BVerfG[244] hat zunächst entschieden, dass kein Verstoß gegen das Rückwirkungsverbot i.S.v. Art. 103 II GG darin zu sehen sei, dass die Strafgerichte den Beschwerdeführern die Berufung auf einen Rechtsfertigungsgrund versagt hätten, der sich aus den Vorschriften der DDR über dem Grenzregime, wie sie in der Staatspraxis ausgelegt wurden, ergeben hätte[245]. Das Rückwirkungsverbot sei zwar absolut und erfülle seine rechtsstaatliche und grundrechtliche Gewährleistungsfunktion durch eine strikte Formalisierung, allerdings entfalle diese besondere Vertrauensgrundlage, wenn der Träger der Staatsmacht für den Bereich schwersten kriminellen Unrechts die Strafbarkeit durch Rechtfertigungsgründe ausschließe, indem er über die geschriebenen Normen hinaus zu solchem Unrecht auffordere, es begünstige und so die in der Völkerrechtsgemeinschaft allgemein anerkannten Menschenrechte in schwerwiegender Weise missachte. Der strikte Schutz von Vertrauen durch Art. 103 II GG müsse dann zurücktreten[246].

Die angegriffenen Urteile genügten diesen verfassungsrechtlichen Maßstäben. Nach der vom BGH[247] fortentwickelten Erwägungen müsse ein Rechtfertigungsgrund unbeachtlich bleiben, wenn er die vorsätzliche Tötung von Personen decke, die nichts weiter wollten, als lediglich unbewaffnet und ohne Gefährdung allgemein anerkannter Rechtsgüter die innerdeutsche Grenze zu überschreiten. Denn ein solcher Rechtfertigungsgrund, der einer Durchsetzung des Verbotes, die Grenze zu überschreiten, schlechthin Vorrang vor dem Lebensrecht von Menschen gebe, sei wegen offensichtlichen, unerträglichen Verstoßes gegen elementare Gebote der Ge-

243 Zusammengefasst v. BVerfG, NJW 1997, 929.

244 BverfGE 95, 96 = BVerfG, Beschl. v. 24.10.1996 - 2 BvR 1851, 1853, 1875 und 1852/94, in: EuGRZ 1996, 538 = BVerfG, NJW 1997, 929 = BVerfG, JZ 142.

245 BVerfG, MDR 1997, 179.

246 BVerfG, NJW 1997, 929. .

247 BGHSt 39, 1; BGHSt 39, 168.

rechtigkeit und gegen völkerrechtlich geschützte Menschenrechte unwirksam. In einem solchen Fall müsse das positive Recht der Gerechtigkeit weichen[248].

Die Rüge der Beschwerdeführer, es sei mit Art. 103 II GG unvereinbar, dass der BGH sie in Anwendung des Rechts der Bundesrepublik als mittelbare Täter eines Totschlags angesehen habe, gehe auch fehl. Der BGH habe zuerst auf Grundlage der zur Tatzeit geltenden Vorschriften der DDR (Anstiftung zum Mord) entschieden und erst dann, im zweiten Schritt, das Recht der Bundesrepublik angewandt, da es das im Vergleich zum Recht der DDR mildere Recht dargestellt hätte. Dies stehe nicht Art. 103 II GG entgegen[249].

Auch lehnte der BVerfG den Verweis eines ehemaligen Grenzsoldaten darauf, dass er bei Ausführung der ihm vorgeworfenen Taten auf verschiedenen Ebenen in ein System von Befehl und Gehorsam eingebunden war und deshalb schuldfrei gehandelt habe, mit der Bestätigung der Strafgerichte ab: Die Tötung eines unbewaffneten Flüchtlings durch Dauerfeuer sei unter den festgestellten Umständen ein derart schreckliches und jeder möglichen Rechtfertigung entzogenes Tun gewesen, dass der Verstoß gegen Verhältnismäßigkeit und dem elementaren Tötungsverbot auch für einen indoktrinierten Menschen ohne weiteres einsichtig und damit offensichtlich war[250].

VII. Fazit

1. Kein Verstoß gegen Art. 103 II GG

Der BGH hat in seinem Grundsatzurteil vom 3.11. 1992[251] § 27 GrenzG unter Berücksichtigung der Befehlslage und der Staatspraxis der DDR ausgelegt und auf die Tatsache fokussiert, dass damals die Grenzsicherung gegenüber dem Wert eines Menschen den höheren Rang hatte. Dann versuchte er weiterhin bei seiner Begründung zu prüfen, ob bereits zu DDR-Zeiten § 27 II GrenzG menschenrechtsfreundlich hätte ausgelegt werden können, so dass es gar nicht zu Menschenrechtsverlet-

---

248 BVerfG, NJW 1997, 931.

249 BVerfG, a.a.O., 932.

250 BVerfG, NJW 1997, 933.

251 BGHSt 39, 1 ff.

zungen hätte kommen müssen. Tödliche Schüsse waren danach nicht von § 27 GrenzG gedeckt[252]. Ein Verstoß gegen das Rückwirkungsverbot liege nicht vor, da bereits in der DDR eine solche Auslegung hätte vorgenommen werden können. Es wird also eine systemimmanente Auslegung vorgenommen.

Der BGH hat mit seiner Entscheidung v. 24.10.1996 diese Rechtsprechung als verfassungskonform bestätigt. Der Schutz des Rückwirkungsverbotes entfällt danach, wenn ein Staat unter schwerwiegender Missachtung allgemein anerkannter Menschenrechte schwerstes kriminelles Unrecht durch die Schaffung von Rechtsfertigungsgründen begünstigt[253]. Der strikte Schutz von Vertrauen durch Art. 103 II GG muss dann zurücktreten.

2. Ausschluss des Rechtfertigungsgrundes der DDR

Der Schwerpunkt der rechtlichen Problematik liegt darin, wie der Rechtfertigungsgrund der Tötungshandlungen ausgeschlossen werden kann. Hier folgt die Rechtsprechung einer einheitlichen Linie und ordnet die Taten als rechtswidrig ein.

Der BGH sah zwar in der Praxis des Schießbefehls einen Rechtfertigungsgrund, wendet ihn aber zuerst nach der *Radbruch*sche Formel nicht an[254]. Der Widerspruch des positiven Gesetzes zur Gerechtigkeit sei so unerträglich, dass das Gesetz als unrichtiges Recht der Gerechtigkeit zu weichen habe. Mit der Anwendung der *Radbruch*schen Formel wertete der BGH den stets verheimlichen Schießbefehl unnötigerweise zum positiven Recht auf. Die Nichtanwendung des Rechtfertigungsgrundes stützte der BGH zusätzlich auf die internationalen Menschenrechtspakte, die als konkretere Prüfungsmaßstäbe hinzugekommen seien. Diese in der Völkerrechtsgemeinschaft allgemein anerkannten Menschenrechte seien in schwerwiegender Weise missachtet worden[255]. Das BVerfG hat zwar festgestellt, dass die Nichtanerkennung eines Rechtfertigungsgrundes durch den BGH dem Grundgesetz entspricht, - aber das BVerfG setzte an der Wurzel des Problems an, indem es das Vorliegen eines Rechtfertigungsgrundes schon nach DDR-Recht verneint und die

---

252 BGHSt 39, 1, 26.

253 BVerfG, a.a.O., 929.

254 Vgl. *Alexy*, Mauerschützen, 1993, S. 22 ff.

255 *Starck*, Anmerkung zu BVerfG, Beschl. v. 24.10.1996 - 2 BvR 1851, 1853, 1875 u. 1852/94, JZ 1997, 149.

Strafbarkeit nicht durch Rückgriff auf überpositive Rechtsgrundsätze begründet, sondern an Wertungen angeknüpft, welche die DDR selbst ihren Strafgesetzen zugrunde gelegt hat[256].

3. Die Mitglieder des NVR als mittelbare Täter

Insgesamt lässt sich feststellen, dass dem BGH[257] - bei Annahme einer Rechtswidrigkeit der Schüsse an der innerdeutschen Grenze - hinsichtlich einer mittelbaren Täterschaft der Mitglieder des NVR aufgrund einer Organisationsherrschaft zugestimmt werden kann[258]. Dies kennzeichnet die Struktur des Befehlssystems solch mittelbarer Täter und insbesondere das Befehlssystem in der DDR plastisch und treffend. Dies haben auch die Entscheidungen des BVerfG[259] zu den von Mitgliedern des NVR eingelegten Verfassungsbeschwerden nochmals bestätigt. In der Rechtsfolge ergibt dies keinen entscheidenden Unterschied zur Auffassung des LG Berlin[260], das die Verurteilten nur der Anstiftung zum Totschlag für schuldig befunden hat, denn nach deutschem Recht werden Täter und Anstifter aus dem gleichen Strafrahmen heraus bestraft. Die Einstufung der Führer eines Unrechtsstaates als Täter hat aber einen hohen Symbolwert[261].

4. Fehlende Entschuldigungsgründe

a) Entschuldigung wegen Handelns auf Befehl

Der BGH verneinte das Vorliegen dieses Entschuldigungsgrundes mit der Begründung, die Tötung eines unbewaffneten Flüchtlings durch Dauerfeuer sei ein so schreckliches, sich jeder vernünftigen Rechtfertigung entziehendes Tun, dass der

---

256 BVerfG, NJW 1997, 931, ähnlich BGHSt 39, 1 ff.

257 BGHSt 40, 241.

258 *Gropp*, Die Mitglieder des Nationalen Verteidigungsrates als „Mittelbare Mit-Täter hinter den Tätern"? - BGHSt 40, 218, JuS 1996, 18.

259 BVerfG, Beschl. v. 24.10.1996 - 2 BvR 1851, 1853, 1875 und 1852/94.

260 LG Berlin Urt. v. 16.9.1993 - (527) 2 Js 26/90 Ks 10 (92), NJ 1994/210.

261 *Amelung*, Die strafrechtliche Bewältigung des DDR-Unrechts durch die deutsche Justiz, 1996. S. 17.

Verstoß gegen das elementare Tötungsverbot selbst für eine indoktrinierten Menschen offensichtlich war[262].

b) Verbotsirrtum

Weiter wird auch das Vorliegen eines Verbotsirrtums abgelehnt. Die Schuld entfalle nicht, weil der Irrtum vermeidbar gewesen sei[263]: Die Schützen hätten unter gehöriger Anspannung ihres Gewissens[264] das Unrecht der Tat einsehen können; Es sei den Angeklagten bei ihrer Schulung gesagt worden, Befehle, die gegen die Menschlichkeit verstießen, bräuchten nicht befolgt zu werden[265].

C. Justizunrecht: Die Strafbarkeit von DDR-Richtern und Staatsanwälten

I. Einleitung

1. Sachverhalt

Als Rechtsbeugung ist allgemein eine Wahrnehmung der richterlichen Entscheidungsbefugnisse in bewusst rechtswidriger Weise zu definieren. Nach § 339 StGB (§ 336 StGB a.F.) wird ein Richter, Amtsträger oder Schiedsrichter bestraft, der sich bei der Leitung oder Entscheidung einer Rechtssache zugunsten oder zum Nachteil einer Partei einer Beugung des Rechts schuldig macht. Bei der Ahndung des DDR-Unrechts werden sie aber nicht wegen einer Beteiligung am DDR-Justizsystem im Allgemeinen, sondern in der gesetz- und rechtswidrigen Entscheidung im konkreten Einzelfall bestraft[266].

---

262 BGHSt 39, 1, 32; auch *Dannecker*, Die Schüsse an der innderdeutschen Grenze in der höchstrichterlichen Rechtsprechung - BGH Entsch. v. 3.11.1992 - 5 StR 370/92 = BGHSt. 39, 1, Jura 1994, 594.

263 BGHSt 39, 1, 32 ff.

264 Vgl. dazu näher BGHSt 2, 194, 200 f.

265 BGHSt 39, 1, 35.

266 *Marxen/Werle*, Strafjustiz und DDR-Unrecht - Dokument, Bd 2/1, Gewalttaten an der deutsch-deutschen Grenze, Berlin 2002, Einführung S. XXXII.

Die Verfahren wegen DDR-Rechtsbeugung lassen sich nach Rechtsgebieten ordnen. Danach sind Rechtsbeugungen in Strafverfahren sowie in Arbeits- und Zivilrechtsstreitigkeiten[267] zu unterscheiden. Der Schwerpunkt der Anklagen lag dabei auf Entscheidungen aus dem Bereich des Strafrechts und ausschließlich damit beschäftige ich mich im Folgenden. Die Anklagen konzentrierten sich damit auf den Komplex, in dem die politische Verfolgung der Regimegegner, Oppositionellen und Ausreisewilligen die gravierendsten und offensichtlichsten Folgen hatte[268]: Die SED versuchte mit Hilfe des Strafrechts ihre Herrschaft gegen Kritiker und Ausreisewillige zu verteidigen. Diese führte dazu, dass die DDR-Gerichte die Tatbestände der landesverräterischen Nachrichtenübermittlung[269], der staatsfeindlichen Hetze[270] und der Republikflucht[271] sehr weit ausdehnten und hierauf Freiheitsstrafen stützen. So wurde z.B. schon die Kontaktaufnahme mit einer westlichen Botschaft als Landesverrat, die Veröffentlichung linksoppositioneller Kritik als staatsfeindliche Hetze und ein Ausreisebegehren unter ordnungsgemäßem Vorzeigen des Passes an der Grenze als Versuch der Republikflucht angesehen[272].

Neben die Strafverfolgung treten Fälle systembedingter Nichtverfolgung. In diesen Fällen unterblieb die Strafverfolgung, weil sie Interessen der politischen Führung der DDR zuwiderlief[273]. Allerdings sei das keine Rechtsbeugung, was im Rahmen des in der DDR üblich gewesen sei[274]. Lediglich Willkürakte und Exzessfälle mit offensichtlicher Verletzung von Menschenrechten rechtfertigten eine Verurteilung.

---

267 Z.B. die vom StA abgelehnte Hauptverfahrenseröffnung der Zwangsadoption, vgl StA Magdeburg, Anklage v. 30.9.1991.

268 *Marxen/Werle*, Strafjustiz und DDR-Unrecht - Dokument, Bd 2/1, Gewalttaten an der deutsch-deutschen Grenze, Berlin 2002, Einführung, S. XXXIII.

269 § 99 StGB-DDR.

270 § 106 StGB-DDR.

271 § 213 StGB-DDR.

272 *Amelung*, Die strafrechtliche Bewältigung des DDR-Unrechts durch die deutsche Justiz, 1996. S. 18 f.

273 *Marxen/Werle*, Die strafrechtliche Aufarbeitung von DDR-Unrecht - Eine Bilanz, 1999, S. 51.

274 BGHSt 40, 30 ff. - Richter; NStZ 1994, 437 - Staatsanwälte.

2. Tätergruppe

Die strafrechtliche Verfolgung wegen Rechtsbeugung richtet sich in erster Linie unmittelbar gegen Richter und Staatsanwälte der DDR. In geringem Umfang waren auch Mitarbeiter des MfS aufgrund der Mitwirkung an einem konkreten Ermittlungsverfahren von einer Anklage wegen Rechtsbeugung betroffen[275]. Tatvorwurf bezieht sich in der Regel also auf täterschaftlich begangene Rechtsbeugung ggf. in Tateinheit mit Freiheitsberaubung oder Totschlag.

Ähnlich wie die Hintermänner bei den Mauerschützenfällen richten sich einige Anklagen gegen justizexterne-politische hochrangige Personen wie Angehörige des Justizministeriums und des MfS sowie Richter des Obersten Gerichts und Staatsanwälte beim Generalstaatsanwalt der DDR, die nicht an der Entscheidung konkreter Einzelfälle beteilig waren. Ihnen wurde zur Last gelegt, durch generelle Vorgaben auf die Entscheidungen Einfluss genommen zu haben. Die tatsächliche Grundlage für den strafrechtlichen Vorwurf wegen Anstiftungs- oder Beihilfetaten bilden dabei Einflussnahmen auf Richter und Staatsanwälte durch Weisungen, Orientierungen oder Richtlinien[276].

Was systembedingte Nichtverfolgung angeht, richteten sich die Anklagen in erster Linie gegen ehemalige Staatsanwälte der DDR, da diese für die Durchführung von Ermittlungsverfahren zuständig waren. In diesem Zusammenhang wurde auch die Mitarbeiter der Untersuchungsabteilung des MfS angeklagt[277].

3. Problemschwerpunkte

a) Strafanwendungsrecht

In allen Verfahren wegen justiziellen Unrechts in der DDR war zunächst zu klären, welcher Rechtsbeugungstatbestand anzuwenden sei. Nach dem Beitrittprinzip ist das mildeste Gesetz gem. § 315 I EGStGB, § 2 III StGB zur Aburteilung der auf ehemaligen DDR-Gebiet begangenen Tat zugrunde zulegen.

---

275 *Marxen/Werle*, Die strafrechtliche Aufarbeitung von DDR-Unrecht - Eine Bilanz, 1999, S. 226.

276 *Marxen/Werle*, a.a.O., 1999, S. 37 f.

277 Zu dem Verfahren gegen Mielke - StA bei dem KG, Anklage v. 16.4.1991 -Az. 2 Js 245/90 - s. *Hohoff*, An den Grenzen des Rechtsbeugungstatbestandes, S. 63.

aa) Richterliche Unabhängigkeit als Voraussetzung der Rechtsbeugung

Da die Richter der ehemaligen DDR weder persönlich noch sachlich unabhängig waren, stellt sich die Frage, ob auch der Richter den Tatbestand der Rechtsbeugung verwirklichen kann, dem es an der Unabhängigkeit fehlt, insbesondere weil die politischen Machthaber die Verfassung nicht achten. Wenn dies bejaht wird, können auch Richter in totalitären Regimen taugliche Täter der Rechtsbeugung sein. Dasselbe gilt für Staatsanwälte und andere Amtsträger, die zur Leitung und Entscheidung von Rechtssachen berufen sind[278].

bb) Anerkennung der Unrechtskontinuität

Um einen konkreten Vergleich von § 339 StGB und § 244 StGB-DDR vornehmen zu können, muss die Frage geklärt werden, ob die Vorschrift des § 339 StGB überhaupt im wesentlichen den gleichen Unrechtstypus wie § 244 StGB-DDR zum Gegenstand hat. Diese Frage nach der sog. Unrechtskontinuität zwischen Normen des DDR-Rechts und des bundesdeutschen Rechts ist eng verknüpft mit der Frage, ob die Auffassung von Unrecht und Recht in BDR jener der ehemaligen DDR-Strafnorm zugrundeliegenden entspricht oder ob dem Individuum im gleichen sozialen Kontext Freiräume zustehen, die es nach DDR-Recht nicht hatte[279].

Die Bejahung der Unrechtskontinuität, vermittelt durch die in den zu vergleichenden Normen enthaltenen Rechtsgütern, bedarf jedoch einer genaueren Prüfung. Von dieser Prüfung hängt es entscheidend ab, ob die Straflosigkeit der DDR-Richter und Staatsanwälte wegen Rechtsbeugung zu erfolgen hat, falls eine Vergleichbarkeit der Rechtsgüter verneint werden muss.

cc) § 339 StGB oder § 244 StGB-DDR als das mildere Gesetz

Das Gesetz der DDR verlangt ausdrücklich, dass der Täter wissentlich gehandelt haben muss. Für § 336 StGB wird dagegen seit 1975 überwiegend davon ausgegangen, dass Strafbarkeit schon bei bedingtem Vorsatz eintreten kann[280]. Wird der Tatbestand der Rechtsbeugung isoliert betrachtet, so muss die DDR-Vorschrift ge-

---

278 *Weber*, Die Verfolgung des SED-Unrechts in den neuen Ländern, GA 140 (1993), 214.

279 *Höchst*, Unrechtskontinuität zwischen ost- und bundesdeutschen Strafnormen? JR 1992, 360.

280 Vgl. statt vieler LK-*Spendel* (Fn. 49), § 336 Rn. 77 ff.

genüber beiden Fassungen des § 336 StGB grundsätzlich als das mildere Strafgesetz erscheinen[281].

Wenn die mit der unrichtigen Anwendung des Rechts regelmäßig verknüpften Eingriffe in Leben, Freiheit und andere Rechtsgüter berücksichtigt werden, wird die Beurteilung schwieriger. Die frühere Rechtsprechung der Bundesrepublik[282] verlangt für die Strafbarkeit nach anderen Rechtsvorschriften, etwa wegen Totschlags, Nötigung oder Freiheitsberaubung, bei Richtern und den anderen in § 336 StGB genannten Personen eine zusätzliche Strafbarkeit wegen Rechtsbeugung: Nur wenn zugleich der Tatbestand des § 336 StGB voll verwirklicht ist, kann eine Strafbarkeit nach diesen anderen Rechtsvorschriften in Betracht kommen. Wenn diese sog. Sperrwirkung der Rechtsbeugung wegen fehlender Unabhängigkeit bei den Richtern der DDR nicht anerkannt wird, dann kann es sich in besonderes gelagerten Einzelfällen ergeben, dass das Recht der BRD das mildere ist[283].

b) Verstoß gegen das Rückwirkungsverbot

Durch die Bestimmungen des Einigungsvertrages ist eine Bestrafung von Taten ermöglicht worden, die vor dem 3.10.1990 auf dem Gebiet der DDR durch ehemalige DDR-Bürger begangen wurden. Da eine Bestrafung der Rechtsbeugung von Richtern und Staatsanwälten in der DDR nicht stattgefunden hat, weil die Tat dort nach der Gesetzeslage bzw. herrschender Staatsdoktrin nicht strafbar war oder aufgrund politischer Zweckmäßigkeitserwägungen nicht verfolgt wurde, kann eine heutige rückwirkende Bestrafung mit dem verfassungsmäßigen Gebot „nulla poena sine lege“, dem Rückwirkungsverbot des Art. 103 II GG kollidieren.

c) Maßstab der Rechtsbeugung

Eine weitere Frage ist, wann eine Rechtsanwendung mit dem Prädikat gesetzwidrig (§ 244 StGB-DDR) bzw. rechtsbeugend (§ 339 StGB) zu versehen ist. Dies lässt sich, wie sich zeigen wird, ebenfalls nur unter Rückgriff auf das intertemporale Strafrecht beantworten[284]. Während für § 339 StGB im wesentlichen als gesichert

---

281 *Weber*, Die Verfolgung des SED-Unrechts in den neuen Ländern, GA 140 (1993), 215 f.

282 BGHSt 10, 194; NJW 1971, 574.

283 *Weber*, a.a.O., 216.

284 *Hohmann*, Die strafrechtliche Bewältigung der Rechtsanwendung durch Richter und Staatsanwälte der DDR, DtZ 1996, 235.

gelten kann, dass auch überpositive ungeschriebene Rechtsnormen Gegenstand der Rechtsbeugung sein können, liegt es nahe, dass aus der Abweichung des § 244 StGB-DDR vom althergebrachten Wortlaut der Schluss gezogen wird, die DDR-Vorschrift beziehe sich nur auf die Verletzung von Gesetzesrecht[285].

4. Verfolgungsaktivitäten der Justiz

Unrecht durch Rechtsprechung war in der DDR ein Massendelikt. Nahezu 100.000 Anträge auf Rehabilitierung durch Urteilsaufhebung oder -änderung liegen den Gerichten vor[286]. Die Zahl der anhängigen Verfahren wegen des Vorwurfs der Rechtsbeugung in Tateinheit mit Freiheitsberaubung bzw. Totschlag dürfte um ein vielfaches höher sein als die geführten Verfahren wegen Gewalttaten an der Grenze[287].

Die Strafverfolgung hat hauptsächlich Strafverfahren in der DDR zum Gegenstand. So beziehen sich 93,7% der Anklagen auf den Bereich des Strafrechts, während nur 5,7% der Anklagen arbeitsrechtliche Entscheidungen betreffen. Lediglich eine Anklage hat ein zivilrechtliches Urteil zum Gegenstand[288]. Soweit es um Strafverfolgungsmaßnahmen in der DDR geht, konzentrieren sich die Anklagen auf die Waldheimer Prozesse sowie auf Strafverfahren, denen politische Straftaten und Militärstraftaten zugrunde liegen. Dem Bereich der systembedingten Nichtverfolgung, durch die DDR-Justiz ist die Nichtverfolgung der Anzeigen wegen Fälschung der Kommunalwahlen vom 7. Mai 1989 zuzurechnen[289].

Die Rechtsprechung des Bundesgerichtshofs im Zusammenhang mit der Ahndung von Richtern und Staatsanwälten der ehemaligen DDR wegen Rechtsbeugung

---

285 Die h.M geht dahin, dass unter der Geltung des § 336 StGB auch überpositives Recht gebeugt werden kann, z.B. S & S-*Cramer* (Fn. 103), § 336 Rn. 5; SK-*Rudolphi* (Fn. 90), § 339 Rn. 10; *Lackner/Kühl*, StGB, § 339 Rn.5.

286 *Wassermann*, Zur Aufarbeitung des SED-Unrechts, Aus Politik u. Zeitgeschichte, 1993 B4 S. 9.

287 *Schaefgen*, Die Strafverfolgung von Regierungskriminalität der DDR, in: *Weber/Piazolo* (Hrsg.), Eine Diktatur vor Gericht - Aufarbeitung von SED-Unrecht durch die Justiz, 1995, S. 52.

288 *Marxen/Werle*, Die strafrechtliche Aufarbeitung von DDR-Unrecht - Eine Bilanz, 1999, S. 226 f.

289 *Marxen/Werle*, a.a.O., S. 226.

stützte sich auf zwei grundlegende Entscheidungen. Diese seien im Folgenden vorgestellt. Bezüglich der Rechtsbeugungsproblematik untersuche ich im Nachfolgenden vier wichtige BGH-Entscheidungen und einen Beschluss des BVerfG, die die oben erwähnten Problematiken des Strafanwendungsrechts, des Verstoßes gegen das Rückwirkungsverbot und des Rechtsbeugungsmaßstabs beinhalten.

II. BGH Urteil vom 13.12.1994 - 5 StR 76/93 (LG Berlin)

1. Sachverhalt

A. war als Ingenieur beim Freien Deutschen Gewerkschaftsbund (FDGB) beschäftigt. Er hatte sich geweigert, einem paramilitärischen kommunistischen Verband beizutreten, woraufhin er aus der SED ausgeschlossen wurde. Mit der Begründung, *A.* sei zwar fachlich qualifiziert, aber wegen des Ausschlusses aus der SED kein Vorbild für das Personal, kündigte ihm sein Arbeitgeber. Er sei zur Ausfüllung seines Arbeitsplatzes „nicht geeignet“ im Sinne von § 54 AGB-DDR. Diese Vorschrift erlaubte die Kündigung „nicht geeigneter“ Arbeitnehmer. *A.* erhob Kündigungsschutzklage, über die die unerfahrene Richterin *B.* zu entscheiden hatte. Diese hatte Zweifel, ob ein Ausschluss aus der SED eine „Ungeeignetheit“ nach § 54 AGB-DDR begründen könne; unter dem Einfluss ihres Dienstvorgesetzten *R.* erklärte sie aber die Kündigung für rechtmäßig. *B.* ist angeklagt worden, mit ihrer Entscheidung gegen das damals geltende sachliche Recht und mit dem eingeschlagenen Verfahren gegen Verfahrensrecht der DDR verstoßen und dadurch eine Rechtsbeugung begangen zu haben; *R.* ist angeklagt worden, sie dazu angestiftet zu haben. Das LG hat beide Angeklagten freigesprochen. Die dagegen gerichtete Revision der StA hatte keinen Erfolg[290].

290 Zusammengefasst nach Kirchner, DDR-Unrecht in Fallbeispielen a. d. höchstrichterlichen Rechtsprechung, Jura 1998, 48.

2. Urteil in concreto

Der Bundesgerichtshof[291] ging in seinen Entscheidungsgründen zunächst der Frage nach den anwendbaren Rechtsnormen nach. Da in diesem Urteil wegen des mangelnden Beweismittels freigesprochen wurde, äußerte sich der BGH nicht, ob § 244 StGB-DDR oder § 339 StGB das mildere Gesetz darstelle. Vielmehr konzentrierte *er* sich als Grundlage des Vergleichs auf die Frage, ob man angesichts der Unterschiede zwischen dem Rechtswesen der BRD und der Justiz der DDR überhaupt von einer Rechtsbeugung im westlichen Sinne sprechen kann. Das ist die eingangs erwähnte Frage der Unrechtskontinuität, nach der grundsätzlichen Vergleichbarkeit des Unrechts, die nötig ist, damit die Strafjustiz der BRD überhaupt einen Anlass hat, in der DDR begangene Taten zu verfolgen[292].

Der BGH leugnete die Unterschiede im Rechtswesen nicht. Es habe etwa in der DDR keine Gewaltenteilung gegeben, die Unabhängigkeit der Richter sei eingeschränkt gewesen und diese seien durch die Verfassung dazu angehalten worden, die Gesetze im Sinne der SED anzuwenden. Dennoch ging der BGH von einem identischen Unrechtskern der Vorschriften aus und ermöglicht somit grundsätzlich eine Bestrafung wegen Rechtsbeugung. Die Gerichte seien zwar nicht unabhängig gewesen, hätten aber doch streitentscheidend, befriedend und ahndend wirken können. Im Ergebnis nahm also der BGH an, dass das Unrecht der Rechtsbeugung in der DDR grundsätzlich mit dem in der BRD identisch ist[293].

Der BGH ging im Folgenden zu einem faktischen Verständnis des Rückwirkungsverbotes über und erklärte die Auslegungsmethoden der DDR - nicht der Bundesrepublik - für maßgeblich. Allerdings unterstellte er, dass diese Auslegungsmethoden auch eine menschenrechtsfreundliche Handhabung von DDR-Recht ermöglichen. Damit setzte er die in den Mauerschützen-Urteilen erkennbare Tendenz fort, den Menschenrechten eine naturrechtsähnliche Geltungskraft beizulegen.

Dabei stellte aber der BGH ein genaues Kriterium für eine Bestrafung und den Ausschluss des Rückwirkungsverbotes gem. Art. 103 II GG auf. Eine Bestrafung

291 BGHSt 40, 30 = BGH, NJW 1994, 529

292 *Amelung*, Die strafrechtliche Bewältigung des DDR-Unrechts durch die deutsche Justiz - Ein Zwischenbericht, GA 143 (1996), 61.

293 *Amelung*, a.a.O., 61 f.

von Richtern der DDR wegen Rechtsbeugung sei danach, abgesehen von Einzelexzessen, auf Fälle zu beschränken, in denen die Rechtswidrigkeit der Entscheidung so offensichtlich war und insbesondere die Rechte anderer, hauptsächlich ihre Menschenrechte, derart schwerwiegend verletzt worden sind, dass sich die Entscheidung als Willkürakt darstellt[294]. Orientierungsmaßstab sei, so der BGH, die offensichtliche Verletzung von Menschenrechten, wie sie in der DDR durch den Beitritt zum IPBPR anerkannt waren[295]. Nur bei Anlegung dieses Maßstabes sei gewährleistet, dass eine Bestrafung nicht gegen das Rückwirkungsverbot des Art. 103 II GG verstoße. Das Recht der DDR habe so ausgelegt werden können, dass Willkürakte im Sinne offensichtlicher, schwerer Menschenrechtsverletzungen vermieden werden konnten. Eine eben solche menschenrechtsfreundliche Auslegung sei dem Richter in der ehemaligen DDR ungeachtet der auf ihn wirkenden Einflüsse möglich gewesen[296]. Weiterhin lag nach Ansicht des BGH eine Rechtsbeugung in den Fallkonstellationen vor, in denen die Strafverfolgung und die Bestrafung überhaupt nicht der Verwirklichung von Gerechtigkeit, sondern der Ausschaltung des politischen Gegners oder einer bestimmten sozialen Gruppe gedient hat[297].

Unter Anwendung seiner selbst entwickelten Grundsätze hat der BGH die Angeklagte *B.* im vorliegenden Fall freigesprochen. Wenn man die politische Bedeutung des Bundesvorstandes des FDGB in der Staatspraxis der DDR berücksichtige, sei die Auffassung, dass jemand, den die SED ausgeschlossen hatte, keine Führungsposition ausfüllen könne, nicht willkürlich im Sinne einer marxistisch-leninistischen Auslegung des DDR Rechts[298].

---

294 BGHSt 40, 30, 41.

295 BGHSt 40, 30, 42.

296 BGHSt 40, 30, 42.

297 BGHSt a.a.O.

298 BGHSt 40, 30, 41 f.

III. BGH Urteil vom 9.5.1994 - 5 StR 354/93 (LG Berlin)

1. Sachverhalt

Der Unterleutnant *F.* des Staatssicherheitsdienstes, hatte in Güstrow am Abend des 21.12.1984 gegen 23:00 Uhr im angetrunkenen Zustand vor dem Dienstgebäude auf der Straße zwei unbewaffnete Männer erschossen. Es erging gegen ihn Haftbefehl, da seine Behauptung, die Männer hätte eine Bedrohungssituation geschaffen, nach den Umständen offensichtlich unglaubhaft war. Nach Verkündigung des Haftbefehls wurde *F.* vielmals im Ermittlungsverfahren von den Untersuchungsorganen des MfS vernommen. Obgleich dem damals zuständigen Staatsanwalt, dem Angeklagten *Kr.* die vier Vernehmungsprotokolle und der verfälschte Abschlussbericht vorgelegen hatten, verfügte er die Einstellung des Verfahrens mit der unwahren Begründung, dass der Wachmann von den Opfern tätlich angegriffen worden und daher wegen Notwehr nicht strafbar sei. Auf die von dem Vater eines Erschossenen beim Generalstaatsanwalt der DDR erstatteten Strafanzeige vereinbarten der nunmehr Angeklagte *Ka.*, Leiter der Abteilung 1 A der Dienststelle "Militär-Oberstaatsanwalt" beim Generalstaatsanwalt der DDR, mit dem MfS das weitere Vorgehen: Nach Außen sollte so getan werden, als ob auf die Anzeige eine Prüfung erfolge, in Wahrheit sollte nichts geschehen und alles beim Alten bleiben. Am 10.5.1985 bestätigte er die Verfahrenseinstellung[299].

2. Urteil in concreto

Der BGH[300] ging zunächst von der Auffassung des LG aus, dass die Vorschriften des StGB-DDR wegen der niedrigen Strafdrohung milder als die entsprechende Bestimmung im Strafgesetzbuch der BRD sei und überprüfte darüber hinaus die Möglichkeit, dass das Recht der BRD auch das mildere sein könnte. Dies sei aus gleichem Grund wie das Urt. vom 13.12.1994[301] grundsätzlich ausgeschlossen: das

299 Zusammengefasst v. BGH, NJW 1994, 3238 f.

300 BGHSt 40, 169 = BGH, NJW 1994, 3239 ff.

301 BGHSt 40, 30.

Unrecht der Rechtsbeugung in der DDR sei grundsätzlich mit dem in der BRD identisch[302].

Weiter hat der BGH festgestellt, dass auch Staatanwälte sowohl nach § 244 StGB-DDR als auch nach § 336 StGB taugliche Täter einer Rechtsbeugung sein können: Für sie müsse für die Rechtsanwendung das gleiche wie für Richter gelten. Auch die Staatsanwaltschaft hätte mannigfachen äußeren Einflüssen unterlegen, die sämtlich auf die SED zurückzuführen gewesen seien. Eine Strafbarkeit sei daher nur unter den gleichen engen Voraussetzungen wie bei den Richtern anzunehmen[303].

Was die Grundsätze im Bezug auf den Maßstab der Rechtsbeugung und den Ausschließungsgrund des Rückwirkungsverbot angeht, die der BGH in seinem Urteil vom 9.5.1994 entwickelt hat, hat er diese im vorliegenden Fall etwas gelockert: Während er in der früheren Entscheidung noch kumulativ eine Menschenrechtsverletzung und einen Willkürakt gefordert hat, erachtete er im vorliegenden Fall die bloße Existenz eines Willküraktes für hinreichend, sofern er einer Menschenrechtsverletzung entspreche[304]. Eine Rechtsbeugung liegt nunmehr auch schon dann vor, wenn nicht unmittelbar in ein Menschenrecht eingegriffen worden sei, die Rechtswidrigkeit der Entscheidung jedoch so offensichtlich sei, dass sie sich ohne weiteres als Willkürakt darstelle, der für das Zusammenleben der Menschen seinem Gewicht nach einer Menschenrechtsverletzung entspreche[305]. Dabei kann für die Annahme eines Willküraktes sprechen, wenn ein Sachverhalt in schwerwiegender Weise verfälscht wird, um ein politisch erwünschtes Ziel zu erreichen[306]. Im vorliegenden Fall hätten *A.* und *B.* zwar nicht unmittelbar in Menschenrechte eingegriffen, sie seien aber so offensichtlich rechtswidrig vorgegangen, dass sich das Ergebnis als Willkürakt darstelle, der seinem Gewicht nach einer Menschenrechtsverletzung entspreche[307]. Hier sollte die Klärung des Sachverhaltes unterbunden werden, um die Gerechtigkeit zum Nutzen des politischen Systems zu unter-

---

302 *Amelung*, Die strafrechtliche Bewältigung des DDR-Unrechts durch die deutsche Justiz - Eine Zwischenbericht, GA 143 (1996), 61 f.

303 *Kirchner*, DDR-Unrecht in Fallbeispielen a. d. höchstrichterlichen Rechtsprechung, Jura 1998, 49.

304 *Kirchner*, a.a.O.

305 BGHSt 40, 169, 181.

306 BGHSt a.a.O.

307 A.a.O.

drücken. Im Ergebnis nahm der BGH im vorliegenden Fall also eine Rechtsbeugung an[308].

IV. BGH Urteil vom 15.9.1995 - 5 StR 713/94 (LG Berlin)

1. Sachverhalt

Gegenstand des Verfahrens ist die Tätigkeit der Angeklagten in Strafverfahren in den Jahren von 1976 bis 1985 als Vertreterin der Anklagebehörde des Generalstaatsanwalt von Berlin. Hier war die Angeklagte mit der Verfolgung von „Staatsverbrechen" sowie von „Straftaten gegen die staatliche und öffentliche Ordnung" befasst. In zehn Fällen hat das LG das Vorgehen der Angeklagten als Rechtsbeugung gewertet und sie angesichts der Inhaftierung der Betroffenen jeweils auch wegen tateinheitlicher Freiheitsberaubung verurteilt. Die Fälle hängen mit dem Vorwurf ungesetzlichen Grenzübertritts zusammen oder betreffen, jedenfalls im Schwerpunkt, die Vorwürfe der Beeinträchtigung staatlicher Tätigkeit, staatsfeindlicher Hetze oder öffentlicher Herabwürdigung. In einem Fall wird der Angeklagten lediglich der Antrag auf Erlass eines Haftbefehls gegen eine 16 jährige Beschuldigte angelastet, die deshalb etwa fünf Wochen Untersuchungshaft erlitt. In allen anderen Fällen erhob die Angeklagte die Anklage, die sie in sechs Fällen auch als Sitzungsvertreterin der StA in der Hauptverhandlung vertrat. In diesen neun Fällen wurden insgesamt zwölf Betroffene zu Freiheitsstrafen zwischen einem und sechs Jahren verurteilt. Alle haben die Strafen mindestens teilweise verbüßt. Das LG hat die Angeklagte wegen Rechtsbeugung in zehn Fällen, jeweils in Tateinheit mit Freiheitsberaubung, zu einer Freiheitsstrafe von drei Jahren verurteilt[309].

2. Urteil in concreto

Der BGH[310] ging davon aus, dass Richter oder Staatsanwälte der DDR auch in der Bundesrepublik wegen Rechtebeugung verfolgt werden kann: Trotz der tiefgrei-

---

308 *Kirchner*, DDR-Unrecht in Fallbeispielen a. d. höchstrichterlichen Rechtsprechung, Jura 1998, 49.

309 Zusammengefasst v. BGH, NStZ 1996, 86.

310 BGHSt 41, 247 = BGH, NJW 1995, 3324 ff.= BGH, NStZ 1996, 83 ff.

fenden Unterschiede in der Justiz bestehe zwischen beiden Tatbeständen der Rechtsbeugung die von Art. 315 EGStGB und § 2 StGB vorausgesetzte Unrechtskontinuität. Sowohl nach § 336 StGB als auch nach dem § 244 StGB-DDR könne ein StA grundsätzlich Täter einer Rechtsbeugung sein. Allerdings wurde die Strafbarkeit von DDR-Staatsanwälten zudem ausdrücklich auf Entscheidungen nach der Strafprozessordnung der DDR und dabei insbesondere auf den Erlass, bzw. die Aufhebung eines Haftbefehls erstreckt[311].

Bemerkenswert ist es, dass der BGH ab diesem Urteil bei Annahme einer Rechtsbeugung noch höhere Schranken forderte oder die schon anerkannte Kriterien streng auslegte: Nicht jede unrichtige Rechtsanwendung stelle eine Beugung des Rechts dar und nur der Rechtsbruch als elementarer Verstoß gegen die Rechtspflege solle unter Strafe gestellt sein: Es sei unerlässlich, die strafrechtliche Bewertung der Tätigkeit von DDR-Justizangehörigen unter strikter Beachtung rechtsstaatlicher Prinzipien vorzunehmen und jede rechtsstaatswidrige oder mit Grundsätzen des Menschenrechtsschutzes als unvereinbar zu wertende Entscheidung als Rechtsbeugung aufzufassen[312]. Eine Bestrafung von Richtern der DDR wegen Rechtsbeugung sei auf Fälle zu beschränken, in denen die Rechtswidrigkeit der Entscheidungen so offen-sichtlich gewesen seien und in denen insbesondere die Rechte anderer, hauptsächlich ihre Menschenrechte, derart schwerwiegend verletzt worden seien, dass sich die Entscheidungen als Willkürakte darstellten[313]. Sofern also der Wortlaut des DDR-Gesetzes das Handeln des Richters oder Staatsanwalts decke, komme Rechtsbeugung nicht in Betracht[314].

Die Annahme einer Rechtsbeugung durch Staatsanwälte komme - abgesehen von möglichen schweren Missbräuchen bei der Gestaltung des Verfahrens in den einzelnen Fällen - insbesondere dann in Betracht, wenn die Staatsanwälte Straftatbestände unter Überschreitung des Gesetzeswortlauts oder unter Ausnutzung ihrer Unbestimmtheit derart überdehnt haben, dass eine Anklageerhebung als offensichtliches Unrecht anzusehen ist[315]. Ferner kann eine willkürliche Menschenrechtsver-

311 BGHSt 41, 247, 249.

312 BGH, NStZ 1996, 88.

313 BGH, a.a.O.

314 BGHSt 41, 247, 260.

315 BGH, NStZ 1996, 88.

letzung anzunehmen sein, wenn eine vom StA als Täter zu vertretende Maßnahme im Ermittlungsverfahren in einem unerträglichen Missverhältnis zu der nach DDR-Recht strafbaren Handlungen gestanden hat[316]. Nach diesen Prinzipien sah der Senat im vorliegenden Fall - anders als das LG - keine schwere Menschenrechtsverletzung und hat die Angeklagte gem. § 354 I StPO freigesprochen.

Außerdem bezog der 5. Senat zum ersten Mal auch zur sog. Sperrwirkung des Rechtsbeugungstatbestandes ausdrücklich Stellung[317]. Der Senat billigte die Sperrwirkung des Rechtsbeugungstatbestandes auch den Richtern und Staatsanwälten der DDR zu. Zwar trage diese Beschränkung der strafrechtlichen Verantwortlichkeit von Richtern und Staatsanwälten zur Unabhängigkeit der Rechtspflege bei, es spiele aber die Unterschiedlichkeit der Rechtssysteme bei der Annahme der Sperrwirkung keine Rolle, da die Sperrwirkung - unabhängig von mit der Regelung geschützten oder schützenswerten Rechtsgütern - vornehmlich als Folge einer Spezialregelung systematisch geboten sei[318].

V. BGH Urteil vom 16.11.1995 - 5 StR 747/94 (SchwurG Berlin)

1. Sachverhalt

Der Angeklagte wirkte als beisitzender Richter am OG der DDR u.a. in den Jahren 1956/1957 an drei Strafverfahren gegen Verbrechen gem. Art. 6 II Verf.-DDR 1949 i.V.m. Kontrollratsdirektive Nr. 38 mit. Das Gericht verhängte in zwei dieser Prozesse jeweils die Todesstrafe, die vollstreckt wurde. Im dritten Verfahren verurteilte das Gericht zwei Männer zum Tode, eine Frau zu lebenslangem und einen weitere Frau zu acht Jahren Zuchthaus. Die Todesstrafen wurden nach wenigen Tagen im lebenslange Zuchthausstrafen umgewandelt. Das LG hat den Angeklagten wegen Rechtsbeugung in drei Fällen in Tateinheit mit vollendetem bzw. versuchtem Totschlag zu einer Gesamtfreiheitsstrafe von drei Jahren und neun Mona-

316 BGH, NStZ 1996, 88.

317 *Gerke*, Die Anwendung des § 339 StGB auf Rechtsbeugungen in der DDR (Diss.), 2000, S. 23.

318 BGH, NJW 1995, 3326.

ten verurteilt. In drei weiteren Fällen hat es den Angeklagten freigesprochen. Die Revisionen der Staatsanwaltschaft, des Angeklagten und des Nebenklägers hatten keinen Erfolg[319].

2. Urteil in concreto

In der Entscheidung stand der 5. Senat[320] zum ersten Mal einer fraglichen Rechtsbeugungshandlung mit der Verhängung von Todesurteilen gegenüber[321]. Da Rechtsbeugung in diesem Fall nicht - wie frühere Entscheidungen - in der Form Überdehnung eines Straftatbestandes, sondern in der Form der überhöhten Strafe vorliegt, war es fraglich, ob eine Rechtsbeugung als entsprechende Gestalt bestehen kann. Allerdings schien der objektive Rechtsbeugungstatbestand nach Ansicht des BGH letztlich doch erfüllt zu sein: Die staatlich verfügte Vernichtung eines Menschenlebens sei allenfalls dann keine Rechtsbeugung, wenn die Ahndung schwersten Unrechts und schwerster Schuld, etwa in bestimmten Fällen vorsätzlicher Tötung, in Rede stehe. Allerdings gäben die Sachverhalte, in denen die Todesstrafe nicht als Sanktion für vorsätzliche Tötungsdelikte verhängt werde, regelmäßig zu besonders kritischer Prüfung Anlass. Dies gelte angesichts der offenkundigen Missbrauchsgefahren namentlich für den Bereich des politisch motivierten Strafrechts[322]. In den vorliegenden Fällen stellen sich die ausgesprochenen Todesurteile als Rechtsbeugungen dar, da es sich um in die äußere Form von Gerichtsurteilen gekleidete Tötungsverbrechen handelt.

Auch die innere Tatseite sei hinreichend dadurch belegt, dass der Angeklagte, der in Kenntnis aller maßgeblichen Umstände handelte, auch das Bewusstsein gehabt habe, dass die verhängten Todesstrafen in einem krassen Missverhältnis zur Schuld der Verurteilten ständen und deshalb gesetzwidrig gewesen seien. Es erscheine lediglich denkbar, dass der Angeklagte diese Rechtsfolgen trotz diese Bewusstseins letztlich aus Rücksicht auf die Staatsräson für hinnehmbar gehalten habe, jedoch

---

319 Zusammengefasst v. NJW 1996, 857.

320 BGHSt 41, 317 = BGH, NJ 1996, 561 ff.= BGH, NJ 1996, 154 ff.= BGH, NJW 1996, 857. ff.

321 *Gerke*, Die Anwendung des § 339 StGB auf Rechtsbeugungen in der DDR (Diss.), 2000, S. 25.

322 BGH, NJW 1996, 859.

berühre eine solche Fehlbewertung des eigenen Handelns den Vorsatz der Rechtsbeugung nicht[323].

Die Tatsache, dass die Täter durch Willfährigkeit gegenüber den politischen Machthabern abgestumpft waren, habe hier auch keine Auswirkung. Wenn ein Richter, der in blindem Gehorsam gegenüber staatlichen Machthabern meint, über die Grenzen des gesetzlich Zulässigen hinaus den Willen der Staatsführung vollziehen und dabei in der geschilderten Weise Menschenrechte verletzen zu müssen, unterliege keinem den Vorsatz berührenden Irrtum. Ein solcher rechtsblinder Gehorsam sei weder unvermeidbar noch jemals zur Strafrahmen-verschiebung geeignet gewesen[324].

VI. BVerfG Beschluss vom 7.4.1998 - 2 BvR 2560/95

1. Sachverhalt

Die Beschwerdeführerin war Vorsitzende und einzige Berufsrichterin des für politische Strafsachen erstinstanzlich zuständigen I a. Strafsenats des Stadtgerichts Berlin. In den Jahren 1978 bis 1986 wirkte sie als Vorsitzende u.a. an drei Verurteilungen wegen staatsfeindlicher Hetze, landesverräterischer Nachrichtenübermittlung und Agententätigkeit mit. Wegen dieser Urteile wurde die Beschwerdeführerin im April 1994 vom LG Berlin jeweils wegen Rechtsbeugung verurteilt. Unter Abänderung des LG-Urteils im Übrigen bestätigte im Revisionsverfahren der BGH im 1995 diesen Schuldspruch und verwies das Verfahren zur Straffestsetzung an das September LG zurück. Diese ist zwischenzeitlich erfolgt. Die Beschwerdeführerin wurde rechtskräftig zu einer Freiheitsstrafe von einem Jahr und neun Monaten verurteilt.

Gegen das Urteil des LG von April 1994 und das des BGH von September 1995 erhob die Beschwerdeführerin Verfassungsbeschwerde am BVerfG und beklagte die Verletzung verschiedener Grundrechte[325].

323 BGH, NJ 1996, 156.

324 BGH, NJ 1996, 156.

325 BVerfG, NJW 1998, 2585; BVerfG, NJW 1998.

2. Beschluss in concreto

Das BVerfG[326] hat festgelegt, dass die angegriffenen Entscheidungen das Rückwirkungsverbot des Art. 103 II GG durch die ihnen zugrunde liegende Anwendung und Auslegung des § 244 StGB-DDR nicht verletzten[327]. Die vom BVerfG[328] im Zusammenhang mit der strafrechtlichen Ahndung von Tötungshandlungen von Grenzsoldaten der DDR entwickelten Grundsätze zum Rückwirkungsverbot des Art. 103 II GG gelten nicht anders für die Anwendung von Rechtsvorschriften durch Richter und Staatsanwälte der DDR. Dabei erweiterte der BVerfG die Anwendungsbereich dieses Grundsatzes: Die Fälle schwerwiegendster Missachtung von Menschenrechten beschränkten sich nicht nur auf die Eingriffe in Leib und Leben, sondern auch das Recht auf persönliche Freiheit und der Schutz vor grausamer und unmenschlicher Bestrafung[329]. Damit wurde die Rechtsprechung des BGH, einen für die Annahme des Rechtsprechungstatbestandes erforderlichen elementaren Verstoß gegen die Rechtspflege dann zu bejahen, wenn er sich als öffentliche und unerträgliche Menschenrechtsverletzung darstelle, vom BVerfG bewilligt[330].

Weiter lehnte das BVerfG das Vorliegen der Verletzung des Schuldgrundsatzes gem. Art. 1 I, 2 I i.V.m. Art. 20 III GG ab. Der Schuldgrundsatz verlange das schuldangemessene Strafen und ein Täter könne nur mit Feststellung der individuellen Vorwerfbarkeit bestraft werden und sei dadurch mit dem Rechtsstaatsprinzip vereinbar. Bei Rechtsbeugungsfällen sei allerdings diese Vorwerfbarkeit schon genug: Die Beschwerdeführerin sei - anders als die Grenzsoldaten - rechtskundig gewesen und die Rechtsanwendung war für sie als Berufsrichterin keine ungewöhnliche Aufgabenstellung.

Ein den Vorsatz berührender Irrtum liege hier nicht vor. Der BVerfG ging von der Auffassung des BGH[331] aus, dass der Richter, der in blinden Gehorsam gegenüber staatlichen Machthabern meint, sich auch dann in Einklang mit Recht und Gesetz

---

326 BVerfG, NJW 1998, 2585 ff.

327 BVerfG, NJW 1998, 2585.

328 BVerfGE 95, 96 = BVerfG, Beschl. v. 24.10.1996 - 2 BvR 1851, 1853, 1875 und 1852/94, in: EuGRZ 1996, 538 = BVerfG, NJW 1997, 929 = BVerfG, JZ 142.

329 BVerfG, NJW 1998, 2585.

330 BVerfG, NJW 1998, 2586.

331 BGHSt 41, 37.

zu befinden, wenn er über die Grenzen des gesetzlich Zulässigen hinaus den Willen der Staatsführung vollzieht und dabei Menschenrechte in schwerwiegender Weise verletzt, keinem den Vorsatz berührenden Irrtum unterliegt. Gleiches gelte für die Erwägung, dass ein möglicherweise vorliegender Verbotsirrtum nicht unvermeidbar sei und sich deshalb nicht der Strafrahmen verschiebt[332].

VII. Fazit

1. Strafanwendungsrecht

Trotz der tiefgreifenden Unterschiede zwischen der Justiz der BRD und der DDR-Justiz, insbesondere aufgrund der Einflussnahme der Partei auf die Rechtsprechung, sei eine sogenannte „Unrechtskontinuität" zwischen den einschlägigen Strafnormen des § 336 StGB a.F. und des § 244 StGB-DDR zu bejahen. Zu diesem Ergebnis gelangte der BGH, obwohl er bei der Auslegung von Gesetzen die Auslegungsmethoden der DDR und nicht die der BRD zur Anwendung bringt. In diesem Sinne ist es seit der zuvor näher ausgeführten Grundsatzentscheidung des BGH[333] mittlerweile zu der gefestigten Rechtsprechung gekommen, dass sich Richter und Staatsanwälten der DDR wegen Rechtsbeugung strafbar machen können. Trotz einer Vielzahl von Entscheidungen und Verfügungen der Richter und Staatsanwälte der DDR hat der BGH, unter Ausklammerung der entscheidenden Problematik der unterschiedlichen politischen und gesellschaftlichen Systeme, eine Kasuistik zur Verurteilung wegen Rechtsbeugung von DDR-Richtern und Staatsanwälten entwickelt.

Zur Feststellung des milderen Strafgesetzes im Sinne von § 2 III StGB war der BGH methodisch ungenau und zu pauschal bei der grundsätzlichen Annahme, dass der § 244 StGB-DDR wegen des niedrigeren Strafrahmens und der engeren Tatbestandsvoraussetzungen im Bereich des Vorsatzes das mildere Gesetz sei[334]. Demgegenüber ist in den konkreten Einzelfällen derjenige Tatbestand als milderer anzusehen, nach dem unter Berücksichtigung einer Strafaussetzung zur Bewährung im Einzelfall eine geringere Strafe zu erwarten ist[335].

332 BVerfG, NJW 1998, 2587.

333 BGHSt 41, 317; BGHSt 40, 30.

334 BGHSt 40, 169, 174.

335 BGHSt 41, 247.

Das sog. Problem der Sperrwirkung, das zur Ermittlung des milderen Gesetzes in Betracht kommt, billigte der BGH auch den Richtern und Staatsanwälten der DDR zu. Trotz des Mangels an Unabhängigkeit von DDR-Richtern und Staatsanwälten sei die Sperrwirkung als Folge einer Spezialregelung der Rechtsbeugung geboten[336].

2. Maßstäbe zur Strafbarkeit der Rechtsbeugung und das Rückwirkungsverbot

Zur Annahme der strafbaren Rechtsbeugung hat der BGH dies auf Fälle krasser Menschenrechtsverletzungen und Willkürakte beschränkt[337]. Dabei geht der BGH vom geschriebenen Recht der DDR aus: Zu bestrafen sei, wer als Richter oder Staatsanwalt die Straftatbestände unter Überschreitung des Gesetzeswortlauts angewendet oder unter Ausnutzung ihrer Unbestimmtheit überdehnt habe. Sei die Handlung des Richters vom Wortlaut eines Gesetzes gedeckt gewesen, bestehe keine Gesetzwidrigkeit i.S.d. § 244 StGB-DDR[338].

Ob von einer strafbaren Rechtsbeugung auszugehen ist, machte der BGH von dem jeweiligen Einzelfall und der verhängten Sanktion abhängig. Die Beteiligung von DDR-Richtern und DDR-Staatsanwälten an vollstreckten Todesurteilen begründe im Bereich des politisch motivierten Strafrechts grundsätzlich den Vorwurf einer offensichtlichen und unerträglichen Menschenrechtsverletzung. Eine „spürbare Freiheitsentziehung“ reicht nach Ansicht des BGH jedoch nicht[339].

Das BVerfG hat die Rechtsprechung des BGH zur Strafbarkeit von Richtern und Staatsanwälten der DDR bestätigt. Es sieht in der Auslegung und Anwendung des § 244 StGB-DDR durch den BGH keine Verletzung des Rückwirkungsverbotes gem. Art. 103 II GG. Denn Art. 103 II GG sei nicht anwendbar, wenn die der Rechtsanwendung zugrunde liegende Staats-praxis die in der Völkergemeinschaft allgemein anerkannten Menschenrechte in schwerwiegender Weise missachte[340].

---

336 BGHSt 41, 247, 252.

337 *Marxen/Werle*, Die strafrechtliche Aufarbeitung von DDR-Unrecht - Eine Bilanz, 1999, S. 227.

338 BGHSt 40, 30, 33.

339 BGH, NStZ 1994, 288 f. = BGH, NJ 1995, 435.

340 BVerfG, Beschl. v. 7.4.1998 - 2 BvR 2560/95 = NJW 1998, 2585 = NStZ 1998, 347.

3. Subjektive Tatseite: Vorsatz und Verbotsirrtum

Zur subjektiven Tatseite führte der BGH aus, dass er Vorwurf der Rechtsbeugung beim Täter dass Bewusstsein der Rechtswidrigkeit erfordere. Dieses positive Wissen der Gesetzwidrigkeit der Entscheidung könne in den vorliegenden Fällen einer offensichtlichen willkürlichen Entscheidung ohne weiteres angenommen werden. Ein hierbei in Betracht kommender Verbotsirrtum nach § 17 StGB sei für den Täter stets vermeidbar gewesen[341].

Eine Definition des nach § 244 StGB-DDR erforderlichen direkten Vorsatzes erfolgte hier nicht. Vielmehr schien der BGH den Vorsatzbegriff der bundesrepublikanischen Dogmatik, also Wissen und Wollen der Tatbestandsverwirklichung, zu Grunde zu legen[342]. Im Rahmen der tatsächlichen Feststellung des Vorsatzes wurde Wissentlichkeit des Täters dabei nochmals mit dem Argument angenommen, dass es sich um einen Gesetzesverstoß im Sinne einer krassen Menschenrechtsverletzung handle[343].

D. Wahlfälschung

I. Einleitung

1. Sachverhalt

Eine große Rolle bei der strafrechtlichen Bewältigung des DDR-Unrechts spielten die Wahlfälschungen, die in der DDR vorgenommen wurden. Eine Wahl nach demokratisch- westlicher Prägung im Sinne konkurrierender politsicher Programme existierte im sozialistischen Wahlsystem der DDR nicht. Die Wähler konnten lediglich einzelne Kandidaten von den Listenvorschlägen streichen oder ihre Ablehnung des gesamten Wahlvorschlags als Gegenstimme bekunden. Dabei waren sie bereits

---

341 BGH, NJW 1995, 3324, 3332.

342 *Marxen/Werle*, Die strafrechtliche Aufarbeitung von DDR-Unrecht - Eine Bilanz, 1999, S. 63 f.

343 BGHSt 41, 247, 276; BGHSt 41, 317.

im Vorfeld der Stimmabgabe verschiedenen faktischen Beeinträchtigungen der auch nach DDR-Recht garantierten Freiheit und Geheimheit der Wahlen ausgesetzt[344]. Das einheitliche Unrecht der Fälschungshandlungen bestand in der systematischen Unterdrückung von Enthaltungen und ungültigen Stimmen sowie insbesondere von Gegenstimmen. Nach korrekter Auszählung in den Wahllokalen wurden die Ergebnisprotokolle auf der Ebene der jeweils zuständigen örtlichen Wahlkommission verfälscht. Die Geschehnisse wurden durch bewusst verschleierte Vorgaben aus Berlin zentral initiiert. Weiter wurden Staatsfunktionäre über die örtlich und hierarchisch parallel strukturierte SED-Parteiebene beeinflusst[345].

Die angestrengten Strafverfahren erlangten in der Öffentlichkeit dadurch besondere Aufmerksamkeit, dass auch Prominente wie z.B. der frühere Dresdner Oberbürgermeister *Berghofer* und der ehemalige Erste Sekretär der SED-Bezirksleitung Dresden *Hans Modrow* betroffen waren.

2. Problemschwerpunkte

a) Tatbestandsmäßigkeit

Wie bei allen DDR-Unrechtstaten musste auch bei der Wahlfälschung zunächst untersucht werden, ob ihre etwaige Strafbarkeit nach dem früheren Recht der DDR oder aber nach dem heute auch in den neuen Bundesländern geltenden bundesdeutschen StGB zu beurteilen sei. Im Zentrum stand wieder das Problem der Unrechtsidentität. Aber es war nötig zuvor, die Frage zu beantworten, ob die Wahlen in der DDR überhaupt unter dem Begriff der Wahl im Sinne des § 107a StGB zu subsumieren seien. Wahlfälschungen waren zwar sowohl in der DDR als auch in der BRD strafbar, jedoch liegt eine formale Tatbestandserfüllung der §§ 107a, 108d StGB durch die DDR-Wahlfälschungen schon dann nicht vor, wenn die in der ehemaligen DDR durchgeführten Wahlen den Wahlbegriff nicht erfüllt haben.

b) Unrechtskontinuität

Sofern die Wahlen der DDR mit dem Wahlbegriff im Sinne des § 107a übereinstimmt haben, musste ferner untersucht werden, ob eine Unrechtskontinuität zwi-

---

344 *Marxen/Werle*, Die strafrechtliche Aufarbeitung von DDR-Unrecht - Eine Bilanz, 1999, S. 225.

345 *Marxen/Werle*, a.a.O., S. 225 f.

schen dem § 211 StGB-DDR und § 107a StGB vorliege. Daraus folgt, dass eine Aburteilung der DDR-Wahlfälschungen nur dann erfolgt, sofern diese Taten *erstens* ein nach § 107a StGB geschütztes Rechtsgut verletzt und somit in dieser Norm umschriebenes Unrecht verwirklicht haben sowie *zweitens* dieses Unrecht von § 211 StGB-DDR vorgeschrieben worden ist: Hier stelle sich zunächst die Frage, welches Rechtsgut überhaupt von § 107a StGB geschützt und welches Unrecht infolgedessen von ihm gekennzeichnet wird[346].

c) Beteiligungsform

Die Problematik der strafrechtlichen Verfolgung der DDR-Führungselite hatte im Rahmen der Wahlfälschungsproblematik seit dem oben genannten Mauerschützenurteil[347] vom 26.7.1994 weitere Aktualität erfahren. Dementsprechend stellte sich die Frage, inwieweit diejenigen Personen in Führungsposition, die für Wahlfälschungen verantwortlich waren, unter dem rechtlichen Gesichtspunkt der mittelbaren Täterschaft belangt werden können. Gemäß § 211 I StGB-DDR kam für eine täterschaftliche Begehung nur in Betracht, wer als Mitglied einer Wahlkommission oder als ein in ihrem Auftrag Handelnder tätig wurde. Dies bedeutet, dass insbesondere für leitende Parteifunktionäre, die an anderen Stellen kraft ihrer politischen Stellung die Fälschungen veranlassten, mittelbare Täterschaft grundsätzlich ausschied. Im Regelfall ließ sich hier nur Anstiftung oder psychische Beihilfe durch Bekräftigung eines bereits vorhandenen Fälschungsentschlusses berücksichtigen[348]. In Betracht kam ferner, ob Bürgermeister und ggf. auch Vorsitzende der Kreisräte, die stets zugleich der jeweiligen Wahlkommission vorstanden und das Endergebnis abzuzeichnen hatten, als Täter erfasst werden konnten. Dies galt ebenso für oft nachrangige Angehörige der Wahlkommissionen beziehungsweise Beauftragte in den Rechenbüros, die die vorgegebenen Werte in konkrete Wahlergebnisse umsetzten[349].

---

346 *Hübner*, Die strafrechtliche Beurteilung von DDR-Wahl-fälschungen nach der Wiedervereinigung (Diss.), 1997, S. 146.

347 BGHSt 40, 218 = BGH, NJW 1994, 2703. = BGH, NJ 1994, 532, siehe dazu S. 49.

348 *Marxen/Werle*, Die strafrechtliche Aufarbeitung von DDR-Unrecht - Eine Bilanz, 1999, S. 30.

349 *Marxen/Werle*, a.a.O., S. 30.

II. BGH Urteil vom 26.11.1992 - 3 StR 319/92: Fall *Berghofer*

1. Sachverhalt

Während der im Jahre 1989 in der DDR stattfindenden Kommunalwahlen überredete der Angeklagte *M.* in seiner Eigenschaft als Parteifunktionär und unter Berufung auf „Weisung von oben" den Angeklagten *B.*, damals Oberbürgermeister und damit auch Leiter der städtischen Wahlkommission, die Wahlergebnisse hinsichtlich Wahlbeteiligung und Gegenstimmen entsprechend der Zielvorgabe der SED zu korrigieren[350]. In ähnlicher Weise übten daraufhin beide Angeklagte gemeinsam Druck auf die Stadtbezirksbürgermeister aus, so dass diese die in den Wahllokalen ausgezählten Stimmen in den Wahlunterlagen entsprechend bereinigten und der Angeklagte *B.* daraufhin diese verbesserten Ergebnisse weiterleitete und bestätigte. Das BezG Dresden verurteilte den Angeklagten *B.* wegen Wahlfälschung in Tateinheit mit Anstiftung zur Wahlfälschung in fünf Fällen und den Angeklagten *M.* wegen tateinheitlich begangener Anstiftung zur Wahlfälschung in sechs Fällen zu Freiheitsstrafen von je einem Jahr, deren Vollstreckung es zur Bewährung aussetzte. Die Revision der Angeklagten hat der BGH verworfen[351].

2. Urteil in concreto

a) Tatbestandsmäßigkeit

Der Senat des BGH bejahte zunächst die Frage, ob die Wahlen in der DDR dem Begriff der Wahl im Sinne des bundesrepublikanischen Rechts entsprechen würden, in vollem Umfang. Er orientierte sich damit ohne Berücksichtigung der DDR-Wirklichkeit an den betreffenden DDR-Gesetzen: Er hielt sich insoweit an das zur Tatzeit geltende Wahlgesetz der DDR, das an Wahlen grundsätzlich die gleichen

---

350 Die Stimmung in der Bevölkerung ging dahin, dass man mit einer Wahlbeteiligung von etwa 91 % sowie etwa 12 % Gegenstimmen rechnete, eine Einschätzung, welche sich bei der Auszählung der Sonderwahllokale für Wahlberechtigte, die am Wahltag verhindert waren, bestätigte. Die Zielvorgabe der SED ging unter mehrmaliger Abänderung dahin, dass auf eine Wahlbeteiligung von etwa 98 % sowie etwa 2, 5 % Gegenstimmen hinzuwirken sei, vgl. hierzu die tatsächliche Feststellungen in BGH JR 1993, 202 ff. = BGHSt 39, 54 ff.

351 Zusammengefasst v. BGH MDR 1993, 361.

Anforderungen stellte wie eine westliche Demokratie[352]. Trotz aller Unterschiede der im DDR-WahlG geregelten rechtstechnischen Ausgestaltung des Kommunalwahlvorgangs handelte es sich bei den Wahlen in der DDR „formal" gleichwohl noch um Wahlen im Sinne des § 107a StGB: So seien die Wahlen nach dem Mehrheitsprinzip aufgebaut gewesen (§ 9), beim Wahlvorgang selbst sei zumindest nach dem Wahlgesetz der DDR die Möglichkeit vorgesehen gewesen, seine Stimme unbeobachtet abzugeben (§ 32). Zudem habe nach dem DDR-Wahlrecht jeder Wähler auf dem Stimmzettel Änderungen vornehmen können (§ 35). Darüberhinaus seien die Stimmen vom Wahlvorstand öffentlich im Wahllokal ausgeählt worden (§ 37 I)[353]. Demnach habe sich der im WahlG-DDR geregelten Entscheidung der DDR-Bürger über ihre örtlichen Volksvertreter die Merkmale einer Wahl nicht absprechen lassen. Den Umstand, dass sie tatsächlich ganz anders abliefen, ließ der BGH außer Betracht, denn es geht ja gerade darum, zu prüfen, ob die faktische Abweichung vom Gesollten strafbar war[354].

b) Unrechtskontinuität

Neben der oben näher dargestellten Frage der Tatbestandmäßigkeit thematisierte der BGH in der Urteilsbegründung besonders die Problematik der Unrechtskontinuität zwischen § 211 StGB-DDR und §§ 107a, 108d StGB unter dem Gesichtspunkt des von ihnen geschützten Rechtsguts. Der BGH hat zwar nicht übersehen, dass sich Wahlen in der DDR grundlegend von freien Wahlen in einer parlamentarischen Demokratie unterschieden hätten, denn diese sollten nicht eine Entscheidung des Volkes darüber herbeiführen, welchen der verschiedenen miteinander konkurrierenden politischen Kräfte für eine begrenzte Zeit Macht anvertraut werden sollte. Vielmehr sei diese Entscheidung in der DDR endgültig zugunsten der SED gefällt gewesen[355].

---

352 Bspw. § 2 I (freie, allgemeine, gleiche und geheime Wahl); § 16 I 2 (gemeinsamer Wahlvorschlag); § 32 (Wahlkabinen); §35 V (Stimmzettel); § 37 I (öffentliches Zählen). Vgl. BGH MDR, 363.

353 BGH MDR, 1993, 363.

354 *Amelung*, Die strafrechtliche Bewältigung des DDR-Unrechts durch die deutsche Justiz - Eine Zwischenbericht, GA 143 (1996), 65.

355 So unter Hinweis auf die Präambel und Art. 1 Abs. 1 der Verf.-DDR, welche die „Führung der Arbeiterklasse und ihrer marxistisch-leninistischen Partei" proklamierten, vgl. BGH JR 1993, 202 ff., 206.

Der Senat konstatierte auch, dass die Schutzzwecke der beiden Staaten unvergleichbar gewesen seien, stellte aber konsequenterweise fest, dass die Schutzfunktion des § 211 StGB-DDR auch die damals bestehende Möglichkeit umfasst habe, der Einheitsliste durch Gegenstimme oder Enthaltung eine Absage zu erteilen. Gerade der Schutz dieses Bürgerrechts sei aber in dem Rechtsgut der §§ 107a, 108d StGB-BRD mitenthalten. Das Wahlrecht sei aber auch ein Bürgerrecht und als solches in Art. 25 des IPBPR, den die DDR wie auch die BRD unterzeichnet hatte, garantiert gewesen. In diesem Punkt sei die Schutzrichtung der beiden Wahlfälschungstatbestände daher vergleichbar. Das individuelle Wahlrecht garantierte nach dem BGH den Bürgern der DDR zumindest die Befugnis, die Einheitsliste durch Enthaltung oder Totalstreichung als Ganze abzulehnen[356]. Gerade hierauf bezogen sich aber die Fälschung des Angeklagten. Deshalb sah der BGH letztlich kein Hindernis, ihn nach dem wenigstens teilidentischen Wahlfälschungstatbestand der BRD zu verurteilen und die Unrechtskontinuität der beiden Normen anzuerkennen.

III. BGH Urteil vom 3.11.1994 - 3 StR 62/94 (LG Dresden): Fall *Modrow*

1. Sachverhalt

Die Urteile betrafen Wahlfälschungen, die im Rahmen der im Wahlbezirk Dresden abgehaltenen Wahlen zu den örtlichen Volksvertretungen begangen worden sind. Es handelte sich um Fälschungen bei der Ermittlung sowohl der Ergebnisse aus den Sonderwahllokalen, die für am Wahltag verhinderte Bürger bestimmt waren, als auch der endgültigen Wahlergebnisse des Kreises und des Bezirks. In den amtlichen Wahlunterlagen wurden willkürlich zu hohe Wahlbeteiligungen und willkürlich zu niedrige Gegenstimmen gegen die Einheitsliste der Nationalen Front eingetragen.

Das LG Dresden hat den Angeklagten *M.* wegen Anstiftung zur Wahlfälschung, den Angeklagten *W.* wegen Wahlfälschung in Tateinheit mit Anstiftung zur Wahlfälschung in 3 tateinheitlichen Fällen, den Angeklagten *S.* wegen Anstiftung zur

356 *Amelung*, Die strafrechtliche Bewältigung des DDR-Unrechts durch die deutsche Justiz - Eine Zwischenbericht, GA 143 (1996), 65.

Wahlfälschung sowie den Angeklagten *N.* wegen Anstiftung zur Wahlfälschung in zwei tateinheitlichen Fällen verwarnt. Die Verurteilung zu Geldstrafen hat es sich vorbehalten.

Die StA hat gegen das Urteil zum Nachteil aller Angeklagten Revision eingelegt und sie mit der Sachrüge begründet, dass *M*, damals 1. Sekretär der SED-Bezirksleitung Dresden, nur wegen Anstiftung zu der Verfälschung der Wahlergebnisse in den Kreisen Pirna, Görlitz, Zittau und Meißen, nicht aber wegen Beteiligung an den Verfälschungen der Wahlergebnisse in der Stadt Dresden durch deren Oberbürgermeister *B* und im Bezirk Dresden durch den Vorsitzenden des Bezirksrates des Bezirks, den Angekl. *W*, verurteilt worden sei. Im übrigen hat sie die Strafzumessung gegenüber allen Angeklagten angegriffen. Sie hat die Auffassung vertreten, eine Verwarnung mit Strafvorbehalt werden dem Unrechtsgehalt der Taten nicht gerecht. Das Rechtsmittel hatte Erfolg[357].

2. Urteil in concreto

In diesem Fall hat sich der BGH[358] nochmals mit der Frage beschäftigt, wie die Führungselite zu behandeln sei, die genaue Anordnungen bzgl. der Wahlfälschungen gegeben hat. Der BGH bestätigte unter Bezugnahme auf das Urteil des BGH v. 26.7.1994[359] zur Beteiligung des NVR an den Todesschüssen an der Grenz die Auffassung des LG, dass sich der Angeklagte *M.* einer sog. Kettenanstiftung zur Wahlfälschung schuldig gemacht habe, indem er über die 1. SED-Kreissekretäre auf die Wahlkommission in seinem Sinn Einfluss ausgeübt hätte[360].

Der BGH schloss die Möglichkeit, dass beim Angeklagten *M.* eine (mittelbare) Täterschaft bei Straftaten im Rahmen von Organisationsstrukturen oder Befehlshierarchien vorliege, nicht aus, sofern der Angeklagte als Hintermann die in diesem Umfeld geschaffenen Rahmenbedingungen und den unbedingten Gehorsam des unmittelbaren Täters ausgenutzt habe. Jedoch wurde dies wegen einer Besonderheit

357 Zusammengefasst v. BGH, NStZ 1995, 126.

358 BGHSt 40, 307 = BGH, NJW 1995, 1564 = BGH MDR 1995, 296 = BGH, NStZ 1995, 126 = BGH StV 1995, 70.

359 BGHSt 40, 218 ff. siehe dazu oben S. 49 ff.

360 *Weber*, Die Wahlfälschungen in Dresden - Zugleich Besprechungsaufsatz zum Urt. des BGH v. 3.11.1994 - 3 StR 62/94 - in dem Strafverfahren gegen Dr. *Hans Modrow* u.a. wegen Anstiftung zur Wahlfälschung, JR 1995, 404.

der DDR-Strafvorschrift über die Wahlfälschung letztlich offengelassen: *M.* fehlte die täterschaftsbegründende Pflichtenstellung nach § 211 StGB-DDR als Mitglied einer Wahlkommission oder deren Beauftragter[361].

Danach kam der BGH *zum zweiten* Schwerpunkt seiner Entscheidung, der Strafzumessung mit der Kritik an der Auffassung des LG, das gegen sämtliche Angeklagte Verwarnungen ausgesprochen hatte. Verwarnungen mit Strafvorbehalt setzte nach § 59 I Nr. 2. StGB u.a. voraus, dass eine Gesamtwürdigung der Tat und der Persönlichkeit des Täters besondere Umstände ergebe, nach denen es angezeigt sei, ihn von der Verurteilung zu einer Strafe zu verschonen, jedoch könnten der Untergang der DDR und die Beseitigung des SED-Unrechtsregimes grundsätzlich kein wesentlicher Grund dafür sein, Täter, deren Straftaten nach dem Willen der Parteien des EV auch noch nach der Wiedervereinigung geahndet werden sollen, von der Verurteilung zu Strafe zu verschonen[362].

IV. Fazit

Nach Auffassung des BGH hätte es sich trotz aller Unterschiede der im DDR-Wahlgesetz geregelten rechtstechnischen Ausgestaltung des Kommunalwahlvorgangs formal gleichwohl noch um Wahlen im Sinne des § 107a StGB gehandelt[363]. Zwar möge beim Fehlen jeglicher formaler Auswahlfunktion bereits begrifflich nur eine der Wahl entgegengesetzte reine Akklamation vorgelegen haben, doch hätte sich das Wahlgeschehen in der DDR noch nicht unterhalb dieser Grenze[364] bewegt.

Das Kernproblem der strafrechtlichen Erfassung der Wahlfälschungen liegt schließlich im Bereich der sogenannten Unrechtskontinuität. Der BGH bejahte hier eine seiner Auffassung nach ausreichende teilweise Übereinstimmung der Rechtsgüter[365]. Mit der Möglichkeit einer Ablehnung des gesamten Wahlvorschlags seien auch Rudimente parlamentarisch-demokratischer Wahlen vorhanden gewesen:

---

361 BGH, MDR 3/95, 297.

362 BGH, NStZ 1995, 127.

363 BGHSt 39, 54, 67.

364 *Marxen/Werle*, Die strafrechtliche Aufarbeitung von DDR-Unrecht - Eine Bilanz, 1999, S. 33.

365 BGHSt 39, 54.

Zumindest die Ablehnung der SED-Herrschaft habe bekundet werden können. Diese Auffassung leitete die Bestrafung der DDR-Wahlfälschungen[366].

E. Spionage der DDR gegen die Bundesrepublik Deutschland

I. Einleitung

1. Sachverhalt

Ein besonderes Problem der Vergleichbarkeit des DDR-Unrechts mit ähnlichen Taten in der BRD stellt sich bei der Strafverfolgung von DDR-Spionen, die bis 1989 Westdeutschland ausgespäht hatten. Im Bereich nachrichtendienstlicher Aktivitäten der ehemaligen DDR gegen die Bundesrepublik hatten die „Hauptverwaltung Aufklärung (HVA)" des MfS und der „Bereich Aufklärung" der Nationalen Volksarmee zentrale Bedeutung. Dementsprechend richteten sich auch die Ermittlungen der bundesdeutschen Justiz nach dem Beitritt der DDR zu einem großen Teil gegen Angehörige dieser Einheiten[367].

Der Täterkreis in diesem Bereich ist großzügig in zwei Gruppen einteilbar. *Erstens* die HVA-Spione, die auf dem Gebiet der Bundesrepublik tätig geworden sind und *zweitens* die Angehörigen der HVA, die ausschließlich auf dem Gebiet der DDR spioniert haben, bei denen die Bestrafung oder Auslieferung an die Bundesrepublik zumindest nicht sicher gewesen sei[368].

Die Staatsanwaltschaften in der DDR verfolgte keine dieser Taten, obwohl nach der damaligen Rechtslage eine Strafverfolgung in Betracht kam, da in der DDR

---

366 *Marxen/Werle*, Die strafrechtliche Aufarbeitung von DDR-Unrecht - Eine Bilanz, 1999, S. 226.

367 *Marxen/Werle*, a.a.O., S. 231.

368 Die Anwendbarkeit des bundesdeutschen Strafrechts ist bei der zweiten Gruppe wegen dieser Unsicherheit nicht unumstritten, vgl. *Nanzka*, Spionage der ehemaligen DDR gegen die Bundesrepublik Deutschland (Diss.), 1999, S. 44.

ebenfalls das Legalitätsprinzip[369] galt, § 87 DDR-StPO. Nach der politischen Wende wurden zahlreiche Verfahren wegen Spionage zugunsten der DDR eingeleitet, jedoch hat der BVerfG später entscheiden, dass die Mitglieder der Abteilung Aufklärung, die die Spionage gegen die Bundesrepublik leiteten, nicht wegen Landesverrates und geheimdienstlicher Agententätigkeit strafbar seien[370].

2. Problemschwerpunkte

Die Strafbarkeit der Ost-Spione traf auf vielgestaltige Vorbehalte, die dem vergleichsweise engen Rahmen des Verfassungsrechts und dem eher weiten Feld des Völkerrechts entspringen. Strafrechtliche Fokusse sind demgegenüber schwer zu finden.

a) Der Gleichheitsgrundsatz gemäß Art. 3 I GG

Der Gleichheitsgrundsatz des Art. 3 I GG könnte verletzt worden sein, wenn aufgrund der rechtlichen Konstruktion des Einigungsvertrages die in der DDR tätig gewesenen früheren Mitarbeiter der HVA des MfS wegen vor der Wiedervereinigung begangener Spionage zum Nachteil der Bundesrepublik bestraft worden sein sollten, während umgekehrt für die Mitarbeiter des Bundesnachrichtendienstes eine Strafbarkeit wegen ihrer früheren Spionage zum Nachteil der DDR mit Selbstverständlichkeit nicht einmal zur Diskussion gestanden habe[371].

b) Anwendungsrecht und Rückwirkungsproblem

§ 315 IV EGStGB i.d.F. des EV schloss den nach § 315 I EGStGB grundsätzlich gebotenen Rückgriff auf milderes Strafrecht der DDR aus, soweit das Strafrecht der Bundesrepublik „schon vor dem Wirksamwerden des Beitritts gegolten“ hat. Dies galt grundsätzlich für die Strafverfolgung der DDR-Spione, da das westdeutsche Strafrecht nach § 5 Nr. 4 StGB insoweit schon immer auf der ganzen Welt gegolten habe. Dieses nach dem EV geltende Prinzip wäre mit dem Rückwirkungsverbot nicht vereinbar gewesen: Bei der Spionage handelte es sich um eine von der DDR im Einklang mit ihrer Rechtsordnung angeordnete Tätigkeit. Der hierdurch vermit-

369 Hierauf weist *Maiwald*, Rechtsbeugung im SED-Unrecht, in: NJW 1993, 1881 (1887) hin.

370 BVerfG, Urteil vom 15.05.1995 - 2 BvL 19/91, NJW 1995, 1811 ff.

371 *Widmaier*, Strafbarkeit der DDR-Spionage gegen die Bundesrepublik, NJW 1990, 3171.

telte verfassungsrechtliche Schutz wurde durch den EV beseitigt. Es könne sich hierbei um eine unzulässige Beseitigung eines Rechtsfertigungsgrundes handeln[372].

c) Die völkerrechtliche Erlaubtheit der Spionage

Die Bestrafung der Angehörigen der Auslandsnachrichtendienste der früheren DDR wegen ihrer gegen die Bundesrepublik erbrachten nachrichtendienstlichen Tätigkeit hätte gegen zwingende Normen des Völkerrechts verstoßen können. Dies führte zur Straflosigkeit der DDR-Spionage, da die allgemeinen Regeln des Völkerrechts nach Art. 25 GG ein Bestandteil des Bundesrechts sind. Zu fragen war zuerst, ob die prinzipiell unter der Voraussetzung bewaffneter Konflikte in Kriegszeiten erlaubte Spionage[373] auch noch in Friedenszeiten zulässig sei. Ferner, ob einzelne sich hierauf berufen könnten, so dass dieser Umstand einer Bestrafung entgegenstünde. Dies ergebe sich vor allem aus den Bestimmungen der Haager Landkriegsordnung (HLKO) v. 18.10. 1907[374].

II. BGH Urteil vom 30.7.1993 - 3 StR 347/92 (BayObLG)

1. Sachverhalt

Die Angeklagten *Sch.* und *B.* gehörten der HVA des MfS, dem damals wichtigsten Geheimdienst der DDR, als ranghohe Offiziere an. Sie waren zunächst im Bereich der militärischen Aufklärung gegen die BRD, später auf dem Gebiet der Ausspähung der Nachrichtendienste der Bundesrepublik und anderer westlicher Staaten eingesetzt. Für die damit befassten Abteilungen IV und IX der HVA war der frühere Mitangeklagte *A.*, ein Angehöriger des BND, seit 1968 nachrichtendienstlich tätig. Unter der unmittelbaren Führung und Betreuung durch den Angeklagten *B.* leitete *A.* mit Unterstützung seines Bruders *L.* im Zeitraum von 1972 bis 1989 fast sämtliche ihm dienstlich zugänglichen Erkenntnisse über den BND sowie über mi-

---

372 *Classen*, Anmerkung zum BGH Beschl. v. 30.1.1991 - 2 BGs 38/91.

373 *Berber*, Lehrbuch des Völkerrechts, Bd. II: Kriegsrecht, 2. Aufl. 1969, S. 147.

374 RGBl 1910, 107, 132 ff, Art. 31 HLKO trifft folgende Bestimmung: „Ein Spion, welcher zu dem Heere, dem er angehört, zurückgekehrt ist und später vom Feinde gefangen genommen wird, ist als Kriegsgefangener zu behandeln und kann für früher begangene Spionage nicht verantwortlich gemacht werden".

litärpolitische Fragen der BRD an die HVA weiter. Der Angekl. *Sch.* war von Anfang an mit der nachrichtendienstlichen Zusammenarbeit mit den Angeklagten A. und *L.* befasst. *Er* beteiligte sich selbst durch die Wahrnehmung von Treffen in der DDR, in Österreich, Jugoslawien und Ungarn auch unmittelbar an deren Führung.

Das BayObLG hat die Angeklagten *Sch.* und *B.* der Beihilfe zum Landesverrat der früheren Mitangeklagte *A.* und *L.* schuldig gesprochen, *Sch.* zu 2 Jahren, *B.* zu 1 Jahr und 2 Monaten Freiheitsstrafe verurteilt und beide Strafen zur Bewährung ausgesetzt. Mit seiner zum Nachteil der Angeklagte eingelegten Revision hat der BGH als sachlich rechtlich fehlerhaft beanstandet, dass sie nur wegen Beihilfe und nicht wegen Mittäterschaft am Landesverrat verurteilt worden seien. Das Rechtsmittel führte zur Aufhebung des Urteils und zur Zurückweisung der Sache[375].

2. Urteil in concreto

Der BGH[376] vertrat die Ansicht, dass sich an der grundsätzlichen Anwendbarkeit der §§ 93 ff. StGB auch durch den Beitritt der DDR nichts geändert habe[377]. Sie sahen keine Anlass, auf Grund völkerrechtlicher oder verfassungsrechtlicher Bedenken das Verfahren auszusetzen.

a) Der Gleichheitsgrundsatz gemäß Art. 3 I GG

Der BGH betonte, dass die Realisierung der schon vorher zulässigen Strafverfolgung nach der Wiedervereinigung nicht etwa deswegen gegen den Gleichbehandlungsgrundsatz des Art. 3 I GG verstoßen habe, weil für BND-Angehörige in vergleichbarer Stellung die Strafbarkeit nach den Bestimmungen des StGB-DDR entfallen sei. Die nach der Wiedervereinigung fortbestehende Strafbarkeit von HVA-Angehörigen wegen zuvor begangenen Landesverrats oder geheimdienstlicher Agententätigkeit unterliege im Hinblick auf die trotz formaler Vergleichbarkeit der Tätigkeiten eingetretene Straffreiheit von BND-Angehörigen nach DDR-Strafrecht

---

375 Zusammengefasst. v. BGH, NStZ 1993, 587.

376 BGHSt 39, 260 = BGH, NJW 1993, 3147 = BGH, NStZ 1993, 587 = BGH MDR 1993, 1216.

377 Die Weichen hatte bereits im Januar 1991 der Ermittlungsrichter des BGH gestellt; vgl. Beschluss v. 30.1.1991 - Az. 2 BGs 38/91 = BGHSt 37, 305 ff.; später auch BGH, Beschluss v. 29.5.1991 - Az. StB 11/91 = NJW 1991, 2498 ff.; Beschluss v. 4.10.1991 - Az. StB 22/91 = DtZ 1992, 62 ff.; Beschluss v. 31.3.1993 - Az. Ak 5/93 = NStZ 1994, 542 ff.

nur dann Bedenken nach Art. 3 I GG, wenn sich dafür keine oder nur sachwidrige Gründe finden ließen. Diese sei nicht der Fall[378].

Noch ein Grund sei gegeben, um die Differenzierung in den Rechtsfolgen zu rechtfertigen: Die operativ tätigen HVA-Bediensteten hätten mindestens unter dem Gedanken der Unrechtsteilhabe letztlich mitzuverantworten, dass von ihnen eingesetzte Bürger der BRD unabhängig von der Wiedervereinigung weiterhin der Strafverfolgung ausgesetzt seien und unter Umständen langjährige Freiheitsstrafen verbüßen müssten[379].

b) Rückwirkungsverbot

Der BGH sah in der Bestrafung wegen Landesverrates keine verbotene Rückwirkung i.S. des Art. 103 II GG. Die Strafnorm des § 94 StGB habe schon zur Zeit der Taten auch für die ausschließlich in der DDR tätigen Organisatoren der Auslandsspionage gegolten[380]. Diese Auffassung stützte der BGH auf § 9 i.V.m. § 3 StGB, wonach das deutsche Strafrecht zwar grundsätzlich nur für Taten gelte, die im Inland begangen werden, aber eine Tat auch an dem Ort begangen werde, an dem der zum Tatbestand gehörende Erfolg eingetreten sei, und das sei als Ziel der Spionage die Bundesrepublik gewesen. Weiter berief sich der BGH auf § 5 Nr. 4 StGB, wonach das deutsche Strafrecht unabhängig vom Recht des Tatorts für Taten des Landesverrats gelte, wo immer sie begangen worden seien, und zwar unabhängig von Staatsangehörigkeit und Loyalitätspflicht des Täters. Aufgrund dieser Vorschriften standen, dem BGH zufolge, die materiellen Voraussetzungen der Strafbarkeit bereits zum Zeitpunkt der Strafbegehung abschließend fest. Dass erst durch den Beitritt der DDR die Zugriffsmöglichkeit für die Strafverfolgungsorgane der Bundesrepublik Deutschland eröffnet worden sei, werde vom Rückwirkungsverbot des Art. 103 II GG nicht erfasst[381].

Ferner äußerte der BGH, dass auch der Tatbestand des Vertrauensschutzes verlange, dass dieses Vertrauen schutzbedürftig sei. Das Vertrauen in die Fortexistenz der

---

378 BGH, NStZ 1993, 589.

379 A.a.O.

380 BGH MDR 1993, 1218.

381 BGH MDR 1993, 1218.

DDR jedenfalls könne angesichts der klaren Verankerung des Wiedervereinigungsgebotes im Recht der Bundesrepublik nicht als schützenswert angesehen werden[382].

c) Die völkerrechtliche Erlaubtheit der Spionage

Der BGH lehnte auch die Möglichkeit ab, mit der Anwendung der Art. 31 HLKO ein Strafverfolgungsverbot zu begründen. Der Artikel sieht vor, dass der zu seinem Heer zurückgekehrte Spion im Falle seiner Ergreifung wegen früherer Spionage nicht verantwortlich gemacht werden können, sondern als Kriegsgefangener zu behandeln sei. Er betrifft aber als Sondernorm des Kriegsvölkerrechts sowohl in seinen tatbestandlichen Voraussetzungen als auch in seiner Rechtsfolge einen Sachverhalt, der von dem hier in Frage stehenden derart verschieden ist, dass sich eine entsprechende Anwendung verbietet. Grundsätzlich seien einer analogen Anwendung völkerrechtlicher Vertragsregelungen ohnehin enge Grenzen gesetzt. Sie hänge davon ab, dass im Vertrag selbst oder in der Anwendungspraxis Hinweise zu finden sind, die eine Ausweisung nahe legen. Solche ließen sich für Art. 31 HLKO nicht feststellen[383].

d) Beteiligungsformen

Das Urteil besitzt für materialrechtliche Aspekte eine besondere Bedeutung. Es lege mit eingehender Begründungen dar, dass der Kreis der Repräsentanten der fremden Macht i.S.d. § 94 I Nr. 1 StGB eng zu ziehen sei. Der BGH hat die Frage, ob Mitarbeiter des MfS „Repräsentanten" i.S.d. § 94 StGB seien, also Personen, die für letzte Empfänger eines Staatsgeheimnisses zu halten seien und in diesem Sinne die fremde Macht repräsentierten, grundsätzlich verneint, während das BayObLG dies anerkannt hatte[384]: Repräsentanten und damit letzte Adressanten seien danach die besonders herausgehobenen Exekutivstellen gewesen, die letztendlich über die gesammelten Geheimerkenntnisse verfügt hätten. Alle anderen Personen, auch hochrangige Angehörige fremder Nachrichtendienste, könnten somit bloß Mittelsmänner i.S.d. § 94 I Nr. 1 StGB sein und als Täter in Betracht kommen, wenn sie ihrerseits das Erlangte, das seine Qualität als Staatsgeheimnis noch nicht verloren

382 BGHSt 39,260, 270 f.

383 BGH, NStZ 1993, 589.

384 *Marxen/Werle*, Die strafrechtliche Aufarbeitung von DDR-Unrecht - Eine Bilanz, 1999, S. 137, vgl. BGH MDR 1993, 1219; BGH, NJW 1993, 3152.

habe, weiter mitteilten, sei es innerhalb der eigenen Organisation, sei es durch Weiterleitung an eine andere fremde Macht[385].

III. KG Vorlagebeschluss vom 22. 7. 1991 - (1) 3 StE 9/91 - 4 - (31/91)

1. Sachverhalt

Der Generalbundesanwalt erhob vor dem 1. Strafsenat des KG gegen *G* wegen Landesverrats - begangen im Verlauf einer geheimdienstlichen Tätigkeit - und vier weiteren ehemaligen Angehörigen der HVA wegen geheimdienstlicher Agententätigkeit, jeweils in Tateinheit mit Bestechung. Der Senat hielt die Strafverfolgung der Angeschuldigten wegen der ihnen mit der Anklage zur Last gelegten Taten mit Verfassungsgrundsatz der Gleichheit vor dem Gesetz (Art. 3 I GG) für unvereinbar und beabsichtigte, die Haftanträge abzulehnen, den Haftbefehl und den Haftverschonungsbeschluss betreffend *G* aufzuheben und die Eröffnung des Hauptverfahrens abzulehnen. Hieran sah er sich durch Art. 315 IV EG-StGB gehindert. Er hielt die genannte Vorschrift insofern für verfassungswidrig, als sie die Strafverfolgung von Personen beibehalten habe, die ihre nachrichtendienstliche Tätigkeit gegen BRD und das damit in Zusammenhang stehende Vergehen der Bestechung vom Boden der ehemaligen DDR aus entfaltet haben und zum Zeitpunkt des Wirksamwerdens der Einheit Deutschlands am 3.10.1990 ihren Lebensmittelpunkt in der ehemaligen DDR gehabt haben.

Der Senat setzte daher das Verfahren gem. Art. 100 I 1 GG aus und ließ die Entscheidung des BVerfG zu der in der Beschlussformel gestellten Rechtsfrage einholen[386].

2. Urteil in concreto

a) Verstoß gegen Art. 3 I GG und Art. 103 II GG

Das Kammergericht ging davon aus, dass sich die Tätigkeiten der Angeschuldigten nicht grundsätzlich von denen der Geheimdienste der BRD unterschieden. Sie seien

385 Träger, Anmerkung zu BGH Urt. v. 30.7.1993 - 3 StR 347/92, NStZ 1994, 282.

386 Zusammengefasst v. KG NJW 1991, 2502.

nicht in Bereiche eingebunden gewesen, in denen es zu Menschenrechtsverletzungen oder ähnlich schwerwiegenden strafbaren Handlungen gekommen sei[387]. Hier sah das Kammergericht in der Bestrafung der DDR-Spione eine Verletzung des Gleichheitssatzes, da vergleichbare Täter aus der alten Bundesrepublik straffrei geblieben seien. Außerdem hätte eine Verfolgung von DDR-Spionen das Prinzip des Vertrauensschutzes verletzt, weil diese davon ausgehen konnten, für ihre Taten nicht bestraft zu werden, so lange die DDR bestände.

Unter diesem Gesichtspunkt des Vertrauensschutzes sei der Fall nach Ansicht des Senats mit Konstellationen der unechten Rückwirkung vergleichbar[388]. Aus solchen unechten Eingriffen, mit denen der Betroffene nicht zu rechnen brauchte und die er somit bei seinen Dispositionen nicht berücksichtigen konnte, ergeben sich aber verfassungsrechtliche Schranken[389].

b) Die völkerrechtliche Erlaubtheit der Spionage

Nach der Meinung des KG greife bei der Bestrafung von DDR-Spione auch Art. 31 HLKO ein. Der Artikel sei auf DDR-Spione, die durch den Beitritt der DDR in den Machtbereich des Bundesrepublik gelangten, zwar nicht direkt anwendbar. Doch treffe sein Grundgedanke, den gegnerischen Spion nach dessen Einsatz nicht mehr zu verfolgen, nach Meinung des Kammergerichts auch auf diese Fälle zu[390]. Der Senat beabsichtigte daher, die Vorschrift des Art. 31 HLKO auf den hier zu beurteilenden Sachverhalt entsprechend anzuwenden und die Angeschuldigten von der Verfolgung wegen ihrer nachrichtendienstlichen Tätigkeit freizustellen.

IV. Fazit: BVerfG Beschluss vom 15.5.1995- BvL 19/91 u.a.

Diese Entscheidung des BVerfG hat praktisch die strafrechtliche Verfolgung ehemaliger DDR-Bürger wegen ihrer Spionage gegen die Bundesrepublik beendet. Mit

---

387 KG NJW 1991, S. 2501, 2503.

388 KG NJW 1991, S. 2503.

389 KG NJW 1991, S. 2504.

390 *Amelung*, Die strafrechtliche Bewältigung des DDR-Unrechts durch die deutsche Justiz, 1996. S. 30.

wenigen Ausnahmen wurden alle noch anhängigen Verfahren auch in Bezug auf die mitangeklagte Begleitkriminalität eingestellt[391].

1. Gleichheitsgrundsatz gem. Art. 3 I GG

In diesem Punkt folgte das BVerfG grundsätzlich über weite Strecken der Rechtsprechung des KG. Der verfassungsrechtliche Grundsatz der Verhältnismäßigkeit werde verletzt, wenn der Strafanspruch aus §§ 94, 99 StGB in der einzigartigen Situation, die mit der Überwindung der deutschen Teilung entstanden sei, gegenüber solchen Bürgern der DDR durchgesetzt werde, die i) zum Zeitpunkt des Wirksamwerdens der Einheit Deutschlands ihren Lebensmittelpunkt in der ehemaligen DDR gehabt und ii) allein vom Boden der DDR oder solcher Staaten aus gehandelt hätten, in denen sie sowohl vor Auslieferung als auch vor Bestrafung wegen diesen Taten sicher gewesen seien. Für diese Personen bestehe deshalb ein unmittelbar verfassungsrechtlich begründetes Verfolgungshindernis[392]. Allerdings werde von der Straf-losigkeit nur diejenigen Personen erfasst, die oben genannten zwei Voraussetzungen erfüllt hätten[393]. Je nach den Umständen des Einzelfalls solle auch bei Spionagehandlungen von DDR-Bürgern auf dem Gebiet der Bundesrepublik oder in Drittstaaten ein Verfolgungshindernis wirken; in jedem Fall ist die Strafe deutlich zu mildern[394].

2. Die völkerrechtliche Erlaubtheit der Spionage

Überzeugend begründete das BVerfG die Feststellung, dass keine allgemeine Regel des Völkerrechts als Bestandteil des Bundesrechts (Art. 25 GG) feststellbar sei, nach der die straf-rechtliche Ahndung nachrichtendienstlicher Tätigkeit ausgeschlossen sei, die im Auftrage und vom Territorium eines Staates aus begangen wurde, der danach dem ausgespähten Staat friedlich und einvernehmlich beigetreten sei. Das gleiche gelte für die Ablehnung der Annahme, dass die kriegsvölkerrechtliche Vorschrift des Art. 31 HLKO unmittelbar oder wenigstens analog auf den einvernehmlichen Vorgang der Wiedervereinigung anwendbar sein könne.

---

391 *Marxen/Werle*, Die strafrechtliche Aufarbeitung von DDR-Unrecht - Eine Bilanz, 1999, S. 232.

392 BVerfG, NJW 1995, 1814.

393 A.a.O.

394 *Marxen/Werle*, a.a.O.

Schließlich hat das Gericht mit Recht die Berufung auf den Gleichheitssatz bei der Bewertung von bundesdeutscher und DDR-Spionage verworfen, obwohl die Differenzierung im Hinblick auf den wertgebundenen Charakter der Bundesrepublik hätte deutlicher ausfallen können[395].

F. Denunziationen

I. Einleitung

1. Sachverhalt

Die strafrechtliche Ahndung von Denunziationen umfasste Verfahren gegen Beschuldigte, die offizielle Stellen in der DDR über angebliche oder tatsächliche Regimegegner informierten und so die Einleitung von Strafverfahren bewirkt haben. Die Zahl der informellen Mitarbeiter des MfS betrug etwa 180.000. Das angeklagte Anzeigeverhalten bezog sich überwiegend auf Fluchtvorhaben von DDR-Bürgern. Die Informationen sind den Beschuldigten in ihrer Eigenschaft als inoffizielle Mitarbeiter des MfS, durch ihre berufliche Tätigkeit oder aufgrund privater Kontakte bekannt geworden. In den meisten Fällen waren diese Anzeigen staatlicherseits nicht nur erwünscht, sondern sogar vorgeschrieben. So statuierte § 225 StGB-DDR eine Anzeigepflicht[396].

In juristischer Hinsicht war die Denunziation mit der Aufarbeitung des Rechtsbeugungskomplexes eng verknüpft und daher ermittelte die Staatsanwaltschaft in diesem Bereich zum einen gegen die Richter und Staatsanwälte der DDR, die in diesen Verfahren mitgewirkt haben, unter dem Gesichtspunkt der Rechtsbeugung. Zum anderen sind gegen die Anzeigenden Ermittlungsverfahren wegen Freiheitsberaubung durch Denunziation und politischer Verdächtigung eingeleitet worden[397].

---

395 *Arndtt*, Bestrafung von Spionen der DDR, NJW 1995, 1803.

396 *Marxen/Werle*, Die strafrechtliche Aufarbeitung von DDR-Unrecht - Eine Bilanz, 1999, S. 66.

397 *Marxen/Werle*, a.a.O.

2. Problemschwerpunkt

Betracht man nun die Problematik seitens der bundesdeutschen Justiz, so lassen sich mehrere Problemschwerpunkte herausfinden. Zunächst wurde die Frage gestellt, inwieweit § 241a StG in Fortsetzung der grundsätzlichen Ausführungen überhaupt zur Anwendung gebracht werden könne. Ferner entstand die Fragestellung, ob wegen Denunziationssachverhalten Angeklagte nicht nur nach § 241a StGB, sondern darüber hinaus auch nach den für die Folgedelikte einschlägigen Tatbeständen wie Freiheitsberaubung zu beurteilen seien.

Problematisch ist zudem die in § 241a StGB normierte Erfordernis, dass dem Angezeigten rechtsstaatswidrige Gewalt- oder Willkürmaßnahmen drohen müssen. Mit dieser Erfordernis einher ging die Frage, ob die Sachverhaltskonstellationen überhaupt unter den Tatbestand des § 241a StGB gefasst werden könnten. Diese Fragestellung war aufs engste verknüpft mit der sog. Sperrwirkung des Rechtsbeugungstatbestands[398].

II. BGH-Urteil vom 29.4.1994 - 3 StR 528/93

1. Sachverhalt

Die Angeklagte hatte im Jahr 1988 die Absicht ihres Lebensgefährten, in den Westen zu fliehen, bei der Stasi angezeigt. Der Flüchtende war daraufhin in Chemnitz gestoppt und festgenommen worden. Ein DDR-Gericht verurteilte ihn in einem Verfahren, in dem die Angeklagte als Zeugin auftrat, wegen versuchten schweren ungesetzlichen Grenzübertritts gemäß § 213 III und IV StGB-DDR unter Einbeziehung einer anderweitigen Freiheitsstrafe von einem Jahr zu einer Freiheitsstrafe von 34 Monaten.

Das LG hat die Angeklagte wegen einer in der früheren DDR begangenen politischen Verdächtigung nach § 241a StGB in 3 rechtlich zusammentreffenden Fällen zu einer Frei-heitsstrafe von 8 Monaten verurteilt und deren Vollstreckung zur Bewährung ausgesetzt. Gegen das Urteil haben die StA und die Angeklagte Revision eingelegt. Die StA hat die zusätzliche Verurteilung der Angeklagten wegen Freiheitsberaubung nach § 239 StGB, die Angeklagte ihren Freispruch erstrebt. Die Revision der StA hatte keinen Erfolg, weil auf die DDR-Taten der Angeklagten zur

---

398 Vgl. hierzu oben, S. 136, 143.

Tatzeit zwar § 241a StG, nicht aber § 239 StGB anwendbar war. Die Revision der Angeklagten drang dagegen durch, weil die für eine Verurteilung erforderliche innere Tatseite einer politischen Verdächtigung nach § 241a StGB nicht fest-gestellt werden konnte[399].

2. Urteil in concreto

a) Die Anwendbarkeit des § 241a StGB

In seinem Urteil hat der BGH[400] die prinzipielle Anwendbarkeit des § 241a StGB bejaht. Der BGH hat festgestellt, dass für eine in der DDR zum Nachteil eines DDR-Bürgers begangene politische Verdächtigung zur Tatzeit das Strafrecht der Bundesrepublik, mithin § 241a StGB gegolten hat. Seiner Auffassung nach folge die Anwendbarkeit des § 241a StGB auch auf DDR-Taten aus dem Universalitätsgrundsatz des § 5 Nr. 6 StGB[401].

Der BGH konstatierte im folgenden, dass die vom Generalbundesanwalt erhobenen Bedenken, wonach die DDR bei der Anwendung ein- und derselben Vorschrift nicht sowohl als Ausland, als auch als Inland angesehen werden könne, nicht durchgreife. Es sei nicht erforderlich zu entscheiden, ob die DDR wie Inland oder wie Ausland zu behandeln sei, denn es ergebe sich aus § 5 Nr. 6 StGB, dass Täter nach § 241a StGB jedermann sein könne. Auch schließe die Beschränkung des Tatopferkreises in § 5 Nr. 6 StGB die DDR-Bürger nicht aus, da sie nach dem Grundgesetz sowieso Deutsche gewesen seien und das Gebiet der DDR im Verhältnis zur Bundesrepublik staatsrechtlich als Inland angesehen werden könne[402].

b) Die Problematik der Folgedelikte

In Zusammenhang mit dem oben erörtertem Sachverhalt verwies der BGH darauf, dass das bundesdeutsche StGB nur auf Freiheitsberaubungen mittels rechtsstaatswidriger Inhaftierungen in der DDR angewendet würde, die sich als Resultat einer politischen Verdächtigung darstellten, nicht aber auf solche, die sich aus von Amts

---

399 Zusammengefasst v. BGH, NStZ 1994, 426.

400 BGHSt 40, 125 = BGH, NJW 1994, 3174 = NStZ 1995, 83 = NStZ 1994, 426 = MDR 1994, 814.

401 BGH, NStZ 1994, 427.

402 A.a.O.

wegen eingeleiteten Strafverfahren ergeben hätten. Der BGH erhob darüber hinaus auch Bedenken mit Blick auf denkbare Folgedelikte weit schwererer Qualität. Seiner Meinung nach fehle im Gesetz jeder Anhalt, dass auch für deren Ahndung der Universitätsgrundsatz des § 5 Nr. 6 StGB gelten solle[403].

c) Die Tatbestandsproblematik

Der BGH hat entschieden, dass dem Angezeigten drohende rechtsstaatswidrige Gewalt- oder Willkürmaßnahmen im Sinne des § 241a StGB nur solche seien, die offensichtlich in schwerwiegender Weise gegen die Menschenrechte verstießen. „Gewalt- und Willkürmaßnahmen" seien nach der Rechtsprechung nur dann gegeben, wenn mit einer Bestrafung gerechnet habe werden müssen, die in einem unerträglichen Missverhältnis zur Tat gestanden habe[404]. Der BGH verknüpfte diese Auffassung mit seinen Standpunkten zur Einschränkung des Rechtsbeugungstatbestandes. Er hielt es vor diesem Hintergrund für erforderlich, eine einschränkende Auslegung vorzunehmen, um nicht den Anzeigenerstatter in einem DDR-Ermittlungs- oder Strafverfahren einem höheren Strafbarkeitsrisiko auszusetzen als das DDR-Justizpersonal, welche die Verhängung der Gewalt- oder Willkürmaßnahmen unmittelbar zu vertreten haben. Dementsprechend war der BGH auch für den seinem Urteil zugrunde liegenden Sachverhalt zu dem Ergebnis gelangt, dass die betreffende Schwelle nicht überschritten, eine Strafbarkeit nach § 241a StGB mangels einer schweren Menschenrechtsverletzung nicht erfüllt sei[405].

III. Fazit

Betracht man also die höchstrichterliche Rechtsprechung zur Frage der Anwendbarkeit des § 241a, so wird klar, dass die BGH-Entscheidung vom 29.4.1995 in der Konsequenz dazu führte, den Weg hin zu einer materiellen Prüfung des § 241a StGB-BRD zu eröffnen und so die Strafbarkeit nicht von vornherein auszuschließen. In der Frage der Behandlung der Folgedelikte lässt sich mit Blick auf die Rechtsprechung konstatieren, dass das StGB nur auf solche Delikte angewandt werden kann, die sich als Resultat einer politischen Verdächtigung darstellen.

---

403 BGH, NJW 1994, 3175 f.

404 BGH, NStZ 1994, 427.

405 BGH, NStZ 1994, 428.

Bei der Tatbestandsmäßigkeitsprüfung setzte der BGH seine von großer Milde gekennzeichnete Haltung zur Rechtsbeugungsproblematik für die Fallgruppe der Denunziationen fort[406]. Diese Beschränkung des Tatbestands der politischen Verdächtigung auf Exzessfälle, in denen der Denunzierte der Gefahr schwerer Menschenrechtsverletzungen ausgesetzt war, setzt die Strafnorm praktisch für alle Fälle außer Kraft, in denen sich die Organe der DDR auf der jeweiligen Linie der SED-Kriminalpolitik bewegt haben[407].

G. Postplünderungen

I. Einleitung

Unter dem Begriff „Postplünderungen“ ist die systematische Kontrolle des Postverkehrs zwischen der Bundesrepublik und der DDR mit einer damit einhergehenden Entnahme von Wertgegenständen ebenso wie von Geldbeträgen durch die DDR-Sicherheitsorgane zu verstehen[408]. Diese Plünderungen wurden in der Zuständigkeit der „Linie M“ des MfS durchgeführt und allein im Zeitraum von 1984 bis 1989 wurden Geldbeträge von insgesamt mehr als 32 Millionen DM und Wertgegenstände im Wert von über 10 Millionen DM entnommen[409]. Die Zahlungsmittel und die Erlöse aus Warenverwertungen wurden an das Ministerium der Finanzen der DDR (MdF) abgeführt und Briefe, denen Zahlungsmittel entnommen waren, wurden vernichtet[410].

Die massenhafte Entnahme von Geld aus Westsendungen, bei der schon die Feststellung der eigentlich Verantwortlichen Schwierigkeiten bereitet, warf auch noch andere Probleme auf. Denn der Straftatbestand der Unterschlagung, der hierbei in Betracht kommt, verlangt, dass sich jemand eine fremde Sache, die er in Gewahr-

406 *Krakowsky*, Die Aufarbeitung des SED-Unrechts durch BGH und Literatur - ein Vergleich (Diss.), 2000, S. 210.

407 *Wassermann*, Die DDR-Denunzianten und der Bundesgerichtshof, NJW 1995, 932

408 *Krakowsky*, a.a.O., S. 216.

409 *Marxen/Werle*, Die strafrechtliche Aufarbeitung von DDR-Unrecht - Eine Bilanz, 1999, S. 78.

410 *Renger*, Der Postraub der Stasi - Anmerkungen zur Rechtsprechung des BGH, NJ 1995, 467.

sam hat, rechtswidrig zueignet. Im Raume steht dabei der Straftatbestand des Verwahrungsbruchs.

II. BGH Urteil vom 9.12.1993- 4 StR 416/93 (LG Magdeburg)

1. Sachverhalt

Die Angeklagten waren Offiziere des MfS der ehemaligen DDR in der Leitungsebene der Bezirksverwaltung Magdeburg. Der Angeklagte *T.* hat als Leiter der Abteilung M, *H.* als Stellvertreter des Leiters des Bezirksverwaltung gearbeitet. Im Rahmen der Kontrolle und Auswertung von Postsendungen wurden die bei der Überprüfung von Sendungen des internationalen Briefverkehrs aufgefundenen DM-Geldbeträge einbehalten. Die bei der Briefkontrolle gefundenen DM-Beträge wurden von dem Angeklagten *T.* monatlich abge-rechnet. Nachdem *T.* die Richtigkeit festgestellt und den Abführungsbeleg abgezeichnet hatte, wurden Geld und Abführungsbeleg in einer verplombten Kuriertasche von der Abteilung M der Bezirksverwaltung Magdeburg gegen Quittungsbeleg der Abteilung Finanzen dieser Bezirksverwaltung zugeleitet. Sodann wurde die Tasche in die Zentrale des MfS nach Berlin geschafft und dort der Abteilung Finanzen übergeben, die die Gelder dem Staatshaushalt zufließen ließ. Die jeweiligen Briefe wurden nach der Entnahme von Zahlungsmitteln in der Abteilung M der Bezirksverwaltung vernichtet. Eine Benachrichtigung der Betroffenen erfolgte nicht.

Das LG hat gegen die Angeklagten *T.* und *H.* wegen Verwahrungsbruchs in Tateinheit mit Beihilfe zur Unterschlagung Freiheitsstrafen jeweils von 1 Jahr und 7 Monaten und von 1 Jahr und 5 Monaten verhängt. Die Vollstreckung der Strafen hat das LG zur Bewährung ausgesetzt. Die Revision der Angeklagte führten zu deren Freispruch[411].

---

411 BGH, NJW 1994, 1228.

2. Urteil in concreto

a) Unterschlagung nach § 246 StGB und § 177 StGB-DDR

In diesem Zusammenhang hat der BGH[412] die Gewahrsamsproblematik dahingehend entschieden, dass die Mitarbeiter sowie der Leiter der Abteilung M wie *T.* und *H.* in der Bezirksverwaltung Gewahrsam an den jeweiligen Briefen bzw. den entnommenen Zahlungsmitteln gehabt hätten, da die Angeklagten ständig unmittelbaren Kontakt zu den entnommenen DM-Beträgen gehabt hätten. Allerdings hat der Senat abgelehnt, dass Angehörigen der politischen Führung der DDR oder der Leitungsebene des MfS in Berlin ein Gewahrsam an den entnommenen Sachen angelastet werden könne. Das Geld sei nicht einmal in die für die Überwachung zuständigen Abteilungen in Berlin gelangt, sondern direkt über die Finanzabteilung dem Staatshaushalt zugeführt worden[413].

Außerdem hat der BGH im Rahmen des § 246 StGB die Frage der Drittzueignung problematisiert und entschieden, dass eine Zueignung bei den Mitarbeitern des MfS wegen fehlender Feststellung eines entsprechenden Vorteils oder Nutzens ausscheiden würde. Die Angeklagten hätten durch die ihnen vorgeworfenen Handlungen entsprechend den einschlägigen Befehlen und Dienstanweisungen dazu beigetragen, dass die Mittel von der Abteilung Finanzen des MfS dem Staatshaushalt der DDR zugeführt worden seien[414].

Zwar stellte der Senat fest, dass auch die Verfügung über eine Sache zugunsten eines Dritten ausreichend sein könne. Die Voraussetzung, dass der Täter von der Zuwendung an den Dritten im weitesten Sinne einen wirtschaftlichen Nutzen oder Vorteil haben müsse, lehnte der BGH zumindest unterhalb der Führungsebene ab[415].

---

412 BGHSt 40, 8 = BGH JR 1995, 26 = NJW 1994, 1228 = NStZ 1994, 179 = MDR 1994, 392 = StV 1994, 243 (Ls.)

413 BGHSt 40, 8 ff, vgl. dazu *Krakowsky*, Die Aufarbeitung des SED-Unrechts durch BGH und Literatur - ein Vergleich (Diss.), 2000, S. 217.

414 BGH, NStZ 1994, 180.

415 BGH, a.a.O.

b) Verwahrungsbruch nach § 133 StGB und schwerer Gewahrsamsbruch nach § 329 StGB-DDR

Auch in Bezug auf die Vernichtung der Briefe gemäß § 133 StGB wurde nach Auffassung des BGH keine Anwendung gefunden. *Er* richtete seine Augenmerk auf die Tatsache - anders als die Position der Strafkammer - , dass ein dienstlicher Gewahrsam der Deutschen Post an den Briefen nicht mehr bestanden habe, als die Post die Sendungen dem MfS überlassen habe[416]. Vielmehr hätten sich die Briefe zu diesem Zeitpunkt in dienstlicher Verwahrung des MfS befunden: Die Deutsche Post hätte der für die Übernahme zuständigen „Stelle 12" der Bezirksverwaltung des MfS täglich den Besitz an den Postsäcken verschafft, und dort seien die Postsendungen schließlich auch vernichtet worden. Der Zugang sei dem Bediensteten der Post strengstens untersagt gewesen[417].

III. BGH Beschluss vom 13.10.1994 - 5 StR 386/94 (LG Berlin)

1. Sachverhalt

Das LG hat den Angeklagten aus Rechtsgründen vom Vorwurf der Unterschlagung freigesprochen. Ihm wurde zur Last gelegt, in der Zeit vom Januar 1984 bis zum 8.11.1989 als Leiter der Abteilung M des MfS in Berlin im Range eines Generalmajors auf Befehl seiner unmittelbaren Dienstvorgesetzten und selbständig veranlasst zu haben, dass Briefe mit Geldeinlagen und Pakete mit Wert- und Gebrauchsgegenständen dem Postverkehr entzogen, geöffnet und der verwertbare Inhalt direkt oder durch Weiterverkauf über die Abteilung Finanzen des MfS dem Staatshaushalt der DDR zugeführt wurden. Dabei war der Angeklagte für die Durchführung der gesamten in der ehemaligen DDR flächendeckend praktizierten Postkontrolle verantwortlich.

Das Urteil des LG hat die StA mit der Revision angefochten. Sie hat geltend gemacht, die StrK habe § 246 StGB unrichtig ausgelegt; insbesondere sei sie von einem rechtlich nicht zutreffenden Begriff des Sich-Zueignens ausgegangen. Der 5.

---

416 BGH, NStZ 1994, 181.

417 BGHSt 40, 8 ff.

Strafsenat des BGH, der im Verfahren gegen den Leiter der Abteilung M des MfS, die zentral in Berlin die Postkontrolle organisierte und überwachte, sowohl Unterschlagung als auch Verwahrungsbruch bejahen wollte, legte die Sache dem 4. Strafsenat mit der Frage vor, ob an entgegenstehender Rechtsprechung festzuhalten sei[418].

2. Urteil in concreto

a) Unterschlagung nach § 246 StGB und § 177 StGB-DDR

Der 5. Strafsenat des BGH hat sich mit diesem Beschluss gegen das freisprechende Urteil vom 12.9.1993 gewandt und bezüglich der Leitungsebene eine völlig andere Position eingenommen. Es bejahte zuerst den Gewahrsam der höhergestellten Mitarbeiter des MfS, unabhängig davon, ob sie die tatsächliche Sachherrschaft über die Postsendungen gehabt hätten oder nicht. Diese pedantische, behördenmäßige Kontrolle könne nicht mit dem normalen Weisungsrecht eines Geschäftsinhabers oder Vorgesetzten, das für einen Mitgewahrsam nicht ausreicht, gleichgesetzt werden[419]: Die gesamte Postkontrolle sei sowohl im Bereich des MfS als auch im Bereich der Bezirksverwaltungen durch ein enges Geflecht detaillierter Anweisungen und Überwachungsmechanismen, die auch auf Befehle des Angeklagten zurückgegangen seien, organisiert gewesen und auf diese Weise habe die Leitungsebene des MfS, welcher der Angeklagte angehörte, jederzeit die Möglichkeit eines Zugriffs auf die einbehaltenen Postsendungen gehabt. Aus diesen Erwägungen heraus bejahte der BGH, dass die eigentliche Sachherrschaft bei der politischen Führung des Staates gelegen habe[420].

Auch auf der Ebene des Zueignungserfordernisses war der 5. Senat anders als der 4. Senat[421] der Auffassung, dass für alle Beteiligten eine Zueignungsabsicht auszuschließen sei. Der Begriff des mittelbaren wirtschaftlichen Vorteils sei nicht eng auszulegen. Es genüge ein Nutzen „im weiteren Sinne“. Für Fälle einer unentgeltlichen Verfügung über fremde Sachen zugunsten einer Organisation, der der Täter

418 Zusammengefasst v. BGH, NStZ 1995, 131; *Renger*, Der Postraub der Stasi - Anmerkungen zur Rechtsprechung des BGH, NJ 1995, 467.

419 BGHSt. 8. 273 ff, zit.n. *Schroeder*, §§ 246, 133 StGB auf dem Prüfstand der MfS-Postplünderungen - Zum Vorabgeschluss des 5. Strafsenats des BGH, JR 1995, 96.

420 BGH, NStZ 1995, 132.

421 BGHSt 40, 8, 18 ff.

angehörte, würde allein die Förderung der mit denen des Täters übereinstimmenden Interessen dieser Organisation als genügend angesehen Zudem könne er seine Tatbeiträge in dem Bewusstsein geleistet haben, seine hervorgehobene berufliche und gesellschaftliche Stellung zu sichern. Er handele damit auch im wirtschaftlichen Eigeninteresse[422]. Nach diesen Grundsätzen wurde ein Zueignungswille des Angeklagten vom BGH angenommen.

b) Verwahrungsbruch nach § 133 StGB und schwerer Gewahrsamsbruch nach § 239 StGB-DDR

Während der 4. Strafsenat eine Strafbarkeit wegen Verwahrungsbruchs nach § 133 StGB verneinte, erwog der 5. Strafsenat einen Verwahrungsbruch der Bediensteten der Deutschen Post anzunehmen, weil sie die ihnen anvertrauten Postsendungen überhaupt der Stelle 12 ausgeliefert hätten, und die Verantwortlichen der Abteilung M als Anstifter oder sogar mittelbare Täter dieses Verwahrungsbruches zur Verantwortung zu ziehen seien[423]. Der Ausgangspunkt des BGH lag darin, dass die Sendungen der dienstlichen Verfügung der Deutschen Post gerade durch die freiwilligen Übertragung des Gewahrsams auf das MfS entzogen worden sei und der Deutschen Post Möglichkeit der jederzeitigen Verfügung im Sinne einer bestimmungsgemäßen Verwendung der Sache vorübergehend genommen oder erheblich erschwert worden sei.

IV. Fazit: BGH Beschluss vom 25.7.1995 - GSSt 1/95

1. Sachverhalt

In anderer Auffassung als der 4. Strafsenat hat der 5 Strafsenat des BGH dem Großen Senat für Strafsachen folgende Frage zur Entscheidung vorgelegt: Kann ein Abteilungsleiter im MfS der ehemaligen DDR, auf dessen Anordnung Postsendungen dem Postverkehr entzogen und Geld sowie Wertgegenstände daraus dem Staatshaushalt der DDR zugeführt wurden, wegen Unterschlagung bestraft werden und mittelbarer Täter oder Anstifter eines Verwahrungsbruchs sein? Der Große Senat entschied dazu, dass die gesetzliche Voraussetzung der Unterschlagung (§ 246

422 BGH, 40, 8, 133.

423 *Renger/Volze*, Der Postraub der Stasi - Anmerkungen zur Rechtsprechung des BGH, NJ 1995, 470.

StGB) der Umstand sei, dass der Täter eine Sache „sich“ zuzueignen und ein Funktionär der DDR, der veranlasst habe, dass Gelder aus Postsendungen entnommen und an die Staatskasse abgeführt worden seien, dieses Merkmal nicht erfülle[424].

2. Urteil in concreto

a) Unterschlagung nach § 246 StGB und § 177 StGB-DDR

Soweit die Vorlagefrage, ob ein Abteilungsleiter im MfS, auf dessen Anordnung Geld sowie Wertgegenstände aus Postsendungen dem Staatshaushalt der DDR zugeführt wurden, wegen Unterschlagung bestraft werden könne. Der Große Senat[425] hat dabei die Rechtsansicht des 4. Strafsenats bestätigt und eine Zueignung bei Führungskräften abgelehnt[426]. Wenn der Funktionär eines Staates Sachen dem Staatshaushalt zuführe, so könne nicht angenommen wenden, dass er sich damit die Sachen zueigne, wie es § 246 StGB voraussetze. Die Tatsache, dass die Förderung der Staatsziele durch sein Handeln in besonderem Maße für ihn selbst ein Anliegen sein möge, ändere aber nichts daran, dass er letztlich nicht eigene, sondern allgemeine Interessen wahrnehmen hätte wollen. Es fehle daher an einer Zueignungsabsicht[427]. Mit diesen Erwägungen schloss der Große Senat eine Strafbarkeit der Führungskräfte wegen Unterschlagung gemäß § 246 StGB endgültig aus. Auf die das Tatbestandsmerkmal des Gewahrsams betreffende Frage ging der Große Senat nicht mehr ein[428].

b) Verwahrungsbruch nach § 133 StGB und schwerer Gewahrsamsbruch nach § 239 StGB-DDR

Soweit sich die Vorlage auf die Frage einer Strafbarkeit wegen Verwahrungsbruchs erstreckte, hielt der Große Senat diese ohne weitere Präzisierung für unzulässig. Der 4. Senat hat sich in seiner Entscheidung vom 9.12.1993 mit der vom 5. Senat aufgeworfenen Frage, ob der Angeklagte sich des Verwahrungsbruchs nach § 133 StGB als Täter oder Anstifter schuldig gemacht hat, ausdrücklich nicht befasst. Der Große Senat stimmte der diesbezüglichen Begründung zu, die dahin geht, dass die

---

424 BGH, NJW 1996, 402 f.

425 BGHSt 41, 187 = NJW 1996, 402 = NStZ 1996, 133 = MDR 1996, 185 = StV 1996, 154.

426 BGH, NJW 1996, 402.

427 BGH, NJW 1996, 404.

428 BGH, NStZ 1996, 135.

Briefe im Zeitpunkt der Vernichtung nicht mehr im Gewahrsam der Deutschen Post gestanden hätten und dies Grund genug dafür sei, die Strafbarkeit wegen Verwahrungsbruchs nicht weiter zu verfolgen[429].

H. Telefonüberwachung durch die Stasi-Mitarbeiter

I. Einleitung

1. Sachverhalt

Die Legende vom Überwachungsstaat DDR gehört nicht in den Bereich der Fabulistik[430]. Die Archivmassen des MfS belegen, dass eine umfassende Kontrolle und Überwachung der Bürger stattgefunden hat, deren Zielsetzung aufs engste mit der Sicherheitsdoktrin der SED verbunden war. Das Abhören von Telefonen war durch die Abteilung 26 des MfS äußerst effektiv organisiert. So konnten mittels eigens verlegter Sonderkabel in den Zentralen der Stasi bis zu 300 Gespräche gleichzeitig aufgenommen und bis zu 12.000 Telefonanschlüsse überwacht wurden[431]. Die Telefonüberwachung wurde durch die Abteilung 26 (Linie 26 im Bereich der DDR) bis zum Ende der DDR durchgeführt. Der Inhalt der überwachten Gespräche wurde aufgezeichnet oder durch die überwachenden Mitarbeiter des MfS protokolliert.

2. Problemschwerpunkt

Bei der Behandlung der Telefonüberwachung tauchte u.a. die Frage auf, ob die ungesetzliche Staatspraxis nach dem StGB-DDR überhaupt strafbar war. Eine Bestrafung wegen Verletzung des Post- und Fernmeldegeheimnisses nach § 202 StGB-DDR kommt nicht in Betracht, weil Subjekt dieses Tatbestandes nur Mitarbeiter

---

429 BGH, NJW 1996, 403.

430 *Reuter*, Die ungesetzlichen Eingriffe in das Post- und Fernmeldegeheimnis in der DDR, NJ 1991, 383.

431 *Reuter*, a.a.O.

oder Beauftragte der Deutschen Post sein konnten. Das Abhören von Telefonen wurde daher unter den strafrechtlichen Aspekten der Verletzung der Vertraulichkeit des Wortes (§ 201 StGB) *einerseits* sowie der Amtsanmaßung (§132 StGB) beziehungsweise der Anmaßung staatlicher Befugnisse (§ 244 StGB-DDR) *andererseits* auch gewürdigt.

II. AG Tiergarten Urteil vom 25.5.1992 - (215) 2 Js 216/91 Ls (110/91)

1. Sachverhalt

Die Anklage der StA bei dem KG vom 20.9.1991 legte dem Angeklagten ein Vergehen der Anmaßung staatlicher Befugnisse zur Last. Dem Angeklagten wurde vorgeworfen, im Zeitraum von 1985 bis November 1989 ohne Einholung einer richterlichen oder staatsanwaltlichen Genehmigung (und damit entgegen dem damals geltenden DDR-Recht) als Stellvertreter des Leiters des Arbeitsgebietes *R.* dieser Arbeitsgruppe im ehemaligen MfS in 11 Fällen, u.a. bei verschiedenen Spielern des BFC Dynamo Berlin, bei Verantwortlichen des Deutschen Fußballverbandes der DDR (DFV) und dem Chef der Schiedsrichterkommission des DFV die Telefonüberwachung durch die Abteilung 26 des MfS angeordnet zu haben. Von diesem Vorwurf wurde der Angeklagte aus rechtlichen Gründen freigesprochen[432].

2. Urteil in concreto

Das AG verneinte ausdrücklich die Anwendbarkeit des § 224 I StGB-DDR, wonach sich derjenige strafbar machte, der sich eine staatliche Befugnis anmaßte und dadurch die Rechte der Bürger beeinträchtigte. Diese Vorschrift erstrecke sich nämlich lediglich auf solche Taten, bei denen sich der Täter nach außen hin eine Befugnis anmaßte, die ihm tatsächlich nicht zukam. Konspiratives Verhalten war von dieser Norm nicht erfasse[433]. Ferner ergebe sich die Unanwendbarkeit des § 241 I StGB-DDR aus der Tatsache, dass die Einführung der §§ 135a und 244b StGB-DDR, deren Ziel im strafrechtlichem Nachholbedarf des § 241 StGB-DDR lag, den Missbrauch staatlicher Tätigkeit gegenüber Bürgern sowie rechtswidrige

---

432 AG Tiergarten NStZ 1993, 46.

433 AG NStZ 1993, 46 f.

Eingriffe in die persönliche Sphäre durch unberechtigtes Abhören zu unterbinden, erst durch das sechste Strafrechtsänderungsgesetz vom 29.6.1990 erfolgt sei[434].

Aus diesem Grund kam das AG zu dem Ergebnis, dass die dem Angeklagten zur Last gelegte Vorgehensweise nicht zu bestrafen sei, weil zur Tatzeit die Strafbarkeit gesetzlich nicht bestimmt gewesen sei. Damit hat das Gericht das Rückwirkungsverbot gem. Art. 103 II GG berührt: Diese rechtswidrigen Praktiken des MfS seien jedoch im Tatzeitraum (1985 bis 1989) nicht strafbewehrt gewesen, was aufgrund des Rückwirkungsverbotes der § StGB, Art. 103 II GG zur Straflosigkeit führe[435].

III. Das BGH Urteil vom 9.12.1993 - 4 StR 416/93 (LG Magdeburg)

1. Sachverhalt

Der Angeklagte *M.* bearbeitete als Leiter der Bezirksverwaltung Magdeburg des MfS in der Zeit vom 1.7.1987 bis zum 30.11.1989 in mindestens 1208 Fällen Aufträge zum Abhören eines Fernsprechanschlusses, die von operativen Einheiten des MfS erteilt worden waren. Entsprechend den einschlägigen Dienstvorschriften mussten solche Aufträge von dem Leiter der Bezirksverwaltung - im Verhinderungsfall von dessen Stellvertreter - bestätigt werden. Der Angeklagte *R.* sorgte als Leiter der dafür zuständigen Abteilung 26 in dem genannten Zeitraum für die Durchführung der von *M.* bestätigten Aufträge.

Das LG hat den Angekl. *R.* wegen Beihilfe zur Anmaßung staatlicher Befugnisse zu einer Freiheitsstrafe von 8 Monaten verurteilt. Bezüglich des Angekl. *M.* ist das Urteil des LG gegenstandslos, nachdem dieser inzwischen verstorben ist. Die Revision der Angeklagte führte zu deren Freispruch[436].

---

434 AG NStZ 1993, 47.

435 AG Tiergarten NStZ 1993, 47.

436 Zusammengefasst v. BGH, NStZ 1994, 179.

2. Urteil in concreto

Der BGH[437] konstatierte, dass ein Schuldspruch wegen Amtsanmaßung gem. § 132 StGB oder Anmaßung staatlicher Befugnisse i.S.d. § 224 StGB-DDR schon deswegen ausscheidet, weil die Voraussetzungen des § 132 StGB nicht erfüllt seien, mithin eine etwaige Strafbarkeit der Telefonüberwachungen gemäß § 224 StGB-DDR jedenfalls mit dem Inkrafttreten des Einigungsvertrages entfallen sei[438]. Eine Strafbarkeit von *M.* gemäß § 132 StGB sei nicht gegeben, weil *M.* mit der Bestätigung der Aufträge zur Telefonüberwachung nicht im Sinne dieser Bestimmung unbefugt Handlungen vorgenommen habe. Die von *M.* durchgeführte Bestätigung von Abhöraufträgen stelle sich als Maßnahme in den Rahmen der allgemeinen Spitzeltätigkeit des MfS, nicht aber als Wahrnehmung staatsanwaltschaftlicher Befugnisse im Rahmen eines Strafverfahrens[439].

Als weiteres Argument führte der BGH an, dass § 132 StGB diejenigen Handlungen verlange, die bei einem objektiven Beobachter den Anschein einer Amtshandlung hervorruft und deswegen mit einer solchen verwechselbar sei. Nur dann könne der Autorität des Staates und seiner Behörden ein Vertrauensverlust drohen, dem entgegenzuwirken Sinn des § 132 StGB sei. So habe *M.* sich nach dieser Voraussetzung nicht strafbar gemacht. Er habe durch das Bestätigen der von operativen Einrichtungen des MfS erteilten Überwachungsaufträge nicht den Eindruck hervorgerufen, dass er damit die dem Staatsanwalt vorbehaltene Anordnung einer Telefonüberwachung im Rahmen eines strafrechtlichen Ermittlungsverfahrens treffe. Seine Maßnahmen erfolgten nicht im Rahmen eines Strafverfahrens und waren auch nach Art und Form mit einer strafverfahrensrechtlichen Maßnahme nicht zu verwechseln[440].

Mangels einer tatbestandsmäßiger Handlung von *M.* komme auch eine Strafbarkeit des *R.* wegen Beihilfe zur Amtsanmaßung oder Anmaßung staatlicher Befugnisse nicht in Betracht[441]

437 BGHSt 40, 8 = NJW 1994, 1228 = NStZ 1994, 179 = MDR 1994, 392 = StV 1994, 243 (Ls.)

438 BGH, NStZ 1994, 179.

439 BGH, a.a.O.

440 BGH, NStZ 1994, 180.

441 BGH, NStZ 1994, 179.

IV. Fazit

Durch die oben genannten Entscheidungen des AG und des BGH wurde die Strafbarkeit der Telefonüberwachung gem. § 224 I StGB-DDR, §§ 135a und 244b StGB-DDR und § 132 StGB Schritt für Schritt verneint, da nicht nur das StGB, sondern auch das StGB-DDR eine entsprechende Strafnorm nicht kannte. Nach diesen Entscheidungen lehnten die Staatsanwaltschaften auch weitere Strafverfolgungsmaßnahmen ab und folglich konnte das Abhören von Telefonen nicht weiter bestraft werden[442].

---

442 *Marxen/Werle*, Die strafrechtliche Aufarbeitung von DDR-Unrecht - Eine Bilanz, 1999, S. 85.

Dritter Teil: Rechtsprobleme der strafrechtlichen Aufarbeitung

Die strafrechtliche Bewältigung des in der DDR begangenen Unrechts stellt eine schwierige Probe für den Rechtsstaat dar. Man stößt immer wieder auf rechtliche bzw. dogmatische Probleme. Im Mittelpunkt der juristischen Diskussion und des Interesses der Öffentlichkeit steht jedoch die Frage nach den praktischen Möglichkeiten, gegen Täter staatlich gesteuerten Unrechts nach der Wiederherstellung rechtsstaatlicher Verhältnisse vorzugehen, da diese Unrechtshandlungen nach dem Recht der ehemaligen DDR nicht strafbar waren. Dieses Problem ist daher mit der Geltung des Gesetzes unter allen politischen Systemen verbunden. Es geht letztlich um schließlich die Vereinbarkeit mit dem durch Art. 103 II GG verfassungsrechtlich garantierten Grundsatz „nulla poena sine lege“. Außerdem geht es, sich teilweise damit berührend, um die rechtsstaatlichen Aspekt der Verjährungsproblematik, insoweit die Strafverfolgungsfrist der Straftaten des Unrechtsregimes nach dem eigenen Rechtssystem schon verjährt sind.

Auf der anderen Seite ist die Rechtswidrigkeit des Regime-Unrechts nicht nur ausschlaggebend für die Strafbarkeit der Handelnden sondern auch für die Möglichkeit, die verantwortlichen Mitglieder des Verteidigungsrates und ranghohe Offiziere zu verurteilen, weil jede Verurteilung von Hintermännern wegen Täterschaft, Anstiftung oder auch Beihilfe eine tatbestandsmäßige und rechtswidrige Haupttat voraussetzt.

Aus diesen Gründen konzentriere ich mich im Folgenden auf die drei an dieser Stelle wichtigsten Rechtsproblemfelder, diese betreffen (i) Verstöße gegen das Rückwirkungsverbot des Art. 103 II GG, (ii) die Verjährungsproblematik und (iii) die Strafbarkeit des Hintermannes.

A. Die Rückwirkungsproblematik

I. Problemstellung

Bei der Beurteilung der Unrechtstaten der DDR besteht ein großes Dilemma. Das Rückwirkungsverbot des Art. 103 II GG verlangt, eine Tat, die zur Tatzeit straffrei war, grundsätzlich nicht zu bestrafen. Das Festhalten am Rückwirkungsverbot in Fällen staatlichen Unrechts stößt vielfach auf Unverständnis, weil sich die Machthaber eines verbrecherischen Staates auf diese Weise in weitem Umfang von einer strafrechtlichen Haftung entziehen können[443] und der Großteil der Unrechtstaten daher nach der augenblicklichen Rechtslage nicht bestraft werden kann. Wenn man auf das Grundsatz des Rückwirkungsverbotes bei der Aufarbeitung des Unrechtsregimes verzichtet, kommt man zu der Aporie, dass die rechts-staatliche Aufarbeitung des Unrechts selbst das verfassungsrechtliche Prinzip verletzt.

Einverständnis besteht darüber, dass das Rückwirkungsverbot des Art. 103 II GG nicht verletzt werden darf[444]. Und es ist auch klar, dass die Aufarbeitung der Unrechtstaten des gestürzten Regime erforderlich ist[445]. Dann ist die Rückwirkungsproblematik bei der Aufarbeitung des DDR-Unrechts zu einer Frage zusammenzufassen: Inwiefern in welchen Situationen und aus welchem Grund das Rückwirkungsverbot des Art. 103 II GG unbeachtet bleiben darf.

Es kommt zuerst darauf an, ob ein Verhalten nicht nur nach heutigem Recht, sondern auch zur Tatzeit nach dem Recht der DDR mit Strafe bedroht war. Regelmäßig ist dies der Fall bei den Delikten, die hier in Betracht kommen, also Mord und Freiheitsberaubung, Nötigung, Erpressung, Körperverletzung, Betrug, Untreue, Wahlfälschung, Bruch des Fernmeldegeheimnisses, des Anwaltsgeheimnisses u.a.m. Die Normen des Strafrechts waren hier in beiden Rechtsordnungen im wesentlichen identisch, und das genügt, um anzuklagen und zu verurteilen. Meinungsverschiedenheiten bestehen insoweit, als es darum geht, ob die Beschuldigten sich mit Erfolg darauf berufen können, dass das DDR-Recht ihr Verhalten gewollt oder gebilligt hat. Die spektakulären Fälle betreffen die sogenannte Republikflucht, die

---

443 *Weber*, Die Verfolgung des SED-Unrechts in den neuen Ländern, GA 140 (1893), 200.

444 *Wassermann*, Zur Aufarbeitung des SED-Unrechts, aus Politik und Zeitgeschicht, B4/1993, S. 7.

445 Vgl. oben Teil 1 B. I

unter Strafe gestellt war, den Schießbefehl und das Grenzgesetz, die die Todesschüsse zur Verhinderung der Republikflucht erlaubten[446]. Aus diesem Grund wird die Ausschließungsmöglichkeit des Rückwirkungsverbotes des Art. 103 II GG u.a. um Mauerschützen diskutiert.

Die Mauerschützenfälle werfen demnach die Frage auf, ob die strafrechtliche Verfolgung von Grenzsoldaten, die auf fliehende DDR-Bürger geschossen haben, nicht die rückwirkende Nichtbeachtung eines in der geltenden Rechtfertigungsgrundes impliziert und somit einen Verstoß gegen Art. 103 II GG darstellt, da dieses nicht nur die nachträgliche Inkraftsetzung von Straftatbeständen, sondern nach ganz überwiegender Ansicht auch die nachträgliche Aufhebung von Rechtfertigungsgründen verbietet[447]. Das Hauptproblem ist also die Frage, ob für das Verhalten der DDR-Grenzsoldaten zur Tatzeit ein Rechtfertigungsgrund bestand und ob wegen Art. 103 II GG verlangt werden kann, diesen Rechtfertigungsgrund auch nach dem Untergang der DDR zu beachten. In diesem Zusammenhang wurden in Literatur und Rechtsprechung eine ganz Reihe verschiedener Lösungsvorschläge zur Rechtswidrigkeit der Taten von Mauerschützen entwickelt. Um die Argumente für und gegen die Unbeachtlichkeit des Rückwirkungsverbot des Art. 103 II GG besser zu verstehen, soll zunächst an dieser Stelle dessen Grundgedanken berücksichtig werden.

II. Grundgedanken des strafrechtlichen Rückwirkungsverbotes nach Art. 103 II GG

1. Die rechtsstaatliche Wurzel

Das strafrechtliche Rückwirkungsverbot beruht zunächst auf dem Gedanken der Rechtssicherheit, wonach sein Sinn in der Voraussehbarkeit, Messbarkeit und Berechenbarkeit des Rechts liegt und damit dem Vertrauensschutz der Bürger zu dienen[448]. Jeder, der eine Handlung vornehmen will, muss in der Lage sein, die recht-

---

446 *Wassermann*, Zur Aufarbeitung des SED-Unrechts, aus Politik und Zeitgeschicht, B4/1993, S. 7.

447 Vgl. *Dreher/Tröndle*, StGB, 47. Aufl. (1999), § 2 Rn. 8 ff.; vgl. auch BGH, NStZ 1992

448 *Schreiber*, Gesetz und Richter, 1976, S. 210 f.

liche Bewertung seines Verhaltens zu erkennen und sich danach zu richten[449]. Es ist ein allgemeines rechtsstaatliches Prinzip, dass Gesetze nicht im Nachhinein zu Lasten der Rechtsstellung des Bürgers verändert werden dürfen[450]: Eine Handlung, die im Zeitpunkt ihrer Begehung straffrei war, darf nachträglich nicht für strafbar erklärt oder mit schärferer Strafe bedroht werden[451]. Das BVerfG unterstützte diese Auffassung, wenn es in seiner Entscheidung zur nachträglichen Verlängerung der Mordverjährung anschließend auch zum Rückwirkungsverbot Stellung nimmt: "Art. 103 II GG geht von dem rechtsstaatlichen Grundsatz aus, dass keine Strafe ohne Gesetz verwirklicht wird. Dieser Grundsatz wurzelt in der vom Grundsatz vorausgesetzten und in Art. 1 I und 2 I GG verfassungskräftig geschützten Würde und der Eigenverantwortlichkeit des Menschen, die von dem Gesetzgeber auch bei der Ausgestaltung des Strafrechts zu achten und zu respektieren sind"[452].

Im Rahmen der Vergangenheitsbewältigung durch Strafrecht gewinnt diese Überlegung eine besondere Bedeutung daraus, dass jeder Gesetzgeber in Versuchung geraten kann, unter dem Eindruck besonders aufsehenerregender Taten Strafdrohungen nachträglich einzuführen oder zu verschärfen, um eine politisch unerwünschte Unruhe und Erregung zu beschwichtigen. Die Verhinderung solcher meist auch inhaltlich unangemessener ad-hoc-Gesetze ist ein unverzichtbares Gebot des Rechtsstaates[453]. Das Rückwirkungsverbot bezweckt schließlich den Schutz des Bürgers vor gesetzgeberischer Willkür ex post durch objektive Begrenzung der Staatsgewalt[454]. In Zusammenhang damit steht dazu eine große Literaturfraktion, welche im Grundsatz die Einschränkung des nulla-poena-Prinzips aus dem subjektiven Vertrauensschutz der einzelnen Bürger verneint[455]: Das strafrechtliche Rückwirkungsverbot sei eigentlich ein objektiver Vertrauensschutzgrundsatz - Der Schutz vor Willkür des Gesetzgebers - und erst aus seiner Konsequenz heraus, d.h. als Folgewirkung, schützt es das subjektive Vertrauen. Die fehlende subjektive

449 *Schreiber*, Gesetz und Richter, 1976, S. 214.

450 Vgl. BVerfGE 13, 271.

451 *Tröndle*, in: Jescheck u.a., LK-StGB, 10. Aufl. (1985), § 1 Rn. 28.

452 BVerfGE 25, 269 ff., 285.

453 *Roxin*, Strafrecht, Allgemeiner Teil Bd. 1, 4. Auflage (2006), § 5 Rn. 51.

454 *Krey*, Keine Strafe ohne Gesetz, 1982, S. 133.

455 *Grünwald*, Bedeutung und Begründung des Satzes "Nulla poena sine lege", ZStW 1964, 12 f.; *Schlink*, Rechtsstaat und revolutionäre Gerechtigkeit, NJ 1994, 433 ff.; *Schreiber*, Gesetz und Richter, S. 215; *Schünemann*, Nulla poena sine lege? 1978, S. 26.

Vorhersehbarkeit zukünftiger strafrechtlicher Ahndung sei lediglich für das Vorliegen eines möglichen Verbotsirrtums relevant. Dem ist zuzustimmen. Der nulla-poena Grundsatz ist ist gerade in seiner Objektivität und Formalität das rechtsstaatliche Proprium des Strafrecht[456] und eine Subjektivierung des Rückwirkungsverbot durch die konkrete Schutzwürdigkeitsprüfung des betreffenden Vertrauens steht dem gegenüber[457]. Die subjektive Seite der Grundgedanken des Rückwirkungsverbotes ist vielmehr ausschlaggebend für die folgende Wurzel aus der Gewaltenteilungslehre.

2. Der Gewaltenteilungsgrundsatz

Ein weiterer Grundgedanke der strafrechtlichen Rückwirkungsverbot liegt auch in der Konsequenz von *Montesquieu*s Gewaltenteilungslehre, wonach allein der die Gesellschaft insgesamt repräsentierende Gesetzgeber, niemals aber der einzelne Richter über die Erforderlichkeit der Gesetze entscheiden können[458] und der Gesetzgeber Rechtssätze, d.h. abstrakt-generelle Regeln normieren, während dem Richter die Gesetzesanwendung auf den Einzelfall, d.h. die konkret-individuelle Entscheidung zukommt. Rückwirkende Strafgesetze nun werden vielfach auf konkrete Einzelfälle abzielen und damit jenem Gewaltenteilungsmodell der Sache nach widersprechen[459]. Dies stellt Übergriffe des Gesetzgebers auf das Gebiet der Justiz dar, da die Entscheidung konkreter Fälle allein Sache der Judikative bleiben muss[460].

Diese Vorstellung reicht bis in die Aufklärung zurück, wo außer *Montesquieu* noch *Locke* und *Beccaria* aus der fundamentalen Denkfigur des Sozialvertrages abgeleitet wurde[461]. Die Staatsgründung erfolgt durch einen Vertragsabschluss zwischen Herrscher und den im vorstaatlichen Zustand freien, gleichen und souveränen Individuen[462]. Die Menschen haben danach ihre ursprünglichen Freiheiten nur insoweit in die Gesellschaft eingebracht, als dies zur Ermöglichung einer allgemeinen

456 *Schlink*, Rechtsstaat und revolutionäre Gerechtigkeit, NJ 1994, 436.

457 *Schünemann*, Nulla poena sine lege? 1978, S. 26.

458 *Schünemann*, a.a.O., S. 1 f.

459 *Krey*, Keine Strafe ohne Gesetz, 1982, S. 55 f.

460 *Schünemann*, a.a.O., S. 24.

461 *Schünemann*, a.a.O., S. 1 f.

462 *Welke*, Rückwirkungsverbot zugunsten staatlicher Kriminalität?, KJ 1995, 367.

Koexistenz notwendig war, und über die Erforderlichkeit der Gesetze als der Bedingungen der friedlichen Miteinanderlebens sollte allein der die Gesellschaft insgesamt repräsentierende Gesetzgeber, niemals der einzelne Richter entscheiden können. Mit diesem Gedanken ist das Rückwirkungsverbot direkt auf die Idee der bürgerlichen Freiheit und ihres Schutzes durch die Gewaltenteilung zurückzuführen und zählt infolgedessen zu den die rechtstaatlich-liberale Seite prägenden Fundamentalnormen[463].

Beachtenswert ist daher *einerseits*, dass man diese Begründungslinie nicht isolieren darf und sie stets im Zusammenhang mit dem Gedanken der Freiheitsverbürgung durch die Gesetzesbindung sehen muss[464]. *Andererseits* ist es auch nicht zu übersehen, dass in *Montesquieu*s Gewaltenteilungslehre der Aspekt "Schutz des Bürgers vor richterlicher Willkür durch Herrschaft des Gesetzes" dominierte, nicht etwa der Gesichtspunkt "Schutz des Bürgers vor dem Strafgesetz". Es ist also nötig, von seiner zu starken Fixierung auf richterliche Willkür befreit zu werden und den Freiheitschutz vor gesetzgeberischer Seite auch gleichzeitig zu berücksichtigen[465].

3. Die generalpräventive Wurzel

Das strafrechtliche Rückwirkungsverbot lässt sich auch von der generalpräventiven Funktion des Strafrechts ableiten. Schon *Feuerbach*, der in seinem "Lehrbuch des gemeinen in Deutschland geltenden Peinlichen Rechts" von 1801 den nulla-poena Grundsatz formuliert hat, kam aus seiner bekannten psychologischen Zwangstheorie zu dem Schluss, dass nur eine vor der Tat existierende gesetzliche Strafdrohung generalpräventiv wirken kann[466]: Die potentielle Täter kann nur dann von einer Tat abgehalten werden, wenn er die darauf zu erwartende Sanktion (Gegenmotiv) kennt. Dafür die Vorausberechenbarkeit der Rechtsfolgen unerlässlich [467]. Das strafrechtliche Rückwirkungsverbot des Art. 103 II GG ist damit direkt auf diese general-

463 *Schünemann*, Nulla poena sine lege? 1978, S. 2.

464 *Roxin*, Strafrecht, AT 4. Aufl. (2006) Bd. 1, § 5 Rn. 21.

465 *Krey*, Keine Strafe ohne Gesetz, 1983, S. 55 f.

466 *Schünemann*, a.a.O., vgl. *Feuerbach*, Lehrbuch des gemeinen in Deutschland gültigen peinlichen Rechts, 1. Aufl. (1801), S. 20. zit.n. a.a.O.

467 *Grünwald*, Bedeutung und Begründung des Satzes "Nulla poena sine lege", ZStW 1964, 10.

präventive Überlegung zurückzuführen, da eine noch nicht existente Norm natürlich auch keine general-präventive Wirkung enthalten kann[468].

Man hält heute häufig die Theorie des psychologischen Zwanges und auch die aus ihr abgeleitete Begründung des nulla-poena Grundsatzes für überholt[469]. Dabei wird aber verkannt, dass im Zentrum der Straftheorie immer noch die Androhungsgeneralprävention steht: *Roxin* weist darauf hin, dass der Abschreckungsgedanken als die straftheoretische Begründung des nulla poena-Grundsatzes besonders relevant ist, wenn der Abschreckungsgedanken durch den "positiven Aspekt" der Generalprävention - wie die Stärkung der Rechtstreue der Bevölkerung - ergänzt wird[470], während *Schünemann* allein in der Androhungsgeneralprävention - abgesehen von deren "positiven Aspekt" - angesichts deren völliger Kongruenz zwischen Generalprävention und Schuldprinzip bzw. unmittelbar einleuchtender Plausibilität eine unerschütterliche Grundlage des nulla poena-Grund-satzes sieht[471].

4. Das Schuldprinzip

Insbesondere *Sax* vertritt die Auffassung, dass Art. 103 II GG eine Konsequenz des Schuldprinzips sei. Der Schuldvorwurf beziehe sich auf eine bewusste oder vorwerfbar unbewusste Fehlentscheidung für das Unrecht und daraus ergebe sich der nulla-poena Grundsatz als unausweichliche Konsequenz, da zum Tatzeit der Tatentscheidung das den Unrechtstatbestand spezifizierende Strafgesetz, bereits vorhanden gewesen sein müsse[472]. Während *Sax* die Frage, ob der Schuldvorwurf dann die tatsächliche Erkennbarkeit der Strafe voraussetzt, bejahte, ist sie in der Literatur

---

468 Vgl. *Schünemann*, , Nulla poena sine lege? 1978, S. 24.

469 *Grünwald*, Bedeutung und Begründung des Satzes "Nulla poena sine lege", ZStW 1964, 10; *Schmidhäuser*, Strafrecht, AT, 2. Aufl. (1984), § 3 Rn. 17 f.; Zu deren Kritik auch vgl. *Roxin*, Strafrecht, AT 4. Aufl. (2006), Bd. 1, § 3 Rn. 25.

470 *Roxin*, Strafrecht, AT 4. Aufl. (2006), Bd. 1, § 5 Rn. 23, eingehend vgl. *ders*., a.a.O., § 3 Rn. 26, *Müller-Dietz*, Intergrationsprävention und Strafrecht, FS für *Jescheck*, S. 818; *Jakobs*, Strafrecht AT, 2. Aufl. (1993), 1. Abschn. Rn. 15.

471 *Schünemann*, Zum Stellenwert der positiven Generalpräventation in einer dualistischen Straftheorie, in: *Schünemann/von Hirsch/Jareborg* (Hrsg.), Positive Generalprävention, 1998, S. 117 ff.

472 *Sax*, Grundsätze der Strafrechtspflege, in: *Bettermann/ Nipperdey/Scheuner*, Die Grundrechte, III. Bd., 2. Halbbd., 1959, S. 998, ähnlich auch *Schmidt-Aßmann*, in: *Maunz/Dürig*, GG, Bd. IV. Art. 103 II (12/1992), Rn. 165.

wiederholt entgegengehalten worden[473]. *Grünwald* kritisierte beispielsweise die Berufung des nulla-poena Grundsatzes auf das Schuldprinzip heftig darin, dass der Anknüpfungspunkt für den Schuldvorwurf nicht das Strafgesetz, sondern allein das Verbot der betreffenden Handlung sei. Ob der Täter wusste oder wissen konnte, dass sein Verhalten mit Strafe bedroht sei, spiele hier keine Rolle[474].

Dass die Behauptung, es müsse also das Strafgesetz zur Tatzeit vorhanden und inhaltlich bestimmt sein, um mit dem Schuldprinzip vereinbar zu sein, in der Literatur einheitlich angenommen wurde[475], führte schließlich dazu, dass *Grünwald* selbst zulässt, dass unter einer modifizierten Fassung des Schuldprinzips der nulla-poena Grundsatz aus dem Schuldprinzip herzuleiten sei: Keine Strafe für eine zur Tatzeit nicht verbotene, nicht gegen geschriebene oder ungeschriebene Rechtsnormen verstoßende Handlung[476]. Ein derartiges Verständnis des Rückwirkungsverbotes wäre aber mit Art. 103 II GG nicht vereinbar. Abgesehen davon, wie das Schuldprinzip umdefiniert werden kann, schwächen die Verwurzelungen ins Schuldprinzip sicher das Rückwirkungsverbot: es bestünden keine Bedenken gegen die Rückwirkung von Strafgesetzen, solange nur die Taten schon bei ihrer Begehung Unrecht wären[477]. Schließlich ist daher zu sagen, dass der nulla-poena Grundsatz nicht aus dem Schulprinzip herausgezogen werden kann.

5. Das Gerechtigkeitsprinzip

Vor allem bei der strafrechtlichen Verfolgung des Systemunrechts ist häufig die Frage aufzuwerfen, ob das Rückwirkungsverbot des Art. 103 II GG der Verwirklichung der materiellen Gerechtigkeit diene oder sich eher als Hindernis bei ihrer Verwirklichung im Interesse der Rechtssicherheit darstelle[478]. *Grünwald* sieht das Rückwirkungsverbot in dem Gerechtigkeitsprinzip verwurzelt, wenn er ausführt,

---

473 *Grünwald*, Bedeutung und Begründung des Satzes "Nulla poena sine lege", ZStW 1964, 11 f.; *Krey*, Keine Strafe ohne Gesetz, 1982, S. 134; *Schreiber*, Gesetz und Richter, 1976, S. 209 ff.

474 *Grünwald*, a.a.O.

475 Vgl. *Schreiber*, a.a.O., S. 210.

476 *Grünwald*, a.a.O., 12; *Schreiber*, Gesetz und Richter, 1976, S. 211.

477 *Welke*, Rückwirkungsverbot zugunsten staatlicher Kriminalität?, KJ 1995, 371 f.; *Schreiber*, Zur Zulässigkeit der rückwirkenden Verlängerung von Verjährungsfristen früher begangener Delikte, ZStW 80 (1964), 348, 360.

478 *Dannecker*, Das intertemporale Strafrecht, 1993, S. 267.

ohne jedes Verbot bestünde die Gefahr, dass der Gesetzgeber Gesetze unter dem Eindruck geschehener Einzelfälle aufstelle und dabei zu Wertungen zu gelange, die sich bei distanzierter Betrachtung als verfehlt erwiesen[479]. Rechtssicherheit und Gerechtigkeit seien kein miteinander kollidierender Wert: Auf dem ersten Blick scheine der nulla-poena Grundsatz als ein Hindernis bei der Verwirklichung der materiellen Gerechtigkeit[480]. Bei genauer Überlegung zeige sich aber, dass er als ein demokratischer Grundsatz eine Kompetenzzuweisung für die Entscheidung darüber sei, was die Gerechtigkeit sei[481]. Die gleiche Position wurde von *H. Dreier* vertreten. Das Rückwirkungsverbot bilde kein Gegengewicht zur im Rechtsstaat verankerten Gerechtigkeit, sondern sei deren Ausdruck, indem es die Anwendung staatlicher Strafgesetze an strenge Voraussetzungen binde[482].

Trotz aller Bemühung *Grünwalds* stellt dieser Hinweis von vornherein keine selbstständige Wurzel, sondern allenfalls einen zusätzlichen Aspekt der liberal-rechts-staatlichen Begründung des nulla-poena Grundsatzes dar, denn schon der Gesetzesbegriff der Aufklärung war auch zur Verhinderung retroaktiver und einzelfallbezogener Rechtsschöpfung konzipiert worden[483]. Außerdem ist es abzulehnen, das Rückwirkungsverbot als rechtsstaatliche Verfassungsnorm durch das Rechtsgefühl zu überrollen, denn rückwirkende Gesetze erweitern schließlich die Kompetenzen des Staates[484] und dies widerspricht sogar der liberal-rechtsstaatlichen Wurzel selbst. Der Gedanke der Gerechtigkeit allein vermag daher das Rückwirkungsverbot nicht zu begründen. Allerdings stellt die Gerechtigkeit bei der strengen Anwendung des Grundsatzes vom Rückwirkungsverbot ein Spannungsverhältnis dar und daher wiederum ist ein geeigneter Lösungsansatz zu verlangen.

---

479 *Grünwald*, Bedeutung und Begründung des Satzes "Nulla poena sine lege", ZStW 76 (1964), 16 f.

480 Dies wird direkt unten III. 1 bei der Debatte um die *Radbruch*sche Formel ausführlicher erklären.

481 *Grünwald*, a.a.O., 18.

482 *H. Dreier*, *Gustav Radbruch* und die Mauerschützen, JZ 1997, 432.

483 *Schünemann*, Nulla poena sine lege? 1978, S. 15.

484 *Welke*, Rückwirkungsverbot zugunsten staatlicher Kriminalität?, KJ 1995, 376.

III. Lösungsansätze

1. Ein naturrechtlicher Lösungsversuch: Die *Radbruch*sche Formel

a) Inhalt und Bedeutung

Die *Radbruch*sche These, dass es gesetzliches Unrecht gebe, ist bekanntlich in seinem berühmten Aufsatz in der SJZ im Jahre 1946 nach den furchtbaren Erfahrungen des Dritten Reichs vertreten und begründet worden. Der entsprechende Teil der Formel, der als „Unerträglichkeitsformel" bezeichnet wird, lautet:

> *„Der Konflikt zwischen der Gerechtigkeit und der Rechtssicherheit dürfte dahin zu lösen sein, dass das positive, durch Satzung und Macht gesicherte Recht auch dann den Vorrang hat, wenn es inhaltlich ungerecht und unzweckmäßig ist, es sei denn, dass der Widerspruch des positiven Gesetzes zur Gerechtigkeit ein so unerträgliches Maß erreicht, dass das Gesetz als ‚unrichtiges Recht' der Gerechtigkeit zu weichen hat"*[485].

Die Unerträglichkeitsformel besteht wiederum aus zwei Teilen, einem negativen und einem positiven. Im ersten negativen Teil wird festgestellt, dass das fragliche

485 *Radbruch*, SJZ 1946, 107; die *Radbruch*sche Formel besteht insgesamt neben dem genannten Teil aus einer weiteren, nachfolgenden Variante, die als „Verleugnungsformel" bezeichnet wird:

> *„Es ist unmöglich, eine schärfere Linie zu ziehen zwischen den Fällen des gesetzlichen Unrechts und den trotz unrichtigen Inhalts dennoch geltenden Gesetzen; eine andere Gesetzziehung aber kann mit aller Schärfe vorgenommen werden: wo Gerechtigkeit nicht einmal erstrebt wird, wo die Gleicheit, die den Kern der Gerechtigkeit ausmacht, bei der Setzung positiven Rechts bewusst verleugnet wurde, da ist das Gesetz nicht etwa nur ‚unrichtiges Recht', vielmehr entbehrt es überhaupt der Rechtsnatur."*

Die Verleugnungsformel orientiert sich im Gegensatz zu der Unerträglichkeitsformel, die die Geltung des Rechts ausschließlich von objektiven, d.h. normbezogenen, Kriterien abhängig macht, wesentlich an subjektiven, auf die Intentionen des Gesetzgebers bezogenen Maßstäben (vgl. *Schumacher*, Rezeption und Kritik der *Radbruch*schen Formel, 1985, S. 26 f.). Da eine entsprechende Feststellung der gesetzgeberischen Willensrichtung allerdings nahezu stets unmöglich sein dürfte, wird die Bedeutung dieses Teils der *Radbruch*schen Formel eher als gering angesehen, vgl. *Kaufmann*, Radbruchsche Formel vom gesetzlichen Unrecht und vom übergesetzlichen Recht, NJW 1995, 81 f.; *Dreier*, Gesetzliches Unrecht im SED-Staat? Am Beispiel des DDR-Grenzgesetzes, in: Haft u.a. (Hrsg.), FS für *Kaufmann*, 1993, S. 57 ff.

Gesetz „gesetzliches Unrecht" darstellt. Dieser Teil falsifiziert die zu überprüfende Norm, vorausgesetzt, es liegt eine extrem schwere Gerechtigkeitsverletzung[486] durch die betreffende Norm vor. Die Falsifikation betrifft also die Feststellung, dass ein Gesetz der Gerechtigkeit in unerträglichem Maß widerspricht[487]. *Radbruch* hat nicht positiv ausgedrückt, was erträgliches unrichtiges Recht ist. *Er* kann sich auf die negative Eingrenzung dessen beschränken, was unerträglich unrichtiges Recht ist.

Im zweiten positiven Teil geht es um die Feststellung des „übergesetzliches Recht", das an die Stelle des Unrechtsgesetzes treten soll. Dieser Teil behandelt eine Verifizierung des geltenden neuen Rechts, das das durch Falsifizierung entfallene Unrechtsgesetz ersetzt.[488]. Hinsichtlich der Frage, was an die Stelle des gesetzlichen Unrechts treten soll, findet sich bei *Radbruch* nur der Hinweis, dass das unrichtige Recht der Gerechtigkeit zu weichen hat. Allerdings verwendet *Radbruch* selbst allein den Begriff des „übergesetzlichen", nicht des „überpositiven Rechts".

b) Diskurs zur Anwendbarkeit der *Radbruch*schen Formel

Nach der *Radbruch*schen Formel ist einer Regelung die Rechtsnatur abzuerkennen, falls der Widerspruch des positiven Gesetzes zur Gerechtigkeit ein „unerträgliches Maß" erreicht und eine Unbeachtlichkeit des strafrechtlichen Rückwirkungsverbotes darstellt. Diese Schlussfolgerung ergibt sich daraus, dass die betreffenden Normen nicht etwa im nachhinein für nichtig erklärt werden, sondern bereits zur Zeit ihrer Entstehung und Anwendung, also schon zur Tatzeit am Tatort, nichtig waren[489]. Wenn diese Formel allgemein Anerkennung findet, lässt sich die Unbeachtung des Rückwirkungsverbotes dogmatisch begründen. Die Beantwortung ist u.a. in den Fällen der Tötung an der DDR-Grenze umstritten.

---

486 *Alexy* bzeichnet sie als „extremes Unrecht", ders., Mauerschützen, S. 4, diesen Begriff verwenden u.a. ebenso *Dannecker,* Die Schüsse an der innerdeutschen Grenze in der höchstrichterlichen Rechtsprechung - BGH Entschl. V. 3.11.1992 - 5 StR 370/92, Jura 1994, 585; *H. Dreier*, *Gustav Radbruch* und die Mauerschützen, JZ 1997, 421.

487 *Kaufmann*, Die *Radbruch*sche Formel vom gesetzlichen Unrecht und vom übergesetzlichen Recht, NJW 1995, 82.

488 *Kaufmann*, a.a.O.

489 *Alexy*, Mauerschützen, S. 33; *Herrmann*, in: NStZ 1993, S. 118 ff., 120 f.; *Odersky*, Die Rolle des Strafrechts bei der Bewältigung politischen Unrechts, S. 16; BVerfGE 95, 96, 132.

aa) Befürwortung

Bei der Annahme dieser Formel bestehen allerdings offene Fragen: *Erstens* in welchen Fällen überhaupt gesetzliches Unrecht im Sinne *Radbruch*s und damit im Sinne eines unerträglichen Widerspruchs des Gesetzes zur Gerechtigkeit anzunehmen ist (Falsifikation) und *zweitens* welches Recht an die Stelle des Unrechtsgesetzes zu treten hat und damit was dann das zur Tatzeit geltende Recht gewesen wäre (Verifikation).

Das Vorliegen des gesetzlichen Unrechts wurde zuerst vom BGH[490] bejaht und diesem Standpunkt danach von einem erheblichen Teil der Literatur[491] gefolgt. So wird *zum einen* pauschal argumentiert, dass die DDR insgesamt ein Unrechtsstaat war, in dem Kriminalität staatlich organisiert wurde. Zum anderen wird in den Regelungen der DDR, u.a. in den Schusswaffengebrauchsbestimmungen, mit denen der Lebensschutz gegenüber einer Fluchtverhinderung stets zurücktreten musste, ein unerträglicher Verstoß gegen die Gerechtigkeit gesehen. Dies verstoße gegen den allgemeinen Rechtsgrundsatz der Verhältnismäßigkeit und führt so zu einem „unerträglichen" Widerspruch zur Gerechtigkeit[492].

(1) Rechtsprechung: Direkter und indirekter Rückgriff auf die Formel

Die Stellungnahme der Rechtsprechungen will ich hier kurz zusammenfassen und nur dasjenige weiter erklären, was bislang noch nicht erwähnt wurde, da entsprechende Rechtsprechungen schon ausführlich vorgestellt wurden. Zunächst versuch-

---

490 BGHSt 39, 1; 39, 168; 40, 218; 40, 241.

491 *Alexy*, Mauerschützen, S. 29 f.; *Hruschka*, Die Todesschüsse an der Berliner Mauer vor Gericht - Zu dem unten abgedruckten Urteil des LG Berlin vom 20.1.1992, JZ 1992, 665 ff.; *Kaufmann*, Die *Radbruch*sche Formel vom gesetzlichen Unrecht und vom übergesetzlichen Recht, NJW 1995, 81 ff.; *Kinkel*, Wiedervereinigung und Strafrecht, JZ 1992, 485 ff., 487; *Laskowski*, Unrecht - Strafrecht - Gerechtigkeit: Die Problem des Rechtsstaates mit dem DDR-Unrecht, JA 1994, 151 ff.; *Limbach*, Vergangenheitsbewältigung durch die Justiz, DtZ 1993, 66 ff., 68 f.; *Maiwald*, Rechtsbeugung im SED-Staat, NJW 1993, 1881 ff., 1888; *Schroeder*, Die Rechtswidrigkeit der Flüchtlingserschließungen zwischen Transzendenz und Immanenz - Zum Urteil des BGH vom 3.11.1992 - 5 StR 370/92 -, JR 1993, 45 ff., 46; *Wassermann*, Verbrechen unter totalitär Herrschaft - Zur Rolle des Rechts bei der Aufarbeitung der DDR-Vergangenheit, NJW 1993, 895 ff., 896; *ders.*, Zur Aufarbeitung des SED-Unrechts, Aus Politik und Zeitgeschicht, B4/1993, S. 7.

492 *Von Eschenbach*, Wieviel Unrecht verträgt der deutsche Rechtsstaats? - Verfassungsrechtliche Probleme der Verurteilungen von „Mauerschützen" (Diss.), 2000, S. 110 f.

te das LG Berlin[493] im ersten Mauerschützenfall (Fall *Gueffroy*), die *Radbruch*sche Formel sehr direkt anzuwenden und damit die als Rechtfertigungsgründe in Betracht kommenden §§ 26, 27 GrenzG-DDR für unbeachtlich zu erklären, da kein Gesetz und kein obrigkeitlicher Akt der Kernbereich des Rechts nach dem Rechtsbewusstsein der Allgemeinheit antasten dürfe[494]. Der bloße Grenzübertritt ohne Erlaubnis habe in einem solchen krassen Missverhältnis zu den grenzsichernden Todesschüssen gestanden, dass eine entsprechende Regelung keinen Respekt verdiene und ihr der Gehorsam zu verweigern gewesen sei[495].

Angesichts zahlreicher Kritik in der Literatur[496] am Rückgriff auf naturrechtliche Maßstäbe war der BGH[497] und ihm folgend das BVerfG[498] zurückhaltend bei der Anwendung der *Radbruch*schen Formel und bediente sich einer Art von Ausweichstrategie, die Verurteilung der Angeklagten *einerseits* auf eine völkerrechtlich, *andererseits* menschenrechtsfreundliche Interpretation des DDR-Rechts selbst zu stützen[499]. Zuerst sehen die Gerichte in der Allgemeinen Erklärung der Menschenrecht (AEMR) vom 12.10.1948, der Europäischen Menschenrechtskonvention (EMRK) vom 4.11.1950 und der Internationale Pakt über bürgerliche und politische Rechte (IPBPR) vom 19.12.1966 völkerrechtlich Anhaltspunkte dafür, wann extremes Unrecht vorliegt, wann folglich Normen aufgrund eines unerträglichen Verstoßes gegen die Gerechtigkeit nach der *Radbruch*schen Formel unbeachtlich bleiben müssen. Nach Art. 7 II EMRK bzw. Art. 15 II IPBPR darf der nulla-poena Grundsatz dann ausgeschlossen werden, wenn eine Strafbarkeit nach allgemein anerkanntem Völkerrecht besteht[500].

---

493 LG Berlin, Urt. v. 20.1.1992 = LG Berlin, JZ 1992, 691.

494 *H. Dreier*, *Gustav Radbruch* und die Mauerschützen, JZ 1997, 424.

495 LG Berlin, JZ 1992, 693.

496 Vgl. z.B. *Herzog*, Zur strafrechtlichen Verantwortlichkeit von Todesschützen an der innerdeutschen Grenze, NJ 1993, 1 ff.; *Hruschka*, Die Todesschüsse an der Berliner Mauer vor Gericht - Zu dem unten abgedruckten Urteil des LG Berlin vom 20.1.1992, JZ 1992, 667 ff.; *Lüderssen*, Zu den Folgen des "Beitritts" für die Strafjustiz der Bundesrepublik Deutschland, StV 1991, 482, 489.

497 BGHSt 39, 1; BGHSt 39, 168; BGHSt 40, 241.

498 BVerfGE 95, 96 = BVerfG, Beschl. v. 24.10.1996 - 2 BvR 1851, 1853, 1875, 1852/94.

499 *H. Dreier*, *Gustav Radbruch* und die Mauerschützen, JZ 1997, 421, 424.

500 *Von Eschenbach*, Wieviel Unrecht verträgt der deutsche Rechtsstaats? - Verfassungsrechtliche Probleme der Verurteilungen von „Mauerschützen“ (Diss.), 2000, S. 113 f.

Als zweite Ausweichstrategie zur *Radbruch*schen Formel berufen sich der BGH und das BVerfG auf die sog. menschenrechtsfreundliche Auslegung der DDR-Rechte, u.a. Art. 30 Verf.-DDR[501]. Diese Vorschrift sei ohne Zweifel als Grundsatz des Verhältnismäßigkeitsprinzips zu bezeichnen, wie es unter dem westdeutschen Grundgesetz entfaltet wurde[502]. Hiernach sei die bedingt vorsätzliche Tötung, wie sie unter den gegebenen Umständen in der Anwendung von Dauerfeuer zum Ausdruck gekommen sei, von dem in menschenrechtsfreundlicher Weise ausgelegten § 27 II GrenzG-DDR nicht gedeckt. In diesen Fällen habe der Schutz des Lebens Vorrang[503]. Anschließend setzte sich der BGH[504] eingehend mit Art. 103 II GG auseinander. Er verneinte einen Verstoß der menschenrechtsfreundlichen Auslegung von § 27 GrenzG-DDR gegen das in Art. 103 II GG enthaltene Rückwirkungsverbot, weil die Tat nach dem richtig ausgelegten Recht der DDR zur Tatzeit strafbar gewesen sei[505].

Was das Recht, das an die Stelle des durch Falsifizierung entfallenen Unrechtsgesetzes treten soll, betrifft, verweist das BVerfG[506] darauf, dass kein Rückgriff auf überpositive Rechtsgrundsätze benötigt wird. So in den Fällen - wie in der Mauerschützen -, in denen ein Rechtfertigungsgrund nach Maßgabe der *Radbruch*schen Formel seine Gültigkeit verliere, der Tatbestand des Mordes/Totschlags anwendbar bleibe und die Tat somit als rechtswidrig aufzufassen sei[507].

---

501 Nach Art. 30 I Verf-DDR sind Persönlichkeit und Freiheit eines jeden Bürgers der DDR unantastbar und Einschränkungen nur dann zulässig, wenn sie im Zusammenhang mit strafbaren Handlungen oder einer Heilbehandlung gesetzlich begründet war.

502 BGHSt 39, 1, 23 f.

503 BGHSt 39, 1, 25, zit.n. *Dannecker*, Die Schüsse an der innerdeutschen Grenze in der höchstrichterlichen Rechtsprechung - BGH Ent-schl. V. 3.11.1992 -5 StR 370/92, Jura 1994, 591.

504 BGHSt 39, 168, 184.

505 *Dannecker*, Die Schüsse an der innerdeutschen Grenze in der höchstrichterlichen Rechtsprechung - BGH Entschl. v. 3.11. 1992 - 5 StR 370/92, Jura 1994, 591.

506 BVerfGE 95, 96 = BVerfG, Beschl. v. 24.10.1996 - 2 BvR 1851, 1853, 1875, 1852/94.

507 *Von Eschenbach*, Wieviel Unrecht verträgt der deutsche Rechtsstaats? - Verfassungsrechtliche Probleme der Verurteilungen von „Mauerschützen" (Diss.), 2000, S. 115.

(2) Stellungnahme in der Literatur

Zwar sieht ein Teil der Literatur[508] im Wortlaut von § 27 II GrenzG-DDR - in Übereinstimmung mit dem BGH - extremes Unrecht im Sinne der *Radbruch*schen Formel, aber Vertreter der Strafbarkeit unter direkter Berufung auf die *Radbruch*sche Formel sind - anders als im Falle der NS-Verbrechen, auf welche die naturrechtliche Argumentation angewendet worden sei - kaum zu finden. Dagegen kommt die nach der Wiedervereinigung Deutschlands vertretende Haltung zum Ergebnis, dass Todesschüsse an der innerdeutschen Grenze zwar prinzipiell straflos bleiben, sofern sie sich an den Wortlaut des Grenzgesetzes halten (so etwa an die dort angeordnete Stufenfolge der Abwehrmaßnahmen u.ä.), nicht jedoch bei Exzess-taten[509].

Wassermann plädiert immer noch streng für die Naturrecht-orientierten Gedanken. Die Erkenntnis, dass staatliche Gesetze wegen des Widerspruchs gegen elementare, überpositive Rechtsgrundsätze nicht befolgt werden dürfen, weil sie Unrecht sind und deshalb der Verbindlichkeit ermangeln, gelte nicht nur für die NS-Diktatur, sondern auch für das SED-Regime. Die beiden beruhen ohnehin auf der Verletzung elementarer Menschenrechte, die Bestandteil der AEMR und des IPBPR sind. Das Vorliegen des extremen Unrechts bejaht auch *Alexy*. Es könne sich angesichts der Struktur des Unrechts und einer kumulierten Betrachtung sämtlicher Umstände der Schüsse an der Grenze unter Beachtung des normativen und faktischen Kontextes kein Zweifel ergeben, dass extremes Unrecht geschah[510].

Eine beschränkte Annahme der *Radbruch*sche Formel wird dagegen u.a. von *Rittstieg*[511] vertreten. Dieser Formel könne beim Schusswaffengebrauch an der Grenze nicht zur Anwendung gebracht werden, da sie nur Vorschriften erfasse, welchen „die Gerechtigkeit nicht einmal erstrebten". Davon könne bei den Schusswaffengebrauchsvorschriften nicht aus-gegangen werden. Er ist aber der Auffassung, dass die Realität der Staatspraxis der DDR nicht beachtenswert sei, da das

---

508 Siehe oben Fn. 491.

509 *Krakowsky*, Die Aufarbeitung des SED-Unrechts durch BGH und Literatur - ein Vergleich (Diss.), 2000, S. 61.

510 *Alexy*, Mauerschützen, S. 29 f.

511 *Rittstieg*, Strafrechtliche Verantwortlichkeit von Grenzsoldaten der DDR, DuR 1991, 404 ff.

Vertrauen auf den Bestand einer gesetzwidrigen Rechtspraxis nicht schütz würdig sei. Art. 103 II sei somit nicht zutreffend[512].

bb) Ablehnung bzw. beschränkte Annahme gesetzlichen Unrechts

(1) Der rechtspositivistische Ansatz

Die juristische Kritik an der *Radbruch*schen Formel basiert grundsätzlich auf einem Rechtspositivismus unter der Prämisse, dass der Täter, der zur Zeit der Tat kein geltendes Recht verletzt hat, nicht bestraft werden darf[513]. Die Kernthese des Rechtspositivismus besagt, dass der Rechtsbegriff strikt moralneutral zu bestimmen seien und nach dieser auch als Trennungsthese bezeichneten Auffassung sind Recht und Moral begrifflich streng getrennt: Gültiges Recht kann demnach unter Umständen auch einen extrem unmoralischen Inhalt haben[514]. Die hier als Vertreter einer positivistischen Auffassung angeführten Autoren[515] lehnen demgemäß die Heranziehung überpositiven Rechts strikt ab und kommen zumeist zu dem Ergebnis, dass der Großteil der Mauerschützen nach dem Positivem Recht der DDR nicht bestraft werden kann.

Hart hat diese *Radbruch*sche Formel, vom Standpunkt der positivistischen Trennungsthese aus, ausdrücklich zurückgewiesen. Nach seiner Auffassung sind unerträgliche Konsequenzen moralisch verwerflicher Gesetze nicht dadurch zu beseitigen, dass der Richter den Rechtsbegriff modifiziert, sondern dadurch, dass der Gesetzgeber rückwirkende Gesetze erlässt[516]. *Grünwald* wendet sich gegen die *Rad-*

---

512 *Rittstieg*, Strafrechtliche Verantwortlichkeit von Grenzsoldaten der DDR, DuR 1991, 413.

513 *Schünemann*, Aufarbeitung von Unrecht aus totalitärer Zeit, in: *Pawlowski/Roellecke* (Hrsg.), Der Universalitätsanspruch des demokratischen Rechtsstaates, ARSP Beiheft Nr. 65, 1996, S. 108.

514 *Hoerster*, Zur Verteidigung des Rechtspositivismus, NJW 1986, 2480.

515 *Schünemann* nennt *Kant Ahnherr*, danach *Kelsen*, *Hart* und aus der jüngsten Zeit *Jakobs* als Vertreter, a.a.O., S. 108. Vgl. dazu *Kant*, Metaphysik der Sitten, 2. Aufl., 1798, S. 207 f.; *Kelsen*, Reine Rechtslehre, 2. Aufl. 1960, S. 13, 43; *Hart*, The Concept of Law, 2nd ed., 1994; *Jakobs*, Vergangenheitsbewältigung durch Strafrecht? Zur Leistungsfähigkeit des Strafrechts nach einem politischen Umbruch, in: *Isensee* (Hrsg.), Vergangenheitsbewältigung durch Recht, 1992, S. 36; *ders.*, Untaten des Staates - Unrecht im Staat-Strafe für die Tötungen an der Grenze der ehemaligen DDR?, in: GA 1994, S. 1.

516 *H. L. A. Hart*, Der Positivismus und die Trennung von Recht und Moral, in: *ders.*, Recht und Moral, Drei Aufsätze, Göttingen 1971, S. 39 ff.

*bruch*sche Formel mit der Kritik, dass die Strafbarkeit eines Verhaltens nur aus den einzelnen Gesetzen, nicht aus Postulaten eines überpositiven Rechts abgeleitet werden könne [517]. Nach der Ansicht *Jakob*s sei das Naturrecht, das die positive Rechtfertigung beseitigt und neue Strafbarkeit gründet, keine Grenze des positiven Rechts mehr, sondern sehr wohl auch „ein Ersatz des positiven Rechts", das die zu betrachtende Handlung zur Tatzeit nicht verbiete. Schon das schließe - wegen der Bindung der Strafbarkeit an eine lex scripta in Art. 103 II GG - diesen Lösungsweg schlechthin aus[518].

(2) Verstoß gegen Art. 103 II GG durch die Anwendung der Formel

Ein weiteres Problem der *Radbruch*schen Formel ergibt sich daraus, dass die Anwendung der Formel als solche, die zum Zweck der Vermeidung des Verstoßes gegen das Rückwirkungsverbot ausgewählt wurde, wiederum die notwendige Beachtung des Art. 103 II GG zur Folge hat, indem ihre Anwendung eine gleiche Situation wie der Erlass rückwirkender Gesetze schafft. Damit bewirkt dies einen dogmatischen Zirkelschluss.

Pieroth lehnt die Anwendung des Naturrechts wegen eines Verstoßes gegen Art. 103 II GG ab. Die einzig rechtsstaatliche Möglichkeit zu einer Strafbegründung zu gelangen, sieht er in einer Verfassungsänderung, die es ermöglicht, Art. 103 II GG eine Ausnahmeklausel für Verbrechen gegen die Menschheit/Menschlichkeit anzufügen[519]. In die gleiche Richtung geht die Argumentation von *Dreier*[520]. Er weist darauf hin, dass die *Radbruch*sche Formel letztlich eine rückwirkende Neuordnung eines Rechtssystems bewirke. Durch rückwirkende Rück-projektion entstehe eine Normordnung, die so niemals wirksam gewesen sei. Auch *Rittstieg* sieht hier eine rückwirkende Verschlechterung der Rechtslage durch die nachträgliche Aufhebung eines Rechtfertigungsgrundes und damit einen Verstoß gegen das für den Rechtsstaat grundlegende Menschenrecht, nicht bestraft zu werden, wenn die Strafbarkeit

---

517 *Grünwald*, Die strafrechtliche Bewertung in der DDR begangener Handlungen, StV 1991, 26; *ders.*, Zur Kritik der Lehre vom überpositiven Recht, 1971, S. 14.

518 *Jakobs*, Untaten des Staates - Unrecht im Staat-Strafe für die Tötungen an der Grenze der ehemaligen DDR?, in: GA 1994, S. 12.

519 *Pieroth*, Der Rechtsstaat und die Aufarbeitung der vorrechtsstaatlichen Vergangenheit, VVDStRL 51 (1992), 91, 103.

520 *Dreier*, Aussprache, VVDStRL 51 (1992), S. 137.

nicht gesetzlich bestimmt war, bevor die Tat begangen wurde[521]. *Isensee* ist ebenfalls gegen die Anwendung der *Radbruch*schen Formel. *Er* weist nachdrücklich darauf hin, dass die Forderung nach Strafbarkeit für das Unrecht der DDR ein Abrücken von den formalen Erfordernissen des nulla-poena Grundsatzes bedeute und dies eine Rückkehr zum materialen Gerechtigkeitsstrafrecht sei, „zu einer verschleierten Naturrechtsjustiz“[522]. Eine Uminterpretation von Normen, die zur Begründung einer Strafbarkeit führt, stellt nach Ansicht *Laskowski*s stellt eine strafbegründende Umwertung dar, die eine verdeckte - mit Art. 103 II GG nicht zu vereinbarende - Rückwirkung bedeutet[523].

(3) Sonstige Auffassungen

Außerdem wird gegen die *Radbruch*sche Formel, die unter dem Eindruck des gesetzlichen Unrechts der Hitler-Diktatur geprägt wurde, argumentiert, dass im Vergleich mit Unrechtsnormen des Dritten Reiches die betreffenden Rechtsordnungen der DDR quantitativ und qualitativ jedoch keinen schweren Unrechtsgehalt in sich tragen[524]. *Dreier* konstatiert, dass *Radbruch*s Formulierungen aus dem Jahr 1946 sei auf das nationalsozialistische Unrecht, genauer auf die Rassengesetzgebung des Dritten Reichs, zugeschnitten seien, aber ein solches Gesetz sei § 27 DDR-GrenzG dann nicht gewesen, wenn man zu seiner Interpretation die seinerzeitige Staatspraxis hinzuziehe[525]. Aus Sorge um eine unmittelbar rechtsgestaltende Wirkung des naturrechtlichen Denkens plädiert *Radbruch* selbst für eine äußerst restriktive Anwendung der Lehre vom übergesetzlichen Recht, die *er* auf die „völlig singulären Verhältnisse“ der NS-Zeit beschränkt wissen wollte[526]. Auch der BGH[527] hebt an-

---

521 *Rittstieg*, Strafrechtliche Verantwortlichkeit von Grenzsoldaten in der DDR, DuR 1991, 410 f.

522 *Isensee*, Aussprache, VVDStRL 51 (1992), S. 136; In diesem Sinne bezeichnet *Dreier* dies als „versteckten Rückwirkung“, *H. Dreier*, Gustab Radbruch und die Mauerschützen, JZ 1997, 431.

523 *Laskowski*, in: JA 1994, S. 151 ff., 164.

524 Vgl. *Wagner*, in: *Bisky/Heuer/Schumann* (Hrsg.), „Unrechtsstaat“?, S. 142 ff., 147 f.; *Ott*, Die Staatspraxis an der DDR-Grenze und das Völkerrecht, NJ 1993, 337 ff., 339; *Roggemann*, Systemunrecht und Strafrecht, S. 8; *ders.*, Grenzübertritt und Strafrechtsanwendung zwischen beiden deutschen Staaten, ZRP 1976, 243 ff., 247; *Arnold/Kühl*, Probleme der Strafbarkeit von „Mauerschützen“, JuS 1992, S. 991 ff., 995 f.

525 *Dreier*, Juristische Vergangenheitsbewältigung, 1995, S. 32 f.

526 *H. Dreier*, *Gustav Radbruch* und die Mauerschützen, JZ 1997, 429, vgl. *Radbruch*, in: *Kaufmann* (Hrsg.): *G. Radbruch* - Rechtsphilosophie III, S. 88. ff.

gesichts dieses Aspektes hervor, dass die Tötung von Menschen an der innerdeutschen Grenz nicht mit dem nationalsozialistischen Massenmord gleichgesetzt werden kann.

Ein weiteres Argument ist, dass es zu einer Verfälschung der Rechtsordnung der DDR führt, wenn Rechtfertigungsgründe für unbeachtlich erklärt werden, während Tatbestände weiterhin ihre Gültigkeit behalten sollen. Dass zusammengehörende Normen nicht auseinandergerissen werden dürfen, liegt in dem Gedanken begründet, komplexe Regelungsbereiche nicht dadurch zu verfälschen, dass man einige Teile herausnimmt und den Rest so auslegt, als gehörten die herausgenommen Teile von jeher nicht dazu[528]. Der Verweis der Rechtsprechung auf die „verbleibende" Tatbestandsmäßigkeit stellt eine Verfälschung der Rechtslage dar. Denn die sich so in ihrem Anwendungsbereich erweiternde Tatbestandsnorm würde sich - mangels eines ursprünglichen gesetzgeberischen Willens - nicht aus sich selbst heraus auf die nun nicht mehr gerechtfertigten Taten erstrecken. *Schünemann* betont, durch eine rein rechtstechnische Zergliederung sei in Wahrheit die bloße Chimäre eines im positiven Recht der DDR nun einmal nicht enthaltenen strafrechtlichen Verbotes des konkreten Handlungstyps „Todesschüsse an der innerdeutschen Grenze" erzeugt geworden[529].

c) Fazit

Die eigentliche Schwierigkeit beim Überwindungsversuch der Rückwirkungsproblematik durch die *Radbruch*sche Formel besteht in der Feststellung, in welchen Fällen überhaupt gesetzliches Unrecht im Sinne *Radbruch*s und damit im Sinne eines unerträglichen Widerspruchs des Gesetzes zur Gerechtigkeit anzunehmen ist. Es geht mit anderen Worten um die Beantwortung der Kernfrage, wann Gesetze die Gerechtigkeit in so grobem Maße verfehlen, dass ihnen die Anerkennung zu versagen ist[530]. Eine vollständige Klärung dieser sehr entscheidenden Frage durch *Rad-*

---

527 BGHSt 39, 1 = BGH, NJW 1993, 144 f.

528Vgl. auch *Jakobs*, Zur Leistungsfähigkeit des Strafrechts nach einem politischen Umbruch, in: *Isensee* (Hrsg.), Vergangenheitsbewältigung durch Recht, 1992, S. 37 ff., 46 in bezug auf nationalsozialistischen Taten.

529 *Schünemann*, Verfassungsrechtliche Probleme der strafrechtlichen Aufarbeitung, in: Deutscher Bundestag (Hrsg.), Enquête-Kommission „Überwindung der Folgen der SED-Diktatur im Prozeß der deutschen Einheit" Band II/2, S. 1353.

530 Vgl. *Limbach*, Vergangenheitsbewältigung durch die Justiz, DtZ 1993, 68.

bruch selbst darf dabei nicht erwartet werden[531]. Die Unrechtskriterien der Formel sind abstrakt und deshalb zu unklar um eine geeignete Lösung zur Unbeachtlichkeit verfassungsrechtliches Prinzips bieten zu können[532]. Der Versuch von BGH[533] und BVerfG[534], die *Radbruch*sche Formel *einerseits* auf eine völkerrechtlich, *andererseits* menschenrechts-freundliche Interpretation des DDR-Rechts selbst zu stützen, ist auch fehlgeschlagen[535]. Nach meiner Auffassung ist es im Grunde unmöglich gewesen, das verfassungsrechtlich fundierte rechtsstaatliche Rückwirkungsverbot auf der Basis einer rechtsethischen Lehrmeinung und einiger dieser folgender Rechtsprechungen zu bewältigen.

Während die *Radbruch*sche Formel wegen ihrer Unklarheit nicht mehr überzeugend erscheint, ist *Schünemann*s Rechtsbegriff[536] als eine rechtsphilosophisch stringentere Denkweise beachtenswert. Zu den Kernelementen des Rechtsbegriffs seien nach *ihm erstens* in formeller Hinsicht die öffentliche Regelkommunikation und *zweitens* in materieller Hinsicht die Übereinstimmung mit der Kultur derjenigen Gesellschaft, die das Recht hervorbringt, zu zählen[537]. Die Heimlichkeit trenne

---

531 Vgl. *Schumacher*, Rezeption und Kritik der Radbruchschen Formel, 1985, S. 26.

532 *Schünemann* verweist auf das Problem, dass die emotionale Ausdrücke in *Radbruch*scher Formel wie „unrichtiges Recht", „ein so unerträgliches Maß erreicht", „wo Gerechtigkeit nicht einmal erstrebt wird" nach der Betrachterperspektive anders zu verstehen sind, ders., *Savignys* Rechtsbegriff - von ehegestern und von übermorgen?, in: *Schünemann/Tinnefeld/Wittmann* (Hrsg.), Gerechtigkeitswissenschaft - Kolloquium aus Anlaß des 70. Geburtstages von *Lothar Philipps*, S. 166.

533 BGHSt 39, 1; BGHSt 39, 168; BGHSt 40, 241.

534 BverfGE 95, 96 = BVerfG, Beschl. v. 24.10.1996 - 2 BvR 1851, 1853, 1875 und 1852/94.

535 *Schünemann* hält die Begründung des BGH für nicht überzeugend, die anfang mit der menschenrechtsfreundlichen Auslegung, danach mit Hilfe der *Radbruch*schen Formel zentralen Grundsätzen einer sozialistischen Rechtsordnung schlicht deshalb den Rechtscharakter absprach, weil sie sich dem eigenen Verständnis einer liberal-kapitalistischen Rechtsordnung nicht fügten, ders., Aufarbeitung von Unrecht aus totalitärer Zeit, in: *Pawlowski/Roellecke* (Hrsg.), Der Universalitätsanspruch des demokratischen Rechtsstaates, ARSP Beiheft Nr. 65, 1996, S. 166.

536 *Schünemann*, Aufarbeitung von Unrecht aus totalitärer Zeit, in: *Pawlowski/Roellecke* (Hrsg.), Der Universalitätsanspruch des demokratischen Rechtsstaates, ARSP Beiheft Nr. 65, 1996, S. 112 ff.

537 *Schünemann*, a. a. O., S. 116, ähnlich argumentiert auch *Starck*, der den Rechtsfertigungsgrund gem. § 26 GrenzG-DDR mangels Rechtsüberzeugung und Öffentlichkeit verneint, *ders.*, Anmerkung zu BVerfG, Bschl. v. 24.10.1996 - 2 BvR 1851, 1853, 1875 u. 1852/94, JZ

also die Macht vom Recht und so können nach diesem Maßstab erzeugte Geheimbefehle *Adolf Hitler*s zum Massenmord an den Juden niemals ein anerkanntes Recht sein, aber das GrenzG-DDR sei sicher geltendes Recht, das dem Rückwirkungsverbot gem. Art. 103 II GG unterliege[538]. Dieser Auffassung ist absolut zuzustimmen. Allerdings bleibt es immer noch fraglich, ob ein in der Tat bestehendes positives Recht und dessen verfassungsrechtliches Rückwirkungsverbot wegen eines Verstoßes gegen den Rechtsbegriff - wie genauso wegen eines Verstoßes gegen die Gerechtigkeit im Sinne der *Radbruch*schen Formel - einfach verneint werden kann. Dabei braucht man schließlich noch grundsätzlichere Lösungsansätze, um das verfassungsrechtliche Rückwirkungsverbot bei der Aufarbeitung des DDR-Unrechts ausklammern zu können. Die Bedeutung der *Radbruch*schen Formel liegt eher darin, dass die Formel und die folgenden Entscheidungen von BGH und BVerfG eine ernsthafte Debatte um die Ausschließungsmöglichkeit des Rückwirkungsverbotes ausgelöst und dadurch ein Motiv für die Bestrafung des Systemunrechts abgegeben haben.

2. Rechtspositivistischer Lösungsansatz: Grundgesetzänderung

a) Notwendigkeit einer Grundgesetzänderung

Angesichts der Naturrechtsproblematik der *Radbruch*schen Formel ist darauf hinzuwiesen, dass das Rückwirkungsverbot durch eine Verfassungsänderung offen überwunden werden soll. Die Vertreter der rechtspositivistischen Auffassung[539] lehnen die Heranziehung überpositiven Recht strikt ab und aus diesem Blickwinkel stellt der Großteil der Bestrafung von Mauerschützen einen Verstoß gegen Rückwirkungsverbot des Art. 103 II GG dar. Der einzig verfassungsrechtlich korrekte Ausweg ist die förmliche Änderung der Verfassung durch Modifikation des nulla-poena Grundsatzes[540]. So meint *Hart* unter Hinweis auf die *Radbruch*sche Formel,

---

1997, 148; *Dreier*, Gesetzliches Unrecht im SED-Staat? Am Beispiel des DDR-Grenzgesetzes, in: FS für *Kaufmann*, 1993, S. 57, 66 f.; *Hirsch*, Rechtsstaatliches Strafrecht und staatlich gesteurtes Unrecht, 1996, S. 12.

538 *Schünemann*, Aufarbeitung von Unrecht aus totalitärer Zeit, in: *Pawlowski/Roellecke* (Hrsg.), Der Universalitätsanspruch des demokratischen Rechtsstaates, ARSP Beiheft Nr. 65, 1996, S. 114 ff.

539 Hierzu vgl. oben S. 150 f.

540 *Isensee*, Vergangenheitsbewältigung durch Recht, 1992, S. 107.

unerträgliche Konsequenzen moralisch verwerflicher Gesetze seien nicht dadurch zu beseitigen, dass der Richter den Rechtsbegriff modifiziere, sondern dadurch, dass der Gesetzgeber rückwirkende Gesetze erlasse[541]. Auch *Pieroth*[542] und *Isensee*[543] plädieren für die Einschränkung des nulla-poena Grundsatzes auf dem Weg der Verfassungsänderung und schlagen vor, eine Ausnahmeklausel für Verbrechen gegen die Menschheit bzw. Menschlichkeit anzufügen. In diesem Zusammenhang sieht *Pieroth* die Vorbilder in der Europäischen Menschenrechtskonvention und im IPBPR, die die sogenannte „Nürnberg-Klausel" enthalten, die ursprünglich für die Nürnberger Kriegsverbrecher-Prozesse geschaffen wurde und wonach Verurteilungen oder Bestrafungen für solche Handlungen oder Unterlassungen möglich sind, die im Zeitpunkt ihrer Begehung nach der allgemeinen von den zivilisierten Völkern anerkannten allgemeinen Rechtsgrundsätzen strafbar waren[544].

b) Zulässigkeit einer Grundgesetzänderung

Die Zulässigkeit einer Verfassungsänderung findet in der Literatur generell Anerkennung[545]. Dies lässt sich daraus ableiten, dass Verfassungsrecht selbst keinem Rückwirkungsverbot unterliegt und v.a. eine begrenzte Einschränkung des Art. 103

---

541 *H. L. A. Hart*, Der Positivismus und die Trennung von Recht und Moral, in: *ders.*, Recht und Moral, Drei Aufsätze, Göttingen 1971, S. 39 ff.

542 *Pieroth*, Der Rechtsstaat und die Aufarbeitung der vor-rechtsstaatlichen Vergangenheit, in: VVDStRL 51 (1991), S. 104.

543 *Isensee*, Vergangenheitsbewältigung durch Recht, 1992, S. 107. *Günther* befürwortet in Anlehnung an *Dencker* ein offen rückwirkendes Gesetz, aber nicht deutlich, ob die beiden mit dem Gesetz auch das Grundgesetz gemeint haben, vgl hierzu *Günther*, Anmerkung zu BGH. Urt. v. 3.11.1992, StV 1993, 18 u. *Dencker*, Vergangenheitsbewältigung durch Strafrecht?, in: KritV 1990, 306 f.

544 *Pieroth*, a.a.O., S. 104; *Pieroth/Kingreen*, Der Verfassungsrechtliche Problematik des Verjährungsgesetzes, NJ 1993, 392

545 *Dannecker/Stoffers*, Die rechtsstaatliche Grenzen für die strafrechtliche Aufarbeitung der Todesschüsse an der innerdeutschen Grenze, JZ 1996, 490 ff.; *Wassermann*, Die strafrechtliche Aufarbeitung der DDR-Vergangenheit, Recht und Politik 1992, Heft 3, 132 ff.; *Schlink*, Rechtsstaat und revolutionäre Gerechtigkeit, NJ 1994, 433 ff.; *Dannecker*, Das intertemporale Strafrecht, 1993, S. 268.; *Pieroth*, a.a.O.; *Isensee*, Vergangenheitsbewältigung durch Recht, 1992, S. 107; *Günther*, Anmerkung zum BGH. Urt. v. 3.11.1992, StV 1993, 18; H. *Dreier*, *Gustav Radbruch* und die Mauerschützen, JZ 1997, 432 f.; *Grünwald*, Zur verfassungsrechtlichen Problematik der rückwirkenden Änderung von Verjährungsvorschriften, MDR 1995, 524 f.

II GG nicht gegen Art. 79 III GG verstößt[546], der untersagt, die Grundrechte des Art. 1 und 20 GG sowie die grundgesetzlichen Bestimmungen über die Bundesstaatlichkeit sowie die Mitwirkung der Bundesländer an Gesetzen zu ändern[547]. Allerdings - da der Art. 79 III GG die grundlegende Prinzipien des Art. 1 GG (den Schutz der Menschenwürde, die Anerkennung der Menschenrechte als Grundlage jeder menschlichen Gemeinschaft und der Bindung der staatlichen Gewalt an die Grundrechte) und Art. 20 GG (Sozialstaats- Demokratie- und Rechtsstaatsprinzip) für unantastbar erklärt und die Verfassungsänderung in diesem Sinne verbietet - ergibt sich unentbehrlich die Frage, ob und inwieweit die Verfassungsänderung allein wegen der Strafverfolgung der DDR-Verbrechen erlaubt ist, ohne die Ewigkeitsklausel des Art. 79 III GG zu verletzen.

Unantastbar ist, nach der Auffassung *Stern*s, nur der in Art. 1 und 20 GG enthaltene Kerngehalt, der als das Essentielle zu verstehen sei. Danach dürfe es also Modifizierungen der in Art. 1 und 20 GG niedergelegten Rechtsgehalte geben, soweit nicht ihr grundsätzlicher Gehalt angetastet sei[548]: Bezüglich der Strukturprinzipien des Art. 20 GG könne damit der Kernbereich der Verfassungsstaatlichkeit des gewaltengeteilten, auf freien Wahlen beruhenden, republikanischen, freiheitlichen, demokratischen, sozialen, föderativen Rechtsstaats als unantastbar angesehen werden[549]. Im Hinblick auf die Menschenwürdegarantie des Art. 1 GG berührt nur die vollständige Abschaffung bzw. eine ihr gleichkommende Aushöhlung des nulla-poea Prinzips den Wesensgehalt dieses Verfassungsprinzips. Die Vorbehaltlosigkeit, d.h. die Absolutheit des strafrechtlichen Rückwirkungsverbotes i.S.d Art. 103 II GG zählt folglich nicht zum Kerngehalt der genannten Verfassungsprinzipien

---

546 *Pieroth*, Der Rechtsstaat und die Aufarbeitung der vor-rechtsstaatlichen Vergangenheit, in: VVDStRL 51 (1991), S. 104.

547 Der Wortlaut des Art. 79 III GG: Eine Änderung dieses Grundgesetzes, durch welche die Gliederung des Bundes in Länder, die grundsätliche Mitwirkung der Länder bei der Gesetzgebung oder die in den Artikeln 1 und 20 niedergelegten Grundsätze berührt werden, ist unzulässig, BGBl 1945 I S. 45.

548 *Stern*, Der Staatsrecht, Bd. 1, 2. Aufl., 1984, S. 174 f.

549 In diesem Sinne soll die Abschaffung eines Bestandteils des in Art. 20 GG genannten Prinzipien und die Veränderung wesentlicher Teile, z.B. die Zuerkennung der Befugnis an die Exekutive, Gesetze im formellen Sinne zu erlassen, die Ewigkeitsgarantie des Art. 79 III GG verletzen, *Stern*, a.a.O.

und ihre bloße Modifizierung steht Art. 79 III GG nicht entgegen[550]. In diesem Sinne zeigte auch *Grünwald* Zweifel an der Auffassung, dass eine entsprechende Verfassungsänderung der Schranke der Art. 20 und 79 III GG entgegenstehe: Der Verlauf der Grenze zwischen dem unantastbaren Kernbereich und demjenigen, in den einzugreifen immerhin der Verfassungsgesetzgeber berechtigt sei, sei kaum eindeutig zu bestimmen. Wenn die Bewertung, die sich aus den zur Tatzeit geltenden Gesetzen ergebe, eindeutig der Gerechtigkeit widerspreche und ihre Respektierung für das Rechtsbewusstsein unerträglich sei, sei eine Verfassungsänderung zulässig[551].

Ähnliche Vorbehaltsklauseln befinden sich in strukturellem Einklang mit dem Londoner Statut von 1943, dem Kotrollrats-Gesetz Nr. 10 und Art. 7 II EMRK. Nach dieser Bestimmung der EMRK steht das Rückwirkungsverbot der Bestrafung von Handlungen nicht entgegen, die den allgemein anerkannten und strafrechtlich geschützten Rechtsgrundsätzen der zivilisierten Völker zuwiderlaufen. Dies zeigt sich auch daran, dass eine Relativierung des Art. 103 II GG mit Art. 79 III GG vereinbar ist[552].

c) Vorzüge einer Grundgesetzänderung

So äußert sich *H. Dreier,* der glaubt, die 1990 im Zusammenhang mit der Einigungsvertrag stattgefundene Verfassungsänderung sei der geeignetste Zeitpunkt gewesen, dass durch eine Verfassungsänderung drei große Vorteile zu erreichen sind. *Erstens* den der Rechtsklarheit: An die Stelle einer verdeckten Rückwirkung durch Rechtsprechung träte ein klares verfassungsrechtliche abgesichertes Bekenntnis durch Gesetz. *Zweitens* die Einforderung des unmittelbar demokratisch legitimierten Gesetzgebers[553]: Die bei der Mauerschützen-Prozessen dargestellte Problematik um die Verlagerung der Entscheidungsgewalt von der Legislative auf die Judikative wäre damit aufgehoben und der Gewaltenteilungsgrundsatz wird be-

---

550 *Eschenbach*, Wieviel Unrecht verträgt der deutsche Rechtsstaats? - Verfassungsrechtliche Probleme der Verurteilungen von „Mauerschützen“ (Diss.), 2000, S. 182, vgl. *Stern*, Der Staatsrecht, Bd. 1, 2. Aufl., 1984, S. 173 f.

551 *Grünwald*, Zur verfassungsrechtlichen Problematik der rückwirkenden Änderung von Verjährungsvorschriften, MDR 1995, 525.

552 *H. Dreier*, Gustav Radbruch und die Mauerschützen, JZ 1997, 433.

553 *H. Dreier*, a.a.O.

rücksichtigt[554]. *Drittens* die Motivation zur offenen Diskussion und durch diese einen breiten gesellschaftlichen Konsens über die Notwendigkeit der Bestrafung der Mauerschützen[555].

d) Eine mögliche Modifizierung des Art. 103 II GG

Die positivistische Auffassung lehnt jede Ausweichstrategie der Rechtsprechung wie den Rückgriff auf die naturrechtliche-völkerrechtliche Grundsätze bzw. die menschenrechtsfreundliche Auslegung streng ab und verlangt, dass die Normen des DDR-Rechts ausschließlich nach dem zur Tatzeit geltenden DDR-Recht auszulegen sind, weil Art. 103 II GG als Postulat des Positivismus die Strafbarkeit nach der faktischen Rechtslage in der DDR zur Bedingung macht. Sie hält die Bestrafung von Mauerschützen im Allgemein für einen Verstoß gegen Art. 103 II GG und fordert als Voraussetzung für die Zulässigkeit ihrer Bestrafung eine Verfassungsänderung[556].

In Übereinstimmung mit der Gedanken der Verfassungsänderung schlägt *Schünemann* sogar einen schon lange erwünschten Mustersatz von Art. 103 II GG Satz 2 vor. *Er* versucht durch folgende Formulierung nicht nur eine verfassungsrechtliche Grundlage der strafrechtlichen Aufarbeitung der DDR-Unrecht zu liefern, sondern auch die Maßstäbe von Verfolgung und von der Amnestierung der Vergangenheit zusammenzulegen.

> *„Hierdurch wird die Verfolgung der Untaten eines Unrechtsregimes nicht ausgeschlossen, durch die unter Missachtung der allgemeinen Rechtsgrundsätze der zivilisierten Völker Menschen getötet oder an Leib oder Freiheit schwer geschädigt worden sind; das Nähere ist durch Gesetz zu regeln“*[557]

---

554 *Eschenbach*, Wieviel Unrecht verträgt der deutsche Rechtsstaats? - Verfassungsrechtliche Probleme der Verurteilungen von „Mauerschützen“ (Diss.), 2000, S. 187.

555 *H. Dreier,* Gustav Radbruch und die Mauerschützen, JZ 1997, 433.

556 *Buchner*, Rechtswidrigkeit der Taten von „Mauerschützen“ - im Lichte von Art. 103 II GG unter besonderer Berücksichtigung des Völkerrechts, S. 118 f.

557 *Schünemann*, Verfassungsrechtliche Probleme der strafrechtlichen Aufarbeitung, in: Deutscher Bundestag (Hrsg.), Enquête-Kommission „Überwindung der Folgen der SED-Diktatur im Prozeß der deutschen Einheit“ Bd. II/2, S. 1353; *ders*., Dogmatische Sackgassen bei der Strafverfolgung der vom SED-Regime zu verantwortenden Untaten, in: FS für *Gerald Grünwald*, 1999, S. 683.

Dem ist zuzustimmen. Erst mit dieser Ergänzung von Art. 103 II GG ist eine grundsätzlich-konkrete Lösung der sog. „Jahrhundertaufgabe“ zu finden, nämlich den angemessenen Umfang der strafrechtlichen Aufarbeitung des SED-Regimes zu bestimmen[558].

3. Ansätze zur teleologischen Reduktion des Rückwirkungsverbotes

Ein Teil der Literatur möchte von vornherein auf die teleologische Reduktion des Rückwirkungsverbotes abstellen. Da - wie oben[559] überprüft worden ist - das Schuldprinzip und die Gerechtigkeit allein nicht als teleologische Begründung des Rückwirkungsverbotes anzusehen sind, wurzelt dieser Versuch in drei Grundgedanken des Rückwirkungsverbotes: Denen der rechtsstaatlichen Wurzel, der Gewaltenteilung und der Generalprävention.

a) Einschränkung aus rechtsstaatlicher bzw. gewaltenteilender Wurzel

Naucke ging zunächst davon aus, dass das Rückwirkungsverbot rechtsgeschichtlich kein selbstverständlicher Satz im positiven Strafrecht gewesen sei, wann und damit warum immer man wollte beiseite zu schicken gewesen sei. Also sei dessen Begrenzungsmöglichkeit schon immer vorhanden gewesen[560]. Auf dieser offenen Basis führ *er* aus der rechtsstaatlichen Wurzel des Rückwirkungsverbotes heraus weiter aus, dass Art. 103 II GG den Bürger vor einer ad-hoc-Entscheidung des Staates schützen solle[561] und daher das Rückwirkungsverbot bei sog. staatsverstärkter Kriminalität[562] von vorherein sachlich nicht zuständig gewesen sei[563]: Der Täter, der

558 *Schünemann*, Verfassungsrechtliche Probleme der strafrechtlichen Aufarbeitung, in: Deutscher Bundestag (Hrsg.), Enquête-Kommission „Überwindung der Folgen der SED-Diktatur im Prozeß der deutschen Einheit“ Bd. II/2, S. 1353

559 Vgl. dazu oben S. 141 ff.

560 Als Beispiel nannte *Naucke* Art. 227 des Versailler Vertrages, Die Gesetzgebung zur Verlängerung der Verjährungsfrist für NS-Gewalttaten, Art. 7 Abs. 2 MRK und Art. 15 Abs. 2 IPBPR, *ders.*, Die strafjuristische Privilegierung staatsverstärkter Kriminalität, 1996, S. 49.

561 *Naucke*, Rechtspolitische Vorentscheidungen bei der Diskussion einer Verlängerung von Verjährungsfristen für NS-Verbrechen, ZRP 1969, 10, auch *Grünwald*, Zur verfassungsrechtlichen Problematik der rückwirkenden Änderung von Verjährungsvorschriften, MDR 1965, 521 ff.

562 Die staatsverstärkte Kriminalität soll gekennzeichnet durch die Unterdrückung des Wehrlosen durch die in der Staatsorganisation gespeicherte Macht, die überwiegende Stärke der staatli-

die Macht habe, sich und seiner Unterstützer durch den Erlass von Regeln, durch das Nicht-Erlassen von Regeln oder durch eine bestimmte Nicht-Bestrafungspraxis trotz zur Tatzeit bestehender Regeln straffrei zu machen, könne keinen Schutzgegenstand von Rückwirkungsverbot sein[564].

In die gleiche Richtung gingen auch eine Reihe von Autoren mit der Begründung der rechtsstaatliche Wurzel[565]. *Schünemann* und *Werle* betonten z.B. im gleichen Sinne, das Rückwirkungsverbot diene zum Schutz der Bürger vor willkürlichem staatlichen Zugriff, aber niemals zum Schutz des Machtstaats und seiner Mörder[566], während *Odersky* das Rückwirkungsverbot für eine der wichtigsten Barrieren gegen ein den Menschen unterjochendes Recht[567], *Liszt* für das Bollwerk des Staatsbürgers gegenüber der staatlichen Allgewalt[568] erklärte. Abzulehnen ist aber *Lüderssens* Gegenargument, der ehemalige Machthaber wie *Honecker* sei eben nach dem Stürz seines Regimes ein normaler Staatsbürger geworden, womit ihm gegenüber Art. 103 II GG zur Anwendung kommen müsse[569]. Diese Position übersah aber, dass zur Zeit der Handlung der Mächtige dem Bürger als Staatsträger gegen-

---

chen Organisation gegen den Einzelnen, ein legitimitierte Schein und v.a. seine Feigheit durch die Nutzung staatlicher Macht bei der Tatbegehung sein, ausführlicher hierzu vgl. *Naucke*, Die strafjuristische Privilegierung staatsverstärkter Kriminalität, 1996, S. 19 ff.

563 *Naucke*, a.a.O., S. 57.

564 *Naucke*, a.a.O., S. 55.

565 *Alexy*, Mauerschützen - zum Verhältnis von Recht, Moral und Strafbarkeit, 1993, 30 ff.; *Hoffmann*, Stunden Null?, 1992, S. 248 f.; *Hruschka*, Die Todesschüsse an der Berliner Mauer vor Gericht, JZ 1992, 665 ff.; *Lampe*, Rechtswidriges Gesetz? Strafbarer Gesetzgeber?, in: *Lampe* (Hrsg.), Deutsche Wiedervereinigung Bd. II - Die Verfolgung von Regierungskriminalität der DDR nach der Wieder vereinigung, 1993, S. 15 ff.; *Schroeder*, Zur Strafbarkeit von Tötungen im staatlichen Auftrag, JZ 1992, 991 f.

566 *Schünemann*, Diskussionsbericht, in: *Lampe*, Deutsche Wiedervereinigung Bd. II - Die Verfolgung von Regierungskriminalität der DDR nach der Wiedervereinigung, 1993, S. 80 f.; *Werle*, Der Holocaust als Gegenstand der bundesdeutschen Strafjustiz, NJW 1992, 2535.

567 *Odersky*, Die Rolle des Strafrechts bei der Bewältigung politischen Unrechts, 1992, S. 33.

568 Zit.n. *Schünemann*, Nulla poena sine lege? 1978, S. 1; *Polakiewicz*, Verfassungs- und völkerrechtliche Aspekte der strafrechtlichen Ahndung des Schusswaffeneinsatzes an der innerdeutschen Grenze, EuGRZ 1992, 117.

569 *Lüderssen*, Der Staat geht unter - das Unrecht bleibt? Regierungskrinimalität in der ehemaligen DDR, 1992, S. 67.

überstand, er also nicht als Bürger und somit als Rechtsunterworfener, sondern als dessen „Herr" handelte[570].

Das gleiche Ergebnis ist auch aus dem aufklärerischen Staatsvertrag (Sozialvertrag) herzuleiten, also aus dem Pakt zwischen Bürger und Mächtigem. Von diesem Vertrag kann der Mächtige nicht nachträglich zurücktreten und muss sich von jeder der Vertragsparteien messen lassen. Der Mächtige bleibt also Urheber, aber nicht Adressat der Gesetze und eine Wandlung vom Mächtigen zum Bürger ist somit nicht mehr möglich. Die Mächtigen können sich daher als „Träger des Staates" nach ihrer Ablösung nicht auf das Rückwirkungsverbot berufen und damit eine strafrechtliche Privilegierung genießen[571].

Schünemann unterstützte die Auffassung *Nauckes* auch mit dem Gewaltenteilungsgrundgedanken. Die staatsrechtlich-gewaltenteilende Wurzel des Rückwirkungsverbotes verweigere die Häufung von gesetzgeberischer bzw. richterlicher Gewalt und verbiete dabei, das nulla poena Grundsatz auf die Regierungskriminalität in einem gewaltenhäufenden totalitären Staat überhaupt anzuwenden[572]. Schließlich wird das Rückwirkungsverbot bei der Bestrafung von Vertretenen des Staates nicht außer Kraft gesetzt; vielmehr ist es mangels einschlägigem Gegenstandsbereich von vornherein nicht anwendbar[573].

---

570 *Schünemann*, Diskussionsbericht, in: *Lampe*, Deutsche Wiedervereinigung Bd. II - Die Verfolgung von Regierungskriminalität der DDR nach der Wieder vereinigung, 1993, S. 81.

571 *Schünemann*, a.a.O.; *Welke*, Rückwirkungsverbot zugunsten staatlicher Kriminalität?, KJ 1995, 377.

572 *Schünemann*, Aufarbeitung von Unrecht aus totalitärer Zeit, in: *Pawlowski/Roellecke* (Hrsg.), Der Universalitätsanspruch des demokratischen Rechtsstaates, ARSP Beiheft Nr. 65, 1996, S. 110.

573 *Schünemann*, Diskussionsbericht, in: *Lampe*, Deutsche Wiedervereinigung Bd. II - Die Verfolgung von Regierungskriminalität der DDR nach der Wiedervereinigung, 1993, S. 77, 81. Allerdings kritisierte *er* wiederum in einem anderem Aufsatz das Ergebnis von Nauckes Auffassung, dass ein ganzer Bereich der staatsverstärkten Kriminalität aus dem Anwendungsbereich des Nulla poena-Grundsatzes eliminiert werden solle. Nach *ihm* soll die Unbeachtlichkeit des Rückwirkungsverbotes nur auf die Inhaber der höchsten Staatsmacht beschränkt werden, *ders.*, Verfassungsrechtliche Probleme der strafrechtlichen Aufarbeitung, in: Deutscher Bundestag (Hrsg.), Enquête-Kommission „Überwindung der Folgen der SED-Diktatur im Prozeß der deutschen Einheit" Band II/2, 1999, S. 1361.

b) Einschränkung aus generalpräventiver Wurzel

Es dürfte noch die Auffassung, die einen Verstoß gegen Art. 103 II GG verneint, schlüssig begründbar sein. Die generalpräventive Wurzel des Rückwirkungsverbotes verlangt, dass ein totalitärer Machthaber sich nicht vor seiner Untat von Strafe freisprechen können darf, sondern genau umgekehrt durch die Befürchtung künftiger Bestrafung nach Beendigung seines Unrechtsregimes womöglich doch noch von der Rechtsgutsverletzung abgehalten wird[574]. Dieser Gesichtspunkt rückt die extrem wichtige generalpräventive Wirkung in den Blick, da immer wieder mit der Entstehung von Unrechtsstaaten gerechnet werden muss[575].

Zu beachten ist dabei *erstens*, dass dies eben nur für den Machthaber selbst bzw. die machthabenden Clique gilt, also für diejenigen, die als die Gewalthaber und nicht lediglich als die Handlanger eines totalitären Systems angesprochen werden müssen. *Zweitens* kann man von einer generalpräventiven Wirkung nur sprechen, wenn die Machthaber auch inhaltlich antizipieren können, wegen welcher Untaten ihnen später der Prozess gemacht werden wird[576]. Eine solche inhaltliche Einschränkung soll ferner unabhängig von Staatsform und Gesellschaft anerkannt und schütz würdig sein[577].

---

574 *Schünemann*, Aufarbeitung von Unrecht aus totalitärer Zeit, in: *Pawlowski/Roellecke* (Hrsg.), Der Universalitätsanspruch des demokratischen Rechtsstaates, ARSP Beiheft Nr. 65, 1996, S. 110.

575 Siehe zu diesem Aspekt *Alexy*, Mauerschützen, S. 35; a.A. *Jakobs*, Vergangenheitsbewältigung durch Strafrecht? Zur Leistungsfähigkeit des Strafrechts nach einem politischen Umbruch, in: *Isensee* (Hrsg.), Vergangenheitsbewältigung durch Recht? 1992, S. 37 ff. (S. 58 f.), der die Auffassung vertritt, dass in diesem Zusammenhang alle Präventionen des Rechts leer laufen, da „eine vergleichbare Situation, in der man mit vergleichbaren Motiven vergleichbare Opfer tötet, (…) im Geltungsbereich des deutschen Strafrechts nicht mehr“ vorkomme.

576 *Schünemann*, Verfassungsrechtliche Probleme der strafrechtlichen Aufarbeitung, in: Deutscher Bundestag (Hrsg.), Enquête-Kommission „Überwindung der Folgen der SED-Diktatur im Prozeß der deutschen Einheit “ Band II/2, 1999, S. 1362 f.

577 *Schünemann* schlägt die drei schlechthin zentralen und fundamentalen Rechtsgüter: Leben, Leib und Freiheit des Individuums, ders., a.a.O., S. 1362 f.

4. Ansätze zur Zulässigkeit der rückwirkenden Rechtsprechungsänderung

Ein weiterer Versuch, die Einschränkung des Rückwirkungsverbotes bei der Bestrafung totalitärer Untaten aus deren teleologischer Reduktion herzuleiten, ist die Auffassung, Art. 103 II GG sei auf eine Änderung der Rechtsprechung grundsätzlich nicht anwendbar[578]. Grund dafür sei vor allem, dass besonders zwischen Gesetzgebung und Jurisdiktion eine Funktionsverschiedenheit bestehe und eine Gleichbehandlung von Gesetz und Urteil unter dem Gesichtspunkt des Rückwirkungsverbotes auch deswegen nicht geboten sei, weil das Gesetz typischerweise nur zukünftige Fälle regele, während die Gerichtsentscheidungen immer schon vergangene Sachverhalte betreffen würden[579]. In jeder Fallentscheidung stecke sowieso ein gestaltendes Element, das sich bei jedem neuen Fall notwendig in neuer Art realisiert[580].

Noch ein Grund sei *andererseits*, dass die Grundgedanken des Rückwirkungsverbot selbst bei einer rückwirkenden Rechtsprechungsänderung nicht verletzt seien. Aus dem Gesichtspunkt der Generalprävention sei dies unproblematisch, weil die Präventionswirkung nicht von dem normativ unverbindlichen Präjudiz, sondern nur von dem Gesetz selbst ausgehe[581]. In gleicher Linie greife die liberalegewaltenteilende Wurzel des Art. 103 II GG gegenüber der Rechtsprechungsänderung nicht ein, da die Justiz hierbei nur sich selbst und nicht etwa den Gesetzgeber korrigiert[582]. Das gleiche gilt auch für die spezifisch rechtsstaatliche Garantiefunktion des Art. 103 II GG. Denn wenn hiernach der Übergriff der einen Staatsgewalt auf die Vorrechte der anderen ausgeschlossen werden soll, so liegt die auch vergangene Fälle erfassende Rechtsprechungsänderung als ein sich innerhalb ein

578 *Jakobs*, Strafrecht AT, S. 105; *Frommel*, in: FS für *Kaufmann*, S. 81 ff., 91 f. Vgl. allgemein zur Problematik der rückwirkenden Rechtsprechungsänderungen: BVerfGE 18, 224 ff.; *Roxin*, Strafrecht AT, Bd. 1, 4. Aufl. (2006), § 5 Rn. 61.; *Schünemann*, Nulla poena sine lege?, S. 27 ff.; *ders.*, Ungelöste Rechtsprobleme bei der Ahndung national-sozialistischer Gewalttaten, in: *Frisch/Schmid* (Hrsg.), FS für *Hans-Jürgen Bruns*, 1978, S. 229 ff., 235.

579 *Schünemann*, Ungelöste Rechtsprobleme bei der Ahndung nationalsozialistischer Gewalttaten, *Frisch/Schmid* (Hrsg.), in: FS für *Hans-Jürgen Bruns*, 1978, S. 233 f.

580 *Schünemann*, a.a.O., S. 233 f.

581 *Schünemann*, Nulla poena sine lege?, S. 27 f.

582 *Schünemann*, a.a.O., S. 27 ff.; zustimmend *Roxin*, Strafrecht AT, Bd. 1, 4. Aufl. (2006), § 5 Rn. 61.

und derselben Gewalt abspielender Vorgang von vornherein außerhalb dieses Schutzbereiches[583].

Diese Ablehnung des Verbotes einer rückwirkenden Rechtsprechungsänderung könnte bei der strafrechtlichen Aufarbeitung eines gestützten Unrechtsregimes besonders wichtig sein, weil gerade da Unrechtstaten häufig nicht auf dem Gesetz selbst, sondern nur auf der damaligen Handhabung des Gesetzes beruhen und man die spätere Bestrafung der Unrechtstaten als einen der rückwirkenden Rechtsprechungsänderung gleichkommenden Fall qualifizieren und mit dieser Begründung dem Anwendungsbereich des Rückwirkungsverbotes entziehen kann[584]. Teilweise wird demgegenüber am Beispiel Mauerschützenfall vertreten, dass die Verwerfung von Rechtfertigungsgründen als rechtsstaatswidrig nicht mit den üblichen Fällen der Rechtsprechungsänderung gleichsetzen könne und sich im Rahmen einer Wurzel des Rückwirkungsverbotes - Schutz des Bürgers vor richterlicher Willkür bzw. Vertrauensschutz der Bürger - als eine unzulässige rückwirkenden Anwendung eines Straf-gesetzes darstellt[585]. Jedoch dem ist nicht zuzustimmen. Schließlich bedeutet eine Rechtsprechungsänderung keine Willkür, sondern die Verwirklichung eines Gesetzeswillens, der immer schon bestand, aber erst jetzt richtig erkannt worden ist und dabei keine rückwirkende Bestrafung oder Strafverschärfung darstellt[586]. Ein Verbot rückwirkender Rechtsprechungsänderung kann daher aus dem nulla poena-Grundsatz nicht abgeleitet werden und auch nicht mit dem Gedanken des Vertrauensschutzes gerechtfertigt werden[587]: Bei solchen Fällen, bei denen der Täter sich in nicht vorwerfbarer Weise auf eine bestimmte Rechtsprechung verlassen hat, muss ohnehin ein Freispruch wegen unverschuldeten Verbotsirrtums (§ 17) erfolgen. Einer Erstreckung des Art. 103 II auf Rechtsprechungsänderung bedarf es dafür nicht[588].

---

583 *Schünemann*, Ungelöste Rechtsprobleme bei der Ahndung nationalsozialistischer Gewalttaten, in: *Frisch/Schmid* (Hrsg.), FS für *Hans-Jürgen Bruns*, 1978, S. 234.

584 *Schünemann*, a.a.O., S. 234 f.

585 *Polakiewicz*, Verfassungs- und völkerrechtliche Aspekte der strafrechtlichen Ahndung des Schusswaffeneinsatzes an der innerdeutschen Grenze, EuGRZ 1992, 188.

586 *Roxin*, Strafrecht AT, Bd. 1, 4. Aufl. (2006), § 5 Rn. 61.

587 *Schünemann*, Nulla poena sine lege? S. 27 ff., a.A BVerfGE 18, 224, 240.

588 *Roxin*, Strafrecht AT, Bd. 1, 4. Aufl. (2006), § 5 Rn. 61.

5. Fazit

Es sind insgesamt vier verschiedene Wege zu unterscheiden, die als Lösung der Rückwirkungsprobleme bei der strafrechtlichen Aufarbeitung des DDR-Unrechts - vor allem in den Mauerschützenfällen - vorgeschlagen worden sind, ein allerseits befriedigender Weg aus dem rechtsstaatlichen Dilemma ist aber nicht zu finden, da das Rechtsstaatsprinzip gleichermaßen die Beachtung des Rückwirkungsverbotes und der materiellen Gerechtigkeit fordert und dies aber in einem Konkurrenzverhältnis zueinander steht[589].

Aus der Analyse der bisher vorgeschlagenen Lösungen geht deutlich hervor, dass jeder Versuch, eine Beschränkungsmöglichkeit des strafrechtlichen Rückwirkungsverbot des Art. 103 II GG aus dem naturrechtlichen bzw. internationalen Recht herzuleiten, letztlich scheitern würde. Das gleiche gilt für die Lösung durch die nachträgliche Uminterpretation der Rechtssätze in der DDR. Alle diese Bemühnungen kommen als eine angemessene Antwort auf den verfassungsrechtlichen Grundsatz des Rückwirkungsverbotes zu kurz und bedeuten nicht mehr als eine nachträgliche Umwertung der Vergangenheit[590]. Einer der Lösungsvorschläge *Schünemann*s, aus dem Rechtsbegriff heraus selbst eine Möglichkeit zu suchen, das Rückwirkungsverbot auszuschließen, stellt zwar mit dem noch greifbaren Kriterium zur Verneinung positives Rechts in einem Unrechtsregime eine bessere Lösung als *Radbruch*sche Formel dar, ergibt sich allerdings eine ähnliche Aporie wie dieselbe Formel: Es gibt bei der Suche nach der Lösung zur Rückwirkungsproblematik nur geringe Unterschiede zwischen den Maßstäben des rechtsphilosophischen Gerechtigkeitsbegriffs im Sinne *Radbruch*s und des von *Schünemann* herangezogenen Rechtsbegriffs. Beide Versuche sind ohnehin zu knapp gefasst, um den verfassungsrechtlichen Grundsatz des Rückwirkungsverbotes unbeachtlich zu machen.

Der Lösungsansatz zur Zulässigkeit der rückwirkenden Rechtsprechungsänderung kann auch in einem bestimmten Anwendungsbereich nur teilweise zur Abweichung vom Grundsatz des Rückwirkungsverbotes führen: Wo die Unrechtstaten nicht direkt auf dem positiven Gesetz des Unrechtsregimes, sondern auf die Handhabung

---

589 *Laskowski*, Die Probleme des Rechtsstaats mit dem DDR-Unrecht, JA 1994, 165.

590 *Buchner*, Rechtswidrigkeit der Taten von „Mauerschützen" - im Lichte von Art. 103 II GG unter besonderer Berücksichtigung des Völkerrechts, S. 118 f.

bzw. Manipulation des Gesetzes beruht haben. Diese genügt nicht als eine allgemeine Lösung zur Rückwirkungsproblematik.

Die Ausführungen haben dagegen gezeigt, dass man allein durch die teleologische Auslegung des nulla poena-Grundsatzes zu einer Strafbarkeit der Machthaber gelangt, weil das Rückwirkungsverbot den Bürger vor dem Staat, nicht aber die Träger des Staates als Verantwortliche vor der strafrechtlichen Aufarbeitung im Nachfolgestaat schützt[591] und seine general-präventive Wurzel dies auch verbietet. Aber ein wirklich korrekter Weg - und um der Gesellschaft unnötige Mühe zu sparen[592] - hätte darin bestehen können, von Anfang an gleichzeitig mit dem Abschluss des Einigungsvertrags eine Verfassungsänderung mit einer Ausnahmeklausel für Verbrechen gegen die Menschheit bzw. Menschlichkeit durchzuführen.

B. Die Verjährung als Sonderproblem des Rückwirkungs-verbotes

I. Problemstellung

Die Strafverfolgungsverjährung stellt ein besonderes strafrechtliches Problem bei der Verfolgung von DDR-Unrechtstaten dar. Mit der Beendigung der Straftat beginnt die Strafverfolgungsverjährung zu laufen, daher waren zahlreiche DDR-Verbrechen bei Zeitpunkt der Wiedervereinigung Deutschlands entweder schon verjährt, ohne verfolgt worden zu sein oder drohten innerhalb kurzer Zeit, ehe eine gesamtdeutsche Justiz tätig werden konnte, zu verjähren.

In diesem Zusammenhang wurden in Deutschland nach der Wiedervereinigung eine Reihe verschiedener Bestrebungen im Gang gesetzt, um Wege aus dieser Sack-

---

591 *Welke*, Rückwirkungsverbot zugunsten staatlicher Kriminalität?, KJ 1995, 377

592 *Schünemann* bezeichnet die Überforderungen der Rechtsprechung nach der Wiedervereinigung Deutschlands als die Bemühungen, vom Gesetzgeber unterlassenen Entscheidungen nachzuholen und die gravierende legislatorische "Panne" des Art. 315 IV EGStGB zu reparieren, ders., Verfassungsrechtliche Probleme der strafrechtlichen Aufarbeitung, in: Deutscher Bundestag (Hrsg.), Enquête-Kommission „Überwindung der Folgen der SED-Diktatur im Prozeß der deutschen Einheit " Band II/2, 1999, S. 1364.

gasse der strafrechtlichen Verjährung zu finden: *auf der einen Seite* durch die Sondergesetzgebungen zur Unterbrechung (Art. 315a EGStGB), Ruhen (1. VerjährungsG) und Verlängerung (2. und 3. VerjährungsG), *auf der anderen Seite* durch die Norminterpretation der vorhandenen Regeln zum Ruhen bzw. Ausschluss der Verjährung (§ 83 Nr. 2 StGB-DDR, § 78b Abs. 1 StGB und § 84 StGB-DDR). Allerding könnte bei allen diesen Bemühungen nochmals der Verstoß gegen das Rückwirkungsverbot gemäß Art. 103 II GG problematisch sein, da durch diese nachträglichen Verjährungsmanöver bereits abgelaufene Verjährungsfristen rückwirkend wieder eröffnet werden könnten, zwar zum Nachteil der Täter. Dann ist die Verjährungsproblematik bei der Aufarbeitung des DDR-Unrecht zu eine Frage zusammenzufassen: Wie und aus welchem Grund darf der Staat Verjährungsfristen (nachträglich) verlängern oder als (in einem bestimmten Zeitraum) nicht verjährt bzw. ggf. ausgeschlossen annehmen und dabei die Verbrechen eines totalitären Systems strafrechtlich verfolgen, ohne dass dabei das strafrechtliche Rückwirkungsverbot des Art. 103 II GG unbeachtet bleibt.

Die Ansicht, dass der Grundsatz des Rückwirkungsverbotes gem. Art. 103 II GG eine materiellrechtliche, aber keine verfahrensrechtliche Schutzfunktion hat und damit nicht auf das Verfahrensrecht angewendet werden kann, findet allgemein Anerkennung[593], es bleibt dennoch fraglich, ob diese Formel auch noch auf die Verjährungsproblematik anwendbar ist, da das Institut der Verjährung anscheinend zwar prozessual, aber die entsprechenden Vorschriften im Strafgesetzbuch geregelt waren und deren Rechtsnatur selbst dahingehend sehr umstritten ist, ob es sich um materiellrechtliche oder prozessuale Regelungen handelt. Um geeignete Lösungen zur Verjährungsproblematik im Zusammenhang mit dem Rückwirkungsverbot finden zu können, soll daher zunächst an dieser Stelle Wesen und Rechtsnatur der Verjährung berücksichtigt werden.

---

593 Vgl. *Dannecker*, Das intertemporale Strafrecht, 1992, S. 316 ff.; *Klug*, Die Verpflichtung des Rechtsstaates zur Verjährungsverlängerung, JZ 1965, 149.; *Roxin*, Strafrecht AT I, 4. Aufl. (2006), §5 Rn. 57.

II. Wesen und Rechtsnatur der Verjährung

1. Das Rechtsinstitut der Verjährung

Es entspricht heute allgemeiner Überzeugung, dem Zeitablauf nach der Tat oder dem Urteil Bedeutung für die Verhängung und die Vollstreckung von Strafen und Maßnahmen beizulegen[594]. Umstritten ist allerdings, worauf der Wirkungszusammenhang zwischen Zeitablauf und Befreiung von Strafe beruht. Die Begründungen lassen sich großzügig in zwei Argumentationskomplexe gliedern: *Zum einen* basieren die Erklärungsbemühungen auf den materiellen Aspekten der Verjährung wie die Beweisschwierigkeiten durch Beweisschwund, das erhöhte Fehlurteilsrisiko bei großem Zeitabstand und Verfahrensökonomie, *zum anderen* erscheint eine Bestrafung der Täter nach einer gewissen Zeit nicht mehr angemessen, wobei diese Überlegung letztlich zu einer Diskussion über die Strafbedürftigkeit und Strafwürdigkeit führt.

a) Legitimation aus verfahrenspraktischen Erwägungen

aa) Beweisschwund - Beweisschwierigkeiten - Fehlurteilsrisiko

Die Auffassung, das Institut der Verjährung sei ganz oder teilweise damit zu rechtfertigen, dass der Zeitablauf häufig zu einem Beweisschwund führt, der die Feststellung der zur Verurteilung des Angeklagten erforderlichen Tatsachen sehr erschwert oder gar unmöglich macht, wird häufig vertreten[595]. Dieser Gedanke sei weiter eng verknüpft mit der durch einen längerem Zeitabstand verbundenen erhöhten Gefahr, dass eine ungerechtfertigte Verurteilung erfolgt, eng verknüpft. Infolge der steigenden Schwierigkeiten bei der Rekonstruktion des Tatgeschehens wachse in der Tat die Fehlurteilsrisiko und dieser Gefahr sei durch Freispruch im Zweifelsfall zu vermeiden. Der Grundsatz "in dubio pro reo" sei auch hier anwendbar[596]. Gegen das Heranziehen des Gedankens hat *Bockelmann* eingewendet, dass mit dem Zeitabstand die Beweismittel nicht unbedingt verlorengehen müssten und solche

594 *Jähnke*, in: LK-StGB (11. Aufl.), Rn. 1 vor § 78.

595 So etwa bei *Arndt*, Zum Problem der strafrechtlichen Verjährung, JZ 1965, 147.; *Binding*, Handbuch des Strafrechts I, 1885, S. 823.; *Dannecker*, Das intertemporale Strafrecht, 1992, S. 333 ff.; *Mitsch*, in: MK-StGB Bd. 2/1, Rn. 4 vor §§ 78 ff.

596 *Bloy*, Die dogmatische Bedeutung der Strafausschließungs- und Strafaufhebungsgründe, 1976, S. 183

Beweisschwierigkeiten häufig von Anfang an vorhanden seien[597]. Das ist nicht anzunehmen, weil man die Tatsache trotzdem nicht leugnen würde, dass die Beweisschwierigkeit und das Risiko der Fehlentscheidung mit größerem zeitlichem Abstand allgemein zunehmen. Das genügt schon als eine Legitimation des Rechtsinstituts.

bb) Verfahrensökonomie

Eine Anzahl von Autoren[598] sieht die Strafverfolgungsverjährung auch als Ausfluss verfahrensökonomischer Zweckmäßigkeitserwägungen. Unter der Herrschaft der Legalitätsmaxime (§§ 152 Abs. 2, 160 Abs. 1 StPO) und der Pflicht zur umfassenden und optimalen Wahrheitsfindung (§ 244 Abs. 3 StPO) bedeutet die Nichtverfolgbarkeit verjährter Taten eine Entlastung der Justiz[599]. Das heißt, unerwünschte Folgen aus der endlosen Anwendung des Legalitätsprinzips sollten abgewehrt werden. Hierbei wird das Risiko, dass zahlreiche Täter ohne die verdiente Strafe davonkommen, bewusst in Kauf genommen[600].

Zu beachten ist nach der Auffassung *Klug*s, dass der Überlastung der Strafjustiz durch eine nach Tatschwere abgestufte zeitliche Limitierung Rechnung getragen werden müsse: Je schwerer die Straftat wiege, desto später dürfe dieses Risiko außer acht gelassen werden. Von diesem Ansatz her werde auch die Abstufung der Verfolgungsfrist nach der Schwere der Delikte verständlich[601].

b) Legitimation aus materiellen Gesichtspunkten: Erlöschen des Strafbedürfnisses

Die Mehrzahl der Autoren[602] leitet die Verjährung aus strafrechtlichen Begriffen ab und erklärt sie aus dem Zweck der Strafe und des Strafrechts heraus[603]: Mit zuneh-

---

597 *Bockelmann*, Niederschriften über die Sitzungen der Großen Strafrechtskommission, Bd. 2, AT, 1958, S. 330.

598 *Jähnke*, in: LK-StGB (11. Aufl.), Rn. 9 vor § 78; *Bemmann*, Zur Frage der nachträglichen Verlängerung der Strafverfolgungsverjährung, JuS 1965, 338; *Klug*, Die Verpflichtung des Rechtsstaats zur Verjährungsverlängerung, JZ 1965, 152.

599 *Mitsch*, in: MK-StGB Bd. 2/1, Rn. 4 vor §§ 78 ff.

600 *Klug*, Die Verpflichtung des Rechtsstaats zur Verjährungsverlängerung, JZ 1965, 152.

601 *Klug*, a.a.O., zu der Abstufung der Verjährungsfrist siehe § 79 StGB.

602 *Dannecker*, Das intertemporale Strafrecht, S. 333; *Grünwald*, Zur Frage des Ruhens der Verjährung von DDR-Straftaten, StV 1992, 333 ff.; *Roggemann*, Systemunrecht und Strafrecht -

mender zeitlicher Distanz erlischt das Strafbedürfnis als solches, da die mit der Strafe verfolgten Zwecke bereits erreicht sind oder nicht mehr erreicht werden können[604]. Bekanntlich werden die Strafrechtszwecke in absolute und relative unterschieden. Die ersteren sind durch die absolute Vergeltung, die letzteren durch die relative Vergeltung, die General- und Spezialprävention, die von Zweckbestimmungen beherrscht werden, gekennzeichnet[605].

aa) Rechtfertigung aus der absoluten Strafrechtstheorie

Hierher gehört u.a. die Sühnetheorie, die besagt, der Täter habe durch die inzwischen ausgestandene Furcht vor Strafe genug gelitten, wodurch das Verbrechen bereits gesühnt worden sei. Nach dieser Ansicht soll die ausgestandene Angst des Straftäters sowohl unter spezial- und generalpräventiven als auch unter Vergeltungsgesichtspunkten ein funktionelles Äquivalent für die tatsächliche Bestrafung darstellen[606]. Dem ist aber zu erwidern, dass viele, besonders die Gewohnheitsverbrecher, sich um eine künftige Strafe wenig bekümmern, weshalb es unzulässig ist, die Vermutung einer ausgestandene Furcht vor Strafe als Ersatz für letztere anzunehmen[607].

bb) Rechtfertigung aus der relativen Strafrechtstheorie

Dieser Aspekt ist zunächst mit dem generalpräventiven Gedanken eng verbunden. Vor allem verleiht die reziproke Korrelation zwischen zeitlicher Entfernung der Sanktion von der Tat und der präventiven Wirksamkeit dieser Sanktion der Begrenztheit des zeitlichen Reaktionsspielraums Sinn, der sich in der Verjährung niederschlägt. Je größer der Abstand zwischen Tat und strafrechtlicher Ahndung ist, desto schwächer wird die präventive Effizienz einer Ahndung[608]. Das gleiche gilt unter spezialpräventiven Gesichtspunkten: Nähert man sich der Verjährungsfrage

am Beispiel der Mauerschützen in der ehemaligen DDR, 1993, S. 50 f.; BGH NJW 1985, 1720.

603 *Lorenz*, Die Verjährung in der deutschen Strafgesetzgebung, 1955, S. 90 f.

604 *Zimmermann*, Strafrechtliche Vergangenheitsaufarbeitung und Verjährung (Diss.), 1997, S. 32.

605 *Lorenz*, Die Verjährung in der deutschen Strafgesetzgebung, 1955, S. 95.

606 *Zimmermann*, a.a.O.

607 *Lorenz*, a.a.O.

608 *Mitsch*, in: MK-StGB Bd. 2/1, Rn. 4 vor §§ 78 ff.

von dieser Strafzwecklehre her, dann könnte der staatliche Strafverzicht vor allem dann gerechtfertigt werden, wenn der Täter sich nach Ablauf eines gewissen Zeitraums gebessert hat und daher ein Vollzug der Strafe nicht mehr nötig ist, da deren Zweck schon erfüllt ist. Der Grund der Verjährung aber liege nicht allein in der Tatsache des Zeitablaufs, sondern in dieser in Verbindung mit dem weiteren Umstand, dass in der Seele des Verbrechers von ehedem Wandlungen eingetreten sind oder eingetreten sein können, die den Staat berechtigen, auf sein Strafrecht zu verzichten[609].

2. Zur Rechtsnatur der Verjährung

Strittig ist die Frage, welcher rechtliche Charakter dem Institut der Verjährung zukommt. Die Antwort auf diese Frage ist entscheidend bei der Verjährungsproblematik, da es von der Rechtsnatur der Verjährung abhängt, ob die rückwirkende Manipulation der Verjährungsfrist mit Art. 103 II GG vereinbar ist oder nicht: ist sie prozessualer Art, dann, so wird gesagt, fällt die Verjährung nicht unter Art. 103 II GG. Ist sie hingegen materiellrechtlicher oder wenigstens auch materiellrechtlicher Art, dann stellt die spätere Friständerung einen Verstoß gegen Art. 103 II GG dar[610].

Das Spannungsverhältnis ergibt sich eigentlich daraus, dass die Verjährungsvorschriften im StGB geregelt waren, allerdings deren Rechtsfolgen (Verfahrenseinstellung statt Freispruch) als ein prozessuales Statut erschienen. Mit der Diskussion der Strafrechtsdogmatik über die Verjährungstheorien wurde der Versuch unternommen, den Bezugspunkt zur „Strafbarkeit" herzustellen: Die materielle Theorie sah die Verjährung von vornherein als Teil der Strafbarkeitsvoraussetzungen an, die prozessuale Theorie dagegen als ein reines Verfahrenshindernis. Nach der gemischten Theorie ist die Verjährung prozessuales und materiellrechtliches Rechtsinstitut zugleich[611]. Auch die Rechtsprechungen von der Rechtsnatur der Strafverfolgungsverjährung hat sich im Laufe der Entwicklung der letzten Jahrzehnte differenziert und gewandelt. Sie ist zunächst vom RG[612] als Institution des materiellen

609 *Lorenz*, Die Verjährung in der deutschen Strafgesetzgebung, 1955, S. 96.

610 *Bemmann*, Zur Frage der nachträglichen Verlängerung der Strafverfolgungsverjährung, JuS 1965, 335.

611 *Dannecker*, Das intertemporale Strafrecht, 1993, S. 324.

612 RGSt 40, 90.

Rechts angesehen worden. Später hat das RG[613] sie als ein aus materiellem und prozessualem Recht gemischtes Institut angesehen. Danach sahen die folgenden Rechtsprechungen[614] die Strafverfolgungsverjährung als Verfahrenshindernis an[615].

a) Die prozessuale Theorie

Die prozessuale Theorie sieht in der Verjährung ein reines Verfahrenshindernis und dabei mit dem oben genannten verfahrenspraktischen Legitimationsgrund der Verjährung (Beweisvergänglichkeit, Fehlurteilsrisiko und Verfahrensökonomie) eng verknüpft. Die Strafverfolgungsverjährung sei also ein rein prozessuales Rechtsinstitut[616]. Diese Auffassung wurde seit langem von der Rechtsprechung[617] einheitlich unterstützt, wonach Verjährungsregelungen willkürlich getroffene Entscheidungen des hierzu berufenen Gesetzgebers mit dem Ziel sind, von einem bestimmten Zeitpunkt an vor Erreichen dieses Zeitpunkts verfolgbare strafbare Handlungen zukünftig nicht mehr zu verfolgen. Bei der Verjährung handelt es sich nach dieser Theorie grundsätzlich um die Entscheidung des Gesetzgebers, nach einer bestimmten Zeitspanne ein Verhalten als nicht mehr bestrafbar zu erklären, betrifft aber nicht das gesellschaftliche Unwerturteil hinsichtlich dieser Handlungen[618].

Die Vorschriften über die Verjährung selbst enthalten Regelungen, die sich dem Verfahrensrecht zuordnen lassen: Die Bestimmungen über die Unterbrechung der Verjährung und über ihre Hemmung nach dem erstinstanzlichen Urteil (§§ 78c, 78b Abs. 3) sind mit dem Rechtsgang, insbesondere mit der Sammlung des Tatsachenstoffs und deren Abschluss, verknüpft[619]; würde die Verjährung keine nur verfahrensrechtliche Regelung sein, sondern ein Rechtsinstitut mit materiellrechtlicher Wirkung, dann müsste ein Gericht, bei dem ein Täter wegen eines verjährten Delikts angeklagt wurde, bei der Feststellung, dass die Verjährungsfrist abgelaufen sei,

613 RGSt 41, 176; 66, 329.

614 RGSt 76, 64; 76, 159; 77,209; BGHSt 2,307; BVerfGE 1, 423.

615 *Jähnke*, in: LK-StGB Rn. 8 vor § 78.

616 *Bemmann*, Zur Frage der nachträglichen Verlängerung der Strafverfolgungsverjährung, JuS 1965, 333; *Klug*, Die Verpflichtung des Rechtsstaats zur Verjährungsverlängerung, JZ 1965 149; *Maurach/Gössel/Zipf*, Strafrecht AT 2, Rn 14 zu § 75 II.; *Roxin*, Strafrecht AT Bd. I, Rn 49 ff. zu § 23; *Rudolphi*, in: SK Rn.10 vor § 78.

617 Siehe oben Fn. 614.

618 *Lemke*, in: NK-StGB Bd. 1, 2. Aufl., Rn. 2 vor §§ 78 ff.

619 *Jähnke*, in: LK-StGB Rn. 7 vor § 78.

den Angeklagten freisprechen. Das Gericht aber stellt bei Verjährung das Verfahren lediglich ein[620]. Hiernach wäre das Institut der Verjährung dem Verfahrensrecht zuzuordnen.

b) Die materielle Theorie

Die Theorie von der materiellrechtlichen Natur der Verjährung sieht dagegen den Grund für die Nichtbestrafung einst begangener Taten in der das Strafbedürfnis tilgenden Macht der Zeit und ist dabei mit dem oben erwähnten Legitimationsgrund aus materiellem Gesichtspunkt (Erlöschen des Strafbedürfnis bezüglich der Strafzwecke)[621] eng verbunden. Nach dieser Theorie wurde die Strafbarkeit und Strafgewalt von vornherein durch die Verjährungsregelung als zeitlich begrenzt angenommen und die Verjährungsvorschriften sind als Teil der materiellrechtlichen Strafaufhebungsgrunde[622] einzuordnen[623].

Die Anhänger[624] dieser Theorie verweisen auf die Vorschriften über die Verjährung[625] selbst enthalten Regelungen, die materiellrechtlich erklärbar sind. So gilt etwa die nach der Deliktsschwere abgestufte Dauer der Verjährungsfristen als Ausdruck sachlichrechtlichen Denkens: Weniger schwere Delikte verjähren früher als schwerwiegende Taten, und für Mord ist die Verjährung aufgehoben. Verjährung sei also nach dieser Theorie ein Mittel, um eine Bestrafung auszuschließen, weil aufgrund des Zeitabstands kein weiteres Bedürfnis mehr dafür besteht[626]. Während die rein materiellrechtliche Theorie der Strafverfolgungsverjährung in der älteren Literatur[627] weit verbreitet war, der auch eine frühe Entscheidung des RG[628] bei-

---

620 *Klug*, Die Verpflichtung des Rechtsstaats zur Verjährungsverlängerung, JZ 1965 150.

621 Siehe oben Fn. 614.

622*Bloy*, Die dogmatische Bedeutung der Strafausschließungs- und Strafaufhebungsgründe, 1976, S. 251; *Lorenz*, Die Verjährung in der deutschen Strafgesetzgebung, 1955, S. 56.; *Rudolphi/Wolter*, in: SK-StGB Rn. 10 vor § 78.

623 *Dannecker*, Das intertemporale Strafrecht, 1993, S. 324.

624 *Lorenz*, a.a.O., S. 29.

625 Z.B. § 263 Abs. 3 StPO; Art. 21 Nr. 68 EGStGB; Art. 315a EGStGB i. d. F. des 2. Verjährungsgesetzes vom 27.9.1993 liefern keinen Hinweis darauf.

626 *Jähnke*, in: LK-StGB (11. Aufl.), Rn. 7 zu vor § 78.

627 *Beling*, Aus dem neuesten Bande der Entscheidungen des Bayerischen Obersten Landesgerichts in Strafsachen, ZStW 39 (1918), 663; *H. Kaufmann*, Strafanspruch, Strafklagrecht - Die Abgrenzung des materiellen vom formellen Strafrecht, 1968, S. 152; *Lorenz*, a.a.O., S. 55 ff.

pflichtete und in der Gegenwart aber nur noch von einer Minderheit der Autoren vertreten wird, setzte im Laufe der Zeit ein Meinungsumschwung ein, der die bis heute vorwiegend vertretene Auffassung von der Doppelnatur und rein prozessualen Natur mehr und mehr in den Vordergrund treten ließ[629].

c) Die gemischte Theorie

Die gemischte Theorie schließlich, die der Verjährung sowohl einen materiellrechtlichen als auch einen prozessualen Charakter beimisst, nennt für die Nichtahndung weit zurückliegender Taten einen doppelten Grund, den Wegfall des Strafbedürfnisses und den Beweisschwund. Sie ist also eine Kombination aus den beiden vorerwähnten Theorien. Eine neue Begründung für die Verjährung liefert sie nicht[630] und die Vertreter[631] dieser Theorie werten die Verjährung als Verfahrenshindernis mit der Folge, dass Verfahren lediglich einzustellen sind und Verschärfungen nach der Tat gegen den Täter wirken[632].

3. Fazit

Die oben durchgeführte Untersuchung zeigt, dass Wesen und Rechtsnatur der Verjährung letztlich eng miteinander verbunden sind und nie getrennt behandelt werden können. Beide Seiten der Legitimationsgründe der Verjährung (verfahrensrechtliche oder materiellrechtliche) begründen jeweils eine Verjährungstheorie: *Eine* betrachtet sie als materiellrechtliches Institut, mit dem das Unrecht der Tat aufgehoben oder jedenfalls Strafe ausgeschlossen wird. *Die andere* konzentriert sich lediglich auf die verfahrensrechtlichen Aspekte.

---

628 RGSt 41, 176; 66, 329

629 *Bloy*, Die dogmatische Bedeutung der Strafausschließungs- und Strafaufhebungsgründe, 1976, S. 251.

630 *Bemmann*, Zur Frage der nachträglichen Verlängerung der Strafverfolgungsverjährung, JuS 1965, 337.

631 *Baumann/Weber/Mitsch*, § 4 I 1; *Böckenförde*, Zur verfassungsrechtlichen Beurteilung der Einführung der Unverjährbarkeit des Mordes, ZStW 91 (1979), 890; *Dreher*, Anmerkung zu BGH Beschl. v. 19.2.1961 - 1 StR 318/62, MDR 1963, 858. ebenso früher RGSt 59, 199; 66, 328; *Jescheck/ Weigend*, § 86 I 1; *Lackner/Kühl*, 978 Rn 1; *Tröndle/Fischer*, Rn 4; *Powlowski*, Der Stand der rechtlichen Diskussion in der Frage der strafrechtlichen Verjährung, NJW 1969, 594; *von Stackelberg*, Verjährung und Verwirkung des Rechts auf Strafverfolgung, in: FS für *Paul Bockelmann* zum 70. Geburtstag, 1978, S. 763.

632 *Von Stackelberg*, a.a.O.

Beiden Lehren vermögen jedoch nicht zu befriedigen, da sie die Verjährung jeweils nur unter einem Aspekt betrachten. Während die prozessuale Auffassung sowohl die unterschiedlichen Längen der Verjährungsfristen nach § 78 III wie die Unverjährbarkeit von Mord gemäß § 78 II als auch die Möglichkeit der Verjährungsunterbrechung nicht zu erklären vermag, kann auch die rein materiellrechtliche Deutung der Verjährung nicht erhellen, warum dem Gesetz der Verjährung in § 78 selbst nur die Wirkung eines Ausschlusses der Strafverfolgung und der Strafvollstreckung beiliegt, sowie vor allem, warum das Entfallen eines Strafbedürfnisses auch Einfluss auf die Erreichbarkeit des Prozesszieles hat. Zuzustimmen ist daher der gemischten Verjährungstheorie, der zufolge dem Institut der Verjährung Gründe zugeordnet sind, denen sowohl unter prozessualen als auch unter materiellrechtlichen Aspekten Relevanz zukommt[633].

Wenn es nach der gemischten Verjährungstheorie Anerkennung finden kann, dass das im Verjährungsinstitut die materiellrechtlichen Aspekte vorhanden sind, ergibt sich aus dieser Schlussfolgerung mit Recht die Wahrscheinlichkeit, dass im Fälle von Ruhen, Verlängerung und Unterbrechung der Verjährung ein Verstoß gegen das strafrechtliche Rückwirkungsverbot gem. Art. 103 II GG wegen späterer nachteiliger Änderung der Verjährung vorliegt. Unter dieser Voraussetzung werde ich im Folgenden die verschiedenen Lösungsversuche der Rückwirkungsproblematik im Zusammenhang mit der Verjährung, die nach der Wiedervereinigung in Deutschland auftauchte, überprüfen und versuchen, eine angemessene Lösung zu finden.

III. Lösungsansätze

Auf diese Frage folgten in Deutschland nach der Wiedervereinigung eine Reihe von Lösungsansätzen, im Folgenden werde ich sie grob nach den vier wichtigsten Ansätzen ordnen und weiter analysieren. Die Ansätze folgen i) der prozessualen Verjährungstheorie, ii) der Interpretation der vorhandenen Verjährungsvorschriften in StGB und StGB-DDR, iii) den einzelnen Gesetzgebungen, und letztlich iv) dem Grundgedanken des Rückwirkungsverbotes.

---

633 *Rudolphi/Wolter*, in: SK-StGB Rn. 10 vor § 78.

1. Die Konsequenz der reinen Verfahrenstheorie: Eine kurze Wiederholung

a) Die herrschende Meinung

Das häufigste Argument für die Vereinbarkeit nachträglicher Änderung von Verjährungsfristen mit dem Rückwirkungsverbot ist die rein prozessuale Verjährungstheorie[634], die die Verjährung dem Verfahrensrecht zuordnet. Hat die Verjährung nur verfahrensrechtliche Bedeutung, dann kann Art. 103 II GG einer gesetzlichen Verlängerung nicht im Wege stehen, da Art. 103 II GG eine materiellrechtliche, aber keine verfahrensrechtliche Schutzfunktion hat: Der einzelne soll von vornherein wissen können, was die Gesellschaft ihm verbietet und welche Strafe ihm für den Fall der Zuwiderhandlung gegen jenes Verbot droht. Diese Schutzfunktion bleibt aber unverändert und unberührt, wenn eine Verjährungsfrist vom Gesetzgeber geändert wird. Denn dies ändert nichts daran, dass das betreffende Verhalten vorher als verboten erklärt und mit Strafe bedroht wurde. An dem Unwerturteil, das in der gesetzlichen Androhung der Strafbarkeit eines bestimmten Verhaltens enthalten ist, wird durch die nachträgliche Modifizierung der Verjährungsfrist nichts geändert[635]. Unter Strafbarkeit im Sinne des Art. 103 II GG sind die gesamten Voraussetzungen für jenes Unwerturteil einschließlich der daraus resultierenden Strafe und Strafhöhe zu verstehen. Das Verfahrensrecht dient der Regelung der Feststellung, ob ein bestimmtes konkretes Verhalten mit jenem Unwerturteil zu belegen ist. Es gehört daher selbst nicht zu den Voraussetzungen für das Unwerturteil[636]. Dieser Standpunkt wurde anlässlich der Verfolgung nationalsozialistischer Verbrechen eingeführt, um sie für verfassungskonform zu erklären und so die Verfolgung nationalsozialistischer Straftaten sicherzustellen und ist in Deutschland zur maßgeblichen Meinung geworden[637] und besitzt bis heute die gleiche Position[638].

---

634 Vgl. dazu oben S. 173.

635 *Klug*, Die Verpflichtung des Rechtsstaats zur Verjährungsverlängerung, JZ 1965 151.

636 *Klug*, a.a.O.

637 *Dannecker*, Das intertemporale Strafrecht, 1993, S. 324 f.

638 Dazu vgl. oben Fn. 616.

b) Die Rechtsprechung

Der BGH[639] und Das BVerfG[640] haben bereits diesen Standpunkt völlig einleuchtend bestätigt. Das BVerfG hat v.a. bezüglich des Begriffs „Strafbarkeit" in Art. 103 II GG zwischen den Voraussetzungen der Strafbarkeit und den Prozessvoraussetzungen unterschieden: Das Unwerturteil, das jeder Strafnorm innewohne, ergebe sich aus Straftatbestand und Strafandrohung, die zusammen die Strafbarkeit i.S.d. Art. 103 II GG ausmachen. Verjährungsvorschriften betreffen dagegen nach Ansicht des Gerichts nur die Verfolgbarkeit, lassen hingegen die Strafbarkeit unberührt und werden daher nicht vom Schutzbereich des Art. 103 II GG erfasst[641]. Nach der Auffassung des BVerfG[642] und auch der des OLG Frankfurt[643] könne ein Täter ohnehin im Zeitpunkt der Tat nicht darauf vertrauen, dass sein strafbares Verhalten innerhalb der normalen Frist verjährt sein wird; denn in jedem Strafgesetz sind Gründe für das Ruhen und die Unterbrechung der Verjährung vorgesehen. Es hat eben niemand ein Recht darauf, bei seiner Tat kalkulieren zu können, wie lange sie verfolgt werden kann. Daher ist die in Deutschland herrschende Ansicht, dass die Verlängerung einer noch nicht abgelaufenen Verjährungsfrist zulässig ist[644].

c) Stellungnahme

Diese einseitige Definition der Verjährung ist aber nicht akzeptabel. Der Grund dafür wird an dieser Stelle nicht mehr eingehend behandelt, da er zuvor schon ausgeführt wurde[645], aber sicher ist, dass man niemals leugnen kann, dass die materiellrechtliche Aspekte in der strafrechtlichen Verjährung vorhanden sind und dabei diese Theorie auf keinen Fall einen befriedigenden Weg aus der Rückwirkungsproblematik bezüglich der Verjährung zeigt.

---

639 BGHSt 26, 289.

640 BVerfGE 25, 269 ff.; vgl. auch BVerfGE 1, 418, 423.

641 Zusammengefasst diese Auffassung des BVerfG v. *Pieroth/Kingreen*, Die Verfassungsrechtliche Problematik des Verjährungsgesetzes, NJ 1993, 386.

642 BVerfGE 1, 418, 423; 25, 269, 298.

643 OLG Frankfurt, NJW 1988, 2900, 2901.

644 Zusammengefasst v. *Hirsch*, Rechtsstaatliches Strafrecht und staatlich gesteuertes Unrecht, 1996, S. 28.

645 Siehe oben S. 175 f.

2. Differenzierung zwischen echter und unechter Rückwirkung

Ein weiterer Versuch, ein Ausnahmegebiet des Rückwirkungsverbotes im Bereich Verjährung zu suchen, wurde durch die Differenzierung des Verjährungsbegriffs durchgeführt, die hauptsächlich im Zusammenhang mit der nachträglichen Verlängerung der Verjährungsfrist in der deutschen höchstrichterlichen Rechtsprechung entwickelt wurde.

a) Der Standpunkt des BVerfG

Das BVerfG hat dem Rückwirkungsverbot zunehmend schärfere verfassungsrechtliche Konturen und Grenzen gegeben und unterscheidet beim Rückwirkungsbegriff heute wie folgt: „Echte (retroaktive) Rückwirkung eines Gesetzes liegt nur vor, wenn das Gesetz nachträglich ändernd in abgewickelte, der Vergangenheit angehörende Tatbestände einwirkt“[646]. Unechte Rückwirkung liegt dagegen vor, wenn eine Norm „nur auf gegenwärtige, noch nicht abgeschlossene Sachverhalte und Rechtsbeziehungen für die Zukunft einwirkt und damit zugleich die betroffenen Rechtspositionen nachträglich beeinträchtigt“[647]. Vor allem zwei Punkte sind nach dieser Definition besonders relevant: das Vorliegen einer Rechtsänderung und die Unterscheidung zwischen abgeschlossenen und nicht abgeschlossenen Tatbeständen[648].

Diese Differenzierung ist bedeutsam für die Rechtsfolgen. Das BVerfG hält die echte Rückwirkung belastender Gesetze nach den rechtsstaatlichen Maßstäben von Rechtssicherheit und Vertrauensschutz für grundsätzlich unzulässig[649]. Sie soll aber ausnahmsweise in bestimmten, vom BVerfG entwickelten Fällen dort erlaubt sein, wo das Vertrauen auf eine bestimmte Rechtslage sachlich nicht gerechtfertigt wäre[650]. Eine unechte Rückwirkung von Gesetzen ist dagegen grundsätzlich zulässig und nur dann ausnahmsweise verboten, wenn in einen Vertrauenstatbestand eingegriffen wird und eine Abwägung zwischen dem Ausmaß des Vertrauensschadens

646 BVerfGE 30, 367, 386; 57, 361, 391; 68, 287, 306; 72, 175, 196.

647 BVerfGE 51, 356, 362; 69, 272, 309; 72, 141, 154

648 *Pieroth/Kingreen*, Die Verfassungsrechtliche Problematik des Verjährungsgesetzes, NJ 1993, 386.

649 BVerfGE 13, 261.

650 BVerfGE 13, 261, 271 f.

des einzelnen und der Bedeutung des gesetzgeberischen Ziels für das Wohl der Allgemeinheit ergibt, dass das erstere überwiegt[651]. Deshalb muss jedenfalls nach Ansicht des BVerfG bei der Prüfung der nachträglichen Verlängerung einer Verjährungsfrist auf die aus den Prinzipien von Rechtssicherheit und Vertrauensschutz deduzierten richterrechtlichen Grundsätze zur Rückwirkung von Gesetzen zurückgegriffen werden[652].

Das gleiche gilt auch für die nachträglich belastende Gesetzgebung der Verjährung. Der Gesetzgeber ist daher nicht daran gehindert, zumindest laufende Verjährungsfristen rückwirkend zu verlängern, wie es im Bereich der Verjährung der Taten des SED-Unrechts geschehen ist (sog. unechte Rückwirkung). Die Neueröffnung bereits abgelaufener Verjährungsfristen ist dem Gesetzgeber allerdings aus rechtsstaatlichen Gründen grundsätzlich verwehrt (sog. echte Rückwirkung) [653].

b) Meinungsbilder in Literatur

Nach *Schreiber* soll auch in der Literatur Einigkeit bestehen, dass eine bereits nach altem Recht eingetretene Verjährung nicht durch einen nachfolgenden Akt der Gesetzgebung wieder aufgehoben werden dürfe. Die sog. echte Rückwirkung sei also verboten. Zur Begründung wurde unter anderem der Gesichtspunkt des aus dem rechtsstaatlichen Prinzip der Rechtssicherheit abgeleiteten Vertrauensschutzes herangezogen: die dem Schuldigen gegebenen Zusicherung dürften nicht enttäuscht werden[654]. Umstritten ist demzufolge, ob dann die unechte Rückwirkung, wenn die Verjährungsfrist noch nicht abgelaufen ist, - wie das Ergebnis des BVerfG besagt - grundsätzlich zuzulassen ist.

aa) Zustimmung

Eine dieser Problematik entsprechende Auseinandersetzung führt ins 19. Jahrhundert zurück, zu einer heftigen Diskussion zwischen *Seeger*, *Zachariä* und *Berner*. *Seeger* und *Zachariä* gingen zunächst als Gegner der Anwendung des Rückwir-

---

651 BVerfGE 24, 220,230 f.; 63, 152, 175; 72, 141, 154.

652 *Pieroth/Kingreen*, Die Verfassungsrechtliche Problematik des Verjährungsgesetzes, NJ 1993, 386.

653 BVerfGE 25, 269, 287.

654 *Schreiber*, Zur Zulässigkeit der rückwirkenden Verlängerung von Verjährungsfristen früher begangener Delikte, ZStW 80 (1968), 355.

kungsverbotes auf eine nachträgliche Stärkung von noch nicht abgelaufenen Strafverfolgungsfristen vom Gesichtspunkt des Vertrauensschutzes aus: Ein zu respektierendes Recht erwerbe der Verbrecher erst mit Vollendung der Verjährung. Vorher gehe es nur um Möglichkeiten, Hoffnungen bzw. Erwartungen, von der verdienten Strafe frei zu werden[655]. So sei etwa die bei Begehung der Tat angestellte Erwägung des Täters, möglicherweise wegen Verjährung der Strafe entgehen zu können, nichts anders als eine Rechnung auf die Mangelhaftigkeit der Strafjustiz. Im Grunde unterscheide sie sich nicht von der allgemeinen Hoffnung der meisten Straftäter, unentdeckt zu bleiben. Eine derartige Hoffnung zu enttäuschen, müsse aber der Strafgewalt möglich sein, ohne Rechte des Verbrechers zu verletzen[656].

Nach *Zachariä* füge der Staat dem Verbrecher durch Anwendung des neuen Verjährungsgesetzes durchaus nicht mehr Übel zu, als er wirklich verdient habe. Durch Ausschluss oder Erschwerung der Verjährung lege sich der Staat keine neuen Rechte bei, er bestimme nur etwas anderes über die Sicherung der Ausübung der ihm noch zustehenden Sanktionsmacht. Eine Vermehrung der Rechte wäre nur die Beseitigung einer rechtlichen Schranke, nicht aber die einer bloßen Hoffnung. Wie der Staat im Einzelfall eine Unterbrechung der Verjährung bewirken könne, so müsse er das auch durch einen generellen Akt der Gesetzgebung können. Es handele sich hierbei um einen bedingten, generellen gesetzlichen Widerspruch gegen den Ablauf der Frist, eine Art genereller, gesetzlich geregelter Unterbrechung der Verjährung[657].

bb) Ablehnung

Demgegenüber behaupten einige Autoren, dass jedwede täterbelastender Gesetzänderung ex post - abgesehen davon, ob sie eine echte oder unechte Rückwirkung charakterisiert - wegen des Verstoßes gegen das Rückwirkungsverbot unzulässig ist. Schon vor der Entstehung von BVerfG-Rechtsprechungen meinte *Berner*, für die Nichtrückwirkung der strengeren Verjährungsvorschriften träfen alle Gründe zu, die die Anwendung härterer Strafgesetze auf früher begangene Verbrechen verbie-

655 *Seeger*, Über die rückwirkende Kraft neuer Strafgesetze, 1862, S. 166 ff., zit.n. *Schrieber*, Zur Zulässigkeit der rückwirkenden Verlängerung von Verjährungsfristen früher begangener Delikte, ZStW 80 (1968), 356.

656 *Zachariä*, Über die rückwirkende Kraft neuer Strafgesetze, 1834, S. 47., zit.n. *Schrieber*, a.a.O., S. 356.

657 A.*a.O.*

ten. Es sei falsch anzunehmen, der Staat lege sich durch neue, strengere Verjährungsvorschriften keine neuen Rechte bei. Vielmehr erweitere er sein ursprünglich nach dem alten Gesetz beschränktes Strafrecht, da die Beseitigung irgendeiner Schranke für ein Recht gerade eine Erweiterung dieses Rechtes bedeute und dabei einen Verstoß gegen den Grundgedanken des Rückwirkungsverbotes darstelle[658].

Die Stellungsnahmen des BVerfG, die das Rückwirkungsverbot nach der zeitlichen Reichweite abgrenzt, ist in der Literatur auf Kritik gestoßen. So kritisierte *Pieroth* die von BVerfG entwickelte Formel, dass Umfang und Intensität des Vertrauensinteresses des einzelnen sowie des Rechtssicherheitsinteresses der Allgemeinheit nicht notwendig etwas mit abgeschlossen oder nicht abgeschlossenen Tatbeständen zu tun habe[659]. Entscheidend sei, inwieweit die konkrete Rechtsposition der Betroffenen gegen nachträgliche Eingriffe verfassungsrechtlich abgesichert sei[660]. Auch *Grünwald* hat sich aus dem zugrunde liegenden Leitgedanken des Rückwirkungsverbotes heraus gegen die Auffassung des BVerfG, dass das Vertrauen des Täters auf eine nicht erfolgende Verlängerung der Verjährungsfrist nicht schutzwürdig sei, zu Wort gemeldet: Der Gedanke des Vertrauensschutzes sei keine hinreichende Erklärung für das Rückwirkungsverbot. Es hindere unter anderem den Gesetzgeber weiter daran, die Strafe nachträglich zu verschärfen. Mit dem Vertrauensschutz ließe sich das nicht erklären. Gehe man von diesem Grundgedanken aus, so sei offenbar, dass auch eine nachträgliche Veränderung der Bestimmungen über die Verjährung, wenn das dem Täter negativ wäre, ausnahmslos vom Rückwirkungsverbot erfasst werde[661]. Für *Jakobs* ist auch irrelevant, ob die Frist vor dem Verlängerungsakt abgelaufen ist oder nicht. Ohnehin verstoßen die beiden Rückwirkungen - echte und unechte - gegen Art. 103 II GG, da der Staat bei einer Verlängerung der Verjährungsfrist - oder bei einer verlängernden Festlegung der Verjährungsberechnung oder einer Erleichterung der Verjährungsunterbrechung etc. - seine Strafbefugnis nachträglich erweitert habe[662].

---

658 *Berner*, Wirkungskreis des Strafgesetzes, 1853, S. 59. zit.n *Schrieber*, Zur Zulässigkeit der rückwirkenden Verlängerung von Verjährungsfristen früher begangener Delikte, ZStW 80 (1968), S. 356 f.

659 *Pieroth*, Grundlagen und Gesetzen verfassungsrechtlicher Verbote, Jura 1983, 122. 251.

660 *Hertwig*, Anmerkung zum BVerfG, Beschluss vom 4.10.1983 - 2 Bvl 19/82, JA 1985, 168.

661 Vgl. *Grünwald*, Zur verfassungsrechtlichen Problematik der rückwirkenden Änderung von Verjährungsvorschriften, MDR 1995, 522.

662 *Jakobs*, Strafrecht AT, 2. Aufl., 4. Abschn. Rn 9.

Schünemann fügte hier einen generalpräventiven Gesichtspunkt hinzu. Eine nachträgliche Verlängerung der Verjährungsfrist bedeute die nachträglich fingierte Steigerung einer vor der Tat so nicht vorhandenen Präventionswirkung und verletze damit die Generalpräventionsgarantie des null-poena Grundsatzes[663], während *Jakobs* die Gesetzesbindung als Objektivitätsgarantie ansieht.

c) Änderung der Position des BVerfG

Das BVerfG versuchte, durch die Differenzierung zwischen der echten und der unechten Rückwirkung die Reichweite einer verbotenen Rückwirkung einzuschränken, dies aber ist in der Literatur auf Kritik gestoßen. Eigentliches Problem der von BVerfG entwickelten Formel ist, dass der anscheinend klare Unterschied zwischen beider Art von Rückwirkungen dogmatisch nicht zu erklären ist. Das Rückwirkungsverbot in seiner modernen, *Feuerbach* zu schreibbaren Fassung[664] meint, dass weder die Strafbegründung noch belastende Änderungen der möglichen Strafmengen oder im Strafvollzug auf einen Zeitpunkt vor Inkrafttreten des Gesetzes zurückwirken dürfen. Zwei Begründungen können diese Fassung absichern. Nach der ersten Begründung kann nur das Gesetz die Straftat und die Bestrafungsmöglichkeiten schaffen (Prinzip der Gesetzlichkeit des Strafrechts). Nach der zweiten Begründung kann nur das Gesetz generalpräventiv wirken (Prinzip der Zweckmäßigkeit des Strafgesetzes)[665]. Der Lösungsansatz des BVerfG durch eine einfache zeitlich-schematische Unterscheidung von echt/unechter Rückwirkung rechtfertigt nicht, warum die beiden wichtigen Begründungen des Rückwirkungsverbotes außer Acht gelassen werden können. Als Einwand gegen belastende und verfassungswidrig rückwirkende Regeländerungen ist diese Formel eigentlich zu schwach. Schließlich ist sowohl eine nachträgliche Verjährungsfriständerung bereits verjährter Straf-taten, als auch eine Verlängerung der gesetzlichen Verjährungsfrist für

---

663 *Schünemann*, Nulla poena sine lege? 1978, S. 25 f., Allerdings hat er seine Auffassung mittlerweile dahingehend präzisiert, dass die durch Gesetz erfolgende Verlängerung der Verjährungsfrist infolge verjährungsunterbrechender Handlungen den Schutzbereich der strafrechtlich-generalpräventiven Wurzel des Nulla-poena-Grundsatzes unberührt ließe, *ders.*, in: *Lampe*, S. 187 mit Fn. 53.

664 *Feuerbach*, Lehrbuch des gemeinen in Deutschland gültigen peinlichen Rechts, 3. Aufl. (1805), §§ 8-20.

665 *Naucke*, Die Missachtung des strafrechtlichen Rückwirkungsverbotes, in: *Horn, Norbert* (Hrsg.), Europäisches Rechtsdenken in Geschichte und Gegenwart (FS für *Helmut Coing* zum 70. Geburtstag), Bd. 1, 1982, S. 238.

noch laufende Fristen rechtsstaatswidrig. Von hier aus wird verständlich, warum die Rechtsfigur der „unechten Rückwirkung" im Schrifttum als „eine zutiefst fragwürdige juristische Erfindung des Bundesverfassungsgerichts " bezeichnet worden ist[666].

Dieser Kritik scheint das BVerfG in einer Serie jüngerer Entscheidungen[667] teilweise Rechnung zu tragen. Das Gericht verwendet die Begriffe „echte" bzw. „unechte" Rückwirkung nicht mehr und definiert Rückwirkung formal als normative Vorverlegung des zeitlichen Anwendungsbereichs vor den rechtlichen Entstehungszeitpunkt eines Gesetzes.

3. Ruhen der Verjährung gemäß allgemeiner Ruhensvorschriften

a) Problemstellung

Die im Rahmen der Aufarbeitung des DDR-Unrechtsregimes mit den Verjährungsproblemen verknüpften Straftaten haben die Gemeinsamkeit, dass Straftaten aus politischen, systemimmanenten Gründen i.d.R. nicht verfolgt wurden. Es gab daher das Meinungsbild, dass die Verjährung von in der DDR begangenen Straftaten, die aus politischen Gründen nicht verfolgt wurden, bis zum Beitritt dieses Staates zur Bundesrepublik geruht habe, weil die Anwendung der Rechtsfigur des Ruhens der Verjährungsfrist zumindest - anders als andere belastende rückwirkende Verjährungsregeländerungen - nicht etwa schon von vornherein unzulässig ist: § 83 Nr. 1 StGB-DDR[668] bestimmte wohl daher, dass die Verjährung ruht, u.a. solange ein Strafverfahren wegen schwerer Erkrankung oder aus einem anderen gesetzlichen

666 *Schmidt*, JuS 1973, 535. zit.n. *Pieroth*, Grundlagen und Gesetzen verfassungsrechtlicher Verbote, Jura 1983, 122. 253.

667 BVerfGE 63, 343; 65, 158.

668 Wortlaut des in der BRD bis zum 31.12.1974 und in der DDR bis zum 30.6.1968 geltende § 69 I 1 StGB a.F.: Die Verjährung ruht währen der Zeit, in welcher auf Grund gesetzlicher Vorschrift die Strafverfolgung nicht begonnen oder nicht fortgesetzt werden kann. Dies wurde allerdings in dem am 1.7.1968 in Kraft getretenen § 83 Nr. 2 StGB-DDR etwas geändert: Die Verjährung ruht, solange ein Strafverfahren wegen schwerer Erkrankung des Täters oder aus einem anderen gesetzlichen Grunde nicht eingeleitet oder fortgesetzt werden kann.

Grund nicht eingeleitet oder fortgesetzt werden konnte; auch § 78b Abs. 1 StGB[669] ordnet an, dass die Verjährung ruht, solange nach dem Gesetz die Verfolgung nicht begonnen oder nicht fortgesetzt werden kann[670].

Die Rechtsprechung[671] hat anlässlich der nationalsozialistischen Diktatur schon angenommen, dass der als Gesetz erachtete Führerwille die Verfolgung von politischen Taten in der NS-Zeit verhindert habe. Ähnlich stellte sich nach dem Zusammenbruch der DDR die Frage, ob auch dort - wie während des Existenz des Nazi-Regimes - eine Lage bestand, die praktisch einer staatlich von Rechts wegen angeordneten Nichtverfolgung bestimmter Straftaten gleichkam[672] und ob dabei die genannten Ruhensvorschriften unmittelbar oder analog auch auf die Nichtverfolgung während der DDR angewendet werden können. Dann hat die Verjährung geruht und es wird möglich, die Verjährungsfrist nachträglich zu verlängern und die Täter wieder zu bestrafen, ohne gegen das Rückwirkungsverbot gem. Art. 103 II GG - soweit es speziell um das Ruhen der Verjährung geht - zu verstoßen. Erforderlich sind aber nach diesen Vorschriften Umstände, die „von Rechts wegen" jedes Tätigwerden des zuständigen Strafverfolgungsorgans ausschließen[673]. Nicht genügt es hier, wenn die Verfolgung faktisch unmöglich ist, etwa weil der Beschuldigte unbekannt ist oder sich im Ausland aufhält[674]. Diese Fragestellung ist allerdings umstritten.

b) Grundsätze zum Ruhen der Verjährung anlässlich des NS-Unrechts

aa) Rechtsprechung

Angesichts der misslichen Situation, in der die in Bezug auf nationalsozialistische Gewalttaten rechtswidrig begangenen Handlungen aufgrund der damals geltenden Verjährungsfristen freigesprochen werden konnten, wurde auf die Rechtsprechung

---

669 Das am 1.1.1976 in Kraft getretene heutige § 78b I Nr. 2 StGB demgegenüber: Die Verjährung ruht, solange nach dem Gesetz die Verfolgung nicht begonnen oder nicht fortgesetzt werden kann (...) .

670 *Schreiber*, Die Strafrechtliche Aufarbeitung von staatlich gesteuertem Unrecht, ZStW 107 (1995), 157-182.

671 Vgl. BVerfGE 1, 418; BGHSt 18, 367., vgl. direkt unten b).

672 *Odersky*, Die Rolle des Strafrechts bei der Bewältigung politischen Unrechts, 1992, S. 24.

673 Vgl. BGHSt 19, 300, 302.

674 *Odersky*, a.a.O.

der Bundesrepublik[675] verwiesen, wonach die Verjährung für die Zeit vom Januar 1933 bis zum Juni 1945 im Sinne des § 69 StGB a.F. (jetzt § 78 b StGB) geruht habe, da eine Verfolgung „aufgrund gesetzlicher Vorschrift" nicht habe begonnen werden können.

Außerdem haben mit gleichem Ziel sogenannte Ahndungsgesetze einzelner Länder und Besatzungszonen[676] das Ruhen der Verjährung für die Zeit von Januar 1933 bis Juni 1945 ausgesprochen. Damit das Ruhen der Verjährung allein aus den allgemeinen Ruhensvorschriften abgeleitet werden, müssen die Ahndungsgesetze lediglich deklaratorischer Natur sein.

Dies hat die Rechtsprechung bejaht. Das BVerfG hat bezüglich einer gegen das hessische Gesetz zur Ahndung nationalsozialistischer Straftaten vom 29.5.1946 gerichteten Verfassungsbeschwerde festgestellt, dass die Ahndungsgesetze nur als „weiterer Anwendungsfall des in § 69 StGB a.F. ausgedrückten Rechtsgedankens" betrachtet werden könne, dass die Verjährung nicht laufen könne, solange der Wille der Verfolgungsbehörde rechtlich gehemmt sei[677]. Der BGH hat anfänglich einen konstitutiven Charakter der Ahndungsgesetze angenommen[678]. Erst später hat er dann im Übereinstimmung mit dem BVerfG ohne gesetzliche Grundlage eine Hemmung der Verjährung unmittelbar aus § 69 StGB hergeleitet, da die Nichtverfolgung auf dem "Führerwillen" beruhe, der als Gesetz eingeschätzt worden und damit der von § 69 a.F. StGB verlangten "gesetzlichen Vorschrift" (vgl. jetzt § 78 b StGB "nach dem Gesetz") gleichzustellen sei[679].

---

675 BGHSt 18, 367 (368 f.) = NJW 1963, 1627; BGHSt 23, 136 (139 f.) = NJW 1970, 154. Zusammengefasst von Schroeder, Zur Verjährung von SED-Unrechtstaten, ZRP 1993, 244 f.

676 Vgl. beispielsweise etwas das Hessische Gesetz zur Ahndung nationalsozialistischer Straftaten vom 29. 5. 1946, GVBl, 136, und das Bayerische Gesetz Nr. 22 zur Ahndung nationalsozialistischer Straftaten vom 31. 5. 1946, GVBl, 182. oder Art. II. 5. des Kontrollratsgesetzes Nr. 10.

677 BVerfGE 1, 418 (423 ff.) = NJW 1953, 177.

678 BGHSt 2, 20; NJW 1952, 271.

679 Vgl. Fn. 677.

bb) Positionen im Schrifttum

(1) Zustimmung

Eine große Anzahl von Äußerungen aus der NS-Zeit[680] hat den Führerwillen im Dritten Reich als unmittelbare Rechtsquelle betrachtet. So ist z.B. bei *Werle* zu lesen, dass der Führerwille einschließlich (schriftlicher und mündlicher) Geheimbefehle nach der damals maßgeblichen Rechtsauffassung Ausgangpunkt des gesamten NS-Rechts und an keinen bestimmten Formen der Rechtsetzung gebunden gewesen sei[681], wie in gleicher Auffassung schon 1943 *Maunez* mit aller Eindeutigkeit für den Bereich der Polizei klargestellt hat: „Solange die Polizei den Willen der Reichsführung vollzieht, handelt sie rechtmäßig (...) Was mit anderen Worten der Führer (...) zuweist, bildet die Rechtsgrundlage für das Wirken der Polizei. Die Zuweisung kann (...) sich auch ergeben im Wege der Einzelweisung oder auch der Einzelbilligung. Dieses System hat notwendigerweise und folgerichtig den alten Gesetzmäßigkeitsgrundsatz ersetzt, seitdem an die Stelle des alten Gesetzes der Wille der Führers getreten ist"[682].

Maunz steht mit dieser Auffassung nicht allein. 1934 heißt es bei *Larenz*[683]: „Niemand anderes als der Führer kann die letzte Entscheidung darüber fällen, ob eine bestimmte Regelung gelten soll. Ihm gegenüber bedarf es keiner Garantie für die Wahrung der Gerechtigkeit, da er Kraft seines Führertums der Hüter der Verfassung, d.h. der ungeschriebenen konkreten Rechtsidee seines Volkes ist". 1935 bestätigt dies *Huber*[684] mit dem Satz: „Es ist daher nicht möglich, die Gesetze des Führers an einer ihnen übergeordneten Rechtsidee zu messen, da jedes Führergesetz selbst unmittelbarer Ausdruck dieser völkischen Rechtsidee ist. So schreibt *Küchenhoff*[685] 1937: „Der Führer und Reichskanzler hat somit Gewalt über Bestand

---

680 Vgl. *Redeker*, Bewältigung der Vergangenheit als Aufgabe der Justiz, NJW 1964, 1097, 1098 f.

681 *Werle*, Der Holocaust als Gegenstand der bundesdeutschen Strafjustiz, NJW 1992, 2534.

682 *Maunz*, Gestalt und Recht der Polizei, 1943, S. 27, zit.n. *Redeker*, a.a.O., 1098.

683 *Larenz*, Deutsche Rechtserneuerung und Rechtsphilosophie, Recht und Staat 1932, S. 34, zit.n. *Redeker*, a.a.O.

684 *Huber*, Neue Grundbegriffe des hoheitlichen Rechts, 1935, S. 40, zit.n. *Redeker*, Bewältigung der Vergangenheit als Aufgabe der Justiz, NJW 1964, 1097, 1098 f.

685 *Küchenhoff*, Handwörterbuch der Rechtswissenschaft, Bd. VIII, 1937, S. 207, zit.n. *Redeker*, a.a.O.

oder Nichtbestand jeden Gesetzes im Reich, er kann jedes Gesetz herbeiführen oder zur Aufhebung bringen".

(2) Ablehnung

Zwei grundsätzliche Fragen ziehen die These der Rechtsprechung[686] in Zweifel: Hat *zum einen* die Verjährung von NS-Verbrechen aufgrund der allgemeinen Verjährungsvorschriften geruht und kann *zweitens* der Führerwille wirklich als Rechtsquelle anerkannt werden?

Heuer und *Lilie* gehen bezüglich der ersten Frage davon aus, dass das Ruhen der Verjährung nationalsozialistischer Verbrechen in der DDR im Prinzip nicht auf § 69 StGB a.F. gestützt wurde, sondern auf das vom Alliierten Kontrollrat erlassene Gesetz Nr. 10, das in Art. II Nr. 5 bestimmte, dass sich ein wegen Nazi- und Kriegsverbrechen Angeklagter für die Zeit vom 30.1.1933 bis 1.7.1945 nicht auf Verjährung berufen könne[687]. Dafür spricht auch die Entscheidung des OLG Dresden: „Der Grundsatz, dass der Angeklagte sich nicht auf Verjährung berufen kann, soweit die Zeitspann vom 30.1.1933 bis 1.7.1945 in Frage kommt, duldet keinen Umkehrschluss bei Fällen, die nicht unter dieses Kontrollratsgesetz fallen. Er findet vielmehr auch auf ähnlich gelagerte Straftaten, die während jener Zeitspanne begangen und damals zu Unrecht beschönigt und beschützt wurden, Anwendung" [688].

So verweisen *Pieroth* und *Kingreen* in der gleicher Meinung wie das BVerfG[689] darauf, dass die sog. Ahndungsgesetze in den westlichen Besatzungszonen keine bloße Konkretisierung des § 69 StGB a.F., sondern dessen konstitutive Erweiterung darstellten. Die Begründung für dieses Argument sehen sie im folgenden Teil der Entscheidung klar zum Ausdruck gebracht: „Dass das angegriffene Urteil auf dem Ahndungsgesetz beruht, liegt auf der Hand, denn ohne dieses Gesetz wäre die Strafverfolgung mit Rücksicht auf den Ablauf der zehnjährigen Verjährungsfrist nach 1943 nicht mehr zulässig gewesen (...)"[690]. Damit soll das BVerfG mindestens

686 Vgl. oben S. 185 ff.

687 *Heuer/Lilie*, Lasst verjähren, was verjährt? DtZ 1993, 355.

688 *Pieroth/Kingreen*, Die Verfassungsrechtliche Problematik des Verjährungsgesetzes, NJ 1993, 388.

689 BVerfGE 1, 418.

690 BVerfGE 1, 418, 420.

dem hessischen Ahndungsgesetz konstitutive Wirkung zugesprochen und nicht allein aus § 69 StGB a.F. ein Ruhen der Verjährung hergeleitet haben[691].

Zu der weiteren Frage bzgl. der Voraussetzung des § 69 StGB a.F., wonach die Verjährung ruhe, wenn „auf Grund gesetzlicher Vorschrift" die Strafverfolgung nicht begonnen oder nicht fortgesetzt werden kann, nahm u.a. *Welzel* Stellung, der die Verkündung als ein unentbehrliches Element des Gesetzesbegriffes betrachtet hat. Sie sei notwendig, weil ein Normsetzungsakt durch Akzeptanz seitens der Rechtsunterworfenen zum positiven Recht werden kann. Führerbefehle zur Tötung von Menschen seien niemals verkündigt worden, hätten deshalb weder formell noch materiell §§ 212, 213 StGB beseitigen können[692]. In diesem Sinne hat *Schünemann* den Rechtscharakter der Geheimbefehle *Hitler*s zum Massenmord an Juden auch streng verweigert[693].

c) Übertragbarkeit der Grundsätze auf SED-Unrecht

Doch auch wenn man annimmt, die Verjährung von NS-Verbrechen habe aufgrund der Vorschrift des § 69 StGB a.F. geruht, bleibt noch die entscheidende Frage, ob dies auf das SED-Unrecht übertragen werden kann. Diese Möglichkeit wurde bei Zugrundelegung des Rechtsverständnisses und der Rechtspraxis der DDR in der Rechtsprechung und Literatur verschiedentlich bestritten.

aa) Rechtsprechung

(1) Bejahung

Das KG lehnte demgegenüber die grundsätzliche Unterscheidung zwischen dem NS-Staat und dem Rechtssystem der DDR mit dem Argumentation ab, dass es nicht darum gehe, ob in der früheren DDR neben der Volkskammer auch noch andere Organe Recht setzen konnten, sondern ob mit Billigung der Staatsführung begangenes offensichtliches Unrecht auch verfolgt wurde. Daraus zog das KG die Folge-

---

691 *Pieroth/Kingreen*, Die Verfassungsrechtliche Problematik des Verjährungsgesetzes, NJ 1993, 388 f.

692 *Welzel*, Gesetzmäßige Judentötungen? NJW 64, 521, zit.n. *Redeker*, Bewältigung der Vergangenheit als Aufgabe der Justiz, NJW 1964, 1097.

693 Allerdings zählt *Schünemann* zu den Kernelementen des Rechtsbegriffs außer z.B. der Verkündung (bei ihm „öffentliche Regelkommunikation") noch die Übereinstimmung mit der Kultur derjenigen Gesellschaft. Eingehend vgl. oben S. 140 f.

rung, dass der Wille der Staats- und Parteiführung - auch wenn er nicht in förmliche Gesetze gegossen war - für die Strafverfolgungsorgane der ehemaligen DDR rechtsverbindlich gewesen und so einem Gesetz gleich erachtet geworden sei[694]. Im Ergebnis kommt das KG aus diesen Erwägungen zu dem Schluss, dass im vorliegenden Mauerschützen-Fall der Strafverfolgung keine tatsächlichen Hindernisse entgegenstanden, sondern der gesetzesgleich erachtete Wille der Staats und Parteiführung, so dass § 83 Nr. 2 StGB-DDR anzuwenden ist[695].

Während das KG eine unmittelbare Anwendung des § 83 Nr. 2 StGB-DDR angenommen hat, gelangte der BGH[696] in seiner Grundsatzentscheidung vom. 19.4.1994 zu dessen analoger Anwendung. Die mit wesentlichen Grundsätzen einer freiheitlichen rechtsstaatlichen Ordnung unvereinbare Staatspraxis der DDR, bestimmte Straftaten nicht zu verfolgen, habe die Wirkung eines gesetzlichen Verfolgungshindernisses[697]: Der auf den politischen Willen der Staatsführung zurückgehenden Praxis komme nicht lediglich die Bedeutung eines für die Verjährung irrelevanten tatsächlichen Verfolgungshindernisses zu. Hier liege vielmehr ein quasigesetzliches Verfolgungshindernis vor[698] und diese Analogie werde auch von Sinn und Zweck der Ruhensnorm verlangt, die auch im Gebot der Verwirklichung materieller Gerechtigkeit wurzeln. Auf Ausmaß und Gewicht der Straftaten, die unverfolgt blieben, komme es dabei nicht entscheidend an. Im Ergebnis befürwortet der BGH die Gleichbehandlung von Staatspraxis und Gesetzeslage und damit die entsprechende Anwendung von § 83 Nr. 2 StGB-DDR auf die systembedingte Nichtverfolgung von Straftaten[699].

(2) Verneinung

Das LG Berlin hat in einem Beschluss vom 10. 7. 1992 die Anwendung der oben genannten höchstrichterliche Rechtsprechung[700] zur Verjährung für Delikte wäh-

---

694 KG, Beschl. v. 17. 12. 1992, NStZ 1993, 241.

695 KG, a.a.O.

696 BGHSt 40, 113 ff.

697 BGHSt 40, 113, 116

698 BGH NJW 1994, 2241.

699 BGHSt 40, 113, 117 f.; bestätigend BGH NJW 1995, 2732, 2733; BGH NJW 1995, 2861; BGH, NJW 1995, 3324; NJW 1996, 857, vgl. *Zimmermann*, Strafrechtliche Vergangenheitsaufarbeitung und Verjährung (Diss.), 1997, S. 105.

700 Vgl. Fn. 696-699.

rend der NS-Zeit auf die systembedingte Nichtverfolgung in der DDR aus grundsätzlichen Erwägung abgelehnt[701]. Derartige gesetzliche Gründe, die § 69 StGB a.F. für Verjährungshindernis voraussetze, seien jedenfalls bis zum Ablauf der Verjährungsfrist nicht vorhanden gewesen. Vielmehr sei allein durch „tatsächliche Umstände" verhindert geworden, insbesondere durch die Unkenntnis von der Tat überhaupt und dadurch, dass Verdächtige und wesentliche Beweismittel nicht auf dem genannten Gebiet zur Verfügung gestanden habe[702]. Das LG hat aber für die Beantwortung dieser Frage als noch entscheidender festgestellt, dass bei der Wiedervereinigung von 1990 - im Gegensatz zur Zeit des NS-Regimes und seines Endes durch bedingungslose Kapitulation - ein Einigungsvertrag gegeben sei, der die Fortgeltung des DDR-Rechts teil- und zeitweise anerkennt. Dann sollen die Verjährungsvorschriften des StGB-DDR berücksichtigt werden und die Verjährung kann nicht einfach aus einem in der ehemaligen DDR nie gegebenen „gesetzlichen Grund" ruhen[703].

Außerdem wies das LG darauf hin, dass ein dem „Führerwillen" der NS-Herrschaft vergleichbares gesetzgebendes Organ jedoch in der DDR nie vorhanden gewesen sei: Weder das Zentralkomitee der SED noch ihre Parteitagsbeschlüsse könne deshalb ein Ruhen der Verjährung bewirkt haben[704]. Diese Ansicht wurde durch eine Entscheidung des BGH bestätigt. Danach sei in der DDR - anders als im nationalsozialistischen Führerstaat - keine Doktrin gegeben, nach denen der bloße Wille der Inhaber tatsächlicher Macht Recht zu schaffen vermochte. Gesetze seien verbindlich gewesen und konnten allein von der Volkskammer erlassen werden[705].

bb) Schrifttum

(1) Bejahung

Befürworter[706] gehen davon aus, dass die von der Rechtsprechung zu den Gewalttaten des Nationalsozialismus entwickelten Kriterien wegen gleicher Interessen- und

701 LG Berlin, Beschl. v. 10. 7. 1992, DtZ 1992, 355 f.

702 LG Berlin, Beschl. v. 10. 7. 1992, DtZ 1992, 335.

703 LG Berlin, a.a.O., 336.

704 LG Berlin, a.a.O.

705 BGHSt 39, 1 ff = BGH, Urt. v. 3. 11. 1992 - 5 StR 370/92, NJW 1993, 143 ff.

706 *Lemke/Hettinger*, Anmerkung zu OLG Frankfurt/M., Beschl. v. 10. 7. 1991 - 2 Ws 88/91, StV 1991, 421 ff.; *König*, Zur Verfolgungsverjährung von SED-Unrechtstaten - Anmerkung zu

Rechtslage grundsätzlich auf politisch motivierte, unter die Strafgesetze der DDR fallende Straftaten des SED-Unrechtssystems anzuwenden sind. Überzeugende Begründungen sind folgende:

- Eine ähnliche Situation sei auch bei unter die Strafgesetze der DDR fallende Straftaten des SED-Unrechtsregimes festzustellen. Der Wille der Staats- und Parteiführung stehe der Ahndung bestimmter Straftaten - etwa der Körperverletzung durch Misshandlung und Folter bei Verhören oder der vorsätzlichen Tötung durch Schüsse an der Mauer - entgegen[707].

- Darüber hinaus gab es Anweisungen durch Mitglieder der Regierung - zum Teil allgemein im Rahmen von für die Rechtsprechung verbindlichen SED-Parteitagsbeschlüssen, zum Teil auch im Einzelfall -, bestimmte anhängige Rechtsfälle in einer den Staatszielen dienlichen Weise und unabhängig von ansonsten bestehenden Gesetzen zu entscheiden[708]. Als Beleg für die Tatsache, dass auch im SED-Staat der Wille der Staats- und Parteiführung von den Strafverfolgungsbehörden sowie den Gerichten als rechtsverbindlich betrachtet wurde, sei jedoch ein Zitat aus den Informationen des Obersten Gerichts der DDR (Nr. 4/86) anzuführen, welches besage, dass die Beschlüsse des XI. Parteitags der SED verbindliche Grundlage für die Tätigkeit der Gerichte und Richtschnur ihres Handelns seien[709].

- Der Unterschied zwischen Nationalsozialismus und DDR-Herrschaft sei nur graduell[710]: Bei der Ermittlung der Möglichkeit, ob der politische Wille des SED-Regimes als Gesetz angesehen werden kann, ist das Maß des Unrechts, also ein Vergleich beider Systeme in dieser Hinsicht, nicht erforderlich; entscheidend sei allein, dass die Strafverfolgung jeweils aufgrund des entgegenstehenden Willens

---

OLG Frankfurt/M. vom. 10. 7. 1991 - 2 Ws 88/91, NStZ 1991, 566 ff.; *Kramer*, Zur Verjährungsproblematik bei SED-Unrechtstaten - Kritische Betrachtung zum Beschl. des OLG Braunschweig v. 22. 11. 1991, NJ 1992, 235; *Krehl*, Die Verjährung der in der ehemaligen DDR begangenen Straftaten, DtZ 1992, 13 ff.

707 *Krehl*, a.a.O., 15.

708 *Krehl*, a.a.O., 13 ff.

709 Vgl. *Lemke/Hettinger*, Anmerkung zu OLG Frankfurt/M., Beschl. v. 10. 7. 1991 - 2 Ws 88/91, StV 1991, 423; *dies*., NStZ 1992, 21, Über die Information Nr. 4/86 eingehend vgl. *Sauter*, Verjährung von SED-Unrecht - Überlegungen zum gesetzgeberischen Handlungsbedarf, DtZ 1992, 170, Fn. 4.

710 *König*, Anmerkung zum Urteil v. 19. 4. 1994 - 5 StR 204/93, JR 1994, 340.

der Machthaber nicht stattgefunden habe[711]. Dann sei es nicht ersichtlich, was der Übertragung der zum NS-Unrecht entwickelten Kriterien entgegenstehen solle[712].

- Auf den verjährungsrechtlichen Umgang der DDR mit dem NS-Straftaten bezieht sich ein weiterführender Gesichtspunkt. Im Rechtsschrifttum der DDR fänden sich Äußerungen, nach denen die Rechtspflege während der NS-Zeit auf jeden Fall geruht haben müsse[713]. Es sei deshalb davon auszugehen, dass dann, wenn das DDR-Recht wenigstens ein Ruhen der Verjährung von NS-Taten während der NS-Zeit annahm und dementsprechend NS-Täter strafrechtlich verfolgt hätte, eine ähnliche Rechtslage wie in der Bundesrepublik bestanden hätte. Aus diesem Grund bestehen heute keine Bedenken, die in der Bundesrepublik entwickelte Rechtsansicht zur Verjährung in der ehemaligen DDR anzuwenden[714].

- Die Bestrafung der DDR-Unrechtstaten sei auch mit Hilfe der Rechtsfigur des Ruhens der Verjährung aus faktischem Grund zu befürworten: Diejenigen Fälle, bei denen auf Seiten der Bundesrepublik an sich sehr wohl ein staatlicher Wille, das begangene Unrecht zu verfolgen, existent gewesen und dieser Wille auch im Rahmen des Möglichen durch entsprechende Ermittlungen zu verwirklichen versucht geworden sei, unterscheide sich somit nicht von anderen Fällen, in denen es den Tätern durch Untertauchen, Flucht ins Ausland oder ähnliches gelungen war, sich lange genug bis zum Eintritt der Verjährung dem Zugriff der Ermittlungsbehörden zu entziehen[715].

---

711 *Pieroth/Kingreen*, Die Verfassungsrechtliche Problematik des Verjährungsgesetzes, NJ 1993, 387, vgl. auch *Geiger*, Verjährungsprobleme von in der ehemaligen DDR begangenen Straftaten, JR 1992, 401; *Krehl*, Die Verjährung der in der ehemaligen DDR begangenen Straftaten, DtZ 1992, 15.

712 *König*, Zur Verfolgungsverjährung von SED-Unrechtstaten - Anmerkung zu OLG Frankfurt/M. vom. 10. 7. 1991 - 2 Ws 88/91, NStZ 1991, 566 ff.

713 *Lekschas/Renneberg*, Zum Probleme der Verjährung von Kriegs- und Naziverbrechen, Staat und Recht 1964, S. 1187 ff. (1203), zit.n. *Geiger*, Verjährungsprobleme von in der ehemaligen DDR begangenen Straftaten, JR 1992. 400.

714 *Geiger*, a.a.O., 401

715 *Riedel*, Schießbefehl und Verjährung - Zum Problem der Strafverfolgungsverjährung bei Schusswaffengebrauch an der ehemaligen DDR-Grenze, DtZ 1992, 166.

- Einem Beschlussantrag der SPD-Fraktion[716] im Bundestag liegt eine unterstützende Argumentationskette zugrunde: „Der Deutsche Bundestag vertritt die Auffassung, dass die Verfolgungsverjährung von Straftaten, die in der ehemaligen Deutschen Demokratischen Republik unter Missachtung rechtsstaatlicher Maßstäbe aus politischen Gründen nicht verfolgt wurden, bis zum Zeitpunkt des Wirksamwerdens des Beitritts geruht hat“[717].

(2) Skeptische Positionen bzw. Verneinung

Eine große Anzahl von Autoren[718] hat sich skeptisch bzw. ablehnend zu Wort gemeldet. Der Haupteinwand bezieht sich auf Bedenken gegenüber der Zulässigkeit der Gesetzesqualität des SED-Partiewillen und die damit verbundene Anerkennung als „gesetzlicher Grund“ im Sinne des § 83 Nr. 2 StGB-DDR.

Im nationalsozialistischen Staat wurde dem Führerwillen höchst Autorität zugesprochen, jedoch entsprach es nicht der Verfassung und der Staatsauffassung der DDR, dass Entscheidungen der Staats und Parteiführung als Rechtsnormen den Gesetzen vorangegangen wären[719]: Auch wenn der Einfluss der SED auf die Gesetzgebung umfassend war, gab es dem „Führerwillen“ des NS-Herrschaft entsprechende Gesetzgebungsorgane in der DDR eigentlich nicht[720]. Vor diesem Hintergrund ist es nicht nur eine historische, sondern auch eine unzulässige juristische Vereinfachung, den Führerwillen und den SED-Parteiwillen hinsichtlich ihrer Gesetzesqualität gleichzusetzen[721]. Vor diesem Ausgangspunkt müsste schon die Anwendung des § 83 Nr. 2 StGB-DDR ausscheiden, da bloß tatsächliche Hinderungsgründe ein Ruhen der Verjährung nicht begründen können.

---

716 BT-Drucksache 12/2132 v. 19.2.1992.

717 *Grünwald*, Zur Frage des Ruhens der Verjährung von DDR-Straftaten, StV 1992, 334.

718 *Breymann*, Zur Auslegung der Verjährungsregelung in Art. 315a EGStGB - Verfolgbarkeit von Straftaten staatlicher Instanzen in der ehemaligen DDR sowie sie nach DDR-Strafrecht verjährt sind, NStZ 1991, 465; *Cramer*, Anmerkung zum Verjährungsgesetz, NStZ 1995, 114, *Heuer/Lilie*, Lasst verjähren, was verjährt? DtZ 19 93, 355 f.; *Pieroth/Kingreen*, Die verfassungsrechtliche Problematik des Verjährungsgesetzes, NJ 1993, 388 ff.; *Schroeder*, Zur Verjährung von SED-Unrechtstaten ZRP 1993, 245 f.

719 *Grünwald*, Zur Frage des Ruhens der Verjährung von DDR-Straftaten, StV 1992, 334.

720 Vgl. BGH, NJW 1993, 141, 146 f.

721 *Pieroth/Kingreen*, a.a.O., 390.

Die Übertragung des Ruhensthese der NS-Zeit in SED-Diktatur ist aber auch im Hinblick auf die „Massivität" des NS-Unrecht zweifelhaft. Zwar mag es sich bei beiden Systemen um totalitäre Zwangsregime gehandelt haben, die qualitativen Unterschiede staatlicher Unrechtstaten sind aber offensichtlich: Die Unrechtstaten in der DDR erscheinen auf keinen Fall - auch wenn sie zu Tötungen geführt haben, in gleicher Qualität wie die äußerste Massivität bei NS-Delikten[722].

Daneben begegnet dem Vergleich der beiden Diktaturen dort Bedenken, wo bereits während der SED-Herrschaft durch die Anwendung der §§ 3-7 StGB ein bundesrepublikanischer Strafanspruch bestand. Sofern das bundesdeutsche Strafrecht aber schon bereits vor dem 3.10.1990 anwendbar war, bestand auch der Wille der westdeutschen Strafverfolgungsbehörden, diese Straftaten zu verfolgen. Diese Absicht konnte nur so lange nicht in die Tat umgesetzt werden, wie sich die Täter in der früheren DDR aufhielten. Die Strafverfolgung war damit bloß aus tatsächlichen, nicht aber aus rechtlichen Gründen nicht möglich und damit vergleichbar den zahlreichen Fällen, in denen Straftäter sich im Ausland aufhalten und sich so dem Zugriff der bundesdeutschen Behörden entziehen[723].

Problematisch ist auch die Berufung von Befürwortern dieser Gleichsetzung auf ein Zitat aus den *Informationen des Obersten Gerichts der DDR* (Nr. 4/86). Man wird daran zweifeln dürfen, ob es sich bei diesen Beschlüssen tatsächlich um verbindliche Normen handelte, die andere Vorschriften außer Kraft setzten, oder nur um Maßstäbe für die Auslegung der Gesetze, so dass man zumindest von einer sozialistischen Gesetzlichkeit reden konnte, die zwar de facto eine Parteilichkeit der Rechtspflege, aber eben keine Aufhebung der Gesetzesbindung beinhaltet habe[724].

d) Fazit

Trotz einer Reihe von Gegenargumenten kann man sagen, dass für die Zeit des NS-Regimes ein Ruhen der Verjährung unter der Geltung des § 69 StGB a.F. angenommen wurde[725]. Uneinheitlich wird allerdings die Kernfrage beantwortet, ob all-

---

722 *Breymann*, Zur Auslegung der Verjährungsregelung in Art. 315a EGStGB, NStZ 1991, 465; auch *Küpper/Wilms*, Die Verfolgung von Straftaten des SED-Regimes, ZRP 1992, 96.

723 *Pieroth/Kingreen*, Die verfassungsrechtliche Problematik des Verjährungsgesetzes, NJ 1993, 390.

724 *Pieroth/Kingreen*, a.a.O.

725 Vgl. BVerfGE 1, 418; BGHSt 18, 367.

gemeinen Ruhensvorschriften unmittelbar oder mindestens analog auf die Nichtverfolgung während der Existenz der DDR angewendet werden und dabei akzeptiert werden können, so dass die Verjährung von SED-Unrechtstaten während das Bestehen der DDR geruht hat.

Die Rechtsprechung war anfangs von Unsicherheit geprägt, alsbald hat sich aber die vorherrschende Auffassung entfaltet, die das Verjährungsruhen in unmittelbar oder analoger Anwendung der allgemein Vorschriften des StGB bejaht. Dem stand eine große Anzahl von Autoren gegenüber, die ein Ruhen der Verjährung aus grundsätzlichen Erwägungen ablehnen[726]: Das DDR-Unrechtsregime sei - anders als der NS-Staat - nach allgemeiner Meinung nicht von Anfang an kriminell ausgerichtet[727]. Obwohl die Beschlüsse der SED-Parteitage auch von den Gerichten beachtet werden sollen, komme den oftmals geheim gehaltenen Beschlüssen des Staatsrates oder Verteidigungsrates der DDR nicht die Kraft eines Gesetze zu[728]. Dem ist zuzustimmen. Vor diesem Ausgangspunkt müsste die Anwendung des § 83 Nr. 2 StGB-DDR auf die DDR-Verjährungsprobleme ausscheiden, da allein tatsächliche Hinderungsgründe ein Ruhen der Verjährung nicht begründen können.

In diesem Sinne hat *Schünemann* [729] die Stellungnahme des BGH[730], der mit dem Ausdruck „quasigesetzliches Verfolgungshindernis" eine analoge Anwendung des § 83 Nr. 2 StGB-DDR versuchte, als „Kunstgriff"[731] bezeichnet. Denn man gerate dadurch in eine monströse Konsequenz einer über 41 Jahre ruhenden Verjährung: Schon dem Wortlaut nach sei diese Regelung auf eine bloß faktische Unterdrückung der Strafverfolgung nicht anwendbar.

---

726 Zit.n. *Zimmermann*, Strafrechtliche Vergangenheitsaufarbeitung und Verjährung (Diss.), 1997, S. 116.

727 *Bottke*, Die Verfolgung von Regierungskriminalität der DDR nach dem Beitritt der neuen Länder, in: *Lampe*, S. 237.

728 *Bottke*, a.a.O.

729 BVerfG, Beschl. v. 18. 3. 1952

730 Vgl. Fn. 696-699.

731 *Schünemann*, Verfassungsrechtliche Probleme der strafrechtlichen Aufarbeitung, in: Deutscher Bundestag (Hrsg.), Enquête-Kommission „Überwindung der Folgen der SED-Diktatur im Prozeß der deutschen Einheit" Bd. II/2, S. 1320.

4. Lösung durch Sondergesetzgebungen zu Verjährungsproblemen bei DDR-Alttaten

Infolge der Unsicherheiten in der Rechtspraxis über die Untauglichkeit der oben überprüften Theorien, die die Verjährung bei den SED-Unrechtstaten ausschließen versuchten, wurde gesetzgeberisches Handeln gefordert, da es nicht vertretbar erschien, die Klärung dieser zentralen Problematik der strafrechtlichen Aufarbeitung des SED-Unrechts allein den Strafverfolgungsbehörden und Gerichten zu überlassen[732].

Im Zuge der deutschen Wiedervereinigung sind innerhalb relativ kurzer Zeit vier gesetzliche Regelungen zur Strafverfolgungsverjährung von im Beitrittsgebiet begangener Straftaten getroffen worden. Mit dem durch den Einigungsvertrag in das EGStGB eingefügten Art. 315a[733] wird eine Unterbrechung der Verfolgungsverjährung für diejenigen Taten fingiert, die nach dem Recht der DDR am 3.10.1990 noch nicht verjährt waren. Durch das Gesetz über das Ruhen der Verjährung bei SED-Unrechtstaten vom 26.3.1993 (Verjährungsgesetz)[734] stellte der Gesetzgeber klar, dass bei denjenigen Straftaten, die von der Staats- und Parteiführung der DDR veranlasst oder gebilligt wurden, bis zum 3.10.1990 keine Verjährung eingetreten ist. Am 30.9.1993 ist schließlich das politisch heftig umstrittene Gesetz zur Verlängerung strafrechtlicher Verjährungsfristen (2. Verjährungsgesetz) in Kraft getreten[735]. Der Bundestag hatte damit einen Beschluss des Bundesrates vom 9.7.1993[736] aufgegriffen und die Fristen für die Strafverfolgungsverjährung bestimmter Straftaten im Beitrittsgebiet verlängert[737]. Mit dem 3. Verjährungsgesetz vom 22.12. 1997[738] wurden die Verjährungsfristen nochmals verlängert.

---

732 *Letzgus*, Die strafrechtliche Verantwortlichkeit von Richtern, Staatsanwälten und Untersuchungsorganen der ehemaligen DDR wegen Rechtsbeugung, in: Für Recht und Staat (FS für *Herbert Helmrich* zum 60. Geburtstag), S. 89.

733 Anl. I Kap. III Sachgebiet C Abschn. II Nr. 1 c.

734 BGBl. 1993 I, 392.

735 BGBl. 1993 I, 1657.

736 BR-Dr 319/93.

737 *Letzgus*, Unterbrechung, Ruhen und Verlängerung strafrechtlicher Verjährungsfristen für im Beitrittsgebiet begangene Straftaten, NZSt 1994, 57.

738 BGBl. 1997 I, S. 3223.

Allein diese Tatsache zeigt, welchen Stellenwert der Gesetzgeber beim Aufbau einer rechtsstaatlichen Justiz in den neuen Bundesländern der Strafverfolgung, insbesondere der Verfolgung von SED-Unrecht, beimisst[739]. Hier bleibt aber zu fragen, ob die bestehende Rechtslage durch ein Gesetz ohne weiteres geändert werden kann und allein eine solche Gesetzgebung als eine geeignete Lösung zur Verjährungsproblematik bezüglich Rückwirkungsverbot gemäß Art. 103 II GG akzeptiert werden kann.

a) Die spezielle Regelung des 315a EGStGB

Angesichts der beim Beitritt der DDR aufgeflammten Diskussion über Verjährungsproblematik hat der Einigungsvertrag in Art. 315 EGStGB[740] die allgemein Bestimmungen geregelt. Art. 315 I EGStGB verweist grundsätzlich auf § 2 StGB

---

739 *Letzgus*, Unterbrechung, Ruhen und Verlängerung strafrechtlicher Verjährungsfristen für im Beitrittsgebiet begangene Straftaten, NZSt 1994, 57.

740 Wortlaut des Art. 315a EGStGB: (1) Soweit die Verjährung der Verfolgung oder der Vollstreckung nach dem Recht der Deutschen Demokratischen Republik bis zum Wirksamwerden des Beitritts nicht eingetreten war, bleibt es dabei. Dies gilt auch, soweit für die Tat vor dem Wirksamwerden des Beitritts auch das Strafrecht der Bundesrepublik Deutschland gegolten hat. Die Verfolgungsverjährung gilt als am Tag des Wirksamwerdens des Beitritts unterbrochen; § 78c Abs. 3 des Strafgesetzbuches bleibt unberührt. (2) Die Verfolgung von Taten, die in dem in Artikel 3 des Einigungsvertrages genannten Gebiet begangen worden sind und die im Höchstmaß mit Freiheitsstrafe von mehr als einem Jahr bis zu fünf Jahren bedroht sind, verjährt frühestens mit Ablauf des 2. Oktober 2000, die Verfolgung der in diesem Gebiet vor Ablauf des 2. Oktober 1990 begangenen und im Höchstmaß mit Freiheitsstrafe bis zu einem Jahr oder mit Geldstrafe bedrohten Taten frühestens mit Ablauf des 31. Dezember 1995. (3) Verbrechen, die den Tatbestand des Mordes (§ 211 des Strafgesetzbuches) erfüllen, für welche sich die Strafe jedoch nach dem Recht der Deutschen Demokratischen Republik bestimmt, verjähren nicht. (4) Die Absätze 2 und 3 gelten nicht für Taten, deren Verfolgung am 30. September 1993 bereits verjährt war. (5) Bei der Berechnung der Verjährungsfrist für die Verfolgung von Taten, die während der Herrschaft des SED-Unrechtsregimes begangen wurden, aber entsprechend dem ausdrücklichen oder mutmaßlichen Willen der Staats- und Parteiführung der ehemaligen Deutschen Demokratischen Republik aus politischen oder sonst mit wesentlichen Grundsätzen einer freiheitlichen rechtsstaatlichen Ordnung unvereinbaren Gründen nicht geahndet worden sind, bleibt die Zeit vom 11. Oktober 1949 bis 2. Oktober 1990 außer Ansatz. In dieser Zeit hat die Verjährung geruht, BGBl. 2008 I, S. 2346. Allerdings ist bei der Schließung des Einigungsvertrages war einfach nur Abs. 1, danach ist Abs. 2 und 3 durch Einführung des Verjährungsgesetzes vom 26. 3. 1993 (BGBl. 1993 I, S. 392) und Abs. 4 und 5 durch Einführung des Zweiten Gesetz über die Bereinigung von Bundesrecht im Zuständigkeitsbereich des Bundesministeriums der Justiz (2. BMJBBG, BGBl. 2007 I, S. 2614) erst später hingefügt geworden.

mit der Folge, dass im Prinzip nach § 2 I StGB das Recht anzuwenden ist, das zur Tatzeit gegolten hat. Das ist das Recht des DDR-StGB. Modifiziert wird diese Regelung durch § 2 III StGB. Danach ist im Verhältnis zwischen altem (StGB-DDR) und neuem Recht (StGB) für die heutige Strafverfolgung diejenige Norm anzuwenden, die für den Täter im Einzelfall günstiger ist. Das bedeutet bei Taten, die sowohl nach dem Recht der DDR als auch nach dem der Bundesrepublik strafbar sind, dass gemäß § 2 III StGB im Einzelfall ein Günstigkeitsvergleich anzustellen ist[741].

Im Einigungsvertrag ist mit der speziellen Regelung der Verjährungsfrage in Art. 315a EGStGB normiert, dass die Verjährung bei Fragen des mildesten Gesetzes nach Art. 315 EGStGB, § 2 I, III StGB außer Betracht zu bleiben hat[742]. Art. 315a EGStGB bestimmte in der Fassung des Einigungsvertrages eigentlich, dass Straftaten, die nach dem Recht der DDR bis zum Wirksamwerden des Beitritts nicht verjährt waren, unverjährt bleiben würden. Die Verfolgungsverjährung gelte als am Tag des Wirksamwerdens des Beitritts als unterbrochen, es begann an diesem Tag also eine weitere, neue Verjährungsfrist zu laufen[743]. Daraus folgt, dass die Verfolgung spätestens dann verjährt - also die sog. absolute Verjährung eintritt -, wenn seit dem Beginn der Verjährung nach § 78a StGB das Doppelte der gesetzlichen Verjährungsfrist eingetreten ist. Die gesetzliche Verjährungsfrist bemisst sich jetzt aus-schließlich nach dem Recht der Bundesrepublik, d.h. - von strafrechtlichen Nebengesetzen abgesehen - in der Regel nach § 78 StGB[744].

Diese Vorschrift behandelte aber ausschließlich die Alttaten, die nach dem Recht der ehemaligen DDR am Beitrittstag noch nicht verjährt waren[745]. Zweck der Vorschrift ist es nämlich zu verhindern, dass durchsetzbare Strafansprüche der ehemaligen DDR mit dem Beitritt ohne weiteres verjähren. Vermieden werden sollte also

---

741 *Geiger*, Verjährungsprobleme von in der ehemaligen DDR begangenen Straftaten, JR 1992, 397, Vgl. auch oben S. 51 f.

742 *Geiger*, a.a.O.

743 *Schreiber*, Die strafrechtliche Aufarbeitung von staatlich gesteuertem Unrecht, ZStW 107 (1995), 176.

744 *Letzgus*, Unterbrechung, Ruhen und Verlängerung strafrechtlicher Verjährungsfristen für im Beitrittsgebiet begangene Straftaten, NZSt 1994, 57.

745 *Heuer/Lilie*, Lasst verjähren, was verjährt? DtZ 1993, 354; *Pieroth/Kingrenn*, Die Verfassungsrechtliche Problematik des Verjährungsgesetzes, NJ 1993, 390.

eine ungerechtfertigte Besserstellung von Straftätern, die insbesondere in den Fällen relevant geworden wäre, in denen das DDR-Strafrecht längere Verjährungsfristen vorsah[746].

Aus der ursprünglichen amtlichen Überschrift[747] des Art. 315a StGB, die sich auf „in der DDR verfolgte und abgeurteilte Taten" bezieht, wird teilweise geschlossen, dass die Regelungen dieses Artikels sich ausschließlich auf Taten beschränken, die noch zu Zeiten der DDR bereits aktuell und konkret verfolgt worden seien[748], allerdings steht diese restriktive Auslegung nicht im Einklang mit dem wesentlich weiter gefassten Wortlaut von Art. 315a S. 1 EGStGB selbst, der schlechthin darauf abzielt, ob die Verjährung im Zeitpunkt des Beitritts noch nicht eingetreten war und ist auch nicht vereinbar mit der eigentlichen Intention der Vertragsparteien, die die Taten, die wegen des raschen Beitritts der DDR nicht mehr von ihr selbst abgeschlossen werden konnten, weiter in die Bundesrepublik verfolgbar machen wollten. Es ist demnach sachgerecht, den Art. 315a EGStGB abgesehen davon, ob die tatsächliche strafrechtlichen Verfolgung gewesen war oder nicht, als für alle Taten in der DDR gültig anzusehen[749]. Die vorherrschende Auffassung[750] gelangt zum gleichen Ergebnis.

---

746 *König*, Zur Verfolgungsverjährung von SED-Unrechtstaten - Anmerkung zu OLG Frankfurt/M. vom 10.7. 1991 - 2 Ws 88/91, NStZ 1991, 566.

747 Ursprüngliche Überschrift des Art. 315a EGStGB „Verfolgungs- und Vollstreckungsverjährung für in den Deutschen Demokratischen Republik verfolgte und abgeurteilte Taten" (BGBl. 1974 I, S. 469), jedoch verändert in jetztige Fassung „Vollstreckungs- und Verfolgungsverjährung für in der Deutschen Demokratischen Republik verfolgte und abgeurteilte Taten; Verjährung für während der Herrschaft des SED-Unrechtsregimes nicht geahndete Taten" durch Einführung des Zweiten Gesetzes über die Bereinigung von Bundesrecht im Zuständigkeitsbereich des Bundes-ministeriums der Justiz (2. BMJBBG, BGBl. 2007 I, S. 2614). Vgl. hierzu Fn. 831.

748 Vgl. *Küpper/Wilms*, Die Verfolgung von Straftaten des SED-Regimes, ZRP 1992, 96; *Breymann*, Zur Auslegung der Verjährungsregelung in Art. 315a EGStGB - Verfolgbarkeit von Straftaten staatlicher Instanzen in der ehemaligen DDR, sowie sie nach DDR-Strafrecht verjährt sind - , NStZ 1991, 463.

749 *Riedel*, Schießbefehl und Verjährung - Zum Problem der Strafverfolgungsverjährung bei Schusswaffengebrauch an der ehemaligen DDR-Grenze, DtZ 1992, 164.

750 BGHSt 39, 353 (356 f.) und *Otto*, Jura 1994, 611 (611 mit Fn. 7); *Bottke*, in: *Lampe*, S. 235; *König*, NStZ 1991, 566; *Schreiber*, ZStW 107 (1995), S. 157 (177).

b) Das Verjährungsgesetz vom 26.3.1993

aa) Die Ruhensregelung

Art. 1 des Gesetzes über das Ruhen der Verjährung von SED-Unrechtstaten[751] legt klarstellend fest, dass bei der Berechnung der Verjährungsfrist für die Verfolgung von Straftaten, die während der Herrschaft des SED-Unrechtsregimes begangen wurden, aber entsprechend dem ausdrücklichen oder mutmaßlichen Willen der Staats- und Parteiführung der ehemaligen Deutschen Demokratischen Republik aus politischen oder sonst mit wesentlichen Grundsätzen einer freiheitlichen demokratischen Ordnung unvereinbaren Gründen nicht geahndet worden sind, die Zeit vom 11. Oktober 1949 bis zum 2. Oktober 1990 außer Acht bleibt, d.h. in dieser Zeit die Verjährung geruht hat[752].

Die Begründung des Art. 1 Satz 1 dieses Verjährungsgesetzes steht in Übereinstimmung mit der Rechtsprechung des BGH[753] zum nationalsozialistischen Unrecht. Sie verweist darauf, dass sich häufig bereits aus den Akten ergibt, dass die Tat auf Veranlassung oder mit Billigung der staatlichen Führung verübt worden ist bzw. schon aus der Art der in Rede stehenden Tat der Schluss gezogen werden kann, dass eine Nichtverfolgung als sicher gilt[754]: In den Fällen, in denen die nicht verfolgte Tat nicht zur Kenntnis von Strafverfolgungsorganen der DDR gelangt oder aber das Motiv der Tat bzw. der Grund der Nichtverfolgung nicht aktenkundig ist, muss feststehen, dass der mutmaßliche Wille der Staats- und Parteiführung der ehemaligen DDR der Ahndung der Tat aus politischen oder sonst mit wesentlichen Grundsätzen einer freiheitlichen rechtsstaatlichen Ordnung unvereinbaren Gründen

---

751 Wortlaut des Verjährungsgesetzes: Bei der Berechnung der Verjährungsfrist für die Verfolgung von Taten, die während der Herrschaft der SED-Unrechtsregimes begangen wurden, aber entsprechend dem ausdrücklichen oder mußmaßlichen Willen der Staats- und Parteiführung der ehemaligen DDR aus politischen oder sonst mit wesentlichen Grundsätzen einer freiheitlichen, rechtsstaatlichen Ordnung unvereinbaren Gründen nicht geahndet worden seien, bleibe die Zeit vom 11. 10. 1949 bis 2. 10. 1990 außer Betracht. In dieser Zeit habe die Verjährung geruht, BGBl. 1993 I, S. 392.

752 *Letzgus*, Die strafrechtliche Verantwortlichkeit von Richtern, Staatsanwälten und Untersuchungsorganen der DDR wegen Rechtsbeugunge, in: *Letzgus* (Hrsg.) FS für *H. Helmrich*, 1994, S. 89.

753 BGHSt 23, 137.

754 *Letzgus*, Unterbrechung, Ruhen und Verlängerung strafrechtlicher Verjährungsfristen für im Beitrittsgebiet begangene Straftaten, NZSt 1994, 58.

mit Bestimmtheit entgegengestanden hätte, wenn die Tat schon damals Gegenstand eines Strafverfahrens geworden wäre. Nicht ausreichend ist die bloße Möglichkeit oder Wahrscheinlichkeit der Nichtverfolgung aus den vorgenannten Gründen, vielmehr dürfen keinerlei Zweifel an der Nichtverfolgbarkeit bestehen[755]. Dabei muss feststehen, dass in der Sache keine Ermittlungshandlungen vorgenommen worden wären und jedes Tätigwerden der damals in der DDR zuständigen Strafverfolgungsorgane ausgeschlossen war[756].

bb) Die Änderung des Art. 315a EGStGB

Art. 2 des Verjährungsgesetzes enthält eine Ergänzung des Art. 315a EGStGB, nach Satz 1 ist folgender Satz angefügt worden: „Dies gilt auch, soweit für die Tat vor dem Wirksamwerden des Beitritts auch das Strafrecht der Bundesrepublik Deutschland gegolten hat". Damit soll zum Ausdruck gebracht werden, dass Straftaten, die nach dem Strafrecht der DDR bis zum 3. Oktober 1990 unverjährt waren, auch denn verfolgbar bleiben, wenn auf sie schon vor dem Wirksamwerden des Beitritts das Strafrecht der Bundesrepublik Deutschland anwendbar war und danach Verfolgungsverjährung eingetreten ist[757]. Diese Regelung stammte eigentlich aus dem lebhaften Streit darüber, wie die Verjährung solcher Taten zu behandeln sei, die vor dem Beitritt auch nach dem Recht der Bundesrepublik zu beurteilen waren. Dabei handelte es sich um Taten gegen Deutsche bzw. von Deutschen, die nach § 7 Abs. 1 und 2 StGB der deutschen Strafgewalt unterlagen. Hier konnte die Verjährungsfrist nach dem Recht der Bundesrepublik schon abgelaufen sein, obwohl die Strafjustiz der Bundesrepublik praktisch nicht eingreifen konnte. Diesen Streit wollten das Verjährungsgesetz vom 26. 3. 1993 also dahingehend beenden, dass durch Einfügung eines Satzes in Art. 315a EGStGB klargestellt wurde, dass die Verjährung ebenfalls noch nicht eingetreten sei, soweit für die Tat vor dem Beitritt auch das Strafrecht der Bundesrepublik gegolten hat[758].

---

755 BGHSt 23, 137, 140.

756 *Letzgus*, Unterbrechung, Ruhen und Verlängerung strafrechtlicher Verjährungsfristen für im Beitrittsgebiet begangene Straftaten, NZSt 1994, 58 f.

757 *Letzgus*, Die strafrechtliche Verantwortlichkeit von Richtern, Staatsanwälten und Untersuchungsorganen der DDR wegen Rechtsbeugunge, in: *Letzgus* (Hrsg.) FS für *H. Helmrich*, 1994, S. 89.

758 *Schreiber*, Die strafrechtliche Aufarbeitung von staatlich gesteuertem Unrecht, ZStW 107 (1995), 178 f.

Allerdings haben zu Art. 2 des Verjährungsgesetzes erhebliche Meinungsverschiedenheiten insbesondere zu der Frage bestanden, ob diese Regelung konstitutive Bedeutung hat und dabei verfassungsrechtlich unzulässig sei. Von Seiten der Initiatoren des Gesetzes[759] wird ebenso wie in der Literatur[760] immer wieder darauf bestanden, dieses könne angesichts der bestehenden Rechtslage nur deklaratorische Wirkung haben[761], da insoweit lediglich eine gesetzeskonforme Auslegung der Art. 315, 315a EGStG i.d.F. des Einigungsvertrages vorgenommen wurde[762]. Dann hätte der Gesetzgeber mit einer deklaratorischen gesetzlichen Regelung, die Rückwirkungsverbot gemäß Art. 103 II GG nicht verstößt, versucht, bei der verjährungsrechtlichen Behandlung von SED-Unrechtstaten bestehende Unsicherheiten zu beseitigen[763].

c) Das zweite Verjährungsgesetz vom 27.9.1993

Am 30.9.1993 ist das Gesetz zur Verlängerung strafrechtlicher Verjährungsfristen (2. VerjährungsG)[764] in Kraft getreten. Es hat Art. 315a EGStGB zwei weitere Absätze, also Abs. 2 und 3, angefügt[765]. Durch diese Einbeziehung der ab dem 3.10.1990 und bis zum 31.12.1992 im Beitrittsgebiet begangenen Straftaten - sog. „Neutaten“ im Gegensatz zu den vor dem 3.10.1990 begangenen „Alttaten“ - beschränkt sich die Verlängerung der Verjährung durch das 2. VerjährungsG nicht auf Straftaten, durch die SED-Unrecht verwirklicht wurde, und andere vor dem Beitritt der DDR begangenen Alttaten. Sie erfasst teilweise auch nach dem Beitritt begangene Straftaten, insbesondere die sog. Vereinigungskriminalität[766].

---

759 Vgl. BT-Drucks. 12/3080, S. 6 f.; 12/4140, S. 5.

760 *Pieroth/Kingreen*, Die Verfassungsrechtliche Problematik des Verjährungsgesetzes, NJ 1993, 388; *Riedel*, Schießbefehl und Verjährung - Zum Problem der Strafverfolgungsverjährung bei Schusswaffengebrauch an der ehemaligen DDR-Grenze, DtZ 1992, 169; *Sauter*, Verjährung von SED-Unrecht Überlegungen zum gesetzgeberischen Handlungsbedarf, DtZ 1992, 172.

761 *Pieroth/Kingreen*, a.a.O., 388.

762 *Heuer/Lilie*, Lasst verjähren, was verjährt? DtZ 1993, 355.

763 *Letzgus*, Unterbrechung, Ruhen und Verlängerung strafrechtlicher Verjährungsfristen für im Beitrittsgebiet begangene Straftaten, NZSt 1994, 58.

764 BGBl. 1993 I, S. 1657.

765 Vgl. Fn. 740.

766 *Jordan*, Die Regelung des 2. Verjährungsgesetzes zur "Vereinigungskriminalität", NJ 1996, S. 294, zum Begriff "Vereinigungskriminalität" vgl auch *Letzgus*, a.a.O., 61; BT-Drs. 12/5701, S. 6. Danach soll die sog. "Vereinigungskriminalität" also auf namentlich Eigentums, Vermö-

Durch das 2. Verjährungsgesetz ist nunmehr sichergestellt, dass der Gesetzgeber den besonderen wiedervereinigungsbedingten Schwierigkeiten der Strafverfolgungsbehörden in den neuen Bundesländern hinreichend Rechnung trägt. Damit dürfte es insbesondere ausgeschlossen sein, dass den Tätern von SED-Unrecht in der DDR durch den Eintritt der Verjährung ein ungerechtfertigter Vorteil entsteht, der letztlich wiederum durch Hemmnisse beim Aufbau einer rechtsstaatlichen Justiz in den neuen Ländern bedingt ist. Ferner ist zu erwarten, dass nunmehr auch die sog. Vereinigungskriminalität in weit größerem Maße als bisher aufgeklärt und verfolgt werden kann[767].

In einem zweiten Verjährungsgesetz hat der Gesetzgeber die Verjährungsfristen bisher noch nicht verjährter Delikte, die nach Art. 315a Abs. 1 EGStGB mit dem 3.10.1990 erneut zu laufen begannen, bis zum 31.12.1997 bzw. zum 31.12.1995 verlängert[768]. Dabei handelt es sich um Delikte mit relativ geringen Strafdrohungen, d.h. solche, die im Höchstmaß mit Freiheitsstrafe von mehr als einem Jahr bis zu fünf Jahren bzw. im Höchstmaß mit Freiheitsstrafe bis zu einem Jahr oder mit Geldstrafe bedroht sind. Dabei geht es etwa um unberechtigtes Abhören, Verletzung der Rechte an persönlichen Daten, Beleidigung und Verleumdung. Art. 2 des Gesetzes nimmt von der Unterbrechungswirkung des Art. 315a EGStGB ausdrücklich solche Taten aus, deren Verfolgung bei seinem Inkrafttreten bereits verjährt war[769]. Um die in § 78 Abs. 2 StGB angeordnete Unverjährbarkeit von Mord auch für solche Mordtaten gelten zu lassen, die in der DDR begangen wurden und deren Beurteilung sich nach dem Recht der DDR (§ 112 StGB-DDR) richtet, wurde dem Art. 315a EGStGB ferner einen Abs. 3 hinzugefügt, der diese eigens bestimmt[770].

d) Das dritte Verjährungsgesetz vom 22.12.1997

Mit dem Gesetz zur weiteren Verlängerung strafrechtlicher Verjährungsfristen und zur Änderung des Gesetzes zur Entlastung der Rechtspflege (3. VerjährungsG) vom

gens- und Urkundendelikte im Zusammenhang mit den wirtschaftlichen Transformationsprozessen nach der Wiedervereinigung zielen.

767 *Letzgus* Unterbrechung, Ruhen und Verlängerung strafrechtlicher Verjährungsfristen für im Beitrittsgebiet begangene Straftaten, NStZ 1994, 61.

768 Gesetz v. 17. 9. 1993, BGBl. I S. 1657.

769 *Schreiber*, Aufarbeitung staatlich gesteuerten Unrechts, ZStW 107 (1995), 178.

770 *Ebert*, Anmerkung zum Beschl. des BGH v. 6. 22. 2002 - 5 StR 476/01 (BGHSt 47, 245), JR 2003, 122.

22.12.1997[771] wurden Art. 315a EGStGB erneut geändert und die Verjährungsfristen nochmals verlängert: Die alte Fassung „vor Ablauf des 31. Dezember 1992" in Art. 315a II EGStGB wurde gestrichen und die Angabe „31. Dezember 1997" durch „2. Oktober 2000" ersetzt. Die zeitlichen Anwendungsgrenze für Taten, die im Höchstmaß mit Freiheitsstrafe von einem bis zu fünf Jahren bedroht sind, wurde dabei angehoben und auch Fälle vereinigungsbedingter Wirtschaftskriminalität wurden erfasst[772]. Der Grund dafür war nach Überzeugung der Bundestagsmehrheit, dass sich die Fristverlängerung durch das 2. VerjährungsG als nicht ausreichend erwiesen hatte, da es der Justiz noch immer nicht möglich gewesen sei, in angemessenem Maß Straftaten aufzudecken und die Verjährung durch strafverfolgende Maßnahmen zu unterbrechen[773].

e) Kritik in der Literatur und das daraus folgende Fazit

Wie oben dargestellt, versuchte der Gesetzgeber die Problematiken im Zusammenhang mit Ruhen und Verlängerung der strafrechtlichen Verfolgungsfrist mit zwei Gesetzgebungen zu lösen: Art. 315a EGStGB und das 1. Verjährungsgesetz betrifft das Ruhen, das 2. und 3. Verjährungsgesetz die Verlängerung. Gegen die Lösung durch diese einzelne Gesetzgebungen wird aber heftig argumentiert, dass solcherlei Gesetzgebung an sich verfassungswidrig sein könnte.

aa) Ruhen der Verjährung durch das 1. Verjährungsgesetz

Beim ersten Verjährungsgesetz stellt sich die Frage der Vereinbarkeit mit Art. 103 II GG, da diese Regelung nicht sowohl Taten, deren Verjährung beim Ende der DDR-Zeit noch lief und daher von Art. 315a I EGStGB betroffen wurden, als auch solche, deren Verjährungsfrist schon früher abgelaufen war, umfasst[774].

In diesem Sinne wendet sich *Schünemann* gegen die Verfassungsmäßigkeit des Verjährungsgesetzes vom. 26.3. 1993 und bezeichnet dessen Regelungen als „legislatorische Monstrositäten". Seiner Auffassung nach handele es sich bei den Rege-

---

771 BGBl. 1997 I, S. 3223.

772 *Marxen/Werle*, Die strafrechtliche Aufarbeitung von DDR-Unrecht - Eine Bilanz, 1999, S. 7.

773 NJW-Wochenspiegel Heft 1/2 1998, S. XLVII, zit.n. *Möller-Heilmann*, Die Strafverfolgung von Richtern und Staatsanwälten der ehemaligen DDR wegen Rechtsbeugung (Diss.), 1999, S. 153.

774 *Schreiber*, Die strafrechtliche Aufarbeitung von staatlich gesteuertem Unrecht, ZStW 107 (1985), S. 178.

lungen im 1. Verjährungsgesetz eine konstruktive Norm, deren Vereinbarkeit mit dem Rückwirkungsverbot des Art. 103 II GG in dem betreffenden Zusammenhang geprüft werden müsse[775]: Bei denjenigen Taten, für die immer auch schon das Strafrecht der Bundesrepublik anwendbar gewesen war, konnte mit der Aufhebung des DDR-Strafrechts eine Verfolgung nach diesem nicht mehr geltenden Strafrecht nicht mehr durchgeführt werden, so dass das VerjährungsG in Art. 2 also eine nicht mehr existierende Strafverfolgungsmöglichkeit neu eröffnet hat. Eine solche rückwirkende Aufhebung einer bereits eingetretenen Verjährung ist mit Art. 103 II GG nicht zu vereinbaren; auch Art. 1 VerjährungsG verletzt den Schutzbereich des in Art. 103 II GG enthaltenden nulla poena-Grundsatzes: Der unterschiedslose Ausspruch des Ruhens der Verjährung für sämtliche Taten des SED-Unrechts in dieser Regelung könne deshalb nicht als eine deklaratorische Wiederholung[776] von § 83 Nr. 2 DDR-StGB bzw. eines im ungeschriebenen Recht existierenden, dazu analogen Rechtsgrundsatzes verstanden werden, sondern bedeute eine konstitutive Regelung, mit der das Rückwirkungsverbot des Art. 103 II GG nicht vereinbar sei[777].

Teilweise wird demgegenüber von der Literatur als Argument für Unzulässigkeit des 1. Verjährungsgesetz auch dessen Voraussetzung herangezogen. Rein deklaratorische Gesetze mache der Gesetzgeber im allgemeinen nur dann, wenn es eine unterschiedliche Auslegung der vorhandenen Gesetze durch die Gerichte gebe und er eine bestimmte Auslegung durch die Gerichte verbindlich festschreiben möchte. Doch in der Frage des Ruhens der Verjährung könne der Gesetzgeber nicht einmal das und ein Gericht nicht durch ein Gesetz gezwungen werden, vom Ruhen der Verjährung auszugehen[778].

---

775 *Schünemann*, Verfassungsrechtliche Probleme der strafrechtlichen Aufarbeitung, in: Deutscher Bundestag (Hrsg.), Enquête-Kommission „Überwindung der Folgen der SED-Diktatur im Prozeß der deutschen Einheit“ Band II/2, S. 1322 ff.; *ders.*, Dogmatische Sackgassen bei der Strafverfolgung der vom SED-Regime zu verantwortenden Untaten, in: FS für *Gerald Grünwald*, 1999, S. 671 ff.

776 Häufig ist dem 1. Verjährungsgesetz stets nur deklaratorischer Charakter beigemessen worden, vgl. Gesetzentwurf BT-Drucks. 12/3080 S. 7; *Letzgus*, Unterbrechung, Ruhen und Verlängerung strafrechtlicher Verjährungsfristen für im Beitrittsgebiet begangene Straftaten, NStZ 1994, 57; *Jähnke*, in: LK-StGB, 11. Aufl. 1994, Rn. 47 Fn. 28.

777 *Schünemann*, in: Deutscher Bundestag (Hrsg.), S. 1358.; *ders.*, in: FS für *Gerald Grünwald*, S. 668 ff.

778 *Lemke/Hettinger*, Zur Verjährung von in der ehemaligen DDR begangenen Straftaten und den Möglichkeiten des Gesetzgebers, NStZ 1992, 23.

bb) Verjährungsverlängerung aufgrund der Regelungen in Art. 315a EGStGB in der Fassung des Einigungsvertrages sowie im 2. und 3. Verjährungsgesetzes

Im Gegensatz zu der recht umfangreichen Diskussion über das Ruhen der Verjährung sind gegen die Gesetze zur Verjährungsverlängerung nur vereinzelt verfassungsrechtliche Bedenken geltend gemacht worden. Das liegt wohl an der dominierenden Ansicht, dass Verlängerungen laufender Verjährungsfristen verfassungsrechtliche unbedenklich[779] seien und die entsprechenden Regelungen die bereits verjährten Delikte aus deren Reichweite ausscheiden. Allerdings stieß diese Auffassung in der Literatur auf heftige Kritik. *Erstens* liege - wie oben[780] bereits erwähnt - schon die deutliche Gegenmeinung vor, dass das Gesetz selbst, das die unechte Rückwirkung prägt, auch gegen das Rückwirkungsverbot gem. Art. 103 II GG verstoße. Außerdem stellen die entsprechenden Gesetze nicht unbedingt eine reine unechte Rückwirkung dar. Aus der nachträglichen Unterbrechung der Verjährungsfrist des Art. 315a S. 2 EGStGB in der Fassung des Einigungsvertrages folgt, dass die Verfolgung spätestens dann verjährt, wenn seit dem Beginn der Verjährung nach § 78a StGB das Doppelte der gesetzlichen Verjährungsfrist eingetreten ist[781] und dies beinhalte damit eine pauschale, unspezifizierte Unterbrechung des Verjährungslaufs und wirkt sich deshalb im Einzelfall wie eine nachträgliche Verlängerung von Verjährungsfristen aus[782]. Auch die durch das 2. oder 3. Verjährungsgesetz in Art. 315a II EGStGB eingefügte Verjährungsverlängerung verstoße gegen Art. 103 II GG, da das strafrechtliche Rückwirkungsverbot dem Gesetzgeber die spätere strafrechtliche Neubewertung einer abgeschlossenen Handlung verbiete, soweit dadurch der zum Zeitpunkt ihrer Ausführung rechtstreue Bürger rückwirkend zum Straftäter erklärt werden würde[783].

---

779 Vgl. S. 179 ff.

780 Vgl. S. 181 ff.

781 *Letzgus*, Unterbrechung, Ruhen und Verlängerung strafrechtlicher Verjährungsfristen für im Beitrittsgebiet begangene Straftaten, NZSt 1994, 57.

782 *Zimmermann*, Strafrechtliche Vergangenheitsaufarbeitung und Verjährung (Diss.), 1997, S. 184.

783 *Kraut*, Rechtsbeugung? Die Justiz der DDR auf dem Prüfstand des Rechtsstaates (Diss.), 1997, S. 105; Vgl. auch *König*, Anmerkung zu BGH 5 StR 204/93, Urt. v. 19. 4. 1994, in: JR 1994, 340.

cc) Fazit: Sondergesetzgebungen als unbefriedigende Lösung

Es ist also ersichtlich, dass die Lösung durch die nachträgliche Gesetzgebung immer noch nicht frei von möglichen Kritikpunkten ist, die einen Verfassungsverstoß gegen Art. 103 II GG vermuten: Unterliegen die Verjährungsvorschriften dem Rückwirkungsverbot, so ergibt sich daraus, dass die Verlängerung oder Beseitigung der Verjährungsfristen für begangene Taten durch ein einfaches Gesetz ausgeschlossen ist[784].

Aber die grundsätzliche Untauglichkeit dieses Lösungsansatzes für das Verjährungsproblem bei der strafrechtlichen Aufarbeitung des Unrechtsregimes liegt m.E. schließlich *einerseits* in der Reichweite einer Reihe von Verjährungsgesetzen. Der Gesetzgeber wollte mit Hilfe der Differenzierungsformel, die aus der Rechtsprechungspraxis[785] stammt, von Anfang an die Delikte, die sog. die echte Rückwirkung prägen, aus der Reichweite ausschließen, jedoch hatte dies zur Folge, dass die meisten Systemunrechtstaten von erheblicher Schwere, die schon verjährt waren, unberührt blieben. *Andererseits* war es rechtstheoretisch unmöglich, ohne Verfassungsänderung mit bloßen Sondergesetzen dem verfassungsrechtlich garantierten nulla poena-Grundsatz zu widersprechen. Das Zwischenergebnis ist unbefriedigend und lässt die Verjährungsproblematik weiterhin bestehen. Um einen lückenlosen Ausweg aus der Verjährungsproblematik im Zusammenhang mit dem strafrechtlichen Rückwirkungsverbot zu finden, muss man daher nochmals zum Grundgedanken des Art. 103 II GG zurückkehren.

5. Stellungnahme: Problemlösung durch eine Verfassungsänderung

a) Das Verhältnis zwischen Verjährung und Rückwirkungsverbot

Die oben überprüften Lösungsversuche zeigen schließlich, dass die schematischen Einordnungs- oder Trennungsthesen - wie z.B., ob es sich beim Führerwillen oder dem Willen der Staats- und Parteiführung um einen gesetzlichen Grund gem. § 69 StGB a.F. handelt oder nicht, ob eine nachträgliche Änderung der Verjährung eine echte oder unechte Rückwirkung prägt und ob der Verjährungscharakter prozessual

---

784 *Grünwald*, Zur verfassungsrechtlichen Problematik der rückwirkenden Änderung von Verjährungsvorschriften, MDR 1965, 521.

785 Vgl. Fn. 696-699.

oder materiell ist - bei der Suche nach einem lückenlosen Lösungansatz zur Verjährungsproblematik nicht sonderlich behilflich sind bzw. auf sie eher zu verzichten ist, da sie eine Entlastungsfunktion, die sie nicht erfüllen können, beanspruchen: Der Wert solcher dogmatischen Regeln besteht darin, dass sie nicht in jedem Anwendungsfall neu begründet werden müssen. Wenn sie in Einzelfällen jedoch noch weitere Komplikationen bewirken, versagt der abkürzende Effekt der Dogmatik [786].

Angesichts dieser Sackgasse muss man wiederum den Grundgedanken der Verjährung und des Rückwirkungsverbotes und aus diesem grundsätzlichen Blickwinkel heraus das Verhältnis zwischen den beiden überprüfen. Die entscheidende Frage lautet, ob die zum Nachteil der Handelnden nachträglich durchgeführte Verjährungsänderung mit dem Grundgedanken des Rückwirkungsverbotes vereinbar ist: Betrachtet man zuerst das Rückwirkungsverbot aus dessen rechtsstaatlicher Wurzel, ist es völlig bedeutungslos, ob die Verjährungsfrist vor dem Änderungsakt abgelaufen ist oder nicht bzw. ob die Verjährung eine Einrichtung des Verfahrensrecht oder des materiellen Strafrechts oder beider Rechtsbereiche ist: An der Verfassungswidrigkeit der Kompetenz-Ausübung, an der Überschreitung ihrer durch die Verfassung gezogenen Grenze ändert das nichts, da das Grundrecht eine Kompetenzordnung ist und Art. 103 II GG daher eine zeitliche Schranke der Staatsgewalt beschreibt [787]. Der Gesetzgeber hat durch die nachträgliche Veränderung der Verjährungsfrist bereits verjährte Straftaten einer gezielten Sonderbehandlung unterworfen und die staatliche Strafgewalt im Ergebnis zeitlich erweitert. Darin ist eine Rechtssetzung im klassisch-rechtsstaatlichen Sinne nicht zu sehen[788].

Das gleiche gilt auch unter dem general-präventiven Gesichtspunkt, da eine spätere nachteilige Verlängerung der Verjährungsfrist die nachträgliche Steigerung einer vor der Tat nicht vorhandenen Präventionswirkung bedeutet und damit die Generalpräventionsgarantie des Rückwirkungsverbotes verletzt[789]. Auch nach dem Gedanken des Vertrauensschutzes, das dem Gesetzgeber daran hindert, die Strafe nachträglich zu verschärfen, lässt sich es erklären, dass die Verjährung dem Rück-

---

786 *Volk*, Prozessvoraussetzungen im Strafrecht - Zum Verhältnis vom materiellen Recht und Prozessrecht, 1978, S. 54.

787 *Arndt*, Die Zeit im Recht (Zum Streit um die „Rückwirkung" von Gesetzen) und die verfassungsrechtliche Bedeutung der strafrechtlichen Verjährung, NJW 1961, 15 f.

788 *Schünemann*, Nulla poena sine lege? 1978, S. 25.

789 *Schünemann*, a.a.O., S.25 f.

wirkungsverbot unterliegt: Eine spätere nachteilige Änderung der Verjährung betrifft das Verhältnis zwischen verdächtigen Bürger und verfolgendem Staat, ihre Änderung ist geeignet, eine entscheidende Schlechterstellung eines Verfolgten zu bewirken. Die Gefahr, dass sie nicht allgemein, sondern gezielt auf bestimmte, feststehende Tätergruppen erfolgt, liegt auf der Hand. Das muss dazu führen, sie dem Rückwirkungsverbot zu unterstellen[790].

Geht man von all diesen Grundgedanken aus, so ist offensichtlich, dass sowohl eine spätere nachteiligen Verlängerung der Bestimmung über die Verjährung als auch das nachträgliche Schaffen von Ruhens- und Unterbrechungsgründen ausnahmslos vom Rückwirkungsverbot erfasst werde[791]. Aus diesem Grund lässt sich die Verjährungsproblematik als eine Sonderfrage des Rückwirkungsproblems, mit dem sie die gleiche Lösung teilt, erklären. Im Zusammenhang mit dem Verjährungsproblem ergeben zwei Lösungsansätze Sinn: Ansätze zur teleologischen Reduktion des Rückwirkungsverbotes und eine Verfassungsänderung.

b) Ansätze zur teleologischen Reduktion des Rückwirkungsverbotes

Da dieser Ansatz oben[792] bezüglich der Rückwirkungsprobleme ausführlich erklärt wurde, werde ich hier nur kurze zusammenfassen: Da der nulla-poena Grundsatz nach seiner gewaltenteilenden Wurzel die Häufung von legislatorischer und richterlicher Gewalt verhindern solle, verbiete es sich, ihn auf die Regierungskriminalität in einem gewaltenhäufenden totalitären Staat überhaupt anzuwenden; auch verlange seine strafrechtlich-generalpräventive Wurzel, dass ein totalitärer Machthaber sich nicht bereits vor seiner Untat von Strafe freisprechen können dürfe, sondern durch die Furcht vor künftiger Bestrafung womöglich doch noch von der Rechtsgutsverletzung abgehalten werde[793]. Das Rückwirkungsverbot ist danach bei solchen Regimeunrechtstaten überhaupt nicht anzuwenden und deren Bestrafung auf

---

790 *Schreiber*, Zur Zulässigkeit der rückwirkenden Verlängerung von Verjährungsfristen früher begangener Delikte , ZStW 80 (1968), 365.

791 *Grünwald*, Zur verfassungsrechtlichen Problematik der rückwirkenden Änderung von Verjährungsvorschriften, MDR 1995, 523.

792 Vgl. oben S. 160 ff.

793 *Schünemann*, Verfassungsrechtliche Probleme der strafrechtlichen Aufarbeitung, in: Deutscher Bundestag (Hrsg.), Enquête-Kommission „Überwindung der Folgen der SED-Diktatur im Prozeß der deutschen Einheit" Band II/2, S. 1362.

der Grundlage einer späteren nachteiligen Verjährungsänderung steht dem Art. 103 II GG nicht entgegen.

Die gleiche Schlussfolgerung ist auch aus dem Wesen bzw. Grundgedanken der Verjährung zu ziehen. Aus dem Gesichtspunkt des Beweisschwunds ist die Verjährung bei den SED-Unrechtstaten nicht begründbar: In der zentralen Erfassungsstelle Salzgitter befanden sich eine Menge von Aktenmaterialien, die ab 1961 archiviert wurden[794] und der ehemaligen Staatssicherheitsdienst hat über 6 Millionen Akten hinterlassen[795], die nach dem § 23 Nr. 1 a StUG[796] für die Zwecke der Strafverfolgung von Straftaten im Zusammenhang mit dem Regime der ehemaligen DDR ohne weiteres benutzt werden können. Auch mit dem Erlöschen des Strafbedürfnis lässt sich die Nichtverfolgung wegen Verjährung nicht rechtfertigen: die sog. Sühnetheorie setzt voraus, dass der Täter durch die inzwischen ausgestandene Furcht vor Strafe genug gelitten habe, jedoch dies gilt zumindest bei der Bestrafung der Mächtigen der DDR-Regimes mit Sicherheit nicht. Stattdessen taten viele Täter in Führungspositionen ohne schlechtes Gewissen einfach alles, was in ihrer Macht stand - inklusive einer gesetzlichen Rechtfertigung ihres Handelns - und profitierten direkt vom Eintritt der Verjährung. Auch unter general- und spezialpräventiven Gesichtspunkten sind die Täter nicht geschützt. Soweit das deutsche Volk die SED-Unrechtstaten nicht vergisst und immer wieder deren strafrechtlichen Verfolgung verlangt, können sich die Täter nicht mehr auf die Nichtverfolgbarkeit wegen Verjährung berufen und damit eine strafrechtliche Privilegierung genießen.

---

794 Ausführlich zur Zentralen Erfassungsstelle in Salzgitter *Sauer/Plumeyer*, Der Saltzgitter Report - Die Zentrale Erfassungsstelle berichtet über Verbrechen im SED-Staat, 1990.

795 *Stoltenberg*, Die historische Entscheidung für die Öffnung der Stasi-Akten - Anmerkungen zum Stasi-Unterlagen-Gesetz, DtZ 1992, 65.

796 Gesetz über die Unterlagen des Staatssicherheitsdienstes der ehemaligen Deutschen Demokratischen Republik (Stasi-Unterlagen-Gesetz-StUG), BGBl. I 1991 S. 2272. Zu den Hintergrund, Geschichte und rechtliches Probleme von dieses Gesetzes vgl. *Engel*, Die rechtliche Aufarbeitung des Stasi-Unterlagen auf der Grundlage des StUG (Diss.), 1995. 104 ff.; Lochen, Der Umgang mit den Stasi-Unterlagen, in: *Brunner* (Hrsg.), Juristische Bewältigung des kommunistischen Unrechts in Osteuropa und Deutschland, S. 251 ff.; *Stoltenberg*, a.a.O., 65 ff.; *ders.*, Zur Regelung des Umgangs mit den Stasi-Akten, ZRP 1990, 460 ff.; *Weichert*, Von den rechtlichen und tatsächlichen Unmöglichkeit des Stasi-Unterlagengesetzes, ZRP 1992, 241 ff.

Schon aus dieser Folge von Grundgedanken des Rückwirkungsverbotes und der Verjährung tritt das Rückwirkungsverbot gem. Art. 103 II GG einer Bestrafung der Mächtigen durch eine nachträgliche Veränderung der Verjährung nicht in den Weg. Allerdings ist eine Verfassungsänderung auf der Basis diesen Grundgedanken erforderlich, um unnötige rechtliche Auseinandersetzungen zu vermeiden und dabei eine reibungslose Verfolgung zu ermöglichen.

c) Sondergesetzgebungen auf der Basis einer Verfassungsänderung

Die Verlängerung oder Beseitigung der Verjährungsfristen für begangene Taten verstößt also gegen das rechtsstaatliche Rückwirkungsverbot und ist damit in vollem Umfang verfassungswidrig. Zahlreiche Straftaten, die in der DDR aus politisch-ideologischen Gründen nicht verfolgt wurden, sind demnach verjährt. Dieses Ergebnis mögen viele als unbefriedigend empfinden. Es ist aber zu befürchten, das die strafrechtliche Aufarbeitung der DDR-Unrechts auf eine noch unbefriedigendere verfassungswidrige Weise durchgeführt wird[797]. Wenn man der Auffassung ist, dass eine Respektierung der Verjährung jener Taten unerträglich sei, weil die Gerechtigkeit die Bestrafung gebietet, so mag daraus die Rechtfertigung abzuleiten sein, das Rückwirkungsverbot für diese Fälle nicht durch einfaches, sondern nur durch eine verfassungsänderndes Gesetz angeordnet werden könne[798]. Erst auf der Basis einer möglichen Modifizierung des Art. 103 II GG[799] kann eine Reihe von Sondergesetzen folgen: Die verfassungsrechtliche Diskussion müsste also dann nicht geführt werden, wenn man für Extremfälle, bei denen auf Verfolgung nicht verzichtet werden kann, eine deutliche verfassungsrechtliche Entscheidung getroffen hätte und man Art. 103 II GG im Wege der Verfassungsänderung eine Ausnahmeklausel für Verbrechen gegen die Menschheit/Menschlichkeit angefügt hätte[800], damit die Verjährung als ein Sonderproblem des Rückwir-kungsproblem zusammen mit diesem gelöst werden kann.

---

797 *Pieroth/Kingreen*, Die Verfassungsrechtliche Problematik des Verjährungsgesetzes, NJ 1993, 392.

798 *Schünemman*, Nulla poena sine lege, 1978, S. 26 f.; *Grünwald*, Zur verfassungsrechtlichen Problematik der rückwirkenden Änderung von Verjährungsvorschriften, MDR 1995, 523.

799 Zum *Schünemanns* Mustersatz von Art. 103 II GG Satz 2 vgl. oben S. 145.

800 *Pieroth*, Der Rechtsstaat und die Aufarbeitung der vor-rechtsstaatlichen Vergangenheit - ein Bericht, VVDStRL 51 (1992), 104; ebenda *Isensee*, Verfassungsrechtliche Wege zur deutschen Einheit, KritV 1990, S. 136.

C. Die Strafbarkeit der Hintermänner

I. Problemstellung

Ein weiteres bei der Aufarbeitung des DDR-Unrechts-regimes bestehendes Problem ist u.a. in den Mauerschützenfällen die Strafbarkeit von Funktionären. Die Möglichkeit, dass die in der militärischen Hierarchie ganz unten stehenden Soldaten in gewisser Weise auch Opfer der mit dem ganzen Unrechtssystem verbundenen Verhältnisse[801] und die eigentlichen Haupttäter die Spitzenfunktionäre gewesen sein könnten, von denen die Anordnungen ausgegangen sind[802], wirft die Frage auf, wie diese Schreibtischtäter angemessen bestraft werden können. Ein Beispiel: im Grunde wurden nur die niedrigsten Dienstgrade der Grenztruppen, meist erst Soldaten Anfang zwanzig, vor Gericht gestellt, denen das Unglück widerfahren ist, dass ihnen ein Flüchtling vor die Gewehre lief. Aber diejenigen, die für das geistige Klima der DDR verantwortlich waren und die Mauer, Minenfelder, Selbst-Schussautomaten und Quälereien in den Gefängnissen überhaupt erst ermöglichten, die intellektuellen Stützen des Regimes also, wurden zunächst nicht vor den Strafrichter gestellt, was zu äußerst unbefriedigenden Ergebnissen führte[803]. Die Diskussion über die Verantwortlichkeit dieser sog. Hintermänner ist also notwendig, weil sie der Widerlegung dient, dass man „die Kleinen" fängt und „die Großen" laufen lässt[804].

Bezüglich der strafrechtlichen Behandlung der Hintermännerproblematik ist die Hauptfrage folgendermaßen zu formulieren: Ist die Kategorie der mittelbaren Täterschaft überhaupt strafrechtlich adäquat, um den Tatbeitrag der Hintermänner in einem Unrechtssystem zu erfassen, oder ist bei Befehlshabern die Kategorie der Anstiftung und bei anderweitig in das Geschehen eingebundenen Funktionären die

801 *Lampe*, in: *Lampe*, Deutsche Wiedervereinigung Bd. II - Die Verfolgung von Regierungskriminalität der DDR nach der Wieder vereinigung, 1993, S. 80 f.

802 *Hirsch*, Rechtsstaatliches Strafrecht und staatlich gesteuertes Unrecht, 1995, S. 22.

803 *Schünemann*, Verfassungsrechtliche Probleme der strafrechtlichen Aufarbeitung, in: Deutscher Bundestag (Hrsg.), Enquête-Kommission „Überwindung der Folgen der SED-Diktatur im Prozeß der deutschen Einheit" Bd. II/2, S. 1309.

804 *Quaritsch*, Der Rechtsstaat und die Aufarbeitung der Vergangenheit, in: VVDStRL 51 (1992), 129.

Kategorie der Beihilfe entsprechend der früheren Regelung des DDR-Strafrechts vorzuziehen[805]?

Das LG Berlin hat in einem Mauerschützenfall drei Mitglieder des Verteidigungsrates der DDR, darunter den Verteidigungsminister und seinen Stellvertreter, nur wegen der Anstiftung zum Totschlag auf Grund des Schießbefehls verurteilt[806], jedoch hat der BGH[807] auch die Urheber des Schießbefehls als „Täter" und nicht als Anstifter, sondern als „mittelbare Täter" für schuldig befunden. Damit hat er sich der Konzeption von *Roxin* angenähert, der zur Bewältigung des nationalsozialistischen Unrechts die Rechtsfigur der „mittelbaren Täterschaft kraft Beherrschung eines organisierten Machtapparats" entwickelt hat[808]. Im Schrifttum ist allerdings diese Rechtsprechung des BGH intensiv besprochen worden und letztlich umstritten geblieben. Im Folgenden sollen zunächst die allgemeinen Abgrenzungstheorien von Täterschaft und Teilnahme, daran anschließend die von der Rechtsprechung angewendete Herrschaftstheorie *Roxin*s und die sie betreffende Auseinandersetzung in der Literatur aufgezeigt werden. Dabei lässt sich letztlich die im Zentrum der Hintermännerprobleme stehende Frage, ob die Funktionäre des Unrechtsregimes im Rahmen organisatorischer Machtapparate als mittelbare Täter zu behandeln sind, beantworten.

II. Abgrenzung zwischen Täterschaft und Teilnahme

Im Meinungsstreit über die Abgrenzung der in Betracht kommenden Beteiligungsformen kommt es vor allem auf das Verhältnis zwischen mittelbarer Täterschaft und Anstiftung sowie dem zwischen Mittäterschaft und Beihilfe an[809], entscheidender bei der Verfolgung der Funktionären der DDR-Unrechtsregimes ist jedoch das erste. In der Wissenschaft haben seit Beginn des 19. Jahrhunderts subjektive und

---

805 *Schünemann*, Verfassungsrechtliche Probleme der strafrechtlichen Aufarbeitung, in: Deutscher Bundestag (Hrsg.), Enquête-Kommission „Überwindung der Folgen der SED-Diktatur im Prozeß der deutschen Einheit" Bd. II/2, S. 1309.

806 LG Berlin v. 16. 9. 1993 - (527) 2 Js 26/90 Ks 10 (92), NJ 1994, 210.

807 BGH, Urt. v. 26.7.1994 - 5 StR 98/94, BGHSt 40, 218, 230 ff.

808 *Amelung*, Die strafrechtliche Bewältigung des DDR-Unrechts durch die deutsche Justiz, 1996, 16 f., vgl. eingehend zu diesem Urteil des BGH siehe oben S. 65 ff.

809 *Wessels/Beulke*, Strafrecht, AT, 39. Aufl.(2009), Rn. 510.

objektive Theorien um die Vorherrschaft gerungen, aber heute ist die Tatherrschaftslehre absolut herrschend[810].

1. Die subjektive Theorie

Die besonders in der Rechtsprechung bei der Verfolgung des NS-Gewaltverbrechen[811] herrschende subjektive Theorie knüpft an die Willensrichtung und an die innere Einstellung der Beteiligten zur Tat an: Täter ist, wer mit Täterwillen (animus auctoris) handelt und die Tat „als eigene“ will. Bloßer Teilnehmer ist, wer mit Teilnehmerwillen (animus socci) tätig wird und die Tat „als fremde“ veranlassen oder fördern will[812]. Die subjektive Theorie lässt sich grob nach zwei Kriterien weiter untergliedern. Nach der *Dolustheorie* ist das maßgebende Kriterium für die Bestimmung des animus socii die Willensunterordnung: Teilnehmer ist, wer seinen Willen den Entschlüssen eines anderen unterordnet, wer es dem anderen anheimstellt, ob die Tat zur Ausführung kommen soll oder nicht. Demgegenüber macht die Interessentheorie den Grad des eigenen Interesses am Erfolg zum Merkmal der Abgrenzung von Täterschaft und Teilnehme: Teilnehmer ist, wer kein oder nur geringes Eigeninteresse an der Herbeiführung des Erfolges hat, Täter, wer in eigenem Interesse handelt[813].

Die kriminalpolitische Funktion der Anwendung der subjektiven Theorie bei staatlich angeordneten Rechtsgüterverletzungen bestand aber in deren extrem subjektiven Sichtweise, die z.B. im sog. Badewannenfall[814] oder dem *Staschinskij*-Fall[815] zu tragen kam und in einer Privilegierung des untergeordneten Ausführungsorgans

---

810 *Schünemann*, in: LK-StGB, 12. Aufl., § 25 Rn. 2.

811 BGH, Urt. v. 22.1.1952 - 1 StR 485/51 (BGHSt 2, 251); Urt. v. 13.2.1951 - 4 StR 32/50, NJW 1951, 323; Urt. v. 27.3.1953 - 1 StR 689/52, NJW 1953, 1070.

812 *Wessels/Beulke*, Strafrecht, AT, 39. Aufl.(2009), Rn. 515.

813 *Schünemann*, a.a.O., Rn. 3 und 4.

814 RG, Urt. v. 19.2.1940 - R 3 D 69/40, RGSt 74, 84, Im Badewannenfall wurde das Mädchen, das das unehelich geborene Kind des Schwester auf deren Bitte getötet hatte, indem sie es in einer Badewanne ertränkte, vom RG als Gehilfin beurteilt, eingehend dazu vgl. *Hartung*, Der „Badewannenfall“, JZ 1954, 430 f.

815 BGH, Urt. v. 19. 10. 1962 - 9 StE 4/62, BGHSt 18, 87., Der BGH hatte in diesem Urteil die Moskauer Auftraggeber des von einem Agenten in Deutschland begangenen Attentats als Täter angesehen, eingehend dazu Baumann, Beihilfe bei eigenhändiger voller Tatbestandserfüllung, NJW 1963, 561 ff.; *Schroeder*, Recht in Ost und West, 1964, 97 ff.

zu einer Bestrafung der mittelbaren Täter geführt hat. Jedoch spätestens mit Einführung des § 25 I StGB zum 1.1.1975 war die Anwendung nicht mehr vertretbar und auch in der Rechtsprechung[816] fallengelassen worden[817]. Die Kritik an der subjektiven Theorie beruht darin, dass es einen Täterwillen nicht als greifbare Realität gebe. Daraus erwachse die Möglichkeit, die Leerformel vom gewünschten Ergebnis her nach wechselnden Kriterien mit einer gewissen Beliebigkeit auszufüllen und bei der Abgrenzung von Täterschaft und Teilnahme eine Art von richterlichen Ermessen walten zu lassen[818].

2. Die formal-objektive Theorie

Zufolge der objektiven Theorie ist Täter nur der, der die in den Tatbeschreibungen des besonderen Teils des Strafgesetzbuches geschilderten Handlungen selbst ausführt und alle sonst Beteiligten sind Teilnehmer. Drei Auffassungen sind zu nennen: Die *„Notwendigkeitstheorie"*, der zufolge der Täter die Zentralgestalt bei der Verwirklichung der tatbestandsmäßigen Ausführungshandlung[819] ist; die *„Gleichzeitigkeitstheorie"*, die alle während der Ausführung Mitwirkenden als Täter ansieht; die Lehre von der *„physisch und psychisch vermittelten Kausalität"*[820], nach der Teilnehmer ist, dessen kausaler Beitrag nur über die Psyche eines anderen zum Erfolge führt, während die unmittelbar physische Erfolgsverursachung die Täterschaft begründet[821].

Soweit die objektive Theorie den Anspruch hatte, eine allgemeine Lehre für die Abgrenzung von Täterschaft und Teilnahme zu leisten, wird sie heute nicht mehr

---

816 BGH, Urt. v. 17.3.1977 - 1 StR 39/77, GA 1977, 306; Urt. v. 7.6.1977 - 1 StR 273/77, BGHSt 27, 305, 206 f.; Urt. v. 4.10.1978 -3 StR 232/78, NJW 1979, 1259; Urt. v. 24.6.1986 - 5 StR 153/86, BGHSt 34, 124, 125.

817 *Schünemann*, Verfassungsrechtliche Probleme der strafrechtlichen Aufarbeitung, in: Deutscher Bundestag (Hrsg.), Enquête-Kommission „Überwindung der Folgen der SED-Diktatur im Prozess der deutschen Einheit" Bd. II/2, S. 1306 f.; Urban, Mittelbare Täterschaft kraft Organisationsherrschaft (Diss.), 2004, S. 62.

818 *Schünemann*, in: LK-StGB, 12. Aufl., § 25 Rn. 33.

819 *Roxin*, Strafrecht AT 4. Aufl.(2003), Bd. II § 25 Rn. 10.

820 *Frank*, StGB, 18. Aufl. (1931), vor § 47 II, zit.n. *Schünemann*, in: LK-StGB, 12. Aufl., § 25 Rn. 6.

821 *Schünemann*, a.a.O.

vertreten[822]. Ihre Schwäche liegt nämlich darin, dass sie die gesetzlich vorgesehene Rechtsfigur der mittelbaren Täterschaft, bei der die Hintermänner den Tatbestand gerade nicht eigenhändig verwirklichen, nicht zu erklären vermag und weiterhin im Fall der Mittäterschaft, die sie als Teilverwirklichung des Tatbestandes begreift, der vereinbarten Arbeitsteilung nicht genügend Rechnung trägt[823].

3. Die Tatherrschaftslehre

a) Die materiell-objektive Theorie

Vorherrschend im Schrifttum ist die Lehre von der Tatherrschaft[824], die den aus objektiven und subjektiven Kriterien bestehenden Begriff der „Tatherrschaft" entwickelte und zum Leitprinzip für die Abgrenzung zwischen Täterschaft und Teilnahme gemacht hat. Tatherrschaft in diesem Sinne bedeutet „das vom Vorsatz umfasste In-den-Händen-Halten des tatbestandsmäßigen Geschehensablaufs"[825]. Täter ist danach, wer als „Zentralgestalt" des Geschehens die planvoll-lenkende oder mitgestaltende Tatherrschaft besitzt, die Tatbestandsverwirklichung somit nach seinem Willen hemmen oder ablaufen lassen kann. Teilnehmer ist, wer ohne eigene Tatherrschaft als „Randfigur" des realen Geschehens die Begehung der Tat veranlasst oder sonst wie fördert[826].

Die Tatherrschaftslehre bietet einen theoretisch wie praktisch gleichermaßen überzeugenden Lösungsansatz zur Abgrenzung von Täterschaft und Teilnahme. Sie macht deutlich, dass der Täter nichts anderes ist als das Subjekt der Deliktsbeschreibungen des Besonderen Teils und nicht etwa derjenige, der schuldig im Sinne der inneren Einstellung oder der Gesinnung ist. Der richtige Ausgangspunkt ist also

---

822 Nach *Schünemann* soll die formal-objektive Theorie in jeweils verschiedenen Teilbereichen der Abgrenzungsproblematik nach wie vor verwertbare Ansätze liefern, vgl. dazu *ders.*, in: LK-StGB, 12. Aufl., § 25 Rn. 36.

823 *Wessels/Beulke*, Strafrecht, AT, 39. Aufl.(2009), Rn. 511; *Heine*, in: *Schönke/Schröder*, Vor § 25 Rn. 54/55.

824 *Bottke*, Täterschaft und Gestaltungsherrschaft, 1992, S. 35 ff.; *Jakobs*, AT, 2. Aufl. (1991), 21. Abschn. Rn. 35; *Jescheck/ Weigend*, AT § 61 V.; *Murmann*, in: SSW-StGB, 1. Aufl. (2009), Vor §§ 25 ff. Rn. 7 und 8.; *Roxin*, Täterschaft und Tatherrschaft, 6. Aufl. (2000), S. 546 ff.; *Schroeder*, Der Täter hinter dem Täter, 1965, 70 f.; *Schünemann*, in: LK-StGB, 12. Aufl., § 25 Rn 32 ff.; *Wessels/Beulke*, Strafrecht AT, 39. Aufl.(2009), Rn. 51.

825 *Maurach*, Strafrecht, AT, 4. Aufl.(1971), § 49 II C 2.

826 *Wessels/Beulke*, Strafrecht AT, 39. Aufl.(2009), Rn. 512/513.

der der formel-objektiven Theorie, jedoch überwindet die Tatherrschaftslehre die einseitige Fixierung der formal-objektiven Theorie auf die „Eigenhändigkeit", indem sie denjenigen als Täter ansieht, der den tatbestandlichen Erfolg unter eigener Herrschaft oder Mitherrschaft herbeiführt. Insofern stellt die Tatherrschaftstheorie eine „auflockernde" Fortentwicklung der formal-objektiven Theorie[827] dar und wird auch als „materiell-objektive" Lehre bezeichnet, weil ihr ein nicht an formalen Kriterien haftender, materieller Begriff der Tatbestandserfüllung zugrunde liegt[828].

b) Die Herrschaftslehre *Roxin*s

Die Tatherrschaftslehre wurde eigentlich von *Lobe*[829] begründet und durch *Welzel*[830], *Maurach*[831] und *Gallas*[832] entwickelt, aber zu einer in sich geschlossenen Theorie ist die Tatherrschaftslehre erst durch *Roxin*[833] entscheidend weiterentwickelt worden[834].

Die Tatherrschaftslehre *Roxin*s geht von zwei Annahmen aus: *Erstens* sei die Tatherrschaft kein Universalprinzip, das ausnahmslos bei sämtlichen Tatbeständen zur Bestimmung der Täterschaft herangezogen werden könne und damit sei deren Anwendung bei den Pflichtdelikten und den eigenhändigen Delikten auszuschließen; *Zweitens* sei es unmöglich, das sich die verschiedenen Formen der Täterschaft phänomenologisch auf der gleichen Ebene vollziehen und daher sei auch die Tatherrschaft der unmittelbaren Täterschaft, mittelbaren Täterschaft und Mittäterschaft durch jeweils differenzierende Merkmale gekennzeichnet[835].

---

827 *Gallas*, Täterschaft und Teilnahme, Materialien zur Strafrechtsreform, 1. Bd., Gutachten des Strafrechtslehrer, 1954, S. 121 ff.

828 *Schünemann*, in: LK-StGB, 12. Aufl., § 25 Rn 36.

829 *Lobe*, Einleitung des Strafgesetzbuch-Kommentars, 5. Aufl. (1933), S. 123 ff.

830 *Welzel*, Studien zum System des Strafrechts, ZStW 58 (1939), 491 ff.

831 *Maurach*, Strafrecht AT, 4. Aufl. (1971), § 47 III B 2b, S. 627.

832 *Gallas*, Täterschaft und Teilnahme, Materialien zur Strafrechtsreform, 1. Bd., Gutachten des Strafrechtslehrer, 1954, S. 121 ff.

833 *Roxin*, Täterschaft und Tatherrschaft, 6. Aufl. (2000), S. 107 ff.

834 Zur Entwicklungsgeschichte der Tatherrschaftslehre vgl. *Roxin*, a.a.O., 60 ff.; *Schünemann*, in: LK-StGB, 12. Aufl. § 25 Rn. 8-10.

835 *Roxin*, a.a.O., S. 352 ff.

Aus dieser Beschränkungen heraus differenziert *Roxin* die Tatherrschaft in mehrere Herrschaftsformen. Die „Handlungsherrschaft“ kennzeichnet also den unmittelbaren Täter, der das tatbestandsmäßige Geschehen durch die eigenhändige Vornahme der tatbestandsmäßigen Handlung beherrscht. Die „funktionale Tatherrschaft “ kennzeichnet die Mittäterschaft, bei der die Beteiligten arbeitsteilig vorgehen, so dass jeder durch seine Funktion im Gesamtgeschehen Tatherrschaft ausübt. Die bei der Aufarbeitung der Vergehen von Spitzen-funktionären besonders relevante mittelbare Täterschaft ist durch eine „Herrschaft kraft überlegenden Wissens oder Willens“ gekennzeichnet[836], wobei diese auf dreierlei Weise möglich ist: Man kann den Handelnden zwingen; man kann ihn hinsichtlich des für die Täterschaft entscheidenden Umstandes als blinden Kausalfaktor einsetzen oder der Ausführende muss, wenn er weder genötigt noch getäuscht wird, beliebig auswechselbar sein. Schlagwortartig ist damit von einer Willensherrschaft kraft Nötigung, kraft Irrtums oder „organisatorischer Machtapparate“ die Rede[837]. Diese letzte Form der Willensherrschaft, von *Roxin* auch als „Organisationsherrschaft“ bezeichnet wurde, hat vom BGH[838] angenommen zur Strafbarkeit der Mitglieder des Verteidigungsrates der DDR geführt. Die herrschende Lehre nimmt diese Organisationsherrschaft nach *Roxin* an, wobei einige Autoren sich immer noch um eine Gegenmeinung bemühen. Im Folgenden soll darauf tiefer eingegangen werden.

III. Die Anwendbarkeit der Organisationsherrschaftslehre zur Bestrafung der DDR-Führungs-ebene wegen mittelbarer Täterschaft

1. Aspekte der Organisationsherrschaftslehre *Roxins*

Die Organisationsherrschaft wurde von *Roxin* erstmals 1963[839] angesprochen. Dies war eine Reaktion auf den vom 11. April bis zum 15. Dezember 1961 vor dem Je-

---

836 *Roxin*, Täterschaft und Tatherrschaft, 6. Aufl. (2000), S. 125 ff., zit.n. *Murmann*, in: SSW-StGB, 1. Aufl. (2009), Vor §§ 25 ff. Rn. 7/8.

837 *Roxin*, a.a.O., S. 245, zit.n. *Ambos*, Tatherrschaft durch Willensherrschaft kraft oragnisatorischer Machtapparate, GA 1998, S. 227.

838 BGH, Urt. v. 26.7.1994 - 5 StR 98/94, BGHSt 40, 218, 230 ff., eingehend zu diesem Urteil des BGH siehe oben S. 49 ff.

839 *Roxin*, Straftaten im Rahmen organisatorischer Machtapparate, GA 1963, 193.

rusalemer Bezirksgericht durchgeführten Prozess gegen *Adolf Eichmann*. Der Anwendungsbereich dieser Form der Tatherrschaft ist zunächst einmal der NS-Unrechtsstaat. Die Diskussion um die mittelbare Täterschaft mit der Hilfe eines organisatorischen Machtapparats geriet durch die Mauerschützen-Prozesse[840] wieder in das Zentrum des Interesses[841].

Nach *Roxin* ist eine Organisationsherrschaft dort gegeben, wo ein Hintermann einen vom Recht gelösten Machtapparat zur Durchführung von Straftaten einsetzen kann, wie dies bei staatlich organisierten Verbrechen eines verbrecherischen Regimes oder mafiaähnlichen Verbrechensstrukturen der Fall ist[842]. Wer unter solchen Umständen an den Schalthebeln der Macht eine Anordnung gebe, besitze unbeschadet der Täterschaft des Ausführenden eigene Tatherrschaft, weil die Struktur des Apparates den Vollzug des Befehls unabhängig von der Individualität des unmittelbar Handelnden garantiere[843]. Es sei also nicht Nötigung oder Täuschung, sondern die „Fungibilität", die unbegrenzte Ersetzbarkeit des unmittelbaren Täters, die dem Hintermann die Tatausführung garantiere und ihn das Geschehen beherrschen lasse, so dass die Organisationsherrschaft dabei die dritte Form mittelbarer Täterschaft präge[844].

Solche Befehlshaber an den Schalthebeln der Macht seien genau deswegen mittelbare Täter, weil die Durchführung der Tat anders als bei einer Anstiftung von der Entscheidung des unmittelbaren Täters nicht abhängig sei. In diesem Sinne sei der unmittelbar Handelnde nur ein auswechselbares „Rädchen" im Getriebe des Machtapprats[845]. Die Tatsache, dass derjenige, der das Verbrechen am Ende mit

---

840 BGHSt 40, 218, 230 ff., eingehend siehe oben S. 49 ff.

841 *Joecks*, in: MK-StGB, 2. Aufl. (2011), § 25 Rn 133/134.

842 Zutreffend hierzu nennt *Schünemann* die Fälle, i) in denen entweder die Inhaber der Staatsgewalt selbst verbrecherische Organisationen aufbauen, wie es im "Dritten Reich" geschehen ist, ii) in denen sich ein gegen die Rechtsordnung gerichteter "Staat im Staate" entwickelt, wie dies bei Gangstersyndikaten oder zahlenmäßig starken Terrororganisationen möglich ist und iii) Geheimorganisationen ausländischer Mächte, denen ein gut ausgebautes Agentennetz die Durchführung von Aufträgen der Zentrale ermöglicht, wie im Falle *Staschynskij*, *Schünemann*, in: LK-StGB § 25 Rn 123.

843 *Roxin*, Täterschaft und Tatherrschaft, 6. Aufl. (2000), S. 242 ff, zit.n. *Schünemann*, in: LK-StGB, § 25 Rn 122.

844 *Roxin*, a.a.O., S. 245.

845 *Roxin*, a.a.O.

eigener Hand ausführt, als unmittelbarer Täter strafbar ist, ändert daran nichts. Die geschilderte Erscheinungsform des mittelbaren Täters ist der juristisch adäquate Ausdruck für das Phänomen des „Schreibtischtäters“, der unbeschadet seiner Tatherrschaft auf unmittelbare Täter notwendig angewiesen ist. Dabei prägt die Organisationsherrschaft die dritte Form mittelbarer Täterschaft[846].

2. Meinungsbild in der Literatur

a) Befürwortung der Organisationsherrschaftslehre

Das Meinungsbild, dass *Roxin*s Lehre von der Organisationsherrschaft in der Frage einer strafrechtlichen Verfolgung der DDR-Führungsebene problemlos anwendbar ist, ist nach der Entscheidung des BGH vom 26. Juli 1994 in der Literatur weitgehend anerkannt[847].

So hält *Hirsch* die Bejahung einer mittelbaren Täterschaft durch den BGH für zutreffend. Insbesondere ist er der Auffassung, dass die Rolle der über die Anordnungsgewalt verfügenden Verantwortlichen eines totalitären Machtapparats die Tatherrschaft über die von den Ausführungsorganen realisierten Handlungen begründe und damit allein die Annahme einer mittelbaren Täterschaft die dominierende Stellung der Mitglieder des Nationalen Verteidigungsrates angemessen erklären könne[848].

Die gleiche Position wurde von *Bloy* vertreten, jedoch ist dabei seine Analyse der Organisationsherrschaft-Strukturen auffällig: Der Vordermann erhalte im Umfeld der Organisationsherrschaft eine Doppelstellung, *einerseits* als ein „Apparat“ und *andererseits* als ein für sein Tun strafrechtlich verantwortlicher Täter. Der Hinter-

---

846 *Roxin*, Täterschaft und Tatherrschaft, 6. Aufl. (2000), S. 245; *ders.*, Mittelbare Täterschaft kraft Organisationsherrschaft, NJW-Sonderheft f. *Schäfer*, 2002, 52.

847 Vgl. *Bloy*, Grenzen der Täterschaft bei fremdhändiger Tatausführung, GA 1996, 441; *Bottke*, Täterschaft und Gestaltungsherrschaft, 1992, S. 71 ff.; *Hirsch*, Rechtsstaatliches Strafrecht und staatlich gesteuertes Unrecht, 1996, S. 22 f.; *Hünerfeld*, Mittelbare Täterschaft und Anstiftung im Kriminalstrafrecht der Bundesrepublik Deutschland, ZStW 99 (1987), 244; *Lampe*, Systemunrecht und Unrechtssysteme, ZStW 106 (1994), 683; *Schulz*, Die mittelbare Täterschaft kraft Organisationsherrschaft - eine notwendige Rechtsfortbildung?, JuS 1997, 111; *Vest*, Humanitätsverbrechen - Herausforderung für das Individualstrafrecht?, ZStW 113 (2001), 457, 492.

848 *Hirsch*, Rechtsstaatliches Strafrecht und staatlich gesteuertes Unrecht, 1996, S. 22 f.

mann beherrsche „nur“ den Apparat. Somit seien auf unterschiedlicher Ebene beide für die Tat als Täter verantwortlich, der Hintermann qua Organisationsunrecht, der Vordermann qua Individualunrecht[849]. Auch *Lampe* verwendet sich für die Annahme der Organisationsherrschaft bei der Bestrafung der DDR-Führungsebene. Strafrechtliche Verantwortung beruhe einheitlich auf Kontakte zum Verbrechen und auf innerer Übereinstimmung mit ihm und beide könne nicht nur durch personal Akte, sondern auch durch soziale Systeme, insbesondere durch immanente Norm- und Befehlsstrukturen vermittelt werden[850].

Schünemann geht davon aus, dass die Herrschaft des Gewalthabers in einem Unrechtssystem zu den intensivsten Formen der Herrschaft überhaupt gehöre und nimmt in diesem totalitären Regime die völlige Fungibilität des einzelnen Handlangers im Sinne des *Roxin*s an. Nach *ihm* sitze der Machthaber „an den Hebeln einer komplizierten, aber präzise funktionierenden Maschine“ und könne das Geschehen „aus der Schaltzentrale des politischen Herrschaftssystems heraus“ nach seinem Willen lenken. Die Geschehenssteuerung durch die Inhaber der Macht in einem totalitären Regime unterfalle damit wahrhaft dem Begriffskern der vom Gesetzgeber zur Beschreibung der mittelbaren Täterschaft gebrauchten Wendung: „Wer die Tat durch einen anderen begeht“ in § 25 I 2. Alt. StGB. Die Kategorie der mittelbaren Täterschaft durch Benutzung eines organisatorischen Machtapparates sei deshalb für Unrechtssysteme zutreffend, ihre Verwendung in der Entscheidung des BGH[851] folglich zu billigen[852].

b) Abweichende Ansichten

Die Vertreter eines strengen Verantwortungsprinzips sind demgegenüber der Ansicht, dass ein vollverantwortlicher Täter nicht gleichzeitig Werkzeug eines anderen sein könne und die Mitglieder des Nationalen Verteidigungsrates bloß wegen

---

849 *Bloy*, Grenzen der Täterschaft bei fremdhändiger Tatausführung, GA 143 (1996), 441.

850 *Lampe*, Die Verfolgung von Regierungskriminalität der DDR nach der Wiedervereinigung, in: *ders.*, Deutsche Wiedervereinigung Bd II, 1992, S. 9 ff.

851 BGH, Urt. v. 26.7.1994 - 5 StR 98/94, BGHSt 40, 218, 230 ff.

852 *Schünemann*, Verfassungsrechtliche Probleme der strafrechtlichen Aufarbeitung, in: Deutscher Bundestag (Hrsg.), Enquête-Kommission „Überwindung der Folgen der SED-Diktatur im Prozess der deutschen Einheit“ Band II/2, S. 1309.

einer Mittäterschaft oder Anstiftung bestraft werden können[853]. Insbesondere wendet sich *Jakobs* gegen die Theorie der Organi-sationsherrschaft zugunsten einer einfachen Mittäterschaft. Die Begründung: *Erstens* gebe es keine „übergeordnete Herrschaft eigener Qualität", wenn der Ausführende im großen und ganzen selbst verantwortlich handele. Der Begriff „Fungibilität" der Organisationsherrschaft sei *zweitens* auch nicht überzeugend, da nicht nur die Befehlsempfänger, sondern auch der Befehlsgeber auswechselbar seien und daher alle rechtlich gleichrangig seien. *Drittens* handele der Ausführende rechtlich nicht automatisch, sondern ließe sich durch den Befehl korrumpieren und dieser verantwortliche Akt sei das „genaue Gegenteil einer Automatik"[854].

Gropp vertritt eine Anstiftungsthese zumindest in einer teilweisen Zustimmung zu *Roxin*. Demzufolge sei die Entscheidung des BGH insoweit zu befürworten, soweit es sich bei den zugrunde liegenden Sachverhalten um „Regelfälle" handele, die einen regelhaften Ablauf darstellen, jedoch nicht um Exzesstaten, insbesondere um „Hinrichtungsfälle", in denen die Grenzsoldaten Flüchtlinge erschossen haben, deren Fluchtversuch bereits gescheitert gewesen sei und die ihnen wehrlos ausgeliefert gewesen waren. Hier könne man nicht von einer mittelbaren Täterschaft ausgehen, weil diese Fälle weder „beherrschbar" noch diese Grenzsoldaten auswechselbar gewesen sei. Es käme nur der Versuch einer Erfolgsherbeiführung in mittelbarer Täterschaft in Tateinheit mit einer Anstiftung in Frage[855].

3. Rezeption im Ausland und im Völkerstrafrecht

Im Ausland hat die Rechtsfigur der Organisationsherrschaft zuerst Mitte der achtziger Jahre beim Verfahren gegen die ehemaligen Oberbefehlshaber der argentinischen Militärjunta (1976-83) in Urteilsbegründungen des argentinischen Beru-

---

853 Vgl. *Bauamann/Weber/Mitsch*, Strafrecht AT, 10. Aufl. (1995), § 29 Rn. 147.; *Jakobs*, Strafrecht AT, 2. Aufl. (1993), 21. Abschn. Rn. 103; *ders.*, Mittelbare Täterschaft der Mitglieder des Nationalen Verteidigungsrats, NStZ 1995, 26; *Jescheck/Weigend*, Lehrbuch des Strafrechts AT, 5. Aufl. (1996), S. 670; *Otto*, Grundkurs Strafrecht, Allg. Strafrechtslehren, 5. Aufl. (1996), § 21 Rn 92; *Schroeder*, Täter hinter dem Täter, 1965, S. 143ff., 196, 222; *ders.*, Der Sprung des Täters hinter dem Täter aus der Theorie in die Praxis, JR 1995, S. 177 f.

854 *Jakobs*, Strafrecht AT, 2. Aufl. (1993), 21/103; *ders.*, Mittelbare Täterschaft der Mitglieder des Nationalen Verteidigungsrats, NStZ 1995, 26.

855 *Gropp*, Die Mitglieder des Nationalen Verteidigungsrates als "Mittelbare Mit-Täter hinter den Tätern"? - BGHSt 40, 218, JuS 1996, 16.

fungsgerichts (Cámara Nacional de Apelaciones en lo Criminal y Correccional de la Capital) und des obersten Gerichtshofs (Corte Suprema - CS) praktische Bedeutung erlangt[856]. Dabei betrachteten die beiden Gerichte das Verhalten der Angeklagten als mittelbare Täterschaft. In der Feststellungen der Bundesgerichts heißt es:

> *„Die Angeklagten hatten Tatherrschaft, weil sie die Organisation, die die Taten erzeugte, kontrollierten (...) In diesem Zusammenhang verliert der konkrete Tatausführende an Bedeutung. Die Herrschaft derjenigen, die das System kontrollieren, über die Vollendung der von ihnen angeordneten Taten ist total, denn selbst wenn es irgendeinen Untergebenen geben sollte, der sich widersetzen würde, würde er automatisch durch einen anderen ersetzt werden, woraus folgt, dass der entworfene Plan nicht durch den (entgegenstehenden) Willen des Ausführenden, der lediglich die Rolle eines bloßen Zahnrads einer gigantischen Maschinerie spielt, zum Scheitern gebracht werden kann. Es handelt sich hier nicht um die üblicherweise bei mittelbarer Täterschaft bekannte Willensherrschaft. Das Werkzeug, dessen sich der Hintermann bedient, ist das System selbst, (...) bestehend aus fungiblen Tatmittlern (...). Die Herrschaft bezieht sich deshalb nicht auf einen konkreten Willen, sondern auf einen unbestimmten Willen, wer auch immer der Ausführende ist, die Tat wird jedenfalls begangen (...). Wer das System beherrscht, beherrscht den anonymen Willen aller dazu gehörenden Menschen“*[857].

Mit diesem Urteil hat die Cámara offensichtlich die Organisationsherrschaftslehre bestätigt und folgte der allgemeinen Regel, dass die Organisationsstruktur eines militärischen Machtapparats den verantwortlichen Hintermännern Tatherrschaft über die unmittelbaren Täter vermitteln kann[858].

In diesem Zusammenhang prognostiziert *Roxin* selbst, dass seine Lehre auch bei der Aburteilung anderer in totalitären Systemen begangener Verbrechen Anwendung finden kann und auch im Völkerrecht in zunehmendem Maße beachtet wer-

---

856 *Roxin*, NJW-Sonderheft f. *G. Schäfer* 2002, 52 f.

857 Urteil Cámara, vom 9.12.1985, in: Fallos CS, Bd. 309-I/II, S. 1601 f., Das Gericht urteilte - entgegen der Ansicht der Anklage - aufgrund Teilnahme oder Zusammenarbeit. Den Angeklagten wurden nämlich nicht, wie es die Annahme mittelbarer Täterschaft erfordert, die von ihnen vorsätzlich angeordneten Tötungen, sondern die von den unmittelbaren Tätern begangenen „Haupttaten“ (Folter mit Todesfolge) zugerechnet, zit.n. *Ambos*, Tatherrschaft durch Willensherrschaft kraft organisatorischer Machtapparate - Eine kritische Bestandsaufnahme und weiterführende Ansätze, GA 1998, 238 f.

858 *Ambos*, a.a.O.

de[859]. *Ambos* sagt sogar, dass jeder weiterführende (völkerrechtliche) Ansatz von der Konzeption der Organisationsherrschaft auszugehen habe[860].

IV. Die Strafbarkeit von Befehlsgebern und Zwischenpersonen

Bei Anerkennung von *Roxins* Organisationsherrschaftslehre ist die Entscheidung schwierig, wer als „Täter" und wer als „Werkzeug" anzusehen ist, weil in einem staatliche organisierten Machtapparat eine ganze Reihe von Personen derart hintereinander geschaltet sein, dass der Verbrechensbefehl über mehrere Stufen bis zur schließlich ausführenden Stelle weitergeleitet wird. Jedes Mitglied eines Machtapparates, das auf einer solchen Zwischenstufe eingeschaltet wird, ist daher zugleich „Täter" und „Werkzeug", je nachdem man seine Tätigkeit aus der Sicht des Vorgesetzten oder des Untergebenen sieht: Mittelbare Täter können zugleich das „Werkzeug" ihrer Vorgesetzten sein[861].

Um die Teilnahme von Zwischenpersonen zutreffend beurteilen zu können, müssen die Umstände ermittelt werden, die innerhalb eines organisierten Machtapparates die besondere Situation ausmachen, in der der Aufgeforderte nicht mit eigenverantwortlichem Willen handelt und die Verantwortung für das Tatgeschehen vielmehr in die Organisationsspitze verlagert ist[862]. Die Beteiligungsform von Zwischenpersonen ist in zweierlei Richtung unterscheidend zu überprüfen: Regelfall und Sonderfall.

1. Der Regelfall: Anstiftung bzw. Beihilfe

Im Regelfall kann man nach den Umständen wieder in zwei Richtung unterscheiden, d.h. in die Beteiligung „nach oben" oder „nach unten". Mit dem Regelfall sind insbesondere die Befehlsgeber vor Ort, die den jeweiligen Grenzsoldaten die konkrete Anweisung für deren Einsatz gaben, gemeint.

---

859 *Roxin*, Strafrecht AT, 4. Aufl. (2003) Bd. II, § 25 Rn. 112.

860 Vgl. *Ambos*, Der Allgemeine Teil des Völkerstrafrechts, 2002, Fn. 349.

861 *Korn*, Täterschaft oder Teilnahme bei staatlich organisierten Verbrechen, NJW 1996, 1208.

862 *Korn*, a.a.O.

a) Die Beteiligung „nach oben“

Im Fall der Befehlsgeber vor Ort und der Zwischenpersonen in der Befehlshierarchie, die die Organisatoren unterstützt haben, liegt im Verhältnis zur oberen Ebene eine Beihilfe (§ 27 StGB) [863] nahe.

Diese Überlegung betrifft nach der Meinung *Korn*s, der allerdings auf Grundlage der subjektiven Theorie arbeitet, z.B. die Fällen, in denen die Zwischenpersonen lediglich das taten, was ihnen von der Führungsstelle strikt aufgetragen werde. Hier fehle es dem Bewusstsein und dem Willen, den Geschehensablauf zu beherrschen und sie seien mangels Tatherrschaftswillens nicht Täter, sondern lediglich Gehilfen[864].

Im Ergebnis ist dies auch nach der Organisationsherrschaftslehre *Roxin*s nicht anders. Jeder Tätigkeit, die den Apparat nicht selbständig weiterbewegt, fehlt die Lenkungsmacht[865], so dass eine Täterschaft dabei ausgeschlossen ist und nur die Teilnahme in Betracht kommt. Dem steht nicht entgegen, dass der Befehlsgeber zugleich als Werkzeug der Staatsgewalt fungiert; die Gehilfenschaft des Tatmittlers ist beispielsweise bei der Figur des absichtslosen Werkzeugs geläufig[866]. Folglich ist die Beteiligungsform im Fall „nach oben“ klar und unstrittig.

b) Die Beteiligung „nach unten“

Im Regelfall, in dem nach meiner Unterscheidung die Befehlsgeber keine Lenkungsmacht haben, sind diese Zwischenpersonen nach unten - z.B. bei den Taten der Todesschützen - nur Anstifter bzw. Gehilfen, sofern sie den Apparat nicht selbständig bewegt haben, sondern nur untergeordnete, etwa am Rand Beteiligte waren[867].

863*Küpper/Wilms*, Die Verfolgung von Straftaten des SED-Regimes, ZRP 1992, 95; im Ergebnis auch *Korn*, Täterschaft oder Teilnahme bei staatlich organisierten Verbrechen, NJW 1995, 1209 f.

864 *Korn*, a.a.O.

865 *Roxin*, Täterschaft und Tatherrschaft, 6. Aufl. (2000), S. 249; *der.*, Straftaten im Rahmen organisatorischer Machtapparate, GA 1963, 204.

866 *Küpper/Wilms*, Die Verfolgung von Straftaten des SED-Regimes, ZRP 1992, 95; im Ergebnis auch *Korn*, Täterschaft oder Teilnahme bei staatlich organisierten Verbrechen, NJW 1995, 1209 f.

867 *Wassermann*, Regierungskriminalität und justitielle Aufarbeitung, DRiZ 1993, 140

Zunächst könnte bei den Zwischenpersonen, die keine Willensherrschaft durch Organisationsherrschaft besitzen, eine Anstiftung in Betracht gezogen werden. Dies gilt, auch wenn die Betreffenden schon aufgrund der ihnen bekannten Aufgabenstellung tatbereit sind, da auch der zunächst allgemein Tatgeneigte erst noch zu einer bestimmten Tat angestiftet werden kann[868].

Für die Situation des Grenzsoldaten, der im Grunde weiß, was auf ihn zukommt, jedoch noch eine letzte Bekräftigung braucht, könnte eine psychische Beihilfe infrage kommen. Diese kann mit Blick auf den Täter in der Weise erfolgen, „indem etwa Hemmungsvorstellungen, die ihn wankend machen könnten, entgegengewirkt wird, letzte moralische Hemmungen beseitigt werden oder ihm das Gefühl der alleinigen Verantwortung genommen wird"[869]. Für den Vorsatz der Beihilfe genügt es, wenn der Teilnehmer die wesentlichen Merkmale der Haupttat erfasst: Einzelheiten des Tatgeschehens, z.B. wann, wo und an wem und unter welchen besonderen Umständen die Tat im einzelnen ausgeführt wird, braucht er nicht zu kennen. Die objektiven und subjektiven Voraussetzungen der Beihilfe sind damit erfüllt[870].

2. Der Sonderfall: Mittäter bzw. mittelbarer Täter

Eine eher entscheidendere Frage im Bezug auf die Organisationsherrschaft ist, ob in den besonderen Fällen eine mittelbare Täterschaft bei den Zwischenpersonen anzunehmen ist. Hat ein Befehlsgeber vor Ort innerhalb des Machtapprates eine Weisung erhalten, die ihm nicht striktes Verhalten abverlangt, sondern ihm einen Ermessensspielraum belässt, d.h. wenn für ihn Lenkungsmacht vorhanden ist, so könnte er nach seinem Willen und Verhalten sowohl Mittäter als auch mittelbarer Täter werden.

Nennenswert ist hierzu das KZ-Beispiel von *Korn*: Hat jemand als Mitglied des SS-Kommandanturpersonals eine Weisung erhalten, die ihm einen Ermessensspielraum hinsichtlich des „ob, wann und wie" der Verbrechensdurchführung lässt, sei er Täter, wenn er den ihm gewährten Ermessensspielraum bewusst zuungunsten der

868 *Küpper/Wilms*, a.a.O., 95, vgl. dazu auch *Dallinger*, Anmerkung zum BGH Urt. v. 14.2.1957 - 4 StR 570/56, MDR 1957, 395; *ders.*, Anmerkung zum BGH Urt. v. 28.3.1972 - 5 StR 62/72, MDR 1972, 569.

869 So BGB v. 14.2.1957 - 4 StR 570/56. Anmerkung dazu *Dallinger*, MDR 1957, 396, vgl. *Küpper/Wilms*, Die Verfolgung von Straftaten des SED-Regimes, ZRP 1992, 95.

870 BGH, GA 1967, 115; 1981, 133; Bay ObLG, NJW 1991, 2582, vgl. *Küpper/Wilms*, a.a.O.

Häftlinge ausnutzt, indem er die jeweils schärfsten Maßnahmen, die ihm der Ermessensspielraum gestattet, ergreift, da er das Bewusstsein und den Willen gehabt habe, den Geschehensablauf mitzubeherrschen[871].

Dieses Beispiel ist auch auf ein Mauerschütze-Beispiel problemlos anzuwenden: Wenn ein Befehlsgeber an der Berliner Mauer eine Weisung von der Führungsebene erhaltet hat, „Grenzdurchbrüche“ durch Flüchtlinge aus der DDR in jedem Falle und unter Einsatz jeder Mittel zu verhindern, dann ist es seine Entscheidung: Wenn er innerhalb der ihm angeordneten Weisung die schärfeste Maßnahme - z.B. die Erschießung - wählt, dies den ihm untergeordneten Soldaten befiehlt und tatsächlich Flüchtlinge erschießen lässt, ist er Mittäter. Aber wenn er den untergebenen Soldaten weiter anordnet und zwingt, die Personen, die sich im Vorstadium der Flucht befinden oder die schon in ihrer Flucht gescheitert sind, zu erschießen, ist er schon in diesem überschrittenen Bereich mittelbarer Täter. Der Grund dafür ist wiederum aus der Organisationslehre *Roxin*s selbst herzuleiten: Diese schon die Weisung willkürlich überschreitende Zwischenpersonen ist aus der Sicht des Vorgesetzten kein „Werkzeug“ mehr, da ihm schon die „Fungibilität der Ausführenden“, die *Roxin* für den entscheidenden Faktor für die Anwendung der Figur der mittelbaren Täterschaft hält[872], fehlt und er damit nicht mehr „auswechselbar“ ist. Er ist dann selber Hintermann des Werkzeuges und mittelbarer Täter.

In diesem Sinne hat der BGH mit Recht im Urteil v. 4. 3. 1996[873] entschieden, dass der Kommandeur eines Grenzregiments, der seinen Untergebenen die Erschießung

871 Nach *Korn*, der allerdings auf Grundlage der subjektiven Theorie steht, soll der Teilnehmer lediglich Gehilfe sein, wenn er den ihm gewährten Ermessensspielraum in der Behandlung der Häftlinge oder bei der Weitergabe von Anordnungen weder zu deren Gunsten und zu deren Nachteil ausnutzt, während er mangels bedingten Vorsatzes straflos bleibt, wenn er ihn zugunsten der Häftlinge verwendet, indem er die jeweils mildesten Maßnahmen ergreift. Eingehend vgl. *ders*., Täterschaft oder Teilnahme bei staatlich organisierten Verbrechen, NJW 1996, 1208.

872 *Roxin*, Straftaten im Rahmen organisatorischer Machtapprate, GA 1963, S. 200.

873 BGH Urt. v. 4.3.1996 - 5 StR 494/95 (SchwurG Berlin): Der Angeklagte war Kommandeur des im Bereich West-Staaken mit der „Aufgabe der Grenzsicherung“ nach Berlin (West) betrauten Grenzregiments der DDR. Am 7.2.1966 versuchte der Bauarbeiter Bl., aus West-Staaken kommend, die Grenzanlagen in Richtung Westberlin zu überwinden. Zwei Grenzsoldaten, die ihn entdeckten, gaben Sperrfeuer aus ihren Maschinenpostolen in den Boden vor dem Flüchtling ab. Der Angeklagte fuhr zur Grenze und schoß - mit bedingten Tötungsvorsatz - seine Pistole auf den Flüchtling leer. Dann ließ er sich seine Maschinenpistole reichen

durch die eigene Abgabe gezielter Schüsse angeordnet hat, als mittelbarer Täter[874] angesehen werden muss: Der Kommandeur eines Grenzregiments sei bei der Umsetzung des von der obersten militärischen Führung vorgegebenen Grenzregimes Zwischenglied einer Befehlshierarchie und löst dabei durch eigene Tatbeiträge unter Ausnutzung seiner Befehlsgewalt zur Tatbestandsverwirklichung führende regelhaft Abläufe aus[875]; Der Angeklagte hat als Regimentskommandeur durch die Abgabe gezielter Schüsse seinen vor Ort befindlichen Untergebenen zumindest in schlüssiger Form abverlangt, den Flüchtling ihrerseits unter Feuer zu nehmen und damit liege die Voraussetzungen der Tatbestandsverwirklichung "durch einen anderen" i. S. des § 22 I StGB vor[876].

---

und gab aus 15-20 Metern Entferung mehrere gezielte Schüsse auf Bl. ab. Neben ihm schossen zumindest zwei der herbeigeeilten Grenzsoldaten in Richtung des Flüchtlings. Bl. wurd von vier Schüsse aus einer Kalaschnikow getroffen, von denen drei unmittelbar tödlich wirkten. Von wem die tödlichen Schüsse stammten, konnte das LG nicht feststellen. Es verurteilte den Angeklagten wegen versuchten Totschlags. Der BGH hat auf Revision der StA den Schuldspruch in einen solchen wegen vollendeten Totschlags geändert. Zusammengefasst nach BGH, MDR 1996, 834 f.

874 Der Senat hat alle drei rmöglichen Situationen überprüft und ist zu dem Ergebnis gelungen, dass der Angeklagte bei jeder denkbaren Sachverhaltsgestaltung als Täter eines vollendeten Tötungsdelikt zu betrachten ist: i) Falls außer ihm kein anderer Soldat mit Tötungsvorsatz geschossen hat, ist er Alleintäter; ii) Haben auch andere mit Tötungsvorsatz geschossen, so ist der Angeklagte Mittäter eines vollendeten Totschlags; iii) Sofern Bl. durch einen Grenzsoldaten getötet worden ist, der ohne Tötungsvorsatz lediglich Sperrfeuer schießen wollte, ist der Angekl. mittelbarer Täter eines Totschlags, BGH a.a.O.

875 BGH NJ 1996, 431.

876 BGH NJ 1996, 432.

V. Fazit

Bei der Beurteilung von sog. „Schreibtischmördern“ besteht mittlerweile in der Rechtsprechung[877] und der Literatur Einigkeit darüber[878], dass sie nach *Roxin*s Organisationsherrschaftslehre als mittelbare Täter angesehen werden. Außerdem ist es zu sehen, dass diese Lehre sowohl im Ausland als Kriterium bei der Bestrafung von Führungskräften von Unrechtsregimen[879] als auch im Sonderfall bei der Annahme der mittelbaren Täterschaft für die Zwischenpersonen[880] problemlos anwendbar ist.

Einige vom strengen Verantwortungsprinzip abweichende Meinungen, u.a. *Jakob*s Einwand zur Mittäterschaft bzw. *Gropp*s These, die Hintermänner teilweise der Anstiftung verantwortlich macht, sind nicht zu akzeptieren. Das Verantwortungsprinzip ist nach der Auffassung *Schünemann*s im Gesetz immer nur für den Täter selbst, nicht aber für die Haftung anderer Beteiligter eindeutig zum Ausdruck gekommen. Problematisch in *Jakob*s Konzept sei es eher, bei dem Tatbestand der Mittäterschaft auf die Mitwirkung im Ausführungsstadium wie auch auf einen gemeinsamen Tatentschluss zu verzichten[881].

Gegen den Vorwurf der Anstiftung argumentiert *Schroeder*, dass bei Taten in organisatorischen Machtzusammenhängen die typische Situation der Anstiftung nicht vorliege: Die typische Situation der Anstiftung, nämlich das Auftreffen des Veranlassers auf die normalen psychischen Gegenkräfte und die dadurch bedingte Erfolgsunsicherheit der Veranlassung, seien hier nicht gegeben[882].

Zu berücksichtigen ist schließlich, dass die mittelbare Täterschaft kraft organisatorischer Machtapparate eine sehr leistungsfähige Rechtsfigur ist, die es ermöglicht, vor allem bei Staatsverbrechen und Delikten krimineller Organisationen die Hin-

877 BGH, Urt. v. 26.7.1994 - 5 StR 98/94, BGHSt 40, 218, 230 ff.

878 Siehe oben Fn. 847.

879 Siehe oben S. 223 f.

880 Siehe obern S. 225 ff.

881 *Schünemann*, Verfassungsrechtliche Probleme der strafrechtlichen Aufarbeitung, in: Deutscher Bundestag (Hrsg.), Enquête-Kommission „Überwindung der Folgen der SED-Diktatur im Prozeß der deutschen Einheit“ Band II/2, S. 1307.

882 *Schreoder*, Täter hinter dem Täter, S. 196; *ders.*, Der Sprung des Täters hinter dem Täter aus der Theorie in die Praxis, JR 1995, 178.

termänner als Täter zu erfassen[883]. Es ist aber nicht zu erwarten, dass die Rechtsfigur auf alle hierarchischen Beziehungen anwendbar ist: Der „automatische" Befehlsvollzug funktioniert nicht in jedem Einzelfall. Sie funktioniert im Normalfall, was man von der Anstiftung gerade nicht sagen kann[884]; die Organisationsherrschaft ist auch nicht auf alle singulären Geschehnisse, sondern auf Taten zugeschnitten, die auf wiederkehrenden ähnlichen Gegebenheiten beruhen und durch fungible Personen ausführbar sind, wie dies z.B. bei den KZ-Morden, nationalsozialistischen Verbrechen und den Schüssen an der Mauer der Fall war. Diese Rechtsfigur schließt daher die Möglichkeit von Mittäterschaft und Anstiftung im Rahmen organisatorischer Machtapparate nur in der Regel, aber nicht in jedem Einzelfall aus[885]. In diesem Sinne ist letztlich zu sagen, dass *Roxin*s Organisationsherrschaftslehre weltweit bei der Bestrafung der noch existierenden Machthaber bzw. deren Funktionären - inklusive der nordkoreanischen - direkt anzuwenden ist.

---

883 *Roxin*, Mittelbare Täterschaft kraft Organisationsherrschaft, NJW-Sonderheft für *G. Schäfer* 2002, 57.

884 *Roxin*, a.a.O., 53.

885 *Roxin*, a.a.O., 54.

Vierter Teil: Aufarbeitung des Regime-Unrechts in Nordkorea nach einer Wiedervereinigung Koreas

I. Einleitung: Das Rechtsstaatsprinzip als Grundsatz der Aufarbeitung

Die Art und Weise der rechtsstaatlichen Aufarbeitung von DDR-Unrecht kann für die juristische Bewältigung nordkoreanischen Systemunrechts nach der Wiedervereinigung Koreas als Vorbild dienen, da auch in Korea das Rechtsstaatsprinzip der allererste Grundsatz werden muss. Dies ist umso mehr erforderlich als die Dimension des Unrechts des nordkoreanischen Regimes das der DDR im Grunde übertrifft und sich der des nationalsozialistischen Regimes nähert.

Danach soll zu drei wichtigen Problematiken, dem Rückwirkungsverbot, der Verjährung und der Strafbarkeit der Hintermänner, die im Zusammenhang mit der Abwicklung der DDR auftraten und auch nach der Wiedervereinigung Koreas auftauchen werden, eine geeignete Lösung auf der Basis der bisherigen Untersuchung vorgeschlagen werden, bzw. die Anwendbarkeit der DDR-Lösungen überprüft werden.

Voranzustellen ist aber, dass aus Nordkorea als einem gänzlich geschlossenen und isolierten Land Informationen über Unrecht nur sehr eingeschränkt - meistens durch die Berichte von „Amnesty International" oder Aussagen von Flüchtlingen - zu erhalten sind und daher die strafrechtlichen Fragen dieser Arbeit noch nicht an konkreten Fällen diskutiert werden können.

II. Die Staatsform Nordkoreas

1. Einparteienherrschaft statt Rechtsstaatlichkeit

Das Recht in der Demokratischen Volksrepublik Korea (DVRK), meist als Nordkorea bezeichnet, ist als „Gesamtheit der Verhaltensregeln, die der Staat zu Gunsten der Schutzes des sozio-ökonomischen Interesse der herrschende Klasse kodifiziert und erlassen hat und dessen Einhaltung durch die Staatsgewalt gewährleitet wird" zu definieren[886]. Infolgedessen dient das Recht in Nordkorea als ein Instrument einer Diktatur unter einem autoritären Staatsführer (aufeinander folgend *Kim Il-Sung, Kin Jong-Il* und neuerdings *Kim Jong-Un*). Auch das Strafrecht wird deshalb nicht lediglich als eine ultima raito zum Schutz von Rechtsgütern des Staates und seiner Bürger gegen Übergriffe, sondern auch als Kampfinstrument gegen jede Art von inneren und äußeren politisch-ideologischen Feinden verstanden[887].

Aus diesem Grund ist die Herrschaft des Gesetzes als Handlungs- und Entscheidungsnorm in Nordkorea nicht anerkannt. Eine richterliche Unabhängigkeit existiert nicht, Urteilsaktivitäten nach den Gesetzen bedeuten dabei nichts weiter als eine Darstellung der politischen Partielinie[888]. Nicht anders ist die Situation im Verfassungsrecht. Zwar beinhaltet es die bürgerlichen Grundrechte, diese sind nicht durch entsprechende Schutzmaßnahmen vor staatlichen oder parteilichen Eingriff geschützt. Die Grundsätze moderner Demokratien wie Volkssouveränität, Gewaltenteilung und Rechtsstaatsprinzip werden missachtet und die Anweisung des Machthabers, genannt „*Suryung*", und die Anweisungen der Arbeiterpartei hat absolute Priorität vor dem Verfassungsrecht[889]. Das Ergebnis: Die Verfassung der DVRK nützt als eine Formalisierung der augenblicklich bestehenden politischen Machtverhältnisse ausschließlichen den faktischen Machthabern, die über den staatlichen Zwangsapparat verfügen und stellt somit eine „semantische Verfassung" im Sinne *Löwenstein*s dar[890].

---

886 *Lee Gun-Jong/Lee Gyung-ryul*, Eine rechtsvergleichende Studie über Rechtssystem und Behandlung der Kriminalität in Süd- und Nordkorea, Koreanisches Institut für Kriminologie, 1993, S. 27.

887 *Park Kang-Woo*, Die strafrechtliche Aufarbeitung von staatlich gesteuertem Unrecht und von den Krimi-nalität im Nordkorea nach Wiedervereinigung, Korea Institut der Kriminologie, 1998, S. 157 f.

888 *Lee Gun-Jong/ Lee Gyung-ryul*, a.a.O., S. 29.

889 Vgl. Art. 1 Verfassung-Nordkorea: Die koreanische demokratische Republik ist der das gesamte Interesse des koreanischen Volkes vertretende selbständig-sozialistische Staat; Art. 18: Das Recht ist der Spiegel des Interesse des arbeitenden Volk und die Grundwaffe der Staatsverwaltung; Art. 11: Die koreanische demokratische Republik führen alle Aktivitäten unter der Leitung der Partei der Arbeit.

890 Nach der *Löwensteins* sog. "ontologieschen" Klassifizierung lassen sich die Verfassungen nach ihrem normative, nominalistischen und semantischen Charakter unterscheiden, *Löwenstein*, Verfassungslehre, 4. Aufl., 2000, S. 151 ff.

Ein weiterer Charakterzug des nordkoreanischen Regimes ist, dass die politische Macht absolut auf einen Diktator konzentriert ist und sich vom Vater auf den Sohn weiter vererbt[891]. Dabei versucht der Machthaber sich zu vergöttlichen und die Gesetze erhalten durch die auf *Kim Il-Sung*s zurückgehende „*Juche*-Ideologie[892]" stark religiöse Züge[893].

2. Ein menschenrechtswidriges Regime

Der Menschenrechtsbericht des US-Außenministeriums aus dem Jahr 2011[894] zeigt, dass Nordkorea ein extrem menschenrechtswidriger Staat ist. Er charakterisiert das Herrschaftssystem in Nordkorea als totalitäre Diktatur, in der die Bürger keinerlei Möglichkeit hätten, ihre Regierung zu ändern:

> *„The Democratic People's Republic of Korea (DPRK or North Korea) is a dictatorship under the absolute rule of Kim Jong-Il, general secretary of the Korean Workers' Party (KWP) and chairman of the National Defense Commission (NDC), the ‚highest office of state'. The country has an estimated population of 23.5 million. Kim's father, the late Kim Il-Sung, remains ‚eternal president'. National elections held in March 2009 were not free or fair. Security forces did not report to civilian authorities.*
>
> *Citizens did not have the right to change their government. The government subjected citizens to rigid controls over many aspects of their lives. There continued to be reports of extrajudicial killings, disappearances, arbitrary detention, arrests of political prisoners, harsh and life-threatening prison conditions, and torture. There continued to be reports that pregnant female prisoners underwent forced abortions in some cases, and in other cases babies were*

891 Im Jahr 2010 hat Nordkoreas Machthaber *Kim Jong Il*, der selbst seit dem Tod seines Vaters *Kim Il Sung* an der Spitze des Staates stand, seinen jüngsten Sohn *Kim Jong Un* als Nachfolger in Stellung gebracht; Der Spiegel vom 27.9.2010, Der Machtwechsel in Nordkorea.

892 Zur Juche-Ideologie vgl. *Belke, J. Thomas*, Juche: A Christian Study of North Korea's State Religion, 1999; *Mackerras, Colin*, The Juche-idea and the thought of *Kim Il Sung*, in: *Colin Mackerras/Nick Knight*, Marxism in Asia, 1985; *Rinser, Luise,* Nordkoreanisches Tagebuch, 1986.

893 *Choi Jong-Go*, Der Gedanke des nordkoreanischen Gesetz unter dem Gesichtpunkt dem Sozialismus, Recht und öffentliche Verwaltung in Nordkorea Bd. 9, Rechtsinstitut der Korea-Universität, 1992, 6 f.

894 Übersetzt aus „2011 Human Rights Report: Democratic People's Republic of Korea" v. 8.4.2011, U.S Department of State.

killed upon birth in prisons. The judiciary was not independent and did not provide fair trials. Citizens were denied freedom of speech, press, assembly, and association, and the government attempted to control all information. The government restricted freedom of religion, citizens' movement, and worker rights. There continued to be reports of severe punishment of some repatriated refugees and their family members. There were widespread reports of trafficking in women and girls among refugees and workers crossing the border into China ".

Der Menschenrechtsausschuss der UN stimmte angesichts dieser unerträglichen Menschenrechtsverletzungen einer nichtbindenden Resolution zu, in der er Nordkorea auffordert „systematischen, weitverbreiteten und schweren Menschenrechtsverletzungen sofort ein Ende zu bereiten"[895] und erhöhte damit den Druck auf das Land. Die UN-Vollversammlung hat in einer am 18.11.2010 verabschiedeten Resolution ihre Besorgnis über „weitreichende und gravierende" Menschenrechtsverletzungen in Nordkorea geäußert. In der Resolution ist von „Folter, grausamen und entwürdigenden Strafen, unmenschlichen Haftbedingungen, öffent-lichen Hinrichtungen sowie willkürlichen Festnahmen" die Rede, zudem von „Todesstrafen aus politischen oder religiösen Gründen, Kollektivstrafen, Gefangenenlagern und Zwangsarbeit". Die Resolution fordert die nordkoreanische Regierung auf, diese Praktiken zu beenden, die Menschenrechte zu beachten und UN-Gesandte in das Land zu lassen[896].

3. Verletzungen des Gesetzlichkeitsprinzips durch Verstöße gegen das Analogie- und Rückwirkungsverbot

In Nordkoreas Strafrecht sind eine Reihe von Elementen enthalten, die gegen das Gesetzlichkeitsprinzip verstoßen. Besonders auffällig in diesem Zusammenhang sind Brüche des Analogie- und Rückwirkungsverbotes.

Bezüglich des Analogieverbotes war im 1950 erlassenen StGB-DVRK folgendes vorgeschrieben: „Findet eine kriminelle Handlung in diesem Strafrechtsbuch keine direkt anwendbare Bestimmung, so ist Basis der Verantwortung und Strafe nach der in Bedeutung und Sorten allernächst-ähnlichen Bestimmung festzustellen". Das StGB-DVRK von 1974 übernahm diese Vorschrift, jedoch hat das StGB-DVRK

895 Süddeutsche Zeitung v. 22.11.2011, UN kritisieren Menschenrechtslage in Nordkorea.

896 Der Stern v. 18.10.2010, UN-Vollversammlung verabschiedet kritische Nordkorea-Resolution.

von 1987 eine beschränkende Regel hinzugefügt[897]. Diese Vorschrift wurde angesichts wiederholter internationaler Einwände[898] gegen deren Existenz erst 2004 gestrichen. Darüber hinaus war in Nordkorea bis 2004 die Rückwirkung der neu erlassenen Gesetze zum Zweck der gründlichen Bestrafung von gegenrevolutionären Verbrechen Ohne Begrenzung zugelassen[899]. Dies wurde ebenfalls erst in demselben Jahr gestrichen[900] und angeblich das Gesetzlichkeitsprinzip in Nordkorea eingeführt.

Trotz einiger Änderungen des Strafrecht ist es noch immer nicht anzunehmen, dass das Gesetzsystem in Nordkorea dem Rechtsschutz von Bürgern dient. Denn die richterliche Unabhängigkeit ist noch nicht garantiert und die Anweisungen der Partei und des Machthabers sind wie immer entscheidend, ob ein politischer Verbrecher bestraft werden soll oder nicht[901].

---

897 § 10 StGB-DVRK: Findet eine kriminelle Handlung in diesem Strafrechtsbuch keine direkt anwendbare Bestimmung, so ist Basis der Verantwortung und Strafe nach der in Bedeutung und Sorten allernächst-ähnlichen Bestimmung feststellen. Ist keine ähnliche Bestimmung in diesem Sinne vorhanden, darf der Täter nicht strafrechtlich verantwortlich machen. Eine Gesetzesanalogie, die über die Grenze des angegriffenen Gegenstands, der gesellschaftlichen Bedeutung und des Täter-Merkmals hinweggeht, ist unzulässig. Justiz-ministerium Südkoreas, Grundlagenmaterialien zur Wiedervereinigung, 2003, S. 421.

898 U.a. im Jahr 2003 hat die UN-Menschenrechtskommission in ihrer „Resolution über die Situation der Menschenrechte in der Demokratischen Volksrepublik Korea" empfohlen, § 10 StGB-DVRK solle gestrichen werden, *Kim Ha-Jung*, Die verfassungsrechtliche Untersuchung über die Aufarbeitung des Systemunrechts (Diss.), 2008, S. 309.

899 § 6 StGB-DVRK vor 2004: Wird die Strafdrohung im Vergleich zu derjenigen, die während der Begehung der Tat galt, verschärft, so ist das neu erlassene Gesetz anzuwenden, Justizministerium Südkoreas, Untersuchung über nordkoreanisches Recht VII - Das neue Strafrecht, S. 95.

900 § 9 StGB-DVRK ab 2004: Die Strafe bestimmt sich nach dem Gesetz, das zur Zeit der Tat gilt. Sind die Taten nicht mehr strafbar oder mit dem milderen Gesetz bedroht, so ist das mildeste Gesetz anzuwenden, Justiz-ministerium Südkoreas, a.a.O., S. 95.

901 Z.B. wurden im Jahr 2005 - direkt nach dem Einführung des Gesetzlichkeitsprinzips - zwei Flüchtlinge in China festgenommen, verschleppt und in Nordkorea öffentlich hingerichtet, obwohl die dazu anwendbare Bestimmung (Landesverrat) keine Todesstrafe vorschrieb, *Kim Ha-Jung*, a.a.O., S. 310.

4. Fazit: Ein typischer Unrechtsstaat

Insgesamt kann man zu dem Schluss kommen, dass Nordkorea als Gegenbegriff zum Rechtsstaat einen typischen Unrechtsstaat darstellt. Nordkorea verfügt über keine grundsätzlichen Elemente des Rechtsstaats: Während die Gewährleistung von Menschenrechten, Gewaltenteilung, die Unabhängigkeit der Gerichte sowie die Berechenbarkeit staatlicher Machtäußerungen dort nicht existiert[902], ereignen sich immer wieder „systematische Verletzungen selbstgesetzten Rechts", das wichtigste Merkmal des Unrechtsstaat[903]. Zusätzlich erfüllt das nordkoreanische Regime jede weitere Voraussetzung, die einen typischen Unrechtsstaat kennzeichnet, dies sind: Einparteienherrschaft, staatlich verwaltete Ideologie, Instrumentalisierung des Rechts im Dienst dieser Ideologie, extensives Staatsschutzprinzip[904].

Der Gesamtumfang des Unrechts innerhalb des nordkoreanischem Regimes - dieses wird direkt folgend näher beschrieben - scheint deutlich massiver zu sein als derjenige der DDR und nähert sich eher der nationalsozialistischen Diktatur an. In diesem Sinne bedarf der Unrechtsstaat Nordkorea ohne Zweifel notwendig einer strafrechtliche Aufarbeitung.

III. Gegenstände der Aufarbeitung

Die Gegenstände im Falle der strafrechtlichen Aufarbeitung des nordkoreanischen Regimes wären nach dem Eingriffsobjekt grob in zwei Tatkomplexe zu gliedern. *Erstens*, die Verletzung der Menschenrechte der Einwohner in Nordkorea, d.h. die Unrechtstaten innerhalb dieses Systems gegen die eigene Bevölkerung und *zweitens*, diejenigen gegen Südkorea oder Ausländer, wie sie beispielsweise während des Koreakriegs, durch Terror und aggressive Spionage verübt wurden, d.h. die Verbrechen gegen die Außenwelt. Im folgenden konzentriere ich mich auf die erste Gruppe, da sie *zum einen* nach der Wiedervereinigung Koreas - wie damals bei der DDR-Aufarbeitung - mit einer erheblichen Zahl der Opfer und Schädigung in großem Umfang zu viel schwerwiegenderen Problemen führen könnte und darüber hinaus die zweite Gruppe, die wegen ihres internationalen Charakters neben der

---

902 Eingehend siehe oben S. 46.

903 Siehe oben S. 46 f.

904 Siehe oben S. 48.

strafrechtlichen Behandlung, die auf der persönlichen Verantwortung basiert, schließlich zusätzlich einer politischen Entscheidung bedarf.

Außerdem könnte die strafrechtliche Verfolgung von letzterer Gruppe den verfassungsrechtlichen Grundsatz der Verhältnismäßigkeit bzw. Gleichheit verletzten, wie der Beschluss des KG[905] und des BVerfG anlässlich der Spionage der DDR entschieden hat[906], wenn allein die Handlungen des Unrechtsregimes bestraft werden, während vergleichbare Taten des anderen Staats straffrei bleiben.

1. Unrechtstaten gegen die nordkoreanischen Einwohner

a) Öffentliche Hinrichtungen

Ein Bericht der *Internationalen Gesellschaft für Menschenrechte (IGFM)* schildert öffentliche Hinrichtungen nordkoreanischer Einwohner/Bürger. Die Anklagen basieren auf verschiedenen Gründen: Prostitution, Verrat, Mord, Vergewaltigung, Aufruhr usw. Die Zuschauer wurden zur Unterstützung aufgefordert und begleiteten die Vollstreckung des Urteils mit Schreien, Beleidigungen und auch mit Steinwürfen. Manchmal stachelte man die Menge regelrecht zur Lynchjustiz auf, und der Verurteilte wurde zu Tode geprügelt, während die Menschen Parolen riefen. Dabei fungieren die Richter als Befehlsempfänger der Partei - von Anfang an werden sie dazu angehalten, strikt im Einklang mit der marxistisch-leninistischen Rechtsauffassung zu urteilen[907].

Es gibt auch Berichte von *Amnesty International (AI)*, wonach Todesurteile vollstreckt wurden, um andere vor politischen Straftaten oder Wirtschaftsdelikten abzuschrecken. Im Februar 2009 wurden 15 Personen wegen illegalen Grenzübertritts nach China öffentlich exekutiert[908]. In jüngster Zeit ist sogar ein Funktionär

---

905 KG Urt. v. 22.7.1991 - (1) 3 StE 9/91 - 4 - (31/91), NJW 1991, S. 2501, 2503, siehe oben S. 87 f.

906 BVerfG v. 15.5.1995- BvL 19/91 u.a., vgl dazu siehe oben S. 152 f.

907 *Pierre Rigoulot*, Verbrechen und Terror in Nordkorea, Internationale Gesellschaft für Menschenrechte, 1998.

908 Jahresbericht 2009, Amnesty International.

der Kommunistischen Partei, *Pak Nam-Ki,* wegen seines Versagens im Kampf gegen die Armut in Nordkorea und die grassierende Inflation hingerichtet worden[909].

Die Behörden richten durch den Strang oder Erschießungskommandos hin[910]. Bei solchen Hinrichtungen wurden durchaus auch sog. "raschere Verfahren" praktiziert: Urteil und Exekution werden in manchen Fällen ohne die Anwesenheit von Anwälten und Richtern im Rahmen von einfachen Verhören durch den politischen Direktor für Sozialsicherheit beschlossen[911].

b) Menschenrechtsverletzungen in Zwangsarbeitslagern

Amnesty International berichtete, dass die Regierung 2010 mindestens sechs Hafteinrichtungen unterhalte, in denen sich Tausende von politischen Gefangenen befänden. Menschen würden willkürlich inhaftiert oder auf unbestimmte Zeit ohne Anklage oder Prozess in Gewahrsam gehalten. Nach weiteren Angaben von *AI* seien die Häftlinge schwerwiegenden, systematischen und anhaltenden Verletzungen ihrer Menschenrechte ausgesetzt, darunter außergerichtlichen Hinrichtungen, Folter und anderen Misshandlungen sowie Zwangsarbeit. Viele Inhaftierte seien aufgrund der schweren und oftmals gefährlichen körperlichen Zwangsarbeit gestorben[912]. In den Lagern befänden sich „Folterzellen", in denen man weder richtig stehen noch liegen könne. „Störende Gefangene" würden für mindestens eine Woche dort eingesperrt. Viele Menschen, die ins Lager *Yodok* geschickt werden, wissen laut Amnesty nicht, welcher Vergehen sie beschuldigt werden. Die Mehrheit der Gefangenen in der „totalen Kontrollzone" würden nie wieder freigelassen[913].

Diese unmenschlichen Straflager für politische Gefangene wurden nach *AI* in den vergangenen zehn Jahren ausgebaut. Besonders schlimm sei die Situation im Ge-

---

909 In den 1990er Jahren sollen in Nordkorea hunderttausende Menschen bei Hungersnöten gestorben sein. Im Oktober 2009 warf die UNO der Führung in Pjöngjang vor, fast einem Drittel ihrer 24 Millionen Bürger mit dem Recht auf Nahrung eines der wichtigsten Menschenrechte zu verwehren. Die Welt von 18.3.210, Nordkorea exekutiert KP-Funktionär wegen Inflation.

910 Jahresbericht 2010, Amnesty International.

911 *Park Kang-Woo*, Die strafrechtliche Aufarbeitung von staatlich gesteuertem Unrecht und von den Krimi-nalität im Nordkorea nach der Wiedervereinigung, Korea Institut der Kriminalität, 1998, S. 167 f.

912 Jahresbericht 2011, Amnesty International.

913 A.a.O.

fängnislager *Yodok* in der Provinz *Süd-Hamkyong*: Häftlinge dieses Straflagers seien mehrfach gefoltert geworden und hätten öffentlich Hinrichtungen mitansehen müssen. Sie seien unter Bedingungen zur Arbeit gezwungen worden, die an Sklaverei grenzten[914]. Die *Frankfurter Allgemeine Zeitung* hat 2003 mit der Hilfe von einem ehemaligen Häftling des Straflagers *Yodok* beschrieben, dass etwa 150.000 bis 200.000 Nordkoreaner in Lagern festgehalten und die Verurteilten dort erst ausgehungert, dann erschossen würden[915]. So kann man zu der Bewertung kommen, dass die Situation in den nordkoreanischen Straflagern der in den nationalsozialistischen Konzentrationslagen nahe kommt.

c) Tötungsdelikte an der Grenze und Auslieferung von Flüchtlingen

Nordkorea kriminalisiert es, ohne staatliche Genehmigung das Land zu verlassen[916]. Diejenigen, die es zu verlassen versuchen, werden von gravierenden Strafen bedroht, sie müssen mit langfristiger Haft in Zwangsarbeitslagern und unter Umständen mit ihrer Hinrichtung rechnen. Die meisten fliehenden Nordkoreaner überqueren die nördliche Grenze zu China. Hunderttausende sind schon seit den 1990er Jahren geflohen und ein großer Teil von ihnen wohnt in *Yanbian*, einem autonomen Bezirk Chinas mit großteils koreanischer Bevölkerung. Die chinesische Regierung hält den Aufenthalt geflüchteter Nordkoreaner in China für illegale Einwanderung und repatriiert sie, trotz ihrer Verpflichtung zum Schutz von Flüchtlingen, die sich aus der Genfer Flüchtlingskonvention von 1951 und ihres Protokolls von 1967, zu denen China beigetreten ist, ergibt[917]. Jedes Jahr fliehen Tausende[918], die unter Hunger und Unterdrückung leiden[919], aus Nordkorea nach China. Schätzungsweise

914 Der Spiegel von 4.5.2011, Hilferuf aus Nordkoreas Horrorknästen.

915 *Anne Schneppen*, Nordkorea - Zehn Jahre in der Hölle, FAZ v. 23.6.2003.

916 § 62 StGB-DVRK (Landesverrat): Wer ins Ausland flieht, kapituliert oder Staatsgeheimnis verrät, wird mit Freiheitsstrafe über fünf Jahre bestraft. In besonders schweren Fällen ist die Strafe lebenslange Freiheitsstrafe oder Todesstrafe mit Vermögenseinziehung.

917 Weltbericht (World Report) 2011, Human Rights Watch, S. 343 ff.

918 Z.B. wurden im November dreiundzwanzig nordkoreanische Flüchtling - inkl. drei Minderjähriger - in Kleingruppen in vier verschiedenen chinesischen Städten festgenommen und nach Nordkorea zurückgeschickt, KBS-World v. 11.11.2011, 23 nordkoreanische Flüchtlinge vor Zwangsrückführung.

919 Einem UNO-Bericht vom Oktober 2009 zufolge haben rund sechs Millionen Menschen in Nordkorea zu wenig zu essen und ein Drittel der Kinder leide an chronischer Unterernährung,

zwischen 50.000 und 200.000 Nordkoreaner leben wie gejagte Tiere in China und befinden sich ständig in Gefahr, abgeschoben zu werden[920].

Auf der anderen Seite wurden die Flüchtlinge wiederholt direkt an der Grenze beim Fluchtversuch erschossen. Dies ist zwar mittlerweile kein Geheimnis mehr, aber die genauen Geschehnisse sind - anders als die Schüsse an der innerdeutschen Grenze - nicht bekannt. Die Grenze zu China ist lang und auch nicht so lückenlos gesperrt wie die ehemalige deutsch-deutsche Grenze[921]. Dieser Punkt könnte später bei der Aufarbeitung problematisch werden, da für die strafrechtliche Verfolgung die genauen Sachverhalte des Verbrechens unbedingt festgestellt werden müssen. Eine der jüngsten Nachrichten zu Todesschüssen stammt vom Oktober 2011: Einem chinesischen Zeitungsbericht zufolge sollen nordkoreanische Grenz-soldaten im Oktober 2011 fünf Flüchtlinge an der Grenze zwischen Nordkorea und China erschossen haben. Zwei weitere Nordkoreaner seien bei dem Fluchtversuch über die Grenze durch Schüsse der Soldaten verletzt und wieder nach Nordkorea zurückgebracht worden. Die sieben Nordkoreaner waren über den zugefrorenen Grenzfluss *Yalu* auf die chinesische Seite gelangt. Doch die Soldaten hätten sie verfolgt und auf die Gruppe geschossen[922].

Seitdem im September 2010 *Kim Jong Il*s dritter Sohn *Kim Jong Un* offiziell zum Nachfolger bestimmt wurde, wurden auch die Grenzkontrollen und die Strafen für Republik-flucht weiter verschärft: Die verstärkte Präsenz der Grenztruppen, verstärkter Personalwechsel, der Einsatz einer Sonderheit namens „Sturmtruppe" an den Grenzposten und die Faustregel der rücksichtlosen und präventiven Erschießung bei Fluchtversuchen gehören zu diesen Maßnahmen[923].

Der Spiegel v. 21.10.2011, Lebensmittelknappheit: Uno warnt vor Hungerkatastrophe in Nordkorea

920 *Thomas Aue Sobo*, Flucht aus Nordkorea, Amnesty Journal Oktober 2010.

921 Nordkoreanische Zöller und Polizisten soll bestechlich sein und eine Flucht etwa 50 Dollar kosten, *Anne Schneppen*, Nordkoreanische Flüchtlinge - Es kann fünf Tage, aber auch fünf Jahre dauern, FAZ v. 01.11.2006 (Nr. 254), S. 6. Außerdem bestehen an der Grenze zwischen beiden Ländern keine Grenzsicherungsanlagen, lediglich zwei große natürliche Flüsse (Ab-Rok und Du-man) bilden ein Hindernis.

922 Der Spiegel v. 11.1.2011, Flüchtlingsdrama in Nordkorea.

923 KBS-World v. 11.11.2011, 23 nordkoreanische Flüchtlinge vor Zwangsrückführung.

2. Unrechtstaten gegen Südkorea

Die gewaltigen Unrechtstaten, die Nordkorea während seiner Existenz Südkorea zufügte, sind im Folgenden[924] aufgezählt. Ins Detail soll nicht weiter gegangen werden, da es sich - wie oben[925] erwähnt - nicht um Gegenstände der rein strafrechtlichen Aufarbeitung, sondern sie benötigen zusätzlich einer politischen Entscheidungsfindung.

- Der Koreakrieg, den Nordkorea am 25. Juni 1950 auslöste und schätzungsweise insgesamt drei Millionen Opfer hinterließ: ca. 50.0000 koreanische, 36.000 amerikanische und 40.0000 chinesische Soldaten und 500.000 bis eine Million Zivilbevölkerung kamen ums Leben.

- Der Angriff auf den Präsidentenpalast in Seoul am 21 Januar 1968, der von einem 31 Mann starken Kommando militärisch durchgeführt wurde (Aggressive Spionage).

- Der Anschlag im birmanischen *Rangun* am 9. Oktober 1983 auf südkoreanische Regierungsmitglieder: 16 Tote, darunter 4 Minister.

- Die Explosion eines Verkehrsflugzeugs der Korea Air Line am 29. November 1987 in der Luft, bei der 115 Passagiere starben.

IV. Rechtliche Probleme bei der Aufarbeitung des nordkoreanischen Regimeunrechts

1. Im Voraus zu bedenkende gesetzliche Grundlagen

Im Rahmen der rechtlichen Probleme, die nach der Wiedervereinigung Koreas auftreten können, müssen zuerst zwei gesetzliche Grundlagen beachtet werden, die allein in Korea bestehen und sich dabei von der deutschen Situation unterscheiden. Demzufolge ist die strafrechtliche Aufarbeitung des nordkoreanischen Regimes - zumindest theoretisch - ohne weiteres möglich.

---

924 Zusammengefasst von *Pierre Rigoulot*, Verbrechen und Terror in Nordkorea, Internationale Gesellschaft für Menschenrechte, 1998.

925 Siehe oben S.237 ff.

a) Die Territorialklausel im Verfassungsrecht

Nach dem koreanischen Verfassungsrecht - im Unterschied zur Verf.-BRD - gehört das nordkoreanische Gebiet von Anfang an zum koreanischen Territorium[926] und infolgedessen kann kein rechtliches Problem bezüglich des Anwendungsrechts wie in Deutschland nach der Wiedervereinigung entstehen[927], da dieser Klausel zufolge die Republik Korea der einzige Staat auf der koreanischen Halbinsel ist und die Staatlichkeit von Nordkorea damit zu verneinen ist. Folglich ist das Strafrecht Südkoreas in Nordkorea theoretisch immer anwendbar.

In diesem Sinne hat der Koreanische Oberste Gerichtshof (KOG) stets entschieden, dass die Republik Korea die einzige legitime Regierung auf der gesamten koreanischen Halbinsel sei. Die Demokratische Volksrepublik Korea sei dagegen eine staatsfeindliche Gruppe, die das Gebiet nördlich der Waffenstillstands-Grenze illegal besetze[928]. Auch das Verfassungsgericht hält beständig an der Ansicht fest, dass Nordkorea als einer anti-staatlichen bzw. illegalen Gruppe keine Staatlichkeit zukommt[929].

b) Das nationale Sicherheitsgesetz (NSG)

Das Ziel des nationalen Sicherheitsgesetzes ist nach dem Art. 1 des Gesetzes „gegen den Staat gerichtete Aktivitäten zu unterdrücken, die die nationale Sicherheit bedrohen und die Sicherheit der Nation, das Leben der Bevölkerung und die Freiheit zu schützen“. Das Gesetz richtet sich hauptsächlich gegen den Kommunismus und erklärt die Anerkennung Nordkoreas als staatliche Einheit für rechtswidrig. Demzufolge definiert das NSG Nordkorea grundsätzlich als eine staatsfeindliche

---

926 Art. 3 Verf.-Südkorea: Das Territorium der Republik Korea besteht aus der koreanischen Halbinsel und den dazugehörigen Inseln.

927 Vor der Wiederherstellung der deutschen Einheit hat Art. 23 a.F. (v. 23.5.1949) vorschrieben, dass das Grundgesetz zunächst in 12 Ländern der BRD gelte und „in anderen Teilen Deutschlands“ nach deren Beitritt in Kraft zu setzen sei. Somit war die Frage des anwendbaren Rechts nach der Wiedervereinigung Deutschlands sehr umstritten. Dies wurde erst mit der Schließung des Einigungsvertrages durch Art. 315 gelöst. Zur diesen Vorschrift eingehend *Küpper/Wilms*, Die Verfolgung von Straftaten des SED-Regimes, ZRP 1992, 91 ff.

928 Vgl. KOG Urt. v. 12.7.1987 (87 도 1081); 8.10.1993 (93 도 1951); 13.5.2003 (2000 도 604), 12.11.2004 (2004 도 4044).

929 KVG Urt. v. 29.7.1993 (92 헌바 48); 16.1.1997 (97 헌바 626).

Gruppe[930] und bestraft diejenigen, die solche Gruppen gründen oder beitreten nach ihrer Rolle[931]. Außerdem werden auch diejenigen nach dem § 4 NSG bestraft, die als Mitglieder einer staatsfeindlichen Gruppe oder unter deren Anweisung deren Zweck erfüllende Akte begehen[932].

Wenn diese Vorschriften des NSG auf der Basis der oben genannten Territorialklausel des Verfassungsrechts nach der Wiedervereinigung Koreas immer noch Anwendung finden können, scheint es problemlos, die Unrechtstaten des nordkoreanischen Regimes auf der Basis südkoreanischen Rechts strafrechtlich aufzuarbeiten, da sie schon vor der Wiedervereinigung auf dem Boden der vorhanden Gesetze möglich ist.

c) Stellungnahme

Die Annahme, dass sich die Bestrafung der Unrechtstäter in Nordkorea auf die oben erwähnten gesetzlichen Grundlagen berufen kann, ist nach meiner Ansicht rein theoretisch. Trotz der Territorialklausel des koreanischen Verfassungsrechts findet Nordkorea durch seinen UN-Beitritt[933], der im September 1991 zusammen mit Südkorea stattfand, als ein souveräner Staat weltweit Anerkennung und die Regierung Koreas selbst hat bisher Nordkorea für eine politische Partei im zwischen-

930 § 2 NSG: Der Begriff „staatsfeindliche Gruppen" bezieht sich auf in- oder ausländische Organisationen oder Gruppen, deren Absichten sind, sich als Gegenregierung zu etablieren oder einen nationalen Aufruhr zu verursachen.

931 § 3 NSG stufte das angedrohte Strafmaß ab und teilte sie in drei Gruppen ein, je nach der Rolle, die die Handelnden einnehmen: Tod oder blebenslange Haft für den Hauptanstifter oder Organisator, Tod, lebenslange Haft oder mindestens fünf Jahre Freiheitsstrafe für Führungskräfte, mindestens 2 Jahre Freiheitsstrafe für sonstige Mitglieder.

932 Z.B. in Fällen von i) Gefährdung der äußeren Sicherheit und Mord: bestraft wie in den entsprechenden Vorschriften festgelegt werden, ii) Landesverrat und Verrat staatlicher Geheimnisse: Tod, lebenslange Haft oder mindestens 7 Jahre Freiheitsstrafe.

933 Vgl. Art. 4: (1) Mitglied der Vereinten Nationen können alle sonstigen friedliebenden Staaten werden, welche die Verpflichtungen aus dieser Charta übernehmen und nach dem Urteil der Organisation fähig und willens sind, diese Verpflichtungen zu erfüllen und (2) Die Aufnahme eines solchen Staates als Mitglied der Vereinten Nationen erfolgt auf Empfehlung des Sicherheitsrats durch Beschluss der Generalversammlung. Dieser Bestimmungen zufolge kann im Prinzip nur ein „Staat" ein UN-Mitglied werden und wenn Kriegs- oder Aufständischengruppen den Vereinten Nationen betreten, werden sie ab diesem Zeitpunkt im Zusammenhang mit den Vereinten Nationen als Staat legitimiert, *Kim Myung-Gi*, Die Anerkennung von Nordkorea aufgrund des UN-Beitritts, Studie über das Wiedervereinigungsproblem, 1992, 216 f.

staatlichen Verhältnis gehalten[934]. Im Ergebnis dieser rein rhetorischen Vorschrift ist es unakzeptabel, dass Nordkorea nicht als ein Staat bezeichnet werden kann und dabei das nordkoreanische Gebiet von Anfang an zu (Süd-)Korea gehöre.

Auch das nationale Sicherheitgesetz ist als rechtliche Grundlage nicht annehmbar. Das Gesetz als ein Ergebnis des Koreakrieges und der antikommunistischen Sichtweise während des Kalten Krieges wirft schon vor der Wiedervereinigung Koreas viele Probleme mit der heutigen Praxis[935] auf und wird es nicht leisten können, nach dem Ende der aktuellen Konfliktsituation die strafrechtliche Verfolgung von Unrechtstaten in Nordkorea als Teil der Grundlegung für eine neue Ära zu regeln.

Es ist daher vorzuziehen, über das Erbe der koreanischen Teilung hinweg auf der Basis gegenseitigen Verständnisses ein neues Verhältnis zwischen beiden Staaten zu bauen. In diesem Sinne ist die deutsche Art und Weise der Vergangenheitsbewältigung, die mit dem Einigungsvertrag zwischen den beiden Parteien begonnen hat, immer noch als ein Vorbild gültig. Die Lösungsansätze zu den drei ausführlich besprochenen rechtlichen Problemen, die sich nach der Wiedervereinigung Deutschlands ergeben haben, können auf koreanische Fälle reibungslos angewendet werden.

---

934 Dies zeigen z.B. i) Das Gesetz zur Beziehungsverbesserung zwischen Süd- und Nordkorea von 2006, ii) Das Gesetz zu Kontakt und Zusammenarbeit zwischen Süd- und Nordkorea von 1990, iii) Die grundlegende Vereinbarung über Versöhnung, Neutralität, Kontakt und Zusammenarbeit zwischen Süd- und Nordkorea von 1991, iv) Zweimalige Gipfeltreffen von 2000 und 2007, *Kim Sung-Dae*, Studie über die Besonderheit des Verhältnisses zwischen Süd- und Nordkorea, Bob-jo, 1995, 44 f.; *Jang Myung-Bong*, Verwaltungsrechtliche Probleme des UN-Beitritts. Koreanisches Institut für Verwaltungsrecht, 1991, 45, 134.

935 Das Gesetz wird schon seit langem kritisiert, es sei im Zeitalter der Annährung mit Nordkorea nicht mehr zeitgemäß. Insbesondere umstritten ist Art. 7 des Gesetzes (Lob oder Sympathisierung mit Nordkorea): Mit bis zu sieben Jahren Gefängnis wird bestraft, wer staatsfeindliche Gruppen lobt, sie ermutigt, ihre Verbreitung unterstützt oder mit ihren Mitgliedern oder Symphatisanten kooperiert im Bewusstsein, damit die nationale Sicherheit und die demokratische Freiheit zu gefährden. Mit einem Jahr Gefängnis wird bestraft, wer versucht, eine solche Gruppe zu gründen oder ihr beizutreten. Strafbar macht man sich, wenn man Unterstützungsmaterialien wie Dokumente, Kunstprodukte, Publikationen aller Art herstellt, importiert, kopiert, in deren Besitz ist, sie transportiert, verteilt, verkauft oder anschafft.

2. Die Rückwirkungsproblematik

Art. 13 Abs. 1 KGG[936] deklariert deutlich das Gesetzlichkeitsprinzip. Auch § 1 Abs. 1 KStGB[937] erklärt den Grundsatz des zur Tatzeit geltenden Rechts und verbiet die Bestrafung durch das rückwirkend erlassene Recht. Angeblich hat auch das StGB-DVRK im Jahr 2004 das Gesetzlichkeitsprinzip eingeführt[938]. Infolgedessen könnte es auch im wiedervereinigten Korea - wie damals in Deutschland - problematisch sein, dass die Bestrafung von Unrechtstaten, die in Nordkorea straffrei waren, nach dem KStGB bzw. neu erlassenen Gesetze gegen das verfassungsrechtliche Rückwirkungsverbot gem. Art. 13 Abs. 1 Verf.-Korea verstoßen.

Als Lösung dieser Problematik kann auch in einem vereinigten Korea z.B. der naturrechtliche Versuch wie die „*Radbruch*sche Formel", die die Normen oder Rechtfertigungsgründe, die in ihrem Widerspruch der positiven Gesetzes zur Gerechtigkeit ein „unerträgliches Maß" erreichen, für nichtig erklärt[939], zur Diskussion gestellt werden. Auch die Bemühungen, diese Formel mit dem Völkerrecht oder einer sog. menschenrechtsfreundlichen Auslegung von nordkoreanischen Gesetzen zu ergänzen, sind anlässlich der Rechtsprechungen von BGH[940] und BVerfG[941] vorauszusehen. Insbesondere ist die erste Möglichkeit naheliegend, weil Nordkorea förmlich der Allgemeinen Erklärung der Menschenrecht (AEMR) vom 12.10.1948, der Europäischen Menschenrechtskonvention (EMRK) vom 4.11.1950 und dem Internationalen Pakt über bürgerliche und politische Rechte (IPBPR) vom 19.12.1966 beigetreten ist.

Allerdings hat - wie oben[942] untersucht worden ist - der Versuch, der mit unklaren Begriffen wie der „Unerträglichkeit" aus der *Radbruch*schen Formel den verfassungsrechtlichen Grundsatz des Rückwirkungsverbot überwinden will, seine Über-

---

936 Art. 13 Abs. 1 KGG: Niemand darf wegen der Handlungen, deren Strafbarkeit zur Tatzeit nicht gesetzlich bestimmt war, verfolgt werden.

937 § 1 Abs. 1 KStGB: Die Strafe bestimmt sich nach dem Gesetz, das zur Zeit der Tat gilt.

938 Siehe oben S. 235 f.

939 Siehe oben S. 144 ff.

940 BGHSt 93, 1; BGHSt 39,168; BGHSt 40, 241, siehe oben S. 194 f.

941 BVerfGE 95, 96 = BVerfG, Beschl. v. 24.10.1996 - 2 BvR 1851, 1875 und 1852/94, siehen oben S. 135 f.

942 Siehe oben S. 166 ff.

zeugungskraft verloren und ist damit bei der Aufarbeitung der Unrechtstaten in Nordkorea nicht weiter anwendbar. Das Ergebnis ist nicht anders, auch wenn die Formel - wie sie in Deutschland bereits erprobt wurde - durch die menschenrechtsfreundliche Auslegung der nordkoreanischen Gesetze oder mit den Völkerrechtskonventionen, die in Nordkorea keinerlei Wirkung entfaltet haben, ergänzt wird.

Aus diesen Gründen soll die geeignete Lösung zur Rückwirkungsproblematik in einem vereinigtem Korea aus der teleologischen Auslegung des nulla poena-Grundsatzes hergeleitet werden: Die rechtsstaatliche Wurzel, die die Bürger vor der staatlichen Willkür schützt, erlaubt dem nulla poena-Grundsatz nicht, umgekehrt das Unrechtsregime in Nordkorea, das ein noch größeres Maß von Unrecht als das der DDR zeigt, mit dem Rückwirkungsverbot zu schützen. Auch seine generalpräventive Wurzel verlangt, dass das Wiedererstarken des Unrechtsregimes durch die gründliche Bestrafung des Verantwortlichen verhindert wird und dabei das Rückwirkungsverbot hier zurücktritt.

Der beste Weg ist aber, zusätzlich dieser theoretischen Begründung beim Abschluss eines Einigungsvertrages zwischen Süd- und Nordkorea eine Verfassungsänderung zu vollziehen: Mit einer Ausnahmeklausel für die Ausschlussmöglichkeit des Rückwirkungsverbotes bei der strafrechtlichen Aufarbeitung der krassen Unrechtstaten in Nordkorea ist der koreanischen Gesellschaft unnötige Mühe und eine heftige Auseinandersetzung zu ersparen. Hier könnte der oben erwähnte Modifizierungsvorschlag *Schünemanns*[943] Anwendung finden, allerdings scheint es mir vernünftiger, wenn man dies in Form eines Zeitgesetzes regelt, damit die Bestrafung nicht unbegrenzt andauern und dabei die Versöhnung der süd- und nordkoreanischen Völker behindern kann:

Art. 13 Abs. 2 KGG: „Hierdurch wird die Verfolgung der Untaten des nordkoreanischen Unrechtsregimes, durch die unter Missachtung der allgemeinen Rechtsgrundsätze der zivilisierten Völker Menschen getötet oder an Leib und Freiheit schwer geschädigt worden sind, nach der Wiedervereinigung 20 Jahre lang wegen Art. 13 Abs. 1 nicht ausgeschlossen; das Nährere ist durch Gesetze zu regeln“

943 Siehe oben S. 159.

3. Das Verjährungsproblem

Die Verjährung ist - anders als in Deutschland - in Korea im Strafverfahrensrecht geregelt[944]. Eine allgemeine Ruhensvorschrift wie § 83 Nr. 1 StGB-DDR bzw. § 78b Abs. 1 StGB a.F.[945], wonach aus einem gesetzlichen Grund die Verjährung ruhen kann, ist nicht vorhanden. Im Fall Nordkorea sind die Verjährungsregelungen im Strafrecht[946] lokalisiert. Auffällig ist, die Unverjährbarkeit von Anti-Staats- und Anti-Völkerdelikten und absichtlichem Mord[947]. Auch im nordkoreanischen Recht existiert eine allgemeine Ruhensvorschrift nicht.

Süd- und Nordkorea sind seit etwa 60 Jahren geteilt und ein großer Teil des Regimeunrechts in Nordkorea ist somit - wie in der ehemaligen DDR - schon verjährt, ohne verfolgt worden zu sein. Für dessen Bestrafung ist demzufolge die rückwirkende Wiedereröffnung der bereits nach dem süd- oder nordkoreanischen Recht abgelaufenen Verjährungsfrist nützlich, allerdings könnte bei einem solchen Versuch der Verstoß gegen das Rückwirkungsverbot gem. Art. 13 I KGG problematisch sein.

Im Diskurs über die Rechtsnatur der Verjährung ist auch in Korea die Auseinandersetzung zwischen prozessualer[948], materieller[949] und gemischter Theorie[950] vorhan-

944 Nach § 249 KStPO Abs. 1 beträgt die Verjährungsfrist ① 25 Jahre bei Tötung, ② 15 Jahre bei Taten, die mit lebenslanger Freiheitsstrafe bedroht sind, ③ 10 Jahre bei Taten, die im Höchstmaß mit Freiheitsstrafen von mehr als zehn Jahren bedroht sind, ④ 7 Jahre bei Taten, die im Höchstmaß mit Freiheitsstrafen von weniger als zehn Jahren bedroht sind, ⑤ 5 Jahre bei Taten, die im Höchstmaß mit Freiheitsstrafen von weniger als 5 Jahren bedroht sind, ⑥ 3 Jahre bei den übrigen Taten.

945 Siehe oben S. 185 f.

946 Nach § 56 StGB-KVDR beträgt die Verjährungsfrist ① 5 Jahre bei Taten, die mit Freiheitsstrafen bis zu 2 Jahren bedroht sind, ② 8 Jahren bei Taten, die mit Freiheitsstrafen bis zu 5 Jahren bedroht sind, ③ 12 Jahren bei Taten, die mit Freiheitsstrafen von 5 bis 10 Jahren bedroht sind, ④ 15 Jahren bei Taten, die mit Freiheitsstrafen von mehr als 10 Jahren bedroht sind, ⑤ 20 Jahre bei Taten, die mit lebenslanger Freiheitsstrafe bedroht sind.

947 § 57 StGB-KVDR: Anti-Staatsdelikte, Anti-Völkerdelikte und Mord verjährt nicht.

948 *Jae-Sang, Lee*, Strafverfahrensrecht, 2. Aufl.(2007), S. 3909; *Gang Gu-Jin*, Strafprozessrecht, 1982, S. 264; *Bae Jong-Dae/ Lee Sang-Don*, Strafprozessrecht, 7. Aufl.(2006), S. 370.; *Baek*

den, jedoch sind - anders als in Deutschland - die letzte zwei Theorien dominanter. Das Bestehen der materiellen Seite der Verjährung ist damit in Korea allgemein anerkannt und die Ansicht, die vom Standpunkt der reinen prozessualen Theorie aus im Bereich der Verjährung den Grundsatz des Rückwirkungsverbotes außer Acht zu lassen, ist nicht zu finden. Allerdings hält das Verfassungsgericht Koreas die nachträgliche Gesetzänderung oder Gesetzgebung innerhalb der noch laufender Verjährung, die eine sog. unechte Rückwirkung darstellen, für zulässig und ist sogar der Auffassung, dass auch die rückwirkende Gesetzgebung mit echter Rückwirkung ausnahmsweise erlaubt sei, wenn eine Abwägung zwischen dem Ausmaß des Vertrauensschadens des Einzelnen und der Bedeutung des gesetzgeberischen Ziels für das Wohl der Allgemeinheit ergibt, dass das erstere überwiegt[951]: Genau die gleiche Meinung vertritt das BVerfG[952].

Folglich ist das Verjährungsproblem im Zusammenhang mit dem Rückwirkungsverbot gem. Art. 13 I KGG in Korea - wie in Deutschland - mit dem einfachen Versuch der schematischen Unterscheidung wie der prozessualen/materiellen Verjährungstheorie oder echten/unechten Rückwirkung des Verjährungsgesetzes nicht zu lösen und wird nach der Wiedervereinigung Koreas weiter umstritten bleiben.

Die Lösung durch besondere Gesetzgebungen scheint mir ebenfalls unangemessen. Wie in Deutschland[953] das Verjährungsproblem nach heftigen Auseinandersetzungen durch drei entsprechende Sondergesetzgebeungen zu lösen versucht worden ist, könnte in Korea nach der Wiedervereinigung ähnliche Bemühungen auftauchen. Dies ist zumal möglich, da in der koreanischen Geschichte bereits ein Vorbild/Präzedenzfall existiert, bei dem mit nachträglichen Sondergesetzgebungen die

---

Hyung-Gu, Strafverfahrensrecht, 7. Aufl.(2006), S. 180; *ders.,* Vorlesung Strafprozessrecht, 2001, S. 488; *Sin Hyun-Jue*, Strafverfahrensrecht, 2. Aufl.(2002), S. 425.

949 *Kim Gi-Du*, Strafverfahrensrecht, 1987, S. 232; *Seo Il-Gyo*, Strafprozessordnung, 8. Aufl.(1979), S. 294, *Song Gwang-Sup*, Strafverfahrensrecht, 1997, S. 445; *Jung Yong-Suk/Lee Hyung-Guk*, Strafverfahrensrecht, 1994, S. 234; *Kim Hee-Ok*, Verjährung, Staatsexamen-Vorbereitung, 1987, 46.

950 *Sin Dong-Un*, Strafprozessordnung, 4. Aufl.(2007), S. 311; *Sin Yang-Gyun*, Strafverfahrensrecht, 2000, S. 314; *Lim Dong-Gyu*, Strafverfahrensrecht, 2. Aufl.(2003), S. 304.

951 VerfG-Korea Beschl. v. 16.2.1996, 96 헌가 2, 96 헌바 7.

952 BVerfGE 24, 220, 230 f.; 63, 152, 175; 72, 141, 154. Eingehend dazu siehe oben S. 238 f.

953 Zu den Sondergesetzgebungen der Verjährung siehe oben S. 264 ff.

abgelaufene Verjährung wiedereröffnet worden ist[954]. Diese Lösung ist besonders unbefriedigend, da eine nachträgliche Gesetzgebung als solche einen Verstoß gegen das Rückwirkungsverbot gem. Art. 13 I KGG auslösen kann.

Schließlich ist die Verjährungsproblematik bei der Verfolgung nordkoreanischen Unrechts auch - nach deutschen Beispiel - auf den Grundgedanken des Rückwirkungsverbotes und das Rechtsinstitut der Verjährung zurückzuführen. Die zum Nachteil der Handelnden nachträglich durchgeführte Verjährungsänderung werde abgesehen davon, ob sie nun eine echte oder unechte Rückwirkung bedeutet oder ob das Wesen der Verjährung prozessual oder materiell ist - unter dem Gesichtspunkt der Erweiterung der Staatsgewalt und des Verzichts auf einen generalpräventiven Effekt - ausnahmslos vom Rückwirkungsverbot gem. Art. 13 I KGG erfasst, jedoch verbietet die gewaltenteilende Wurzel des nulla-poena Grundsatzes dessen Anwendung auf die Bestrafung der Regierungskriminalität in einem gewaltenhäufenden totalitären Staat, so dass das Rückwirkungsverbot im Sinne des Art. 13 I KGG bei der Bestrafung solcher Unrechtstaten durch die nachträgliche Änderung der Verjährung nicht im Wege steht. Auch nach seiner general-präventiven Wurzel ist das Rückwirkungsverbot bei solchen Regimeunrechtstaten überhaupt nicht anzuwenden und deren Bestrafung auf der Grundlage einer späteren nachteiligen Änderung der Verjährung steht dem Art. 13 I KGG nicht entgegen, da diese general-präventive Wurzel das Wiederauftauchen des Unrechtsregimes niemals erträgt und dies unbedingt verhindern muss.

Die Unanwendbarkeit des Rückwirkungsverbotes gem. Art. 13 I KGG ist auch aus dem Institut der Verjährung herzuleiten, wenn z.B. der Beweisschwund oder das Erlöschen des Strafbedürfnisses berücksichtigt werden[955]. Wenn die exzessiven Regierungsunrechtstaten in Nordkorea durch die Aussagen zahlreicher Flüchtlinge und die der befreiten Einwohner genügend nachweisbar sind und das starke Erfordernis nach Bestrafung der Verantwortlichen in der vereinten koreanischen Gesell-

---

954 In Korea wurde die Verjährungsdabette um die Bestrafung beider ehemaligen Präsidenten, die für den Militärputsch vom 12.12.1979 und das Gwang-ju Massaker vom 18.5.1980 verantwortlich sind, mit Hilfe von zwei Sondergesetzen, dem „Sondergesetz zur Verjährung bei Verfassungsbruchtaten" und dem „Sondergesetz zur Demokratibewegung vom Mai 1980" beendet, vgl. dazu *Yeo Hae-Ryu*, Die Verfolgung völkerstrafrechtlicher Verbrechen nach deutschem und südkoreanischem Strafrecht (Diss.), 2007, S. 93 ff.

955 Eingehend dazu vgl. oben S. 169 f.

schaft vorhanden ist, kann der bloße Ablauf der Verjährung eine Nichtverfolgung der nordkoreanischen Regimeunrechtstaten nicht rechtfertigen.

Die Verjährungsproblematik als ein Sonderproblem des Rückwirkungsverbotes teilt folglich dessen Lösungsansatz. In diesem Sinne ist die oben bezüglich des Rückwirkungsverbotes vorgeschlagene Verfassungsänderung [956] an dieser Stelle ebenfalls wünschenswert. Erst auf der Basis einer Modifizierung des Art. 13 I KGG mit einer Vorbehaltsklausel für Verbrechen gegen die Menschheit/Menschlichkeit[957] kann eine Reihe von Sondergesetzen für die Verlängerung bzw. das Ruhen der Verjährung erlassen werden, die die Bestrafung der Unrechts-täter in Nordkorea ermöglichen.

4. Die Strafbarkeit der Hintermänner

§ 34 I KStGB[958] regelt die mittelbare Täterschaft. Aber diese Vorschrift beschränkt die mittelbare Täterschaft - anders als § 25 I StGB, der den mittelbaren Täter als denjenigen definiert, der die Straftat „durch einen anderen" begeht - auf bestimmte Fälle, wenn der Täter denjenigen benutzt hat, der aus irgendeinem Grund nicht verfolgt wird oder wegen Fahrlässigkeit bestraft wird. Aus diesem Grund scheint derjenige nach KStGB nicht als mittelbarer Täter zu akzeptieren zu sein, der das absichtlich-verantwortlich handelnde Werkzeug benutzt hat. Dies lehnt die Mehrheit der koreanischen Literatur[959] auch ab.

Aber *andererseits* wird in Korea überwiegend anerkannt[960], dass die mittelbaren Täter keine Teilnehmer, sondern Täter sind, obwohl sich nach § 34 I KStGB die

956 Siehe oben S. 155 ff.

957 Vgl. a.a.O.

958 § 34 I KStGB: Wer denjenigen benutzt hat, der aus irgendwelchem Grund nicht verfolgt wird oder wegen Fahrlässigkeit bestraft wird, wird nach der Strafdrohung für Anstiftung oder Beihilfe bestraft.

959 *Jae-Sang, Lee*, Strafrecht AT, 7. Aufl. (2010), S. 445; *Shin Dong-Un*, Strafrecht AT, 2006, S. 655; *Bae Song-Dae*, Strafrecht AT, 2006, S. 651; *Lim Ung*, Strafrecht AT, 205, S. 432; *Kim Jong-Gu*, Untersuchung zum Täter hinter dem Täter, Strafrecht-Recherche, 2001, 160 f.

960 *Lee Jae-Sang*, Strafrecht AT, 6. Aufl. (2008), S. 437; *Kim Sung-Chun/Kim Hyung-Jun*, Strafrecht, 1998, S. 516; *Kim Il-Su/Seo Bo-Hak*, Strafrecht AT, 11. Aufl. (2006), S. 576; *Park Sang-Gi*, Strafrecht AT, 7. Aufl. (2007), S. 406; *Bae Jong-Dae,* Strafrecht AT, 9. Aufl. (2008), S. 607; *Son Hae-Mok*, Strafrecht AT, 1996, S. 949; *An Dong-Jun*, Strafrecht AT, 1998, S. 239; *Ryu Gi-Chun*, Vorlesung Strafrech AT, 1980, S. 127; *Lee Jung-Won*, Strafrecht

Strafe für mittelbare Täter nach der Strafdrohung für Anstiftung oder Beihilfe richtet. Außerdem existiert das überzeugende Meinungsbild[961] in der koreanischen Literatur, dass mittelbare Täterschaft durch eine Herrschaft kraft überlegenden Wissens oder Willens möglich sei. Diese Ansicht vertritt direkt die Tatherrschaftslehre *Roxins*[962]. Darüber hinaus wird in Korea schon seit langem diskutiert, dass die die Organisationsherrschaftslehre *Roxins* durch die Strafrechtsreform angenommen werden soll: Die Beschränkung des Werkzeugs müsse aufgehoben werden und dem StGB (dort: „wer die Straftat durch einen anderen begeht") folgend in die mittelbare Täterschaft umdefiniert werden[963]. Wenn die Strafrechtsreform in diese Richtung verwirklicht wird, kann die Organisationsherrschaftslehre *Roxins* auch in Korea feste Anerkennung finden und nach der Wiedervereinigung Koreas bei der Bestrafung der nordkoreanischen Führungskräfte als mittelbarer Täter problemlos anwendbar sein. Im StGB-DVRK gibt es keine Vorschrift, die der mittelbaren Täterschaft i.S.d. § 34 I KStGB entspricht, jedoch bestraft § 21 StGB-DVRK den Anführer einer kriminellen Organisation noch schwerer als deren Mitglieder[964].

Wenn die Bestrafung der Funktionäre des nordkoreanischen Regimes wegen mittelbarer Täterschaft bejaht wird, folgt dann die nächste Frage, wie und inwieweit der Verfolgungsbereich eingegrenzt werden muss. D.h. ob nur der Machthaber (z.B. *Kim Il-Sung, Kim Jong-Il* und neuerdings *Kim Jong-Un*) allein die ganze Verantwortung übernehmen muss, ob alle wichtigen Funktionäre des nordkoreanischen Regimes verfolgt werden müssen, oder bis in welchen Rang der Arbeiterpartei hin-

---

AT, 1998, S. 321; *Lee Hyung-Guk*, Recherche Strafrecht AT, 1984, S. 341; *Lim Ung*, Strafrecht AT, 2005, S. 428; *Jung Sung-Gun/Park Kwang-Min*, Strafrecht AT, 4. Aufl. (2008), S. 508; Cho Jun-Hyun, Strafrecht AT, 1998, S. 331; *Hwang San-Duck*, Strafrecht AT, 7. Aufl. (1982), S. 253; *Choi U-Chan*, Mittelbarer Täter, Gosigae, 1994, 16.

961 *Son Dong-Kwon*, Die gesetzgebungspolitische Untersuchung des § 34 KStGB, Strafrecht-Recherche, 2004, 259; *ders.*, Das rechtliche Problem des mittelbaren Täters, Staatsexamenrepititorium, 1997, 50; *Ha Tae-Hun*, Die Lehre vom Täter hinter dem Täter, Staatsexamenrepititorium, 1999, 86.

962 Eingehend dazu siehe oben, S. 218 f.

963 *Lee Bo-Young*, Täterschaft des mittelbaren Täter, Rechtswissenschaftsrecherche, 2008, 355 f.; *Kim Sung-Yong*, Schwerpunkte im Bereich Kriminologie, Koreanisches Institut für Kriminologie, 2007, 684; Justizministerium, die Teilnahme im AT StGB, Die Unterlagen der Strafrechtsreform, 2008, S. 126.

964 § 21 StGB-DVRK: Anführer und Mitglieder einer kriminellen Organisation wird nach der Strafdrohung von gezielter Straftat bestraft. Der Anführer wird noch schwerer bestraft.

ein bestraft werden soll. Betrachtet man das Urteil des BGH v. 26.7.1994[965], wonach das Verhalten der Mitglieder des Nationalen Verteidigungsrates der DDR als mittelbare Täterschaft bewertet wurde, sollen nach meiner Auffassung mindestens die Mitglieder des Zentralkomitees der Arbeiterpartei, dem höchsten Entscheidungsorgan Nordkoreas, für mittelbare Täterschaft trotz voller Verantwortlichkeit der Werkzeuge zur Rechenschaft gezogen werden.

Bei den Zwischenpersonen, z.B. dem Direktor eines nordkoreanischen Zwangsarbeitslagers, der seine Arbeiter rücksichtslos sterben ließ oder den Befehlsgebern an der Grenze zu China, die die Tötung von Fliehenden vor Ort angeordnet haben, ist unter Umständen die mittelbare Täterschaft zu bejahen, je nachdem ob und inwieweit die von oben erhaltene Anweisung überschritten worden ist: In Fällen, in denen die Zwischenpersonen lediglich das taten, was ihnen von der Führungsstelle strikt aufgetragen wurde, liegt nur Beihilfe nahe. So ist z.B. der Befehlsgeber, der in nordkoreanischen Zwangsarbeitlager genau die Hinrichtungsbefehl angeordnet hat, mit denen er beauftragt wurde, Gehilfe, während ein Befehlsgeber vor Ort, der innerhalb des Machtapparates eine Weisung erhalten hat, die ihm nicht striktes Verhalten abverlangt, sondern ihm einen Ermessensspielraum belässt, so könnte er nach seinem Willen und Verhalten mittelbarer Täter werden. Wer innerhalb seiner allgemeinen Ermächtigung zur Kontrolle eines nordkoreanischen Zwangsarbeitslagers freiwillig einen bestimmten Häftling als Exempel hinrichten lässt, zeigt mittelbare Täterschaft. Wenn ein Befehlsgeber an der Grenze zwischen Nordkorea und China eine allgemeine Anweisung von der Führungsebene erhalten hat, dass die Flucht aus Nordkorea verhindert werden sollten und nach seinem Willen den ihm untergeordneten Soldaten ausschließlich die unbedingte Erschießung befehlt und tatsächlich die Flüchtlinge erschießen lässt, ist er schon in diesem von ihm konkretisierten und überschrittenen Bereich mittelbarer Täter, da er kein Werkzeug im Verhältnis zu der oberen Schicht der Organisation mehr ist, sondern aktiv selbst den Machtapparat benutzt hat.

---

965 BGHSt 40, 218 = BGH, NJW 1994, 2703. = BGH, NJ 1994, 532. Eingehend dazu vgl. oben S. 89 ff.

Fünfter Teil: Fazit und Schlussfolgerung

Historisch gesehen ist nach dem Sturz eines Unrechtsregimes das die Aufgabe der Aufarbeitung übernehmende demokratische System mit drei Wahlmöglichkeiten konfrontiert: *Erstens* eine umfassende Amnestie, wie sie in vielen Ländern der lateinamerikanischen Militärdiktaturen erlassen wurde, *Zweitens* die Möglichkeit, die Probleme der Vergangenheit zu ignorieren bzw. zu vergessen, wie im Fall Japans, wo die Verantwortung für den zweiten Weltkrieges und Kriegsverbrechen kaum erwähnt werden, und *drittens* die lückenlose Ermittlung der Geschichtswirklichkeit mit der rechtsstaatlichen Klärung der Verantwortlichkeiten.

Die Aufarbeitung des DDR-Regimes nach der Wiedervereinigung Deutschlands wurde auf die letzte Art und Weise durchgeführt. Dieser „deutsche Sonderweg[966] “ basierte wohl auf der tiefen Reflexion über die Deutschland-spezifischen historischen und politischen Gegebenheiten mit dem Hintergrund, dass die Verbrechen unter der Nazi-Herrschaft nach dem zweiten Weltkrieg nicht vollständig bewältigt wurden. Die strafrechtliche Verfolgung von Tätern ist auf der Basis strenger gesetzlicher Grundlagen vorgenommen worden. Eine ganze Reihe von wissenschaftlichen Auseinandersetzungen begleiteten sie, um Verstöße gegen das Gesetzlichkeitsprinzip wie Rückwirkungsverbot zu vermeiden. Dies steht ganz in Kontrast zu anderen Ländern, die der Geschichte nicht direkt ins Augen zu sehen wagten bzw. sie zu verschweigen versuchten.

Die bisherige Untersuchung zeigt, dass die rechtlichen Probleme und deren Lösungsversuche, die bezüglich der Wiedervereinigung Deutschlands entstanden, grundsätzlich auf die koreanische Situation im Falle einer Wiedervereinigung übertragbar sind, u.a. werden die drei rechtlichen Problempunkte, die ich als Kernhinderniss bei der strafrechtlichen Aufarbeitung von Regimeverbrechen identifiziert habe, eine sehr wichtige Rolle spielen: Die Rückwirkungs-, Verjährungs- und Hintermännerproblematiken.

---

966 Historisch und rechtsvergleichend soll die Amnestie eher die Regel gewesen sein, z.B. für die Diktaturen in Argentinien und Chile, sämtlichen Staaten des sowjetischen Machtbereiches und Jugoslawien, *Schünemann*, Aufarbeitung von Unrecht aus totalitärer Zeit, in: *Pawlowski/Roellecke* (Hrsg.), Der Universalitätsanspruch des demokratischen Rechtsstaates, ARSP Beiheft Nr. 65, 1996, S. 107.

Letztlich könnten aber die extremen Unrechtstaten in Nordkorea nach der Wiedervereinigung Koreas im Hinblick auf die Grundgedanken des nulla-poena Grundsatzes von Anfang an problemlos strafrechtlich verfolgt werden, ohne dass das Rückwirkungsverbot gem. Art. 13 I KGG ein Hindernis darstellt. Erleichtert wird dies aber zusätzlich, wenn eine Verfassungsänderung erfolgt und entsprechende Sondergesetzte erlassen werden, so dass unnötige rechtliche Gegenargumente vermieden werden. Außer dem nordkoreanischen Machthaber können auch die Eliten der Arbeiterpartei und die Zwischenpersonen vor Ort unter Umständen nach der Organisationsherrschaftslehre *Roxin*s als mittelbare Täter verfolgt werden.

Die strafrechtliche Aufarbeitung nützt insoweit, als sie durch die lückenlose, juristisch korrekte Erklärung der Ungerechtigkeit des nordkoreanischen Regimes eine neue Basis für ein auf Gerechtigkeit aufbauendes neues Korea legen kann. Nicht zu übersehen ist allerdings, dass nach der gründlichen Bestrafung eine Generalamnestie für die übrigen Mitglieder des nordkoreanischen Regimes folgen muss, da eine Wiedervereinigung Koreas schließlich die gemeinsame Zukunft beider Völker betrifft. Bei der Aufarbeitung des DDR-Regimes wurde diese Amnestie prinzipiell versäumt und dadurch ist eine heftige Debatte um „Siegerjustiz“[967] entstanden. In einem wiedervereinigtem Korea könnte eine Wahrheits- und Versöhnungskommission[968] eingerichtet werden, wie sie in Südafrika 1994-1998 zur Untersuchung von politisch motivierten Verbrechen während der Zeit der Apartheid aktiv war. Eine weitere Möglichkeit wäre eine Arbeitsgruppe, die der am 12. März 1992 vom Deutschem Bundestag eingesetzten Enquête-Kommission zur „Aufarbeitung von Geschichte und Folgen der SED-Diktatur in Deutschland" entspricht. Die deutsche Enquête-Kommission war die wichtigste Institution im Zuge der politischen Aufarbeitung der DDR-Vergangenheit, hat aber in der Öffentlichkeit angesichts hoher Bestrafungsforderungen aus Politik und Gesellschaft in Deutschland ein nur geringes Echo gefunden, aber mit der gründlichen Verfolgung der Verantwortlichen eine positive Rolle gespielt.

Aber dieser Lösungsweg über Kommissionen kann die strafrechtliche Aufarbeitung als Grundlage nicht ersetzen. Für die gründliche Bestrafung und lückenlose Wahrheitsfindung bleibt nur der mühselige und skrupulöse Weg rechtsstaatlicher Verfah-

---

967 Eingehend zum Siegerjustiz- und Amnestieargument siehe oben S. 35 ff.

968 Zur Wahrheits- und Versöhnungskommission vgl. *Wendt*, Die Wahrheits- und Versöhnungskommisson in Südafrika - eine Wirkungsanalyse (Diss.), 2009.

ren. Er sollte aber mit aller Konsequenz auf dem Boden des positiven Rechts verfolgt werden - ohne unnötigen Rückgriff auf überpositives Recht[969].

969 *Dreier*, Rechtsphilosophische Aspekte juristischer Vergangenheitsbewältigung, ZG 1993, 313.

Literaturverzeichnis

Alexy, Robert, Mauerschützen, Hamburg 1993

Ambos, Kai, Tatherrschaft durch Willensherrschaft kraft organisatorischer Machtapparate - Eine kritische Bestandsaufnahme und weiterführende Ansätze, GA 1998, 226-245

Amelung, Knut, Die strafrechtliche Bewältigung des DDR-Unrechts durch die deutsche Justiz - Ein Zwischenbericht, GA 143 (1996), 51-71

- *ders.*, Strafrechtliche Bewältigung des DDR-Unrechts durch die deutsche Justiz, Dresden 1996

- *ders.*, Strafbarkeit von „Mauerschützen“ - BGH, NJW 1993, 141, JuS 1993, 637-643

Arndt, Adolf, 1. Die Zeit im Recht (Zum Streit um die „Rückwirkung“ von Gesetzen). - 2. Die verfassungsrechtliche Bedeutung der strafrechtlichen Verjährung, NJW 1961, 14-16

- *ders.*, Zum Problem der strafrechtlichen Verjährung, JZ 1965, 145-149

Arndt, Claus, Bestrafung von Spionen der DDR, NJW 1995, 1803-1804

- *ders.*, Das Grundgesetz und die Strafverfolgung von Angehörigen der Hauptverwaltung Aufklärung, NJW 1991, 2466-2467

Arnold, Jörg, Bundesverfassungsgericht contra Einigungsvertrag - Der „Mauerschützen“ - Beschluss des BVerfG auf dem strafrechtlichen Prüfstand, NJ 1997, 115-121

- *ders.*, Rechtsbeugung von Richtern und Staatsanwälten der DDR im „Fall Robert Havemann“? NJ 1999, 286-292

Arnold, Jörg/Kühl, Martin, Probleme der Strafbarkeit von „Mauerschützen“, JuS 1992, 991-997

- *ders.*, Zur strafrechtlichen Beurteilung von Wahlfälschungen in der DDR - Zugleich Anmerkung zum Urteil des BG Dresden vom 7.2.1992 -, NJ 1992, 476-480

Baumann, Jürgen, Der Aufstand des schlechten Gewissens, Bielefeld 1965

Bemmann, Günter, Zu aktuellen Problemen der Rechtsbeugung, JZ 1995, 123-127

- *ders.*, Zur Frage der nachträglichen Verlängerung der Strafverfolgungsverjährung, JuS 1965, 333-340

- *ders.*, Zum Wesen der Rechtsbeugung, GA 116 (1969), 65-70

Berg, Wilfried, Der Rechtsstaat und die Aufarbeitung der vor-rechtsstaatlichen Vergangenheit - ein Bericht, VVDStRL 51 (1992), 46-90

Biermann, Frank, Gesetzliches Unrecht in der DDR und Rückwirkungsverbot - am Beispiel von § 27 des DDR-Grenzgesetzes (Diss.), Göttingen 1998

Bisky, Lothar/Heuer, Uwe-Jens/Schumann, Michael (Hrsg.), Unrechtsstaats? - Politische Justiz und die Aufarbeitung der DDR-Vergangenheit, Hamburg 1994

Bloy, René, Grenzen der Täterschaft bei fremdhändiger Tatausführung, GA 1996, 424-442

Böckenförde, Ernst-Wolfgang, Zur verfassungsrechtlichen Beurteilung der Einführung der Unverjährbarkeit des Mordes, ZStW 91(1979), 889-901

Bohnert, Joachim, Anmerkung zu BGH Urteil vom 20.10.1993, JR 1994, 255-260

- *ders.*, Die Amnestie der DDR und das Strafrecht nach dem Beitritt, DtZ 1993, 167-173

Bottke, Wilfried, Täterschaft und Gestaltungsherrschaft, Heidelberg 1992

Brachter, Karl Dietrich, Vierzig Jahre Diktatur (SED-Unrecht) - Herausforderung an den Rechtsstaat, Recht und Politik H. 3, 27/91, 137-141

Breymann, Klaus, Zur Auslegung der Verjährungsregelung in Art. 315a EGStGB - Verfolgbarkeit von Straftaten staatlicher Instanzen in der ehemaligen DDR sowie sie nach DDR-Strafrecht verjährt sind -, NStZ 1991, 463-465.

Brunner, Georg, Juristische Bewältigung des kommunistischen Unrechts in Osteuropa und Deutschland, Berlin 1995

Buchholz, Erich, Wiedergutmachung von Unrecht - Zum Rehabilitierungsgesetz der DDR, ZRP 1990, 466-470

Buchner, Silke, Die Rechtswidrigkeit der Taten von „Mauerschützen" im Lichte von Art. 103 II GG unter besonderer Berücksichtigung des Völkerrechts (Diss.), Frankfurt am Main 1995

Bürger, Gerlinde, Die Leistungen nach dem 2. SED-Unrechtsbereinigungsgesetz, DtZ 1995, 106-112

Bundesminister, 40 Jahre SED-Unrecht-Eine Herausforderung für den Rechtsstaat, München/Frank- furt am Main 1991

Calvelli-Adorno, Franz, Die Verlängerung der Verjährungsfrist für die Strafverfolgung von Verbrechen, die mit lebenslangem Zuchthaus bedroht sind, NJW 1965, 273-276

Choi, Jong-Go, Der Gedanke des nordkoreanischen Gesetz aus dem Gesichtspunkt dem Soazilismus, Recht und öffentliche Verwaltung in Nordkorea Bd. 9, Rechtsinstitut der Korea-Universität, Seoul 1992

Chroeder, Friedrich-Christian, Der Bundesgerichtshof und der Grundsatz „nulla poena sine lege", NJW 1999, 89-93

Classen, Claus Dieter, Anmerkung zu BGH, Beschl. vom 30.1.1991, JZ 1991, 713-719

- *ders.*, Artikel 103 Abs. 2 GG - ein Grundrecht unter Vorbehalt? GA 1998, 215-225

Cramer, Steffen, Anmerkung zum Verjährungsgesetz, NStZ 1995, 114-115.

- *ders.*, Zur Satrafbarkeit der DDR-Außenspionage, NJ 1993, 102-106

Dallinger, Wilhelm, Aus der Rechtsprechung des Bundesgerichtshofs in Strafsachen, MDR 1972, 569-571

Dammann, Klaus/Kutscha, Martin, Das Verschweigen einer früheren MfS-Tätigkeit von Beschäftigten im öffentlichen Dienst - ein Pflichtenverstoß mit unabsehbaren Konsequenzen? NJ 1999, 281-285

Dannecker, Gerhard, Die Schüsse an der innerdeutschen Grenze in der höchstrichterlichen Recht-sprechung - BGH Entsch. v. 3.11.1992 - 5 StR 370/92 = BGHSt. 39, 1 -, Jura 1994, 585-595

Dannecker, Gerhard, Das intertemporale Strafrecht, Tübingen 1993

Dannecker, Gerhard/Stoffers, Kristian F., Rechtsstaatliche Grenzen für die strafrechtliche Aufarbeitung der Todesschüsse an der innerdeutschen Grenze, JZ 1996, 490-494

Dencker, Friedrich, Vergangenheitsbewältigung durch Strafrecht? - Lehren aus der Justizgeschichte der Bundesrepublik, KritV 1990, 299-312

Dieter Classen, Claus, Straffreiheit für DDR-Spionage: Verschlungene Pfade zu einem vernünftigen Ergebnis, NStZ 1995, 371-375.

Dreher, Eduard, Anmerkung zum BGH Beschl. v. 19.2.1963 - 1 StR 318/62 (OLG Stuttgart), MDR 10/1063, 855-858

Dreier, Horst, Gustav Radbruch und die Mauerschützen, JZ 1997, 421-432

Dreier, Ralf, Der Begriff des Rechts, NJW 1986, 890-896.

- *ders.,* Gesetzliches Unrecht im SED-Staat? Am Beispiel des DDR-Grenzgesetzes, in: *Haft, Fritjof* (Hrsg.), Strafgerechtigkeit, Festschrift für Arthur Kaufmann zum 70. Geburtstag, Heidelberg 1993, 57-70

- *ders.,* Juristische Vergangenheitsbewältigung, Baden-Baden 1994

- *ders.,* Rechtsphilosophische Aspekte juristischer Vergangenheitsbewältigung, ZG 1993, 300-313

- *ders.,* Rechtsgehorsam und Widerstandsrecht in: *Broda, Christian/Deutsche, Erwin u.a.* (Hrsg.), Festschrift für Rudolf Wassermann zum sechzigsten Geburtstag, Neuwied 1985, 299-316

Drobnig, Ulrich (Hrsg.), Die Strafrechtsjustiz der DDR im Systemwechsel, Berlin 1998

Dudek, Peter, „Vergangenheitsbewältigung“ Zur Problematik eines umstrittenen Begriffs, in: Aus Politik und Zeitgeschichte B 1-2/93, S. 44-53

Eberan, Barbro, Amnestie für Straftaten unter dem DDR-Regime? NJ 1995, 299-301

Eisenmann, Peter/Hirscher, Gerhard (Hrsg.), Bilanz der zweiten deutschen Diktatur, München 1993

Engel, Albert, Die rechtliche Aufarbeitung der Stasi-Unterlagen auf der Grundlage der StUG (Diss.), Berlin 1995

Eser, Albin/Arnold, Jörg, Strafrechtsprobleme im geeinten Deutschland: Die deutsche Strafrechtswissenschaft vor neuen Herausforderungen, NJ 1993, 245-252

Frankenberg, Günter, Ziviler Ungehorsam und Rechtsstaatliche Demokratie, JZ 1984, 266-275

Fricke, Karl Wilhelm, Das justitielle Unrecht der Waldheimer Prozesse, NJ 1991, 209-210

Frowein, Jochen Abr./Wolfrum, Rüdiger/Schuster, Gunnar (Hrsg.), Völkerrechtliche Fragen der Straf-barkeit von Spionen aus der ehemaligen DDR, Berlin u.a. 1995

Gading, Heike, Zur strafrechtlichen Beurteilung des Verschweigens früherer MfS-Tätigkeit bei Einstellung in den öffentlichen Dienst, NJ 1996, 297-299

Geiger, Thomas, Verjährungsprobleme von in der ehemaligen DDR begangenen Straftaten, JR 1992, 397-405

Geppert, Klaus, Jura Repetitorium: Strafrecht - Amtsdelikte (§§ 331 ff. StGB), Jura 1981, 78-86

Gerke, Lars, Die Anwendung des § 339 StGB auf Rechtsbeugungen in der DDR (Diss.), Frankfurt am Main 1999

Golz, Peter (Hrsg.) , Ziviler Ungehorsam im Rechtsstaat, Frankfurt am Main 1983

Gornig, Gilbert, Die Verantwortlichkeit politischer Funktionsträger nach völkerrechtlichem Strafrecht, NJ 1992, 4-14

Greive, Wolfgang (Hrsg.), Amnestie für Straftaten unter der SED-Diktatur? - Dokumentation einer Tagung der Evangelischen Akademie Loccum v. 15 bis 17. Feb. 1995, Rehburg-Loccum 1996

Gropp, Walter, Die Mitglieder des Nationalen Verteidigungsrates als „Mittelbare Mit-Täter hinter den Tätern"? - BGHSt 40, 218, JuS 1996, Heft 1, 13-18

- *ders.*, Naturrecht oder Rückwirkungsverbot? - Zur Strafbarkeit der Berliner "Mauerschützen" NJ 1996, 393-398

Grünwald, Gerald, Bedeutung und Begründung des Satzes „nulla poena sine lege", ZStW 1964, 1-18

- *ders.*, Die Entwicklung der Rechtsprechung zum Gesetzlichkeitsprinzip, in: Festschrift für Kaufmann zum 70. Geburtstag, S. 759-769

- *ders.*, Die strafrechtliche Bewertung in der DDR begangener Handlungen, StV 1991, 31-37

- *ders.*, Ist der Schusswaffengebrauch an der DDR-Grenze strafbar? JZ 1996, 633-638

- *ders.*, Zur Frage des Ruhens der Verjährung von DDR-Straftaten, StV 1992, 333-338

- *ders.*, Zur verfassungsrechtlichen Problematik der rückwirkenden Änderung von Verjährungsvorschriften, MDR 1965, 521-525

Günther, Hans-Ludwig, Strafrechtsdogmatik und Kriminalpolitik im vereinten Deutschland - Bilanz, Gegenwartsprobleme, Perspektiven, ZStW 103 (1991), 851-882

Günther, Klaus, Anmerkung zu BGH-Urteil vom 3.11.1992, StV 1993, 18-24

Gusy, Christoph, Die Rechtsstellung der Nachrichtendienste, Jura 1986, 296-300

Guttmann, Micha, Vergangenheitsbewältigung als Aufgabe deutscher Justiz, DRiZ 1992, 354

Gutzeit, Lore Maria Peschel, Zur rechtlichen Auseinandersetzung mit der NS-Gewaltherrschaft und dem SED-Regime, Berlin 1995

Haft, Fritjof, Die Bereinigung des SED-Unrechts, DtZ 1994, 258-261

Hammerstein, Katrin/Mählert, Ulrich/Trappe, Julie/Wolfrum, Edgar, Aufarbeitung der Diktatur - Diktatur der Aufarbeitung? Norminierungsprozesse beim Umgang mit diktatorischer Vergangenheit, Bd. 2. Diktaturen und ihre Überwindung im 20. und 21. Jahrhundert), 2009 Göttingen

Hauf, Claus-Jürgen, Fälle der Drittzueignung - Altes Problem in neuem Gewand, DRiZ 1995, 144-146

Heike, Jung, Zur Strafbarkeit von Mauerschützen, JuS 1993, 601-603

Herrmann, Joachim, Menschenrechtsfeindliche und menschenrechtsfreundliche Auslegung von § 27 des Grenzgesetzes der DDR - Zum Mauerschützenurteil des BGH vom 3.11.1992 -, NStZ 1993, 118-121

Hertwig, Stefan, Verfassungsrecht: Rückwirkungsverbot, JA 1985, 167-168

Herzberg,Rolf Dietrich, Abergläubische Gefahrabwendung und mittelbare Täterschaft durch Ausnutzung eines Verbotsirrtums - BGHSt. 35, 347 - Jura 1990, 16-26

Herzog, Felix, Zur strafrechtlichen Verantwortlichkeit von Todesschützen an der innerdeutschen Grenze, NJ 1993, 1-4

Heuer, Uwe-Jens/Riege, Gerhard, Der Rechtsstaat - eine Legende? Baden-Baden 1992

Heuer, Volker/Lilie, Hans, Lasst verjähren, was verjährt? DtZ 1993, 354-357

Hillenkamp, Thomas, Offene oder verdeckte Amnestie - über Wege strafrechtlicher Vergangenheitsbewältigung, JZ 1996, 179-187

Hirsch, Hans Joachim, Rechtsstaatliches Strafrecht und staatlich gesteuertes Unrecht, Opladen (Leverkusen) 1996

Höchst, Sigrid, Anmerkung zu BezG Dresden, Urteil vom 7.2.1992, JR 1992, 431-435

- *ders.*, Unrechtskontinuität zwischen ost- und bundesdeutschen Strafnormen? JR 1992, 360-365

Hoerster, Norbert, Zur Verteidigung des Rechtspositivismus, NJW 1986, 2480-2482.

Hoffmann, Christa, Stunden Null? - Vergangenheitsbewältigung in Deutschland 1945 und 1989, Bonn/Berlin 1992

Hofmann, Olaf, Die strafrechtliche Bewältigung der Rechtsanwendung durch Richter und Staatsanwälte der DDR-Aktuelle Probleme der Rechtsbeugung, DtZ 1996, 230-237

- *ders.*, Zur Rechtsbeugung durch DDR-Staatsanwälte - Anmerkung zu den Urteilen des BGH vom 9.5.1994 und 6.10.1994 sowie des LG Neubrandenburg vom 18.7.1994, NJ 1995, 128-132

Hoheff, Ute, An den Grenzen des Rechtsbeugungstatbestandes (Diss.), Berlin 2000

- *ders.*, Vorsatz und „Unrechtsbewusstsein" im Strafrecht der DDR als Problem aktueller Rechtsanwendung, DtZ 1997, 308-313.

Hruschka, Joachim, Die Todesschüsse an der Berliner Mauer vor Gericht - Zu dem unten abgedruckten Urteil des LG Berlin vom 20.1.1992, JZ 1992, 665-670

Hübner, Jan-Kristof, Die strafrechtliche Beurteilung von DDR-Wahlfälschungen nach der Wiedervereinigung (Diss.), Regensburg 1997

Hünerfeld, Peter, Mittelbare Täterschaft und Anstiftung im Kriminalstrafrecht der Bundesrepublik Deutschland, ZStW 99 (1987), 228-250

Ignor, Alexander/Müller, RAin Anke, Spionage und Recht - Bemerkungen zur Strafverfolgung der ehemaligen DDR-Spionage, StV 1991, 573-587

Isensee, Josef, Verfassungsrechtliche Wege zur deutschen Einheit, KritV 1990, 125-147

- *ders.* (Hrsg.), Vergangenheitsbewältigung durch Recht - drei Abhandlungen zu einem deutschen Problem, Berlin 1992

Jähnke, Burkhard, Auch Rechtsbeugung kann eine „Frage des Datums" sein, ZRP 1994, 443-445

Jakobs, Günther, Untaten des Staates - Unrecht im Staat - Strafe für die Tötungen an der Grenze der ehemaligen DDR? GA 1994, 1-19

- *ders.*, Mittelbare Täterschaft der Mitglieder des Nationalen Verteidigungsrats - Anmerkung zum BGH Urt. v. 26.7.1994 - 5 StR 98/94, NStZ 1995, 26-27

Jang, Myung-Bong, Verwaltungsrechtliche Probleme des UN-Beitritts, Institut für Koreanisches Verwaltungsrecht, Seoul 1991

Jantsch, Erich, Das strafrechtliche Verjährungsproblem, DRiZ 1968, 169-200

Jesse, Eckhard, Berichte und Kritik - „Vergangenheitsbewältigung" in der Bundesrepublik Deutschland, Der Staat 1987, 539-565

Jesse, Eckhard/Löw, Konrad, Vergangenheitsbewältigung, Berlin 1997

Jordan, Adolf-Dietrich, Die Regelung des 2. Verjährungsgesetzes zur „Vereinigungskriminalität", NJ 1996, 294-296

Kaufmann, Arthur, Die *Radbruch*sche Formel vom gesetzlichen Unrecht und vom übergesetzlichen Recht in der Diskussion um das im Namen der DDR begangene Unrecht, NJW 1995, 81-86

Kim, Ha-Jung, Die verfassungsrechtliche Untersuchung über die Aufarbeitung des Systemunrechts (Diss.), Seoul 2008

Kim, Jong-Gu, Eine Untersuchung zum Täter hinter dem Täter, Strafrecht-Recherche, Seoul 2001

Kim, Myung-Gi, Die Anerkennung von Nordkorea wegen UN-Beitritt, Studie über Wiedervereinigungsproblem, Seoul 1992

Kim, Sung-Dae, Eine Studie über die Sonderheit der Süd und Nordkorea-Verhältnis, Bob-Jo, Seoul 1995

Kim, Sung-Yong, Schwerpunkte im Bereich Kriminologie, Korea-Institut für Kriminologie, Seoul 2007

Kinkel, Klaus, Wiedervereinigung und Strafrecht, JZ 1992, 485-489

Kirchner, Heino, DDR-Unrecht in Fallbeispielen aus der höchstrichterlichen Rechtsprechung, Jura 1998, 46-50

Klein, Eckart, Die Bedeutung der Nürnberger Prozesse für die Bewältigung des SED-Unrechts, ZRP 1992, 208-213

Klug, Ulrich, Die Verpflichtung des Rechtstaats zur Verjährungsverlängerung, JZ 1965, 149-153

König, Peter, Anmerkung zu BGH Urteil vom 26.11. 1992, JR 1993, 202-210

- *ders.*, Anmerkung zum Urteil des BGH vom 19. 4. 1994 - 5 StR 204/93, JR 1994, 337-341

- *ders.*, Zur Verfolgungsverjährung von SED-Unrechts-taten - Anmerkung zu OLG Frankfurt/M. vom 10.7.1991 - 2 Ws 88/91, NStZ 1991, 566-571.

Korn, Hans-Joachim, Täterschaft oder Teilnahme bei staatlich organisierten Verbrechen, NJW 1965, 1206-1210

Körting, Ehrhard, Ist (Straf-)Recht ein geeignetes Mittel zur Aufarbeitung der Geschichte? - Recht-liche Aufarbeitung oder Amnestie? NJ 1999, 1-4

Krakowsky, Markus, Die Aufarbeitung des SED-Unrechts durch BGH und Literatur - ein Vergleich (Diss.), Aachen 2000

Kramer, Volker, Zur Verjährungsproblematik bei SED-Unrechtstaten - Kritische Betrachtung zum Beschluss des OLG Braunschweig vom 22.11.1991 -, NJ 1992, 233-236

Krause, Hans G., Richterliche Unabhängigkeit und Rechtsbeugungsvorsatz, NJW 1977, 285-286

Kraut, Gerald Michael, Rechtsbeugung? Die Justiz der DDR auf dem Prüfstand des Rechtsstaates (Diss.), München 1997

Krehl, Christoph, Die Verjährung der in der ehemaligen DDR begangenen Straftaten, DtZ 1992, 13-15

Krey, Volker, Keine Strafe ohne Gesetz - Einführung in die Dogmengeschichte des Satzes „nullum crimen, nulla poena sine lege", Berlin 1983

- *ders.*, Schutz von DDR-Bürgern durch das Strafrecht der Bundesrepublik Deutschland? JR 1985, 399-408

Kriele, Martin, Recht und parktische Vernunft, Göttingen 1979

Küpper, Georg, Strafrechtsprobleme im vereinten Deutschland JuS 1992, 723-728

Küpper, Georg/Wilms, Heiner, Die Verfolgung von Straftaten des SED-Regimes, ZRP 1992, 91-96

Kuhlen, Lothar/Gramminger, Thomas, Der Mauerschütze und der Denunziant - ein Bericht über eine strafrechtliche Hausarbeit, JuS 1993, 32-39

Lampe, Ernst-Joachim, Systemunrecht und Unrechtssysteme, ZStW 106 (1994), 683-745

- *ders.* (Hrsg.), Die Verfolgung von Regierungskriminalität der DDR nach der Wiedervereinigung - Deutsche Wiedervereinigung, Bd. II Arbeitskreis Strafrecht, Köln u.a. 1992

Lamprecht, Rolf, Lesarten für Rechtsbeugung, NJW 1994, 562-563

Lansnicker, Frank/Schwirtzek, Thomas, Staatssicherheit und öffentlicher Dienst, DtZ 1993, 106-110

Laskowski, Silke, Die Probleme des Rechtsstaates mit dem DDR-Unrecht, JA 1994, 151-166

- *ders.*, Unrecht - Strafrecht - Gerechtigkeit: Die Problem des Rechtsstaates mit dem DDR-Unrecht, JA 1994, 151-166

Laufhütte, Heinrich Wilhelm, Strafrechtliche Probleme nach der Wiedervereinigung der beiden deutschen Staaten und ihre Bewältigung durch die Strafsenate des BGH, VIZ 2001, 521-528.

Lee, Bo-Young, Täterschaft des mittelbaren Täters, Rechtswissenschaftsrecherche, Seoul 2008

Lee, Gun-Jong/Lee, Gyung-Ryul, Eine rechtsvergleichende Studie über Rechtssystem und Behandlung der Kriminalität in Süd- und Nordkorea, Korea Institut der Kriminologie, Seoul, 1993

Leggewie, Claus/Meier, Horst, Zum Auftakt ein Schlussstrich? - Das Bewältigungswerk „Verganganheit Ost“ und der Rechtsstaat, in: Stephan, Cora (Hrsg.), Wir Kollaborateure - Der Westen und die deutschen Vergangenheiten, 1992, 51-79

Lehmann, Karl-Heinz, Zur Verurteilung eines Richters des Obersten Gerichts der DDR durch Richter des BGH, NJ 1996, 561-564

Lemke, Michael, Die strafrechtliche Rehabilitierung von Opfern des SED-Unrechts - Eine Zwischenbilanz, NJ 1996, 399-401

- *ders.*, Das 2. Verjährungsgesetz - Versuch einer Analyse eines schwierigen Gesetzes, NJ 1993, 529-532

- *ders.*, Stand der Aufarbeitung von DDR-Unrecht durch die Strafjustiz, NJ 1995, 237-239

Lemke, Michael/Hettinger, Rainer, Anmerkung zu Beschl. OLG Frankfurt/M. vom 10.7.1991, NJ 1991, 421-423

- *dies,* Zur Verjährung von in der ehemaligen DDR begangenen Straftaten und den Möglichkeiten des Gesetzgebers - Zugleich eine Erwiderung auf König, NStZ 1991, 566 und *Breymann*, NStZ 1991, 463 -, NStZ 1992, 21-24

Letzgus, Klaus, Die strafrechtliche Verantwortlichkeit von Richtern, Staatsanwälten und Untersuchungsorganen der ehemaligen DDR wegen Rechtsbeugung, in: Für Recht und Staat (Festschrift für *Herbert Helmrich* zum 60. Geburtstag), 73-94

- *ders.*, Unterbrechung, Ruhen und Verlängerung strafrechtlicher Verjährungsfristen für im Beitrittsgebiet begangene Straftaten, NStZ 1994, 57-63

Liebig, Justus, Anwendbarkeit bundesdeutschen Straf- und Ordnungswidrigkeitenrechts auf Alttaten in der DDR, NStZ 1991, 372-375.

Limbach, Jutta, Fatalismus ist nicht gestattet, RuP H.3, Jg. 27/91, 142-144

- *dies.*, Gerechtigkeit im Rechtsstaat, 1993, 298-384

- *dies.*, Recht und Unrecht in der Justiz der DDR, ZRP 1992, 170-175

- *dies.*, Vergangenheitsbewältigung durch die Justiz, DtZ 1993, 66-71.

Lindheim, Thomas von Zum, Begriff der Zusammenarbeit des inoffiziellen und hauptamtlichen Mitarbeiters mit dem MfS, DtZ 1993, 358-361

Lippold, Rainer, Die Strafbarkeit der DDR-Spionage und ihre Verfassungsmäßigkeit, NJW 1992, 18-25.

Lorenz, Frank Lucien, DDR-Wahlfälschungen vor Gericht, MDR 1993, 705-709

- *ders.,* Zum „Beitrittsprinzip" und zur Strafbarkeit von DDR-Wahlfälschungen, NStZ 1992, 422-428

Lorenz, Max, Die Verjährung in der deutschen Strafgesetzgebung, München/Berlin 1955

- *ders.,* Strafrechtliche Verjährung und Rückwirkungsverbot, GA 1968, 300-302

Lüderssen, Klaus, Der Staat geht unter - das Unrecht bleibt? Regierungskriminalität in der ehemaligen DDR, Frankfurt am Main 1992

- *ders.,* Kontinuität und Grenze des Gesetzlichkeitsprinzips bei grundsätzlichem Wandel der politischen Verhältnisse - Guter Positivismus im Strafrecht? Zur Auseinandersetzung über die Verfolgung in der ehemaligen DDR begangene Delikte, ZStW 104 (1992), 734-784.

- *ders.,* Politische Grenzen des Rechts - rechtliche Grenzen der Politik - Zur Debatte über die Ver-jährung von NS-Morden, JZ 1979, 449-458

- *ders.*, Zu den Folgen des „Beitritts“ für die Strafjustiz der Bundesrepublik Deutschland, StV 1991, 482-489

Luther, Horst, Der Einigungsvertrag über die strafrechtliche Behandlung von DDR-Alttaten nach der Einigung Deutschlands, DtZ 1991, 433-435.

- *ders.*, Zur Anwendung des Strafrechts nach dem Einigungsvertrag, NJ 1991, 395-397

Maiwald, Manfred, Rechtsbeugung im SED-Staat, NJW 1993, 1881-1889.

Marxen, Klaus, Das Problem der Kontinuität in der neueren deutschen Strafrechtsgeschichte, KritV 1990, 287-298

Marxen, Klaus/Werle, Gerhard, Die strafrechtliche Aufarbeitung von DDR-Unrecht - Eine Bilanz, Berlin/New York, 1999

Meurer, Dieter, Der Verfassungsgerichtshof und das Strafverfahren, JR 1993, 89-95

Meyer-Cording, Ulrich, Die Rückwirkung von Gesetzen, JZ 1952, 161-167

Möller-Heilmann, Bettina, Die Strafverfolgung von Richtern und Staatsanwälten der ehemaligen DDR wegen Rechtsbeugung (Diss.) , Frankfurt am Main 1999

Momsen, Carsten, Der Mordtatbestand im Bewertungswandel? - Abweichende soziokulturelle Wert-vorstellungen, Handeln auf Befehl und das Mordmerkmal der „niedrigen Bewegungsgründe“ (§ 211 StGB), NStZ 2003, 237-242.

Müller, Ingo, Die DDR - ein „Unrechtsstaat“? NJ 1992, 281-283

Nack, Armin, Mittelbare Täterschaft durch Ausnutzung regelhafter Abläufe, GA 2006, 342-345

Nanzka, Martin, Spionage der ehemaligen DDR gegen die Bundesrepublik Deutschland (Diss.), Frankfurt am Main 1999

Naucke, Wolfgang, Die strafjuristische Privilegierung staatsverstärkter Kriminalität, Frankfurt am Main 1996

- *ders.*, Rechtspolitische Vorentscheidungen bei der Diskussion einer Verlängerung von Verjährungsfristen für NS-Verbrechen, ZRP 1969, 8-10

- *ders.*, Über die Zerbrechlichkeit des rechtsstaatlichen Strafrechts, KritV 1990, 244-259

Odersky, Walter, Die Rolle des Strafrechts bei der Bewältigung politischen Unrechts, Heidelberg 1992

Ott, Hermann, Die Staatspraxis an der DDR-Grenze und das Völkerrecht, NJ 1993, 337-343

Paeffgen, Hans-Ullrich, Wozu dient der Strafprozess und inwieweit darf ein Landesverfassungsgericht in ihn intervenieren? - Überlegungen aus Anlass des Verfahrens gegen Honecker u.a. und der Entscheidung des VerfGH Berlin vom 21.1.1993, NJ 1993, 152-161

Papier, Hans-Jürgen/Möller, Johannes, Die rechtsstaatliche Bewältigung von Regime-Unrecht nach 1945 und nach 1989, NJW 1999, 3289-3297

Park, Kang-Woo, Die strafrechtliche Aufarbeitung von staatlich gesteuertem Unrecht und von den Kriminalität im Nordkorea nach Wiedervereinigung, Korea Institut der Kriminologie, Seoul 1998

Pawlik, Michael, Strafrecht und Staatsunrecht - Zur Strafbarkeit der „Mauerschützen", GA 141 (1994), 473-483

Pawlowski, Martin, Der Stand der rechtlichen Diskussion in der Frage der strafrechtlichen Verjährung, NJW 1969, 594-595

Pawlowski/Roellecke, Der Universalitätsanspruch des demokratischen Rechtsstaates, Stuttgart 1996

Peschel-Gutzeit, Lore Maria, Zur rechtlichen Auseinandersetzung mit der NS-Gewaltherrschaft und dem SED-Regime, NJ 1995, 450-454

Piazolo, Michael (Hrsg.), Eine Diktatur vor Gericht - Aufarbeitung von SED-Unrecht durch die Justiz, München/Landsberg am Lech 1995

Pieroth, Bodo, Grundlagen und Grenzen verfassungsrechtlicher Verbote rückwirkender Gesetze, Jura 1983, 122-133, 250-260

- *ders.*, Der Rechtsstaat und die Aufarbeitung der vor-rechtsstaatlichen Vergangenheit - ein Bericht, VVDStRL 51 (1992), 91-112

Pieroth, Bodo/Kingrenn, Thorsten, Die Verfassungsrechtliche Problematik des Verjährungsgesetzes, NJ 1993, 385-392

Polakiewicz, Jörg, Verfassungs- und völkerrechtliche Aspekte der strafrechtlichen Ahndung des Schusswaffeneinsatzes an der innerdeutschen Grenze, EuGRZ 1992, 177-190

Prantl, Heribert, Anmerkung zum BGH Urt. v. 26. Juli 1994 - 5 StR 98/94 (LG Berlin) NJ 1994, 542-535

Quaritsch, Helmut, Theorie der Vergangenheitsbewältigung, Der Staat 1992, 519-551

Radbruch, Gustav, Gesetzliches Unrecht und übergesetzliches Recht, SJZ 1946, 105-108

Rau, Markus, Deutsche Vergangenheitsbewältigung vor dem EGMR - Hat der Rechtsstaat gesiegt? NJW 2001, 3008-3014

Rautenberg, Erarde Cristoforo, Anfangsverdacht wegen Rechtsbeugung gegen Staatsanwälte und Richter der früheren DDR - ein Beitrag zum Meinungsstand in der Praxis, DtZ 1993, 71-75.

- *ders.*, Plädoyer für ein begrenztes Straffreiheitsgesetz im Bereich des SED-Unrechts, NJ 1995, 617-625

Redaktion Kritische Justiz, Die juristische Aufarbeitung des Unrechts-Staats, Baden-Baden 1998

Redeker, Konrad, Bewältigung der Vergangenheit als Aufgabe der Justiz, NJW 1964, 1097-1100

Renger, Reinhard/Volze, Armin, Der Postraub der Stasi - Anmerkungen zur Rechtsprechung des BGH, NJ 1995, 467-471

Renzikowski, Joachim, Restriktiver Täterbegriff und fahrlässige Beteiligung, Tübingen 1997

- *ders.*, Vergangenheitsbewältigung durch Vergeltung? - Zur Strafbarkeit der Informanten des Stasi der ehemaligen DDR nach § 241 a StGB -, JR 1992, 270-274

- *ders.*, Zur Strafbarkeit des Schusswaffengebrauchs an der innerdeutschen Grenze, NJ 1992, 152-155

Reuter, Lothar, Die ungesetzlichen Eingriffe in das Post- und Fernmeldegeheimnis in der DDR, NJ 1991, 383-386

Riedel, Joachim, Schießbefehl und Verjährung - Zum Problem der Strafverfolgungsverjährung bei Schusswaffengebrauch an der ehemaligen DDR-Grenze, DtZ 1992, 162-169

Rittstieg, Helmut, Zur Strafbarkeit der Spionage für die ehemalige DDR, NJW 1994, 912-913.

Roggemann, Herwig, Die strafrechtliche Aufarbeitung der DDR-Vergangenheit am Beispiel der „Mauerschützen" - und der Rechtsbeugungsverfahren, NJ 1997, 226-232

- *ders.*, Grenzübertritt und Strafrechtsanwendung zwischen beiden deutschen Staaten, ZRP 1976, 243-248

- *ders.*, Straffreiheit in der DDR - Zum Amnestieerlass von 1987, NJW 1988, 27-28

- *ders.*, Systemunrecht und Strafrecht - am Beispiel der Mauerschützen in der ehemaligen DDR, Berlin, 1993

- *ders.*, Zur Strafbarkeit der Mauerschützen, DtZ 1993, 10-19.

Rotsch, Thomas, Die Rechtsfigur des Täters hinter dem Täter bei der Begehung von Straftaten im Rahmen organisatorischer Machtapparate und ihre Übertragbarkeit auf wirtschaftliche Organisationsstrukturen, NStZ 1998, 491-495

- *ders.*, Tatherrschaft kraft Organisationsherrschaft? ZStW 112 (2000), 518-562

Roxin, Claus, Mittelbare Täterschaft kraft Organisationsherrschaft, NJW-Sonderheft für G. Schäfer 2002, 52-57

- *ders.*, Straftaten im Rahmen organisatorischer Machtapparate, GA 1963, 193-207

- *ders.*, Täterschaft und Tatherrschaft, 6. Aufl. (2000), München

Rummler, Toralf, Die Gewalttaten an der deutsch-deutschen Grenze vor Gericht (Diss.), Berlin 1999

Ryu, Yeo-Hae, Die Verfolgung völkerstrafrechtlicher Verbrechen nach deutschem und südkoreanischem Strafrecht (Diss.), Göttingen 2007

Saliger, *Frank*, *Radbruch*sche Formel und Rechtsstaat, Heidelberg 1995

Sambale, Anica, Die Verjährungsdiskussion im Deutschen Bundestag (Diss.), Hamburg 2002

Samson, Erich, Die strafrechtliche Behandlung von DDR-Alttaten nach der Einigung Deutschlands, NJW 1991, 335-340.

Sauter, Alfred, Verjährung von SED-Unrecht Überlegungen zum gesetzgeberischen Handlungsbedarf, DtZ 1992, 169-172.

Schaefgen, Christoph, „DDR-Regierungskrminalität" - Erscheinungsformen und Probleme, RuP, 1992, 191-203

Schätzler, Johann-Georg, Die versäumte Amnestie - Vorwärts gelebt, rückwärts nichts verstanden, NJ 1995, 57-62

Schlink, Bernhard, Rechtsstaat und revolutionäre Gerechtigkeit, NJ 1994, 433-437

Schmidt, Wilhelm, Verjährungsprobleme bei Straftaten der Mitarbeiter des Ministeriums für Staats-sicherheit der ehemaligen DDR, NStZ 1995, 262-265.

Schneider, Peter, NS-Verbrechen und Verjährung, in: *Noll*, *Peter/Stratenwerth*, *Günter* (Hrsg.), Rechtfindung - Festschrift für Oscar Adolf Germann zum 80. Geburtstag, 200-222

Scholten, Hans-Joseph, Zur Bedeutung von § 7 StGB für die Verfolgung von Straftaten des SED-Regimes, ZRP 1992, 476-480

Scholz, Rupert, Rechtsfrieden im Rechtsstaat, NJW 1983, 705-712

Schöneburg, Volkmar, Recht im nazifaschistischen und im „realsozialistischen " deutschen Staat - Dis-kontinuitäten und Kontinuitäten, NJ 1992, 49-54

Schoreit, Armin, Absolutes Strafverfahrenshindernis und absolutes U-Haftverbot bei begrenzter Lebenserwartung des Angeklagten? - Bedeutung, Auswirkungen und Wirksamkeit des Beschlusses des Verfassungsgerichtshofs des Landes Berlin auf die im Verfahren gegen Erich Honecker eingelegte Verfassungsbeschwerde, NJW 1993, 881-887

- *ders.*, Anmerkung zu BGH Urteil vom 6.10.1994, StV 1995, 192-197

Schreiber, Die Strafrechtliche Aufarbeitung von staatlich gesteuertem Unrecht, ZStW 107 (1995), 157-182

- *ders., Hans Ludwig*, Gesetz und Richter - Zur geschichtlichen Entwicklung des Satzes nullum crimen, nulla poena sine lege, Frankfurt am Main 1976

- *ders.*, Zur Zulässigkeit der rückwirkenden Verlängerung von Verjährungsfristen früher begangener Delikte, ZStW 1968, 348-368

Schroeder, Freidrich-Christian, Anmerkung zum Beschl. des BGH vom 27.9.1991, JR 1992, 204-206

- *ders.*, Der Sprung des Täters hinter dem Täter aus der Theorie in die Praxis - Zugleich Besprechungsaufsatz zum Urteil des BGH vom 26.7.94 - 5 StR 98/94 -, JR 1995, 177-180

- *ders.*, Die Rechtswidrigkeit der Flüchtlingserschließungen zwischen Transzendenz und Immanenz - Zum Urteil des BGH vom 3.11.1992 - 5 StR 370/92 -, JR 1993, 45-51

- *ders.*, Der Täter hinter dem Täter, Berlin 1965

- *ders.*, Geschichtsbewältigung durch Strafrecht? DRiZ 1996, 81-88

- *ders.*, §§ 246, 133 StGB auf dem Prüfstand der MfS-Postplünderungen - Zum Vorlagebeschluss des 5. Strafsenats des BGH -, JR 1995, 95-97

- *ders.,* Zehn Jahre strafrechtliche Aufarbeitung des DDR-Unrechts, NJW 2000, 3017-3022

- *ders.,* Zur Strafbarkeit von Tötungen in staatlichem Auftrag, JZ 1992, 990-993

- *ders.,* Zur Verjährung von SED-Unrechtstaten, ZRP 1993, 244-246

Schroth, Hans-Jürgen, Differenzierung zwischen Inland und räumlichen Geltungsbereich des Straf-rechts? NJW 1981, 500-501

Schulze-Fielitz, Helmuth, Der Rechtsstaat und die Aufarbeitung der vorrechts staatlichen Vergangenheit, DVBl 1991, 893-906

Schünemann, Bernd, Aufarbeitung von Unrecht aus totalitärer Zeit, in: Pawlowski, Hans-Martin/Roellecke, Gerd (Hrsg.), Der Universalitätsanspruch des demokratischen Rechtsstaates, ARSP Beiheft Nr. 65, 1996, S. 97-116.

- *ders.,* Die Rechtsfigur des „Täters hinter dem Täter“ und das Prinzip der Tatherrschaftsstufen, in: Festschrift für Friedrich-Christian Schroeder, Heidelberg 2006, S. 399-411.

- *ders.,* Dogmatische Sackgassen bei der Strafverfolgung der vom SED-Regime zu verantwortenden Un taten, in: Festschrift für Gerald Grünwald, Baden-Baden 1999, S. 657-684.

- *ders.,* Nulla poena sine lege? Berlin/New York 1978

- *ders.,* Savignys Rechtsbegriff - von ehegestern und von übermorgen?, in: Schünemann, Bernd/ Tinnefeld, Marie-Theres/Wittmann, Roland (Hrsg.), Gerechtigkeitswissenschaft - Kolloquium aus Anlaß des 70. Geburtstages von Lothar Philipps, Berlin 2005, S. 163-176

- *ders.,* Strafrechtliche Verantwortlichkeit für die DDR-Spionage gegen die Bundesrepublik Deutschland nach der Wiedervereinigung, in: Lampe, Ernst-Joachim (Hrsg.), Die Verfolgung von Regierungskriminalität der DDR nach der Wiedervereinigung; Deutsche Wiedervereinigung Bd. II, Köln u.a. 1993, S. 173-191.

- *ders.,* Ungelöste Rechtsprobleme bei der Ahndung nationalsozialistischer Gewalttaten, in: Festschrift für Hans-Jürgen Bruns, Köln u.a. 1978, S. 223-247.

- *ders.,* Verfassungsrechtliche Probleme der strafrechtlichen Aufarbeitung, in: Deutscher Bundestag (Hrsg.), Enquête-Kommission „Überwindung der Folgen der SED-Diktatur im Prozess der deutschen Einheit“ Bd. II/2, S. 1304-1380

Schünemann, Bernd/von Hirsch, Andrew/Jareborg, Nils (Hrsg.), Positive Generalprävention - Kritische Analysen im deutsch-englischen Dialog. Uppsala Symposium 1996, Heidelberg 1998

Seebode, Manfred, Rechtsbeugung und Rechtsbruch - Bemerkungen zum Urteil des BGH v. 29.10.92 - 4 StR 353/92 (BGHSt. 38, 381 ff.) -, JR 1994, 1-6

- *ders.,* Das Verbrechen der Rechtsbeugung, Darmstadt 1969

Sendler, Horst, Die DDR ein Unrechtsstaat - ja oder nein? ZRP 1993, 1-5

- *ders.,* Strafrechtliche Aufarbeitung der DDR-Vergangenheit oder Amnestie? NJW 1997, 3146-3148

- *ders.,* Über Rechtsstaat, Unrechtsstaat und anderes - Das Editorial oder Herausgeber im Meinungsstreit, NJ 1991, 379-382

Simma, Bruno/Volk, Klaus, Der Spion, der in die Kälte kam zur BGH-Entscheidung über die Strafbarkeit der DDR-Spionage, NJW 1991, 871-875.

Son, Dong-Kwon, Die gesetzgebungspolitische Untersuchung des § 34 KStGB, Strafrecht-Recherche, Seoul 2004

Sonnen, Bernd-Rüdeger, Rechtsprechung Strafrecht - Mittelbare Täterschaft, JA 1995, 98-101

Spendel, Günter, Rechtsbeugung und BGH - eine Kritik, NJW 1996, 809-812.

Stanglow, Peter, Rechtsbeugung in der DDR? - BGHSt 40, 30, JuS 1995, Heft 11, 971-978

Starck, Christian, Anmerkung zu BVerfG, Beschl. v. 24.10.1996 - 2 BvR 1851, 1853, 1875 u. 1852/94, JZ 1997, 147-149

- *ders.,* Der Rechtsstaat und die Aufarbeitung der vor-rechtsstaatlichen Vergangenheit - ein Bericht, VVDStRL 51 (1992), 9-45

Stern, Klaus, Zur Problematik rückwirkender Gesetze, in: *Lerche, Peter/Zacher, Hans/Badura, Peter* (Hrsg.), Festschrift für Theodor Maunz zum 80. Geburtstag. München 1981

Stoltenberg, Klaus, Die historische Entscheidung für die Öffnung der Stasi-Akten - Anmerkungen zum Stasi-Unterlagen-Gesetz, DtZ 1992, 65-72

- *ders.*, Zur Regelung des Umgangs mit den Stasi-Akten, ZRP 1990, 460-465

Taupitz, Jochen, Anmerkung zu BGH Urteil vom 9.11.1993, JR 1995, 21-25

Thierse, Wolfgang (Hrsg.), Ist die Politik noch zu retten? - Standpunkte am Ende des 20. Jahrhunderts, Berlin 1996

Träger, Ernst, Strafbarkeit von MfS-Offizieren - Anmerkung zu BGH Urt. v. 30.7.1993 - 3 StR 347/92, NStZ 1994, 282

Tröndle, Herbert, Verjährungsprobleme bei der strafrechtlichen Verfolgung von SED-Unrechtstaten, in: Jürgen Wolter (Hrsg.), 140 Jahre Goltdammer´s Archiv für Strafrecht - Eine Würdigung zum 70. Geburtstag von Paul-Günter Pötz, 241-249

Urban, Carolin, Mittelbare Täterschaft kraft Organisationsherrschaft (Diss.), Osnabrück 2004

Vest, Hans, Humanitätsverbrechen - Herausforderung für das Individualstrafrecht? ZStW 113 (2001), 457-498

Volk, Klaus, Anmerkung zum Beschl. des Kammergerichts vom 22.7.1991, JR 1991, 426-433

- *ders.,* Der Spion, der in dei Kälte kam - Zur BGH-Entscheidung über die Strafbarkeit der DDR-Spionage, NJW 1991, 871-875

Von Eschenbach, Georg-Friedrich Ebner, Wieviel Unrecht verträgt der deutsche Rechtsstaat? - Verfassungsrechtliche Probleme der Verurteilungen von „Mauerschützen“ (Diss.), München 2000

Von Stackelberg, Curt Freiherr, Verjährung und Verwirkung des Rechts auf Strafverfolgung, in: Kaufmann, Arthur/Bemman, Günter/Krauss, Detlef/Volk, Klaus

(Hrsg.), Festschrift für Paul Bockelmann zum 70. Geburtstag, München 1978, 759-769

Von Welck, Frauke, Zweites SED-Unrechtsbereinigungsgesetz, DtZ 1994, 226-228

Vormbaum, Thomas, Probleme der Strafrechtsanwendung im vereinigten Deutschland, StV 1991, 176-182

- *ders.*, Zur strafrechtlichen Verantwortlichkeit von DDR-Richtern wegen Rechtsbeugung - Anmerkungen zum Urteil des LG Berlin vom 17. August 1992, NJ1993, 212-215

Vultejus, Ulrich, Verbrechen gegen die Menschlichkeit, StV 1992, 602-607

Wassermann, Rudolf, Amnestie? - eine endlose Debatte? NJW 1998, 204-205

- *ders.*, Die DDR-Denunzianten und der Bundesgerichtshof, NJW 1995, 931-933.

- *ders.*, Die strafrechtliche Aufarbeitung der DDR-Vergangenheit, RuP 1992, 121-134

- *ders.*, Schlussstrich unter die SED-Verbrechen? - Zur Debatte um eine Amnestie für SED-Funktionärs- und DDR-Regierungskriminalität, NJW 1994, 2666-2668

- *ders.*, Verbrechen unter totalitärer Herrschaft - Zur Rolle des Rechts bei der Aufarbeitung der DDR-Vergangen-heit, NJW 1993, 895-899.

- *ders.*, Wieviel Unrecht macht einen Staat zum Unrechtsstaat? NJW 1997, 2152-2153

- *ders.*, Zur Bewertung der strafrechtlichen Aufarbeitung des DDR-Unrechts, NJW 2000, 403-405.

- *ders.*, Zur Aufarbeitung des SED-Unrecht, in: Aus Politik und Zeitgeschichte B4/93, S. 3-12

Weber, Klaus, Die Verfolgung des SED-Unrechts in den neuen Ländern, GA 140 (1993), 195-229

- *ders.,* Die Wahlfälschung in Dresden - Zugleich Besprechungsaufsatz zum Urteil des BGH vom 3.11.1994 - 3 StR 62/94 - in dem Strafverfahren gegen Dr. Hans Modrow u.a. wegen Anstiftung zur Wahlfälschung, JR 1995, 403-407

Weichert, Thilo, Von der rechtlichen und tatsächlichen Unmöglichkeit des Stasi-Unterlagengesetzes, ZRP 1992, 241-243

Weiß, Axel, Anmerkung zu BGH Urteil vom 9.12.1993, JR 1995, 26-32

Welke, Wanja Andreas, Rückwirkungsverbot zugunsten staatlicher Kriminalität? KJ 1995, 369-389

Wengler, W., Anmerkung zu BGH Urteil vom 26.11. 1980, JR 1981, 204-209

Werle, Gerhard, Der Holocaust als Gegenstand der bundesdeutschen Strafjustiz, NJW 1992, 2529-2535.

Wesel, Uwe, Der Honecker Prozess - Ein Staat vor Gericht, Frankfurt am Main 1994

Widmaier, Gunter, DDR-Spionage und Rechtsstaat - Zur Spionageentscheidung des Bundesverfassungsgerichts, NJ 1995, 345-347

- *ders.,* Strafbarkeit der DDR-Spionage gegen die Bundesrepublik auch noch nach der Wiedervereinigung? NJW 1990, 3169-3173.

- *ders.,* Verfassungswidrige Strafverfolgung der DDR-Spionage: Verstoß gegen das Rückwirkungsverbot des Art. 103 II GG, NJW 1991, 2460-2464.

- *ders.,* Vom Grundsatz des rechtsstaatlichen Vertrauensschutzes - Zur Strafverfolgung von Bürgern der ehemaligen DDR wegen Spionage gegen die Bundesrepublik, KritV 1994, 377-391

Wilke, Dieter, Landesverfassungsgerichtsbarkeit und Einheit des Bundesrechts - Bemerkungen aus Anlass des Honecker-Beschlusses des Berliner Verfassungsgerichtshofs, NJW 1993, 887-889

Willms, Günther, Zur Frage rückwirkender Beseitigung der Verjährung, JZ 1969, 60-62

Willnow, Günter, Die Rechtsprechung des 5. (Berliner) Strafsenats des Bundesgerichtshofs zur strafrechtlichen Bewältigung der mit der deutschen Vereinigung verbundenen Probleme, JR 1997, 221-227, 265-272

Wilms, Heiner/Ziemske, Burkhardt, Gesetzliches Unrecht und übergesetzliches Recht? ZRP 1994, Heft 5, 170-172

Woesner, Horst, Deutsch-deutsche Strafrechtskonflikte, ZRP 1976, 248-250

Wolff, Friedrich, Geschichtsbewältigung durch Strafrecht? DRiZ 1996, 88-96

Wullweber, Helga, Die Mauerschützen-Urteile, KJ 1993, 49-62

Zimmermann, Stefan, Anmerkung zu LG Berlin, Urteil vom 10.6.1994, NJ 1994, 588-590

- *ders.*, Strafrechtliche Vergangenheitsaufarbeitung und Verjährung (Diss.) , Freiburg 1997

Criminalia

Herausgegeben von Klaus Volk

Band 1 Ulrich Schroth: Vorsatz als Aneignung der unrechtskonstituierenden Merkmale. 1994.

Band 2 Torsten Poeck: Wartepflicht und Wartedauer des § 142 Abs. 1 Nr. 2 StGB. Ein Vorschlag zur Bestimmung der Wartelänge anhand rechtsprechungsanalytischer und empirischer Überlegungen. 1994.

Band 3 Tobias Schmid: Die Vergabe von Wirtschaftssubventionen und strafrechtliche Verantwortlichkeit gem. § 264 StGB (Subventionsbetrug). 1994.

Band 4 Erwin Lohner: Der Tatverdacht im Ermittlungsverfahren. Begriff, rechtliche Ausgestaltung, praktische Handhabung und Kontrolle am Beispiel der polizeilichen Verdachtsfeststellung. 1994.

Band 5 Gunther Lehleiter: Der rechtswidrige verbindliche Befehl. Strafrechtsdogmatische Untersuchung, demonstriert am Beispiel des militärischen Befehls. 1995.

Band 6 Dirk Steiner: Das Fairneßprinzip im Strafprozeß. 1995.

Band 7 Isabell Schwegler: Der Subsumtionsirrtum. 1995.

Band 8 Klaus Andreas Fischer: Die strafrechtliche Beurteilung von Werken der Kunst. 1995.

Band 9 Johannes Fredrikus Nijboer: Beweisprobleme und Strafrechtssysteme / Proof and Criminal Justice Systems. Rechtsvergleichende Aufsätze / Comparative Essays. 1995. 2. Auflage 1997.

Band 10 Winfried Hassemer / Karin Matussek: Das Opfer als Verfolger. Ermittlungen des Verletzten im Strafverfahren. 1996.

Band 11 Bettina Grunst: Steuerhinterziehung durch Unterlassen. 1996.

Band 12 Hans-Jörg Schwab: Täterschaft und Teilnahme bei Unterlassungen. 1996.

Band 13 Christos Mylonopoulos: Komparative und Dispositionsbegriffe im Strafrecht. 1998.

Band 14 Christina Erfurth: Verdeckte Ermittlungen. Problemlösung durch das OrgKG? 1997.

Band 15 Stephan Weber: Überstellung in den Heimatstaat. Ein internationales Konzept wider den Strafvollzug in der Fremde. Zugleich ein Beitrag zum Recht der internationalen Vollstreckungshilfe in Strafsachen. 1997.

Band 16 Bert Götting: Gesetzliche Strafrahmen und Strafzumessungspraxis. Eine empirische Untersuchung anhand der Strafverfolgungsstatistik für die Jahre 1987 bis 1991. 1997.

Band 17 Lars Otte: Der durch Menschen ausgelöste Defensivnotstand. 1998.

Band 18 Gregor Rieger: Die mutmaßliche Einwilligung in den Behandlungsabbruch. 1998.

Band 19 Yu-hsiung Lin: Richtervorbehalt und Rechtsschutz gegen strafprozessuale Grundrechtseingriffe. 1998.

Band 20 Sandra Pellkofer: Sockelverteidigung und Strafvereitelung. 1999.

Band 21 Christine Ferschl: Das Problem des unmittelbaren Zusammenhangs beim erfolgsqualifizierten Delikt. 1999.

Band 22 Peter König: Strafbarer Organhandel. 1999.

Band 23 Stefan Stauder: Die allgemeinen defenses des New York Penal Law. Eine rechtsvergleichende Untersuchung. 1999.

Band 24 Malte Merz: "Bewußte Selbstschädigung" und die Betrugsstrafbarkeit nach § 263 StGB. Zugleich ein Beitrag zur Zweckverfehlungslehre. 1999.

Band 25 Marc Tully: Poena sine Culpa? *Strict-Liability*-Sanktionen und Europäisches Gemeinschaftsrecht. 2000.

Band 26 Susanne Götting: Beweisverwertungsverbote in Fällen gesetzlich nicht geregelter Ermittlungstätigkeit. Durch V-Leute, Scheinaufkäufer und Privatleute. 2001.

Band 27 Christiane Hölscher: Der Rechtsschutz und die Mitteilungspflichten bei heimlichen strafprozessualen Zwangsmaßnahmen. 2001.

Band 28 Tobias Windhorst: Der Rechtsbegriff der "schweren Gesundheitsschädigung". Zugleich ein Beitrag zum 6. StrRG. 2001.

Band 29 Andrea Schmucker: Die "Dogmatik" einer strafrechtlichen Produktverantwortung. Das fahrlässige Unterlassen als Institut der Produktkriminalität. 2001.

Band 30 Stephan Beukelmann: Prävention von Computerkriminalität. Sicherheit in der Informationstechnologie. 2001.

Band 31 Markus B. Alder: Die Strafzumessungsrichtlinie der USA in ihrem Kontext mit Plea Bargaining. 2001.

Band 32 Tobias Brandis: Beweisverbote als Belastungsverbote aus Sicht des Beschuldigten? 2001.

Band 33 Britta Wolff: Begünstigung, Strafvereitelung und Hehlerei. Geschichtliche Entwicklung und Abgrenzung zur Beihilfe. 2002.

Band 34 Angelika Laitenberger: Die Strafbarkeit der Verbreitung rassistischer, rechtsextremistischer und neonazistischer Inhalte. Unter besonderer Berücksichtigung der Verbreitung über Netzwerke. Ein Rechtsvergleich. 2003.

Band 35 Antonia Seitz: *Die Todesstrafe ist keine Strafe*. Von der Beteiligung bedeutender Mediziner an Fragestellungen um Verbrechen und Strafe, unter besonderer Berücksichtigung der Todesstrafe 1865 bis 1933 im deutsch-italienischen Vergleich. 2003.

Band 36 Ro-Seop Park: Die Wahrheitsfindung im Ermittlungsverfahren. 2003.

Band 37 Ingo Jeckel: Schadenswiedergutmachung gem. § 46a Nr. 2 StGB über anwaltliche Schlichtungsstellen. Schlichtungsablauf und Auswirkungen auf das Strafverfahren. 2003.

Band 38 Katja Kassing: Ehrverletzende Personalsatire in Deutschland, Österreich, der Schweiz und England. 2004.

Band 39 Stefan Poller: Verbandsgeldbuße und Steueranspruch. 2004.

Band 40 Anna Trüstedt: Das Verbot von Börsenkursmanipulationen. 2004.

Band 41 Marialena Papachristou: Die strafrechtliche Behandlung von Börsen- und Marktpreismanipulationen. 2006.

Band 42 Verena Käbisch: Markenschutz im Strafrecht. Die Rechtslage in Deutschland und den USA. 2006.

Band 43 Dominik Härtl: Wahlstraftaten. Die §§ 107 ff. StGB im System des Rechts. 2006.

Band 44 Erick Gatgens: Ermessen und Willkür im Straf- und Strafverfahrensrecht. Eine dogmatische und rechtstheoretische Untersuchung zu den Grundlagen strafjuristischer Entscheidungsfindung. 2007.

Band 45 Christian A. Sirch: Die Strafbarkeit der Parteispendenakquisition. Ein Beitrag zum Tatbestand der Vorteilsannahme. 2008.

Band 46 Brigitte Bauer: Untreue durch Cash-Pooling im Konzern. 2008.

Band 47 Meng Yang: Die Strafbarkeit der Vorbereitungshandlung des Delikts nach dem deutschen und chinesischen StGB. 2009.

Band 48 Martin Patz: Die Effektivität der Strafrechtspflege. 2009.

Band 49 Maren Stölting: Das Tatbestandsmerkmal des fremden Vermögens bei der Untreue zum Nachteil von Personengesellschaften am Beispiel der GmbH & Co. KG. 2010.

Band 50 Seong Jin Choi: Patientenverfügung und Patientenautonomie zwischen Rechtsdogmatik und Rechtswirklichkeit. 2010.

Band 51 Nikolaus Föbus: Die Insuffizienz des strafrechtlichen Schutzes von Geschäfts- und Betriebsgeheimnissen nach § 17 UWG. 2011.

Band 52 Maximilian Heiß: Bestechung und Bestechlichkeit im geschäftlichen Verkehr. Die strafrechtliche Erfassung in Deutschland und England. Ein Vergleich. 2011.

Band 53 Lea Staudt: Medizinische Richt- und Leitlinien im Strafrecht. Eine Untersuchung zur Möglichkeit der Bestimmung der unerlaubten Handlung beim Fahrlässigkeitsdelikt mit Hilfe medizinischer Richt- und Leitlinien. 2012.

Band 54 Petr Kottek: Die Kooperation von deutschen Unternehmen mit der US-amerikanischen Börsenaufsicht SEC. Grenzen der strafprozessualen Verwertbarkeit unternehmensinterner Ermittlungen. 2012.

Band 55 Dong Lyoul Kim: Grundlagen der strafrechtlichen Aufarbeitung von DDR-Unrecht und Möglichkeiten ihrer Übertragung auf die Bewältigung nordkoreanischen Systemunrechts. 2012.

www.peterlang.de

For the avoidance of doubt, input of the whole or any part of this publication into any generative artificial intelligence model, chatbot, program, software or technology is expressly prohibited without the prior written consent of the publisher.